# 网络内容法律治理导论

刘逸帆 周丽娜 韩新华 等 著

图书在版编目（CIP）数据

网络内容法律治理导论/刘逸帆等著. -- 北京：东方出版社，2024.12.
ISBN 978-7-5207-4085-2

Ⅰ.D922.174

中国国家版本馆 CIP 数据核字第 20244CZ914 号

### 网络内容法律治理导论
WANGLUO NEIRONG FALÜ ZHILI DAOLUN

| 作　　者： | 刘逸帆　周丽娜　韩新华　等 |
| --- | --- |
| 责任编辑： | 杜　烨 |
| 责任校对： | 金学勇 |
| 出　　版： | 东方出版社 |
| 发　　行： | 人民东方出版传媒有限公司 |
| 地　　址： | 北京市东城区朝阳门内大街 166 号 |
| 邮　　编： | 100010 |
| 印　　刷： | 北京市联华印刷厂 |
| 版　　次： | 2024 年 12 月第 1 版 |
| 印　　次： | 2024 年 12 月北京第 1 次印刷 |
| 开　　本： | 710 毫米×1000 毫米　1/16 |
| 印　　张： | 22 |
| 字　　数： | 320 千字 |
| 书　　号： | ISBN 978-7-5207-4085-2 |
| 定　　价： | 78.00 元 |
| 发行电话： | （010）85924663　85924644　85924641 |

版权所有，违者必究

如有印装质量问题，我社负责调换，请拨打电话：（010）85924725

# 目 录

**序 直挂云帆济沧海** ..................................................杨波 1

## 绪 论 统筹发展和安全，促进网络内容法律治理

一、统筹发展和安全，Web3.0时代呼唤更高水平网络内容治理 ........ 2
二、网络内容法律治理的意义与价值 ........................................ 5
三、网络内容法律治理的原则 ................................................ 10
四、网络内容法律治理的研究范畴 ........................................... 13
五、研究方法及特色 ............................................................. 18

## 第一章 网络安全法律治理

### 第一节 网络安全的基本内涵和主要原则 ................................ 22
一、网络安全的内涵 ............................................................. 22
二、网络安全治理的原则 ....................................................... 23
三、关注网络安全的重要意义 ................................................. 33

### 第二节 有关国家网络安全战略及立法考察 ............................. 35
一、有关国家网络安全战略 ................................................... 35
二、有关国家网络安全战略要点 ............................................. 36
三、有关国家网络安全组织体系特点 ....................................... 41

### 第三节 我国网络安全治理的总体形势与对策 .......................... 44
一、当前我国网络安全的总体形势 .......................................... 44
二、我国网络安全治理的突出问题 .......................................... 45

三、关于我国网络安全治理的基本对策思考 ...... 47

# 第二章 网络恐怖主义内容法律治理

## 第一节 网络恐怖主义概述 ...... 54
一、网络恐怖主义的定义 ...... 54
二、网络恐怖主义的特征 ...... 54
三、网络恐怖主义的成因 ...... 56

## 第二节 反恐立法的国别考察 ...... 58
一、欧盟反恐立法 ...... 59
二、德国反恐立法 ...... 64

## 第三节 我国反对恐怖主义的措施 ...... 68
一、《反恐怖主义法》的制定背景 ...... 69
二、我国网络恐怖主义的特点 ...... 70
三、反恐工作机构及国际合作 ...... 70
四、对网络恐怖主义犯罪的立法规制 ...... 72
五、网络恐怖主义的防范路径 ...... 73

# 第三章 网络歧视言论法律治理

## 第一节 网络歧视言论概述 ...... 77
一、歧视言论的意涵 ...... 77
二、歧视言论的分类和表现形式 ...... 79
三、网络歧视言论的传播状况及危害 ...... 81

## 第二节 有关国家对网络歧视言论发布者的法律治理 ...... 84
一、美国对网络歧视言论发布者的法律治理 ...... 84
二、德国对网络歧视言论发布者的法律治理 ...... 87
三、英国对网络歧视言论发布者的法律治理 ...... 91
四、我国对网络歧视言论发布者的法律治理 ...... 95

第三节　对登载歧视言论的网络平台的法律规制 ...................... 97
　　一、德国《网络执行法》中关于网络平台责任的规定 ............... 98
　　二、法国《反网络仇恨言论法》中关于网络平台责任的规定 ...... 101
　　三、我国法律的相关规范 .................................................. 103

# 第四章　网络淫秽色情内容法律治理

第一节　网络淫秽内容的法律治理 .............................................. 106
　　一、网络淫秽内容的传播与危害 ........................................ 106
　　二、法律对淫秽内容的界定标准 ........................................ 108
　　三、网络淫秽内容的法律治理 ............................................ 112
第二节　网络儿童色情内容的法律治理 ....................................... 117
　　一、网络儿童色情内容的传播与危害 .................................. 117
　　二、法律对儿童色情内容的界定标准 .................................. 120
　　三、网络儿童色情内容的法律治理 ..................................... 124
第三节　网络一般色情内容的法律治理 ....................................... 128
　　一、网络一般色情内容的传播与危害 .................................. 128
　　二、一般色情内容的分级制度 ............................................ 129
　　三、网络一般色情内容的法律治理 ..................................... 132

# 第五章　涉未成年人网络内容法律治理

第一节　未成年人网络保护概况 .................................................. 138
　　一、我国基本建立未成年人网络保护法律体系 ..................... 138
　　二、涉未成年人的网络不良信息——网络暴力 ..................... 140
　　三、涉未成年人的网络不良信息——网络色情 ..................... 146
　　四、涉未成年人的网络不良信息——网络游戏沉迷 .............. 147
第二节　未成年人权益保护立法的域外经验 ................................. 148
　　一、准确界定"有害信息" ................................................. 148

二、实施对"网络游戏"的分级管理 ...... 150
　　三、努力净化网络环境 ...... 151

**第三节　我国涉未成年人网络内容的治理对策** ...... 154
　　一、加强网络治理立法，创新网络治理执法手段 ...... 155
　　二、《未成年人保护法》"网络保护"内容的独特性 ...... 158
　　三、社会、学校和家庭"三位一体"加强青少年网络素养教育 ...... 162

# 第六章　网络虚假信息法律治理

**第一节　网络虚假信息概述** ...... 166
　　一、网络虚假信息及其相关概念 ...... 167
　　二、网络虚假信息的基本特征 ...... 170
　　三、网络虚假信息的危害 ...... 174

**第二节　全球化视野下网络虚假信息法律治理的考察与比较** ...... 177
　　一、有关国家网络虚假信息法律治理历程概述 ...... 177
　　二、有关国家网络虚假信息法律治理基本路径 ...... 178
　　三、有关国家网络虚假信息法律治理的现实困境与对策 ...... 182

**第三节　我国对网络虚假信息的法律治理** ...... 186
　　一、我国对网络虚假信息法律治理历程基本回顾 ...... 186
　　二、我国对网络虚假信息法律治理尚存在的突出问题 ...... 188
　　三、网络虚假信息法律治理的基本路径 ...... 191

# 第七章　网络著作权法律治理

**第一节　网络环境中的著作权客体** ...... 198
　　一、著作权客体的构成要件 ...... 199
　　二、网络环境中的新型客体 ...... 202

**第二节　网络环境中的著作权适用与限制** ...... 207
　　一、著作权在网络环境中的适用 ...... 208

二、网络环境中的著作权限制 ............................................................ 214

**第三节　网络环境中的著作权侵权与规制** ............................................ 220

一、网络环境中著作权的直接侵权 ........................................................ 221

二、网络环境中著作权的间接侵权 ........................................................ 224

三、网络环境中侵犯著作权的规制与比较 ............................................ 231

# 第八章　网络侵犯人格权行为法律治理

**第一节　网络环境中的人格权** ............................................................ 240

一、人格权概述 ........................................................................................ 240

二、网络环境中的人格权 ........................................................................ 243

**第二节　网络环境中的名誉权** ............................................................ 248

一、网络环境中的名誉权 ........................................................................ 248

二、网络名誉侵权的认定 ........................................................................ 250

三、有关国家网络名誉侵权法律责任的比较 ........................................ 259

**第三节　网络环境中的隐私权** ............................................................ 265

一、网络环境中的隐私权 ........................................................................ 266

二、网络环境中侵犯隐私权的认定 ........................................................ 270

三、有关国家网络环境中的隐私权侵权责任与保护措施比较 ............ 276

# 第九章　网络个人信息保护法律治理

**第一节　个人信息概念辨析** ................................................................ 282

一、个人信息保护的定义 ........................................................................ 282

二、隐私权与个人信息权益的联系与区别 ............................................ 284

三、个人信息处理的基本原则 ................................................................ 285

四、《个人信息保护法》与《数据安全法》《网络安全法》的关系 ............ 286

**第二节　有关国家个人信息保护立法实践** ........................................ 289

一、德国：政府高度重视，公众积极参与 ............................................ 289

二、欧盟：明确个人数据保护框架，限制数据向欧盟境外第三国传输 ...... 292
　　三、日本："基本法 + 专门法"的双重规制架构 ...... 296
　　四、韩国：适用个人信息假名化处理模式 ...... 302

第三节　个人信息保护的几个重要问题 ...... 305
　　一、《个人信息保护法》重点条文解读 ...... 305
　　二、个人信息的多维保护 ...... 310
　　三、《个人信息保护法》实施后评估 ...... 311

# 结　语　共治共享，建设网络空间命运共同体

　　一、在向网络强国迈进征程中，充分展现中国特色 ...... 316
　　二、依法办网、依法治网，营造天朗气清的网络家园 ...... 317
　　三、建立政府主导、多元参与合力共治的网络内容治理机制 ...... 318
　　四、对未来网络新事物加强前瞻性立法 ...... 319
　　五、共治共享，构建网络空间命运共同体 ...... 320

附　录　关于互联网内容治理的主要法律、行政法规和相关政策 ...... 321

参考文献 ...... 332

后　记 ...... 335

# 序

## 直挂云帆济沧海

### 杨　波

20世纪90年代，中国接入国际互联网。如今，互联网已经成为人类另一生存空间。浩如烟海的网络信息内容，不仅蕴含着海量的政治、经济、文化、社会等诸领域信息和丰富数据，也包含大量个人信息，全球社会的运行和形态几乎都能在网络空间得以展现。因此，互联网发展包括网络信息内容的发展，时时刻刻影响着以人民安全为宗旨、以政治安全为根本的总体国家安全。也因此，网络的发展和安全在世界各国都被提升到无以加的程度，受到密切关注和严格监管。

在此背景下，由刘逸帆、周丽娜、韩新华、高诗晴等中青年学者历时三年多撰写的《网络内容法律治理导论》一书的出版恰逢其时。该书对互联网治理前沿问题进行了富有创意的观察和探讨，殊为不易，令人耳目一新。

今天，随着网络信息技术突飞猛进，互联网已从最初的小众产品发展成为全社会的基础设施。同时，新技术、新应用、新业态还在不断涌现，互联网治理呈现出巨大复杂性。经济社会的日益发展，全球化的不断演进，各种国际往来的日常化，等等，都让越来越多的人意识到，网络内容治理已经成为互联网治理的重点乃至核心和关键。

党和国家历来对网络发展问题高度重视。党的十九大报告提出："加强互联网内容建设，建立网络综合治理体系，营造清朗的网络空间。"党的二十大报告提出："健全网络综合治理体系，推动形成良好网络生态。"这充分表明，网络发展与网络治理是长期的系统性工程。其中，运用法治观念、法治思维和法治手段推动互联网治理已成为各界共识。可见,《网络内容法律治理导论》作为国内一部研究网络内容法律治理的专著,具有鲜明时代性和现实针对性,其对网络内容治理热点问题的关注和在学理上的探讨具有强烈现实意义和显著学术价值。该书的突出特点是从法律层面对网络内容治理展开系统、全面的分析,既包括对网络安全、网络恐怖主义、网络歧视言论、网络淫秽色情、网络虚假信息等危害国家安全、社会秩序、公众生活的网络内容的解析,也包括对于网络空间内侵害他人名誉、隐私、个人信息以及著作权等重要私法内容的探讨,还设专章对网络环境下未成年人保护这一重要网络内容治理问题进行讨论,后者恰好呼应了已由国务院发布并于2024年1月1日起实施的《未成年人网络保护条例》。

该书以习近平法治思想为指导,坚持问题导向、现实导向,能够抓住前沿问题深入分析,同时穿插大量案例或事例进行解读,理论联系实际,深入浅出。该书又一突出特点是立足本土,以比较法视角对全球网络大国的网络内容法律治理作出分析探讨。全球化时代网络内容治理是国际社会面临的共同问题,其间不仅有共同的困惑,也有诸多共同目标和内容。对典型国家网络内容治理的比较研究可以帮助我们取长补短、文明互鉴,增强制度自信、文化自信,可以进一步优化我国网络内容治理方式和路径,更好提升治理水平。

当前,人工智能叠加网络信息技术,在空前提高效率、带来巨大机遇的同时,风险和不可知性也大幅增加,给网络内容治理带来巨大挑战。这不是某一个国家可以独自面对的,必须在构建人类命运共同体理念下展开深入合作。对于网络内容法律治理的比较探讨正是推动各国扩大共识、加强沟通,构建网络空间命运共同体的重要路径。

毋庸讳言,目前网络内容治理研究者日众,研究成果颇多,但专著并不多见,而从法律治理方面切入,兼采比较法研究方式对网络内容治理进行系统性剖析的著作,此书为开先例者。长风破浪会有时,直挂云帆济沧海。互联网事业发展方兴未艾,不可限量;互联网治理道阻且长,前景光明。这是因为，在人类社会的长河中，推动社会发展的技术创新和制度创新始终会在历史的转折点上迸发出巨大能量和耀眼光辉。而互联网的发展及其制度完善，恰是我们这个时代的一体两翼，缺一不可，它们推动今天的世界劈波斩浪，一往无前。

借此，期待本书的出版能给网络治理研究理论与实务领域带来某些启示，增加一些助力。

是为序。

（作者为原中央人民广播电台台长、
中国网络视听节目服务协会原会长）

2024 年 3 月

## 绪 论

# 统筹发展和安全，促进网络内容法律治理

国家安全是民族复兴的根基。党的二十大明确提出推进国家安全体系和能力现代化，为实现这一目标，就要贯彻总体国家安全观，筑牢国家安全根基、体系和防线。作为人类社会生活越来越重要的活动空间，互联网领域的安全是国家安全体系的重要组成部分，在互联网发展方兴未艾之时，本着统筹发展和安全原则，加强网络安全治理研究、提升互联网领域治理能力和水平，特别是促进网络内容法律治理，显得比以往任何时候都更为重要和迫切。

本书对网络信息内容与网络内容不加区分，是因为信息实质上可以看成网络内容的一部分，而网络内容在不少情况下也呈现为网络信息。因此，论及网络信息内容就以网络内容概言之。网络内容既有属于内容产业的集中性，也有见诸网络社会各个领域、不易统一的分散性。所谓网络内容法律治理是指运用法律手段规范包括网络平台、网络用户、网络运营商及其他网络参与者在内的各类网络主体行为和秩序的过程，统筹发展和安全，引导促进网络内容向着健康丰富、满足公众精神文化生活需要的方向发展，营造富有生机活力的网络生态和清朗的网络空间。

## 一、统筹发展和安全，Web3.0 时代呼唤更高水平网络内容治理

中国互联网从起步接入，到渐成网络大国、网络强国，与人们对互联网的性质、特点及发展趋势的认识持续深化相伴而行，展现了中国特色，体现了我国互联网事业在发展中逐步规范、在规范中实现更好发展的特点。其中，网络法律体系建设与完善功不可没，在这一过程中，全国人大常委会在 2000 年 12 月 28 日和 2012 年 12 月 28 日制定的两个《决定》[1]发挥了定海神针作用。它们的通过与实施是网络法律体系建设的重要里程碑，也是统筹网络领域发展和安全，实现以发展促安全、以安全保发展的标志性举措，对确保我国互联网

---

[1] 2000 年 12 月 28 日第九届全国人民代表大会常务委员会第十九次会议通过的《全国人民代表大会常务委员会关于维护互联网安全的决定》，2012 年 12 月 28 日第十一届全国人民代表大会常务委员会第三十次会议通过的《全国人民代表大会常务委员会关于加强网络信息保护的决定》。

领域实现发展和安全的有机统一举足轻重。

## （一）互联网发展推动社会变革

互联网自诞生至今的发展事实证明，网络技术与网络监管制度直接影响着传播形态、传播模式，构造着网络生态和网络内容及其传播，自然也在构造着不同特性的网络空间。一般认为，我国互联网发展可大致划分成三个阶段：Web1.0 时代（1994—2004 年）、Web2.0 时代（2005—2009 年）、Web3.0 时代（2010 年至今）。

Web1.0 时代，以门户网站、新闻网站为标志。这一阶段的传播主体多为政府机构、企事业单位或传媒机构，传播内容由运营商集成发布，仅能为用户（受众）提供阅读及下载复制功能，但无法互动参与。有学者认为，在这一阶段，互联网不被视为媒体，而是信息化建设的平台（载体）。

Web2.0 时代，以博客、播客为标志。该阶段，互联网技术、发展理念和传播模式转型升级，由少数平台主体及利益相关方主导的互联网体系，转变为以用户为中心的多元主体构成的传播体系，一个人人都可以参与的传播场域构建起来，包括机构和个人在内的互联网用户都可以生产和传播内容（信息）。这一阶段，由政府主导、社会参与的治理格局初步形成，基于意识形态导向的内容监管全面实施，管理机构由信息产业部门转移至网络主管部门，网络治理的内涵与外延不断扩大。

Web3.0 时代，以微博、微信和移动客户端为标志。相对于 Web1.0 时代单向传播模式之下的用户浏览与下载、Web2.0 时代的用户表达与互动，Web3.0 时代传播具有更加智能化和个性化的特征，同时还实现了动态开放、深度参与和广泛分享，从而开启了全新的交互传播（区块链传播）的网络时代。互联网与各类社会主体密不可分，网络空间和现实生活高度融合，由此，网络安全面临的风险与挑战较之以往大幅增加。由网络安全引发的包括政治安全、意识形态安全、文化安全等在内的国家安全问题更加凸显，中国的网络治理进入追求网络安全的网络空间战略实施阶段。[1]

---

[1] 参见黄瑚：《网络传播法规与伦理教程》，复旦大学出版社 2018 年版，第 20 页。

## （二）机遇、风险与困扰并存

毋庸置疑，互联网改变社会，推动社会变革、制度变革。从一定意义上说，巨变之下，互联网就像一把双刃剑，在给人类带来福祉的同时，也向人类提出了挑战。互联网客观上可以消弭数字鸿沟，却也产生了网络权益不平等问题，带来了不尽的冗杂信息、虚假信息等，诸如网络歧视（言论）、网络淫秽色情信息、网络恐怖主义信息等的泛滥越来越成为国际社会和各国政府面临的棘手问题。

技术进步时刻影响传播体系和传播格局，进而影响政治决策、社会生活和政治安全，同时，也始终强烈呼唤着制度的不断健全、不断完善、不断创新。政治安全在国家安全中至关重要，意识形态安全则是政治安全的重要方面。任何一种新的传播媒介（模式）的出现，都会影响政治活动、政权运行和社会生活，乃至各类社会资源的配置。Web3.0时代，信息传播速度快、渠道多样，不分时间地域且具匿名性，这为少数别有用心的西方网络强国影响或冲击他国意识形态提供了新的条件和环境。另一方面，在万物互联的Web3.0时代，许多违法犯罪行为不可避免地进一步从现实空间延伸到网络空间。在这一阶段，过去较为常见的针对关键网络基础设施的攻击和破坏变得更为频繁，同时还衍生出了前面提到的各类网络内容安全问题，直接威胁意识形态安全、文化安全和政治安全，给国家安全带来巨大风险。此外，越来越多的网络安全问题还影响着个人权益，甚至会侵害公民、法人和相关组织的人格权益、财产权益等。

## （三）立足中国网络领域发展现状，加强互联网内容法律治理刻不容缓

蓦然回首，互联网引入我国30年来，经过不断升级迭代与蓬勃发展，已走入中国亿万家庭。截至2024年6月，我国网民规模达10.9967亿人，较2023年12月增长742万人，互联网普及率达78.0%；累计建成5G基站391.7万个。这些数据足以表明，我国既是网络大国，也在成为网络强国。

在互联网飞速发展的同时，随之而来的一系列新的网络安全相关问题也不断显露，这就需要更高水平的网络治理，以消除频频发生的诸如跨境数据流

动风险、谣言传播和境外网络攻击等，或将其危害降至最低。近年的典型案例有：2022年4月，美国国家安全局下属的"特定入侵行动办公室"（TAO）多次对我国西北工业大学发动网络攻击；2022年7月，某网络运营平台因违法违规运营给国家关键信息基础设施安全和数据安全带来重大安全隐患，严重影响国家安全、公共安全和个人信息保护，被处人民币80.26亿元罚款；2022年8月以来，通过"清朗·打击网络谣言和虚假信息"专项行动，我国全面梳理存量谣言样本3342个，对8万余条存量谣言标记辟谣标签……

由此，一个重大课题摆在人们面前：在享受网络红利的同时，基于一种恒久以来趋利避害的现实需求和逻辑，我们不得不审慎思考如何进行网络治理，如何统筹发展和安全，包括互联网领域的安全治理、秩序治理、行为治理，特别是网络内容治理，就如同数千年来人类对现实社会的治理一样，在思路、规范、制度、手段和方式上，根据出现的新情况、新问题，不断推陈出新，提升治理效能和治理水平。

当下，我们已经步入新时代新征程，建设网络强国、文化强国、数字中国，推进网络治理，包括网络内容治理，除综合运用行政、经济等治理手段之外，最根本的是，要走依法治理之路，即对网络内容进行法律治理，以实现网络治理的科学化、法治化、现代化，从而促进国家治理体系和治理能力现代化。

法治既是人类的普遍共识，也是政治文明发展的重要成果，抓住法律这个最有效的社会治理工具，以网络内容法律治理为切入点，坚持党的领导、坚持依法治国，既立足中国国情，又借鉴国际有益经验，可以为全球互联网治理贡献中国智慧、中国方案、中国力量。

## 二、网络内容法律治理的意义与价值

在互联网时代背景下，无论是公法层面的网络安全及网络社会治理之需求，还是涉及私法层面表达权与各种权利的平衡，都对国家治理体系和治理能力现代化提出了迫切要求。从根本上讲，网络内容法律治理的最高目标是为了维护国家的主权、安全、发展利益，其现实目标就是在推进国家治理体系和治理能力现代化进程中促进我国互联网事业健康发展，营造公平合理、开放包容、安全稳定、富有生机活力的网络空间，维护和保障人权，打造共建、共治、共享的网络空间命运共同体，让互联网发展造福全体国民、促进全球治理。

当前，百年未有之大变局加速演进。总体而言，"隆礼以率教，邦国之大务也"，促进网络内容治理是国之大者，也是贯彻、落实总体国家安全观的内在要求。实现高水平的网络内容法律治理，必须站在统筹发展和安全的高度，做到发展为了安全、发展依靠安全，要在安全的前提下实现更高水平、更可持续、更加包容的发展。因此，安全是发展的保障，发展是安全的目的，要统筹发展和安全，做到安全和发展的高度统一。只有这样，我们才能实现网络内容治理的最高目标和现实目标，实现安全发展，同时为更高水平的安全和发展创造更加良好、安全的网络空间。如此，才能在不断发展的网络空间中实现国家、社会和国民的更好更全面发展。

具体而言，统筹发展和安全，促进网络内容法律治理的主要意义和价值在于以下几个方面。

**1. 网络内容法律治理是贯彻总体国家安全观的必然要求**

坚持总体国家安全观，是习近平新时代中国特色社会主义思想的重要内容。网络安全是总体国家安全的重要组成，也是我国在国家治理、政府治理和社会治理的挑战。网络安全绝不仅限于网络自身安全，而是国家安全在网络空间中的具体延展和体现，是我国安全体系的重要组成部分。网络内容安全是网络安全的重要方面。在互联网时代，网络内容安全具有突出的重要性，若没有网络内容安全，从某种意义上说，也就没有网络安全，如上所述，也会直接影响到国家安全。近年来，个别国家利用自身的技术优势和信息优势，针对他国进行网络攻击、意识形态输出、发动"颜色革命"等就是明证。由此看来，加强网络内容法律治理是贯彻总体国家安全观的题中应有之义。

**2. 网络内容法律治理是全球治理、国家治理和社会治理的重要组成**

党的十九届四中全会通过的《中共中央关于坚持和完善中国特色社会主义制度、推进国家治理体系和治理能力现代化若干重大问题的决定》（以下简称《决定》），首次就如何推进国家治理和社会治理作了系统阐述。《决定》明确指出，要加强和创新互联网内容建设，全面提高网络治理能力。由此可见，网络内容治理是网络综合治理体系的重中之重，是营造清朗的网络空间这一网络治理目标的重要抓手，是国家治理和社会治理的重要组成。在全球治理层面，我国创新性地提出了人类命运共同体理念。网络空间作为人类的共同家园，其未来和命运应由世界各国共同把握。网络内容法律治理是推动各国加强沟通、扩大共识、深化合作的重要领域，也是构建网络空间命运共同体的必要举措。

**3. 加强网络内容法律治理，实现公众表达权和国家安全相统一是统筹发展和安全的价值所在**

言论自由受《中华人民共和国宪法》（以下简称《宪法》）及相关法律保护。然而，世界上从未有绝对的自由，这是人类共识。根据《宪法》第三十五条、第五十一条、第五十四条规定，中华人民共和国公民在享有言论自由的同时，也应当履行相应义务，遵守相关规范。[1] 需要指出的是，《宪法》中提出的言论自由，在现实生活中通常以维护公民表达权的形式体现。同时，在网络虚假信息治理方面，《中华人民共和国刑法》（以下简称《刑法》）第二百九十一条之一第二款对编造虚假网络信息并故意传播的行为有明确的定罪和量刑。[2] 此外，在关于未成年人、妇女、老人、残障群体以及少数民族权益保护的法律法规中，对某些言论的限制也有具体明确规定。由此可见，统筹发展和安全、维护国家安全、维护公民表达权在我国宪法、法律、行政法规以及现行的一系列纲领性文件中都有相关表述和要求。

前已述及，公民作为表达者，自然拥有表达权，然而全人类都认识到，任何自由和权利没有绝对性，表达权也不例外。在国际社会中，联合国《公民权利和政治权利国际公约》第十九条明确提出，在规定表达自由的同时，各国可以在一定情形下对其加以限制。国外学者也认为，应当高度重视网络治理的比例原则，使治理更加合理有效，更有力地推动网络社会健康发展。

---

[1]《宪法》第三十五条规定："中华人民共和国公民有言论、出版、集会、结社、游行、示威的自由。"《中华人民共和国宪法》第五十一条规定："中华人民共和国公民在行使自由和权利的时候，不得损害国家的、社会的、集体的利益和其他公民的合法的自由和权利。"《中华人民共和国宪法》第五十四条规定："中华人民共和国公民有维护祖国的安全、荣誉和利益的义务，不得有危害祖国的安全、荣誉和利益的行为。"

[2]《刑法》第二百九十一条之一第二款规定："编造虚假的险情、疫情、灾情、警情，在信息网络或者其他媒体上传播，或者明知是上述虚假信息，故意在信息网络或者其他媒体上传播，严重扰乱社会秩序的，处三年以下有期徒刑、拘役或者管制；造成严重后果的，处三年以上七年以下有期徒刑。"

### 4. 网络内容法律治理是保护社会主体相关权益所必需

网络内容与各类社会主体的权益密切相关，尤其是名誉权、隐私权、个人信息等权益，极易受到不真实、不恰当言论的侵害。我国于 2020 年 5 月制定的《中华人民共和国民法典》（以下简称《民法典》）创设"人格权编"，人格权编规定了人格权的一般规则，并对生命权、身体权、健康权、姓名权、名称权、肖像权、名誉权、荣誉权、隐私权及个人信息保护等作了清晰规定。其中，对网络人格权的保护占有重要地位，由此大幅提升了对社会主体人格权益的保护水平，也对与之相关的网络内容作出了重要规范。此外，我国法律于 2018 年、2020 年分别对英雄烈士、未成年人等主体的网络保护作出了明确规定。[1] 在西方，《欧洲人权公约》对这类权利也有相应规定，明确肯定这些"私权利"的价值和地位。[2] 在网络时代，尤其是 Web3.0 时代，不当网络内容对社会主体权益的侵害，在速度、程度等方面，都是前互联网时代所无法比拟的。因此，网络内容法律治理不仅必要，而且需要匹配新的治理机制和规则。

### 5. 网络内容法律治理是保护未成年人权益所必需

未成年人权益应给予特别保护已成为国际共识。20 世纪 80 年代末通过的联合国《儿童权利公约》虽因所处历史时期而未明确涉及网络保护，但其所确立的"儿童最大利益原则"等基本原则以及各项具体保护规则，毫无疑问，于今天仍然适用且发挥着重大作用。美国虽至今未批准《儿童权利公约》，但其在突破美国《宪法第一修正案》的限制后，出台了《儿童网络保护法》《儿童在线隐私保护法》等保护未成年人的专门网络法律。在我国，《中华人民共和国未成年人保护法》于 2020 年 10 月进行第二次修订时，创设"网络保护"专章；此外，《未成年人网络保护条例》已于 2024 年 1 月 1 日起施行，以网络内容治理为中心，大幅提升了网络时代对未成年人的保护水平。可以说，"为了孩子"是网络内容法律治理的一个重要且独立的目标，各种观点的冲突和差异，在保护未成年人面前都变得相对容易妥协。

---

[1] 参见 2018 年通过的《中华人民共和国英雄烈士保护法》和 2020 年第二次修订的《中华人民共和国未成年人保护法》。

[2] 参见《欧洲人权公约》第 8 条第 1 款规定："人人有权享有使自己的私人和家庭生活、家庭和通信得到尊重的权利。"

**6. 网络内容法律治理关切互联网产业发展，推动建设网络强国**

自 1994 年中国接入互联网以来，从无到有、蓬勃发展，成为中国引领变革的重要引擎，推动着我国经济社会快速发展。在新理念、新技术、新生态的影响和带动下，我国互联网发展与数字内容产业的融合走向更高阶段，不断改变着社会治理方式、政府管理模式、日常生活形态等方方面面。

党的十九大报告提出了建立网络综合治理体系，营造清朗网络空间的发展目标。党的二十大报告进一步提出，要"健全网络综合治理体系，推动形成良好网络生态"。从过去的"管理"模式到"管理与建设"结合模式，再到"健全网络综合治理体系"的一脉相承又与时俱进的网络治理思路，体现了党和国家对互联网发展规律认识的深化。网络空间不仅要干净清朗，还要健康丰富、充满活力，而这一切最根本、最直接依托于一个良好的网络内容产业生态。可以说，只有营造一个良好的网络内容生态，才能够以内容发展促网络安全，以网络安全保内容产业发展，以此促进互联网领域向更高水平发展，推动建设网络强国。

**7. 网络内容法律治理助力培育高质量网络内容生态，支撑精神文明建设不断跃升**

党的二十大报告首次提出："中国式现代化是物质文明和精神文明相协调的现代化。物质富足、精神富有是社会主义现代化的根本要求。"Web3.0 时代，网络传播更加智能化、个性化，互联网作为信息生产和传播的重要领域，扮演着关键角色，成为人类生产生活的新领域和文化信息生产、传播的新舞台，其所生产的精神文化内容呈现出开放性、丰富性和流动性特征，已紧密融入社会经济文化生活和人类精神文明建设的方方面面。它们相辅相成，互为倚重，呈现出整体性推进、全方位提升、系统性协同的新特征。应当围绕网络内容发展与文化建设，精神文明建设的顶层设计、愿景规划，实现在继承中创新、在创新中发展。为此，需要立足中国国情，深入细致研究相关议题，注重以文育人、以文化人，推进精神文明建设，更好地满足人民群众不断增长的精神文化需求。

## 三、网络内容法律治理的原则

毫无疑问，网络内容法律治理的原则，以网络治理的原则为导向，但又有其内在的特殊要求。确立互联网法律治理的原则并将之作为一种基本遵循和方向，能够确保治理的科学性、正确性和有效性，使治理科学深入、扎实有效。统观近年来我国关于互联网治理工作的重大政策方针和相关立法，把握互联网发展普遍规律、我国现实国情和建设网络强国的战略目标，参考许多专家学者的相关研究及业界观点，这里将之总结为以下几点。

**1. 坚持党对互联网工作的集中统一领导**

党的二十大报告强调了党中央对国家安全工作的集中统一领导，完善高效权威的国家安全领导体制，要"强化经济、重大基础设施、金融、网络、数据、生物、资源、核、太空、海洋等安全保障体系建设"。在网络治理方面，进一步明确了发挥党的集中统一领导的思路和原则，重视发挥中央网络安全和信息化委员会的集中统一领导作用，保证党对网络内容法律治理的领导，这样才能保证互联网治理乃至网络内容法律治理的相关立法政策的权威性、系统性、整体性和协同性，促进网络治理工作的有效有力落实。

**2. 坚持以人民为中心**

习近平总书记强调，网信事业发展必须贯彻以人民为中心的发展思想，把增进人民福祉作为信息化发展的出发点和落脚点，让人民群众在信息化发展中有更多获得感、幸福感、安全感。[1] 按照这一精神，在网络内容法律治理领域，在法律制定、行政执法以及司法审判等各个环节中，坚持贯彻以人民为中心的治理原则，让人民群众做网络内容法律治理的参与者、享有者、监督者和评判者。具体而言，在网络内容建设、平台建设、网络立法、网络执法等方面要最大限度地听取人民群众、特别是广大网民的意见，从维护广大网民权益、促进网络内容健康发展、维护公共利益、维护国家安全的角度出发，进行最优化、最科学、最合理的制度设计和制度安排。同时，从广大网民和最广泛人民

---

[1] 参见《敏锐抓住信息化发展历史机遇 自主创新推进网络强国的建设》，《人民日报》2018 年 4 月 22 日。

群众的利益出发，将之作为加强网络内容法律治理、提升网络内容建设水平的出发点和落脚点，让人民群众成为网络内容建设水平高低、质量优劣的参与者和评判者。

### 3. 坚持法治原则

党的十八大以来，习近平总书记就法治建设提出了一系列新的思想、理念和要求，为建设法治国家提供了丰富的思想源泉。党的十八届四中全会通过的《中共中央关于全面推进依法治国若干重大问题的决定》对法治建设作出了全面部署，规划了科学立法、严格执法、公正司法、全民守法以及法治队伍建设等一系列具体战略和政策。

进行网络内容法律治理，当然要坚持法治原则，其核心是依法办网、依法建网、依法治网，在处理与网络治理相关的国家和社会事务中，贯穿法治精神，以法律为准绳，将法律作为内心信仰和行为规范。就网络内容的法律治理而言，贯穿法治原则同样包括立法、司法、执法、守法四个方面，各类相关主体无一例外。要全面实现网络内容法律治理，首先要有法可依，在这一点上要坚持依法立法、民主立法、科学立法。在制定法律时要符合并适应互联网发展的规律，使立法建立在科学、合理的根基之上。执法方面，要讲求依法行政原则、效率原则、合理性原则、正当程序原则，越权违法，越权无效。守法方面，强调凡属我国法律管辖下所有适格主体[1]，在上网用网时都应当遵守我国法律法规。将法律作为最高准则，树立起对法律内在的、自觉的、高度的信仰。这是实现法治的必然要求，也是法治的最终归宿。

### 4. 坚持共建、共治、共享，建设网络空间命运共同体

我国已是网络大国，正在建成网络强国。围绕建设网络强国，我国形成了网络强国战略思想。其中，依法治理是网络强国建设的重要原则要求，也是实现网络强国的重要途径。建设全球网络空间命运共同体包括五点主张[2]，其

---

[1] 这些适格主体包括：我国的一切国家机关、武装力量、政党、社会团体、企业事业组织、公民及在我国领域内的外国组织、外国人和无国籍人等。

[2] 习近平主席 2015 年 12 月 16 日在第二届世界互联网大会开幕式上发表的主旨演讲中提出了"五点主张"，即：第一，加快全球网络基础设施建设，促进互联互通；第二，打造网上文化交流共享平台，促进交流互鉴；第三，推动网络经济创新发展，促进共同繁荣；第四，保障网络安全，促进有序发展；第五，构建互联网治理体系，促进公平正义。

中"保障网络安全""构建互联网治理体系"与网络内容法律治理息息相关,也是网络内容法律治理的重要目标。所以,共建、共治、共享,建设网络空间命运共同体是促进网络内容法律治理的重要路径,也是构建网络空间命运共同体的根本目的、建设人类命运共同体的重要方面。因此,它也应当是网络内容法律治理坚持的一条重要原则。

**5. 统筹发展和安全,德法兼顾、综合治理**

道德是内心的法律,法律则是将道德规范化的方式。法治是治国理政的基本方式,依法治国是基本方略。法治具有根本性、决定性和统一性,强调对所有人的平等适用。德治也是治国理政的重要手段,通过在整个社会弘扬社会主义核心价值观、优秀道德风尚,针对不同群体提出有针对性的道德要求,可以树立社会正气,优化社会秩序,营造文明环境。法治和德治是不可或缺的两种方式,两者必须齐头并进、相互倚重,不可偏废。只有法律与道德相互支撑,法治和德治协同并进,才能实现国家的长治久安。

在处理社会矛盾纠纷这一问题上,我国近年来强调,要依法治理、源头治理、系统治理、综合治理等。由此可见,在强调法治的同时,也应当综合运用行政、经济、道德、教育等手段。只有这样才能实现治理效果的最大化和最优化。在网络内容治理这一问题上也是如此。

显而易见,对网络内容进行法律治理既具有必要性,也具有有限性。对这种有限性问题坊间讨论较少,但不应回避。这是因为,任何治理方式都有其局限性,所以我们才会强调"多管齐下,综合治理"。网络内容法律治理的有限性,一方面是由于公法层面的网络安全是相对而非绝对,我们既要科学统筹确保安全,也要避免一味地不计成本,盲目追求绝对安全,还要将发展和安全始终很好地统一起来、平衡起来,做到既实现长期安全又促进可持续发展;另一方面,要在私法层面做到严格执法,注重维护个人权益。

同时,网络内容法律治理的有限性也是基于法律治理的滞后性特质。由于网络的快速发展,立法滞后性的问题在所难免。以我国为例,目前主要由中央网信办制定出台行政规章乃至规范性文件,全国人大层面上的立法较少,在法律治理的立法层面,表现出被动追逐的状态。在法律治理的执法和司法层面,同样面临滞后现象,不同时期的同类问题执法尺度和司法裁判不一,影响了执法机关和司法机关的权威性。

认识到网络内容法律治理的有限性，有利于我们客观地看待法律治理手段，不能抱有脱离现实的期待，更不能急于求成。同时，无论是研究者，还是立法者或是执法、司法者，都应注意及时了解学习网络技术最新发展及由此带来的挑战，最大限度地减少被动性，将可能出现的低效治理降到最低限度。

### 四、网络内容法律治理的研究范畴

#### （一）网络内容法律治理研究的基本框架与逻辑

互联网技术革命如火如荼，令人难以置信地改变着人类的生活环境和世界面貌，Web3.0时代构建了全新的信息传播载体和传播形态，拓展了世界各国的意识形态、政治安全和文化传播阵地，创造了人类社会新的生活空间。也应清醒认识到，由于各国社会制度、文化传统和意识形态的差异，网络空间依然存在诸多复杂的矛盾和斗争，各国及相关国际组织须运用各种治理手段、采取有效措施积极应对。

网络内容与网络社会的差异显而易见，网络内容并不能呈现网络社会的全貌。网络社会涵盖现实社会运行的诸多方面，尤其是以网络民事、网络政务、网络商务以及网络文化生活等为主要构成。同时，在某种程度上，网络内容又是网络社会生活的集中反映和具体体现。如前所述，网络内容具有集中性和分散性兼具的特点。从全球主要国家来看，基于保护儿童（未成年人）、个人隐私、国家安全、交易安全及个人权益保护的需要，美国、英国、德国、欧盟等国家（地区）都制定了相关法律，并采取"立法+技术"手段对网络社会（包括网络内容）进行治理，积极开展国际合作。与此同时，这些国家和地区也高度重视网络治理的比例原则，防止过度限制人民表达自由而产生寒蝉效应，阻碍网络社会良性发展。

当下，我国互联网发展迅速，特别是进入21世纪后，网络事业突飞猛进，网络生活与现实生活日益融合，网络社会与现实社会高度交融重叠。人类社会在享用互联网发展的诸多红利时，也不得不面对新的课题与困惑。为趋利避害，更好应对互联网发展带来的风险与挑战，我国网络基础性制度也在从无到有，不断发展、巩固和完善，其中有许多制度涉及对网络行为的监管和网络信息内容的治理（有时，大量网络行为也呈现在网络内容上）。本书在确定研究范畴时，注意观察、比较全球网络大国和地区的关注重点，着重从相关网络内容法律治理紧迫性角度出发，没有硬性限定于某个或某几个领域。未来随着网络社会进一步发展成熟，可以考虑加强研究范畴的系统性、逻辑性、协同性。此外，本书之所以采用"网络内容法律治理"，摒弃"互联网内容法律治理"，是因为我国在互联网相关方面的立法（包括行政法规、规章、规范性文件等）通常采用"网络"一词。

那么，怎样定义"网络内容法律治理"呢？学者们对这一概念尚未有一致认识。本书认为，网络内容法律治理是指依据我国宪法、法律、法规、规章及政策，由包括政府及其职能部门、企事业单位和平台机构、人民团体、社会组织及个人在内的多元主体，对网络信息内容实施的监督管理。这里，治理主体多元，治理对象（客体）为网络信息内容，治理工具为法律、法规、规章及相关政策。

本书主要讨论如下网络内容的法律治理：网络恐怖主义内容、网络歧视言论、网络淫秽色情内容、涉未成年人网络内容、网络虚假信息、网络著作权、网络侵犯人格权行为、网络个人信息保护，等等。对于每一方面网络内容的法律治理，本书基本上按照概述、国内国际规则考察、我国的法律治理现状与对策完善三个部分展开讨论，其中也有若干方面采用了其他论述方式。例如，"网络著作权法律治理"一章，分成了"网络环境中的著作权客体""网络环境中的著作权适用与限制""网络环境中的著作权侵权与规制"三个部分论述。"网络侵犯人格权行为法律治理"一章，分成"网络环境中的人格权""网络环境中的名誉权""网络环境中的隐私权"三个部分展开讨论。无论采用何种方式，本书遵循最有利于该问题论证的逻辑进行阐述。

本书主体部分共9章，其逻辑关系是在"绪论"之后，先从公法领域的网络内容治理入手，再进入私法领域。在公法领域，将网络安全法律治理放在首位，然后选择网络恐怖主义内容、网络歧视言论、网络淫秽色情内容等这些国内外广为关注的问题展开研究，同时将网络虚假信息作为一个单独部分进行讨论；在私法领域，将关注点放在网络著作权、网络侵犯人格权行为及网络个人信息保护三个方面。另外，作为公法私法结合的领域，将涉未成年人网络内容作为一个特别问题加以讨论。

### （二）本书章节结构

绪论：统筹发展和安全，促进网络内容法律治理。网络内容法律治理是近年来学界和业界关注的热点领域，网络治理的重点和难点事实上都在网络内容治理方面。有鉴于此，在绪论部分，作者首先对网络治理下了一个定义，并对网络内容法律治理的内涵和目标加以界定。在此基础上，重点阐述了网络内容法律治理的基本原则、研究价值和意义。

第一章：网络安全法律治理。本章通过对全球 30 个国家和地区的网络安全战略、相关法律制度以及网络安全组织体系研究，力求全面分析各国网络安全治理体系，从中汲取经验教训，以此推动我国网络安全治理体系的发展与完善。通过分析各国的网络安全治理体制，我国应重视培养人才，提高自主创新能力，加强治理深度；加强立法、健全制度，通过法律手段打击互联网犯罪，确保网络安全；实现网络安全需要政府和社会协同治理；重视网络安全领域的国际交流与合作。

第二章：网络恐怖主义内容法律治理。网络恐怖主义在各国引发很多问题。网络恐怖主义与恐怖主义具有高度同质性，二者在发生地域上高度重合。国家网络恐怖主义是最危险的网络恐怖主义行为，除了造成巨大损失外，还可能引发网络战和国家间战争。网络为恐怖主义及其活动提供了天然便利，这给各国在维护网络安全和主权方面带来了更大的困难和成本压力。网络恐怖主义是世界各国面临的新难题。众所周知，网络空间经由制度建构，人们渴望制定确保安全和稳定的发展路线图，追求并建立网络安全领域的合作框架，以便为防范、制止、打击网络恐怖主义提供有效指引。

第三章：网络歧视言论法律治理。网络空间歧视言论的泛滥已经成为全球性问题。当前，规制网络空间歧视言论已成为国际社会以及许多国家网络内容治理的重点任务之一。然而，在规制网络歧视言论的西方国家，各国的具体规范和惩罚的严厉程度也存在差异，这和每个国家的文化传统、历史经验、法律制度及其政治、经济、社会环境等都有关系。虽然不少国家都对网络平台在内容审查方面的责任实施过豁免，但面对网络歧视言论的日益增多及其危害的广泛性，许多西方国家越来越倾向于对网络服务商直接设定内容审查责任。

第四章：网络淫秽色情内容法律治理。一般而言，淫秽内容是指引人堕落的内容，色情内容是指包含性暗示之类的内容。淫秽内容普遍为各国法律所禁止，但对于色情内容，不同国家的法律规制态度并不相同。互联网时代的到来极大地便利了网络淫秽、色情内容的传播，导致淫秽色情信息充斥网络空间。一般色情是指儿童色情之外的色情内容，或者称为成人内容。各国一般都区分淫秽和色情，前者一般称为硬色情，后者一般称为软色情，但后者对未成年人的身心健康带来明显危害，各国对此采取分级制度加以治理。与一般色情不同，儿童色情内容规模更大、传播更为容易、形式更为隐蔽，治理的复杂性大大增加。各国对儿童色情的态度一致，均将其作为危害儿童身心健康的一类严重犯罪行为予以规范和制裁。

第五章：涉未成年人网络内容法律治理。当下的未成年人是与互联网一同成长的一代，他们是网络空间的"原住民"，也是社交媒体的重要用户群体。未成年人的成长与互联网紧密相连，平板电脑、手机等互联网媒介已经深度融入到他们的成长过程中。特别是社交媒体，对其学习、生活、娱乐和社会交往产生了全方位影响，成为他们获取世界认知和形成价值观的重要途径和知识来源，受到社会各方关注。《未成年人网络保护条例》的颁布与实施为我国少年儿童的健康成长提供了一道有效保护屏障。国外也有一些成功经验可以借鉴。

第六章：网络虚假信息法律治理。关于谣言和虚假信息的定义至今仍不统一，这给网络虚假信息的法律研究和治理带来了一定困难。网络虚假信息和网络谣言在定义上有一定差别。网络虚假信息的社会危害主要体现在侵犯个体权益、扰乱市场秩序、扰乱社会秩序，以及挑战政治权威、威胁国家安全。在打击网络虚假信息上，世界各国的核心立场一致。然而，与国外对网络虚假信息的依法治理相比，我国在这方面起步较晚。虽然在实践中取得了一定成效，但也面临一些需要解决的现实问题。其突出表现为：违法成本相对较低，而查证成本较高；预警、监管及信息公开等方面的能力和水平亟待提升；网络自律水平有待提高；法律体系有待完善。

第七章：网络著作权法律治理。关注网络内容法律治理，绕不开网络环境下作品著作权的保护与规制。互联网时代，以信息网络为核心的新兴技术，于内容复制和传播领域，突破了传统载体的限制，使作品创作、复制与传播的成本和门槛大为降低，伴随着层出不穷的新兴科技与商业模式，引发了著作权保护领域的一系列新矛盾和新问题，对传统著作权体系的核心框架和制度提出了巨大挑战。与此相对应，网络内容的经济价值日渐凸显，围绕其进行著作权保护与侵权规制同样刻不容缓。本章从网络环境下何种内容应当受到著作权保护，网络环境中的著作权利有何新内涵与新表现，受到何种限制，以及网络著作权侵权的认定和法律规制展开论述。

第八章：网络侵犯人格权行为法律治理。随着中国步入《民法典》时代，人格权的保护得到空前强化。公民的维权意识及其对个人人身权益的关注程度不断提高。侵权的频发与维权诉求，在网络环境中形成了极为激烈的碰撞与博弈。解析以名誉权、隐私权为代表的人格权在网络环境下的侵权与保护，是讨论网络内容法律治理的重要层面。在网络环境中，人格权指的是传统人格权在虚拟空间中的适用和展现，涵盖了民事主体在互联网中所享有的姓名、名誉、隐私、肖像等人格利益权利，是个体在虚拟空间中所体现的权利。同传统人格权相比，网络人格权在概念与内涵上虽并未产生实质性变化，但具有结合信息网络特征所产生的新形式与新特点。基于这些新特点，加强对网络人格权的辨识、研究与保护显得非常重要。

第九章：网络个人信息保护法律治理。个人信息保护是全球各国高度重视的问题，本章首先对个人信息定义进行辨析。在我国，虽然隐私权和个人信息权益保护的对象存在重叠，但并非完全相同。这种重叠使隐私权与个人信息权益的确存在密切联系，两者在适用规则上有共同之处。欧美国家在个人信息保护立法和司法实践方面已经取得了一定经验，值得研究。在隐私保护、产业发展和国家安全的相互影响与共同作用下，个人数据跨境流动的规则研究一直是跨境数据流动领域的关注焦点。

## 五、研究方法及特色

### （一）本书研究方法

#### 1. 文献分析法

本书所采用的主要方法是文献分析方法，这是贯穿本研究始终的一种重要方法。研究网络内容法律治理，必须借助于大量中外文献。本书的特点在于，选取、参考、研究了大量学界和业界最新资料，包括中外论著、数据库资料、期刊论文、网络资源，也包括国际公约、法律法规以及各种报告。以此深化对有关问题的理解，确保知识创新建立在既有的较全面的研究基础之上。

#### 2. 案例分析法

主要运用于一些具有代表性的事例，有正面案例，也有反面案例。本书研究分析了大量国内外最新网络内容治理案例，见诸网络虚假信息治理、网络著作权治理等章节，通过对这些最新案例的分析，可以在理论分析之时进行实践观察，再由实践反思理论，增加本研究论证的说服力。

#### 3. 比较研究法

这对于致力于全球视野的本研究至关重要。通过横向比较，可以观察分析中外网络内容法律治理的异同；通过纵向比较，可以发现有关国际规则、法律法规历次版本间的差异，更清晰准确地把握其中的发展变化。

### （二）本书研究特色

近年来，坊间关于互联网（网络）治理（包括针对内容的法律治理）的学术研究成果频出，研究视域涉及宏观层面的国家与政府、网络安全研究，中观层面的职能部门、平台公司和有关社会组织（包括行业自律协会等），微观层面的网络信息内容、个人用户和具体网络行为等。本书作为聚焦网络内容法律治理研究的专著，尝试在浩繁学术著述中寻求新的研究突破点。

首先，作为一项立足国情、意在解决现实问题的系统研究，内容涵盖网络恐怖主义、网络淫秽色情信息、网络虚假信息、网络著作权、网络人格权等多个层面。目前，专注于网络信息内容法律治理的研究尚不多见，此为本书研究特色之一。

其次，历经三年多的撰稿和多次修改，本书案例新、时效强。作为学术专著，本书收集、整理、分析了大量国内外相关文献资料。互联网的发展可谓日新月异，由此带来的新问题不断改头换面，诸如网络安全风险、意识形态渗透、新型网络犯罪等。为了使研究更加深入全面，本书比较分析了国内外网络内容治理路径，不断充实最新研究成果和相关案例。

最后，具有国情意识、问题意识和现实意识。本书着重于对历史素材的整理分析，使研究的论证具有连续性和目的性，有助于解释现在和预期未来。具体来说，对于网络内容法律治理历程的梳理，对有关国际公约和相关国家法律法规等法律文件形成发展过程的观察，旨在能够更好地把握研究对象发展的历史脉络和发展趋势，基于国情解决现实问题。

# 第一章

# 网络安全法律治理

# 第一节　网络安全的基本内涵和主要原则

进入 21 世纪以来，信息网络与技术的快速发展和深度应用，使虚拟世界与物理世界加速融合，网络资源与数据资源进一步集成，人与设备通过各种无线或有线手段接入网络，各种网络应用、设备与人逐渐融为一体，构成网络空间。人们认为网络空间是继海、陆、空、天之后的第五维空间，也可以理解为物理世界之外的虚拟世界，是人类生存的"第二类空间"。[1] 信息网络不仅融入到社会生活的方方面面，同时也嵌入了国家的交通、能源、金融、通信等政治、经济、文化、生态、国防相关基础设施领域，承载了国家主权、安全和发展利益，并且在全球和一国范围内均具有极大价值。因此，无论是技术实力雄厚的黑客组织，还是非友好国家的相关机构，都在试图通过对他国信息网络的渗透、控制或者破坏，获取相应的价值或施加某种影响。网络空间安全问题自然成为关乎国家、政府、企业、公共机构、社会组织及个人利益，关乎国家政治安全、公共安全、军事安全、文化安全、信息安全等诸多方面，关乎竞争输赢，甚至是关乎一国能否把握战略主动、决定生死成败的重大问题。

## 一、网络安全的内涵

传统观点认为，从技术角度而言，网络安全，通常指计算机网络的安全，实际上也可以指计算机通信网络的安全。计算机通信网络是将若干台具有独立功能的计算机通过通信设备及传输媒介互连起来，在通信软件的支持下，实现计算机间的信息传输与交换的系统。而计算机网络是指以共享资源为目的，利用通信手段把地域上相对分散的若干独立的计算机系统、终端设备和数据设备

---

[1] 参见李舒、任君：《中科院信息工程研究所第六研究室主任刘宝旭：继"陆海空天"之后网络空间成为第五大战略空间》，上游新闻网 2019 年 9 月 16 日。

连接起来，并在协议[1]的控制下进行数据交换的系统。

据 2016 年 6 月 21 日开始施行的《中华人民共和国网络安全法》（以下简称《网络安全法》）规定，网络安全是指通过采取必要措施，防范对网络的攻击、侵入、干扰、破坏和非法使用以及意外事故，使网络处于稳定可靠运行的状态，以及保障网络数据的完整性、保密性、可用性的能力。计算机网络的根本目的在于资源共享，通信网络是实现网络资源共享的途径，因此，计算机网络应是安全的；相应地，计算机通信网络也必须是安全的，应能为网络用户实现信息交换与资源共享。

安全的基本含义是：客观上不存在威胁，主观上不存在恐惧，即客体不担心其正常状态受到影响。可以把网络安全定义为，一个网络系统不受任何威胁与侵害，能正常运转并实现资源共享功能。要使网络能正常地实现资源共享功能，首先要保证网络的硬件、软件能正常运行，还要保证数据信息交换的安全。网络安全会因为硬件故障、人为攻击、信息滥用等导致安全问题。

网络安全是一门涉及计算机科学、网络技术、通信技术、密码技术、信息安全技术、应用数学、数论、信息论、国家安全、公共管理等多门学科的综合性学科，涉及基础设施安全、设备安全、系统安全、应用安全、数据安全以及个人信息安全等多个方面和领域。这就要求人们必须清晰认识和理解网络安全的本质内涵。综上所述，这里试为网络安全下一简明定义：以计算机为基本载体，确保网络基础设施和应用设施在通信过程中不受干扰，能够顺利进行信息处理和信息传输的状态和能力。

## 二、网络安全治理的原则

根据我国《网络安全法》的规定，结合上文分析的网络安全本质内涵，我们认为网络安全治理的基本原则至少应当包括：网络空间主权原则、网络安

---

[1] 协议：网络协议的简称。网络协议是通信计算机双方或各方必须共同遵从的一组约定，包括建立连接、互相识别和信息交互等。只有遵守这个约定，计算机之间才能相互通信交流。它的三要素是：语法、语义、时序。

全与发展并重原则、责权利相统一原则和共同治理原则等四项基本原则。[1]

## （一）网络空间主权原则

### 1. 网络空间主权原则的确立

所谓网络空间主权或网络主权，对内而言，网络空间主权指的是国家独立自主地选择本国网络发展道路、网络管理模式、互联网公共政策，不受外部干涉；对外而言，网络主权指的是一国平等地参与网络空间国际治理，防止本国互联网受到外部入侵和攻击。网络主权是一国国家主权不可分割的组成部分，简言之，就是一国国家主权在网络空间中的自然延伸和具体表现，是国家主权的应有之义，与国家主权原则并行不悖。

网络空间是否有主权，目前仍有一些争议。有人认为，网络无国界，网络空间是全球公域，不应受任何单个国家管辖或支配，因而网络主权一说不成立。现在越来越多的学者倾向认为，网络虽然无国界，但是计算机、路由器、服务器、光纤等网络基础设施处于一国境内，网民、互联网企业等网络主体都是有国籍的，网络上的数据和信息也是存放在一国境内的服务器上，基于网络而形成的网络社会更已成为现实社会不可分割的部分，因此网络空间理所应当受到主权国家的管辖，而非法外之地。值得注意的是，各国虽然在网络主权的提法上各执一词，但在实践层面却无一例外地对本国网络加以管理和保障，防止受到外部入侵和干涉。

法律是治理网络空间不可或缺的重要手段，之所以要将网络空间主权原则作为《网络安全法》的基本原则，主要原因有以下几点。

第一，网络的发展没有改变以《联合国宪章》为核心的国际关系基本准则。尊重国家主权是当今国际关系的基本准则，其原则和精神也应该适用于网络空间。全球互联网实际上可以看作各国国家局域网的互联互通，网络空间具有国际性，网络法也就具有一定的域外性，一国网络法的实施不可避免地会对

---

[1] 2016年12月27日我国国家互联网信息办公室颁布实施的《国家网络空间安全战略》提出了尊重维护网络空间主权、和平利用网络空间、依法治理网络空间、统筹网络安全与发展这四项原则。本章根据《网络安全法》的规定，结合有关研究，形成了网络空间主权原则、网络安全与发展并重原则、责权利相统一原则和共同治理原则，与上述四项原则基本对应。

境外的网民访问境内的网站信息造成一定影响。这些影响都会映射到网络空间主权问题上来，因此网络安全法必须对网络空间主权问题有一个明确立场，即要尊重各国管理、管辖本国网络安全与合理使用的主权。

第二，网络空间主权是一国网络安全立法、执法、司法的基石，也是一国实施网络治理的前提和基础。在现实世界中，各主权独立国家的立法、执法、司法都是基于一国主权而实施的，不容他国任意干涉。网络空间也是一样，各国基于国家主权对其领土上的网络设施、网民、网络活动、网络信息进行管理，是行使网络空间国家主权的体现，我国《网络安全法》对此予以确认符合现实、理所当然。

第三，《网络安全法》强调网络空间主权原则，抵制他国利用网络实施损害我国主权、内政和网络安全的行为合情合理。当前阶段，一些网络霸权国家在战略上把网络空间当作"全球公域"，强调网络空间中的行动自由，甚至利用技术优势肆意监视其他国家和政府领导人活动；一些国家基于自己的价值观和意识形态，推行所谓的"互联网自由"，利用网络手段进行意识形态渗透，甚至意图颠覆他国政府。但网络空间完全不同于传统上的公海、太空、南极等全球公域，网络空间虽然具有全球性，但植根于各国领土之上，如上所述，构成网络空间的物理设备设施（网络基础设施）和其上的数据、信息与网络用户均是在各国领土范围内，从而自然在各国主权管辖之下。

第四，从近年来的国家和国际实践来看，各国无一例外地行使着网络空间主权，不断颁布实施各种有关网络基础资源管理、网络安全、数据监管、个人信息保护、网络犯罪、网络知识产权保护、电子商务等方面的法律和政策，组建新的网络监管机构，加强网络执法，强化对网络空间的治理，保障网络空间安全有序。

**2. 网络空间主权原则在我国《网络安全法》中的体现**

对于网络空间主权的内涵，可以从传统国家主权的管辖权、独立权、防卫权、平等权等四个方面进行引申理解，但与传统国家主权的内涵相比，网络空间主权存在一些特殊之处。

（1）管辖权。管辖权是指国家对它领土之内的一切人（享有外交豁免权的人除外）和事物以及领土外的本国公民实行管理的权力，有权按照本国国情需要确定自己的政治制度和社会经济制度。对网络空间而言，管辖权指的是主权国家对本国境内的网民、网络设施、网络活动、网络信息和领土外的本国网民实行管辖的权力。基于网络主权，一国有权制定适用于本国的网络法律法规和政策，依法采取必要措施，管理本国信息系统及本国疆域上的网络活动；有权决定境内的网络是否接入国际互联网，境外的网站是否可以在境内访问；可以禁止不服从本国法律法规的网站在境内提供服务；可以对网络空间的谣言、诈骗等非法信息传播进行必要的管制；对网络违法犯罪行为有权行使行政、司法管辖权等。例如，我国《网络安全法》第二条明确规定："在中华人民共和国境内建设、运营、维护和使用网络，以及网络安全的监督管理，适用本法。"

（2）平等权。平等权是指主权国家不论大小、强弱，也不论政治、经济、意识形态和社会制度有何差异，在国际法上的地位一律平等。国际上，国家间关系的特征是平等和独立。网络领域的平等权主要指的是各国的网络之间可以平等地进行互联互通，各国享有平等参与国际网络空间治理的权利。由于互联网发源于美国，其他国家的网络都是后来接入到美国的互联网上，美国对互联网的掌控具有天然的绝对优势，其他国家则明显处于弱势地位，因而难以平等地参与国际网络空间治理。例如，2018年3月美国通过的《澄清合法海外数据使用法案》（Clarify Lawful Overseas Use of Data Act，CLOUD）规定，美国的监管、执法、司法部门可以通过国内法律程序调取美国公司存储在境外的数据，而只有经美国政府认可的"适格"国外政府才可直接向美国境内调取数据。

我国《网络安全法》第七条规定，国家积极开展网络空间治理的国际交流与合作，推动构建和平、安全、开放、合作的网络空间，建立多边、民主、透明的网络治理体系。该规定体现了网络空间国家主权平等原则，倡导国际网络空间治理体系的构建应建立在主权平等原则的基础上。

（3）独立权。独立权是指一国完全独立自主地行使权力，排除外来干涉，无须受制于别国。传统的国家主权"含有全面独立的意思，无论在国土以内或在国土以外都是独立的"。由于互联网具有全球性特征，各国的网络相互依存，任何国家的网络都只是国际互联网的一部分；如果一国的网络不与他国的网络互联互通，完全独立运行就只能是一国局域网。因此，一国的网络要达到完全意义上的独立是不现实的，只能是相对的独立。但网络主权应当是独立的，即一国网络除了应遵守该国认可的统一技术标准和国际规则外，不应受其他任何国家的支配。任何国家都不得搞网络霸权，不得利用网络干涉他国内政，不得从事、纵容或支持危害他国国家安全的网络活动。

目前，由于历史和技术原因，全球13台域名根服务器中美国境内有10台，只要美国在根服务器上屏蔽某一国家的域名，就能让这个国家的顶级域名网站在网络上瞬间"消失"。美国曾在战争的特殊时间里清除过伊拉克、利比亚的国家根域名，使这两个国家的全部网站从国际互联网上消失。在这个意义上，美国具有全球独一无二的制网权，有能力威慑他国的网络主权。因此除了美国以外的其他各国网络还无法实现完全的独立存在。要实现各国网络的独立权，就要将互联网的根服务器交给一个像联合国一样的国际机构管理。

（4）防卫权。防卫权是指国家为维护政治独立和领土完整而对外来侵略和威胁进行防卫的权力。网络领域的防卫权主要指的是主权国家具有对外来网络攻击和威胁进行防卫的权力。网络攻击造成的损害已经不亚于传统战争，甚至比传统战争造成的损害更大。2007年5月，爱沙尼亚受到大规模病毒攻击，导致整个政府网络几乎关闭。2022年，我国西北工业大学遭受美国国家安全局（National Security Agency，NSA）下属的特定入侵行动办公室（TAO）恶意网络攻击。据媒体报道，近年来，其还对中国国内的其他网络目标实施了上万次的恶意网络攻击，控制了数以万计的网络设备，窃取了超过140GB的高价值数据。

早在2010年5月，美国最先设立网络司令部，组建训练网军。2013年，美国棱镜计划曝光，美国利用自身技术优势对他国民众和国家领导人实施监视、监听。这些事例警示人们网络战时代已经来临。此外，有的国家利用自身的信息优势和技术优势针对他国开展网络舆论攻势和意识形态输出，发动"颜色革命"，利用网络颠覆他国政权。

在网络防卫权方面，我国《网络安全法》第三条、第五条明确规定，国家建立健全网络安全保障体系，提高网络安全保护能力；国家采取措施，监测、防御、处置来源于中国境内外的网络安全风险和威胁，保护关键信息基础设施免受攻击、侵入、干扰和破坏。《中华人民共和国国家安全法》第二十五条也明确规定，国家建设网络与信息安全保障体系，提升网络与信息安全保护能力，维护国家网络空间主权、安全和发展利益。

### （二）网络安全与发展并重原则

#### 1. 网络安全与发展并重原则的意义

网络的开放性必然带来网络的脆弱性，网络安全问题始终伴随着网络的发展历程。在互联网普及初期，由于人们的社会经济生活与网络的融合并不十分紧密，网络安全问题也不十分突出，网络发展成为重点。随着信息技术的进步和网络的全面普及，网络已经发展成为全球公共基础设施，并融入到社会经济生活的各个方面，人们的社会生活和各国的经济繁荣与网络发展密不可分。此时的网络安全问题就不仅仅是网络本身的安全，而是关涉到国家安全和社会进步，因而各国纷纷制定国家网络安全战略，将关键信息基础设施列为国家的战略资产予以特别保护。

#### 2. 网络安全与发展并重原则在我国《网络安全法》中的体现

网络安全与发展并重原则在我国《网络安全法》第三条中有明确规定，即国家坚持网络安全与信息化发展并重，遵循积极利用、科学发展、依法管理、确保安全的方针，一方面推进网络基础设施建设和互联互通，鼓励网络技术创新和应用；另一方面支持培养网络安全人才，建立健全网络安全保障体系，提高网络安全保护能力。另外，对于关键信息基础设施建设，《网络安全法》第三十三条进一步规定了"三同步"制度，即建设关键信息基础设施应当确保其具有支持业务稳定、持续运行的性能，并保证安全技术措施同步规划、同步建设、同步使用。这充分体现了网络安全与发展并重的原则。

值得注意的是，网络安全应当是一种相对安全、适度安全。适度安全的观念最早出现在美国管理与预算办公室（Office of Management and Budget，OMB）1985年制定的《第A-130号通告：联邦政府信息资源管理》（The Management of Federal Information Resources）[1]中。该通告认为，所有信息系统所要实现的安全水平应当与因系统上储存和传输的信息丢失、滥用、非法访问或非法修改而造成的危险和损害相适应。2002年《联邦信息安全管理法案》（The Federal

---

[1] 2016年7月，美国白宫更新了该通告，并更名为 A-130, Managing Federal Information as a Strategic Resource。

Information Security Management Act，FISMA）第 301 节也明确，联邦机构的责任是提供与因信息被非法访问、使用、披露、破坏、修改或损毁而导致的风险和损失相适应的保护。换言之，安全措施要与损害后果相适应，这是因为采取安全措施是需要成本的，对于危险较小或损害较少的信息系统采取过于严格或过高标准的安全措施，有可能得不偿失。

### （三）责权利相统一原则

#### 1. 责权利相统一原则的意义

所谓"责"，是指法律要求网络主体必须履行的职责或义务，以及不履行或不适当履行职责和义务的法律后果；"权"是指法律赋予网络主体一定的职权和权利；"利"是指网络主体通过网络所获取的物质利益和非物质利益。所谓责权利相统一原则，是指在网络法律关系中，网络主体享有的权利、职权和利益与承担的义务、职责必须相一致，有权利必然有义务，有义务必然要有责任，不应当存在脱节错位失衡现象。

在网络空间，网络运营者要比传统企业承担更多的安全管理义务，这主要是因为传统的政府管理在网络空间存在失灵现象，政府已经难以独立有效承担网络空间的安全管理责任，有必要根据责权利相统一原则，让网络运营者分担部分管理职责。

因此，在网络空间，需要重新配置政府、社会、企业的义务和责任。政府根据"谁运营谁负责"、"谁接入谁负责"和"责权利相统一"的原则，将一部分管理职责"下放"给网络运营者或行业协会等社会团体，是一种更有效率的做法。当然，政府也不能将过多的管理责任推卸给网络运营者，网络运营者的信息安全责任不能超出其风险控制能力和负担能力，否则市场主体负担过重，将阻碍网络经济的健康发展。因此，网络安全法需要对网络运营者的安全管理义务进行明确界定，厘清责任边界。

#### 2. 责权利相统一原则在我国《网络安全法》中的体现

《网络安全法》贯彻了责权利相统一原则。该法第十二条规定，国家保护公民、法人和其他组织依法使用网络的权利；同时规定，任何个人和组织使用网络应当遵守宪法法律，遵守公共秩序，尊重社会公德，不得危害网络安全。

这是我国《宪法》第五十一条所规定的权利义务相一致原则在《网络安全法》上的体现。

《网络安全法》中的责权利相统一原则主要体现在网络运营者的义务和责任方面。《网络安全法》第九条规定，网络运营者开展经营和服务活动，必须遵守宪法、法律、行政法规，尊重社会公德，遵守商业道德，诚实信用，履行网络安全保护义务，接受政府和社会的监督，承担社会责任。《网络安全法》以及相关法规、规章还对网络运营者的义务和责任进行了具体化，主要包括：建立网络安全管理制度的义务；对网络运行安全，特别是关键信息基础设施的运行安全的保护义务；维护网络数据安全的义务；对用户的身份信息和义务信息进行审核的义务；对所运营网络上的公共信息进行管理的义务；保障个人信息安全的义务；对用户发布的违法信息采取措施进行处置的义务；受理并处理投诉和举报的义务；配合执法部门监督检查的义务；记录和保存网络日志的义务；发现违法信息后向有关主管部门报告的义务；等等。

除了网络运营者应当遵守责权利相统一原则，网民（个人用户）也应当遵守这一原则。特别是一些面向社群的信息服务的发起者和管理者，例如百度贴吧的吧主、论坛社区板块的版主、微信群的群主等，他们多是普通的网络服务使用者，并不是互联网服务提供者的雇员，必须为自己的行为负责。当吧主发起贴吧、版主发起论坛、群主建立微信群时，相当于他们在网络空间开辟了一个新的公共空间，为特定或不特定的人群提供信息交流场所，因而就相应地负有一定的安全管理责任。2017年9月7日，国家互联网信息办公室印发《互联网群组信息服务管理规定》（以下简称《规定》），并于2017年10月8日正式施行。《规定》明确要求互联网群组建立者、管理者应当"履行群组管理责任，依据法律法规、用户协议和平台公约，规范群组网络行为和信息发布"。这里的群主管理责任，并不意味着群主需要为群成员的不法行为负责，而是说，当群成员发布了不法信息时，作为群主应当采取必要措施进行管理，如警告、踢出群，甚至解散群。当群主尽到了合理的注意义务和管理义务时，则无须再为群成员的不法行为承担责任。当然，群主要在网络空间行使管理责任，就应当给他配备相应的管理手段，因此，《规定》同时明确要求互联网群组信息服务提供者应为群组建立者、管理者进行群组管理提供必要功能权限。

## （四）共同治理原则

### 1. 共同治理原则的意义

所谓网络的共同治理，是指政府、国际组织、互联网企业、技术社群、民间机构（包括社会组织）、公民个人等网络利益相关者根据各自的作用和角色，共同参与规范互联网的发展和使用。共同治理是相对于传统上政府单边主导的社会治理而言的。网络空间的良好秩序仅仅依靠政府是无法实现的，而是需要政府、企业、社会组织和公众等网络利益相关者的共同参与。其主要原因有以下三点。

第一，以政府为主导的传统管理模式已无法满足网络治理的需要。传统的社会管理模式以属地管理为主，将国家划分为不同层级的行政区域，并设置相应的地方政府及职能部门管理本地事务，形成自上而下的金字塔式管理体系。正如美国学者莱斯格指出的，在现实世界中，我们通过社会规范将某些事物隔离于一定的场所，并能有效地对其进行分化，形成"分区管制"。这种分区管制的采用，是取决于现实世界的可区分性特征，也就是现实世界的结构。但网络空间的结构并不适合分区管制的实施。网络空间打破了地域限制，没有现实的地理界限来隔离信息的流动。网络空间的开放性使人们可以在任何时间、任何地点进入网络空间的任何角落。一个平台可以容纳全国，甚至全世界的网民参与，在这样的平面化社会结构下，传统的管理模式难以适应治理的现实需要。

第二，作为网络社会核心环节的网络平台，基本上都是由民营企业经营，而非由国家控制。架构网络空间的技术标准和协议也都是由企业或技术精英研发出来的，而不是由政府设计的。民族国家、宗教组织、跨国公司等传统机构都在网络信息流动中丧失了一定的控制权。政府对信息的控制能力在削弱，这不仅体现在防范国家安全敏感信息外泄能力的缺失，还体现在对信息中介服务全球输出进行限制的能力匮乏。这就要求网络运营者（信息中介）不仅要创造互联网规则和政策，同时要承担互联网的内容控制职能。政府与互联网企业的关系不再是简单的管理与服从的关系，还需要建立协同关系，开展信息共享，共同应对网络安全威胁。

第三，信息通信技术日新月异，网络应用层出不穷，企业和个人往往能够较快跟进网络社会的发展，而政府对快速变迁的技术和市场的反应明显滞后，因而不能完全适应网络社会快速发展的需要，政府已经难以仅凭一己之力治理好网络社会，而是应该积极引导互联网企业、行业协会和社会公众参与网络治理，开展协同合作，建立伙伴关系，实现网络社会的有效治理。

共同治理原则要求各方主体根据各自的角色和作用发挥治理功能。早在2003年联合国信息社会世界峰会通过的《日内瓦原则宣言》中就明确指出，各国政府以及私营部门、民间社会和联合国及其他国际组织在信息社会的发展和决策过程中发挥着重要作用，肩负着重要责任。互联网的治理既包括技术问题，也包括政策问题，并应有所有利益相关方以及相关政府和国际组织的参与。2005年联合国互联网治理工作组（Working Group on Internet Governance，WGIG）的报告对政府、私营机构、民间社会在互联网治理中的不同作用作了进一步描述。政府应当在国家层面进行公共政策的决定、协调和执行，并对区域和国际级别上的政策加以制定和协调；应制定和通过法律、条例和标准，并监督实施；应为信息和通信技术发展创造有利环境；等等。私营部门应当制定业内的自律规范，确立最佳实践；应为决策人员和其他利益相关者提供政策提议、准则和工具；应开展技术、标准和进程的研究；等等。民间社会应提高网络安全意识和能力建设（知识、培训、技能分享）；促进实现各种公益目标；协助确保政府和市场力量能够顾及社会所有成员的需求；鼓励企业承担社会责任和政府实施善政；等等。此外，2005年联合国互联网治理工作组的报告还认为，学术界对互联网的贡献十分宝贵，是启发、创新和创造活动的主要来源之一。技术界及其各组织参与互联网业务、互联网标准制定和互联网服务发展的程度很深。这两类群体在互联网的稳定、安全、运作和发展方面起着持久、宝贵的作用。

一国境内的网络空间治理需要坚持共同治理原则，对于国际网络空间的治理而言，同样应当坚持共同治理原则。正如习近平主席在第二届世界互联网大会上所指出的，"国际网络空间治理，应该坚持多边参与、多方参与，由大家商量着办，发挥政府、国际组织、互联网企业、技术社群、民间机构、公民个人等各个主体作用，不搞单边主义，不搞一方主导或由几方凑在一起说了算"[1]。

尤其值得注意的是，在网络空间治理活动中，特别是在维护网络安全方面，政府正发挥着越来越重要的作用，各国的网络安全战略也都强调要加强国际合作，因此，在国际网络空间治理方面不能排除或降低各国政府的参与，而应加强各国政府间的沟通交流，完善政府间网络空间对话协商机制，共同研究制定全球互联网治理规则，使全球互联网治理体系更加公正合理，更加平衡地反映大多数国家的意愿和利益。

**2. 共同治理原则在我国《网络安全法》中的体现**

我国《网络安全法》对各类主体在网络治理中的角色和责任进行了规范，充分体现了共同治理原则。一方面，《网络安全法》明确规范的治理主体包括政府部门、网络运营者、社会组织和机构等共计30多个，涉及广泛，种类繁多，可以说是我国目前规范主体最多的法律。另一方面，《网络安全法》对各类网络治理主体进行了细化。其中，在政府监管主体方面，共包括国务院、中央军委、网信部门、电信主管部门、公安部门、关键信息基础设施安全保护工作部门、地方各级人民政府及其有关部门、政府工作人员等10余种，并特别明确了国家网信部门作为网络安全工作和相关监督管理工作的统筹协调部门的地位。在市场主体方面，法律不但明确了关键信息基础设施运营者、电子信息发送服务提供者、应用软件下载服务提供者等各类网络运营者的网络治理责任，还进一步明确了网络运营者中的网络安全负责人、专门安全管理机构、安全管理负责人、法定代表人、一般从业人员、关键岗位从业人员等企业内部人员的治理责任。在社会类主体方面，法律不但强调了网络相关行业组织的治理责任，还对研究机构、高等院校、检测认证机构、教育培训机构、大众传播媒介、社会公众等治理主体进行了规范。

### 三、关注网络安全的重要意义

2018年4月，习近平总书记在全国网络安全和信息化工作会议上强调，

---

[1]《习近平谈治国理政》第二卷，外文出版社2017年版，第535—536页。

没有网络安全就没有国家安全，就没有经济社会稳定运行，广大人民群众利益也难以得到保障。这一论断指明了我国网络安全体系建设的重要意义。作为互联网普及率达 78.0% 的网络大国，良好的网络安全环境关乎个人社会生活和权益、国家主权、安全和发展利益、全球秩序和世界和平。

具体而言，网络空间已与个人社会生活紧密相连。中国互联网信息中心（CNNIC）第 54 次《中国互联网络发展状况统计报告》显示，截至 2024 年 6 月，我国网民规模为 10.9967 亿，互联网普及率达 78.0%；农村地区互联网基础设施建设纵深推进，互联网普及率达 63.8%；在网络接入环境方面，网民人均每周上网时长为 29.0 个小时，网民使用手机上网的比例达 99.7%。截至 2024 年 6 月，我国在线办公用户规模达 5.0 亿。[1] 电子政务从门户网站到 OA 系统办公再到移动办公等各种业务支撑系统的应用得到实现。与此同时，网络通信、网络教育、网络金融等方方面面牵动着人们日常生活和社会秩序的正常运行。

网络发展直接关乎国家主权、安全和发展利益。当前，随着网络安全形势日趋复杂严峻，网络空间日益成为各国战略博弈的重要"战场"，世界各国间网络冲突规模不断升级、网络攻击频次持续上升、网络恐怖主义抬头，一些西方发达国家凭借技术与经济优势，利用互联网向其他国家进行意识形态渗透和文化输出。正因如此，世界主要国家和地区均将网络安全上升至国家战略高度。国家互联网应急中心（CNCERT）《2019 年我国互联网网络安全态势综述》指出，2019 年，某黑客组织对我国重要党政机关部门进行 APT 攻击，钓鱼邮件攻击数量达 50 多万次，月均 4.6 万封，这些安全威胁一旦成为事实上的攻击，就会对政府公信力乃至国家安全造成恶劣影响。在此背景下，我国坚持总体国家安全观，统筹发展和安全至关重要。

网络安全同时影响着全球秩序和世界和平。2013 年 6 月，"棱镜门"事件就披露了美国长期入侵包括盟国在内的他国网络系统、实施大规模网络监控和窃密的事实。事件一经曝光，相关国家严重不满。时任法国总统奥朗德要求美国立即停止监控欧盟，并威胁中止和美国的贸易谈判；英国工党称美国令

---

[1] 数据来自 2024 年 8 月 29 日中国互联网信息中心（CNNIC）发布的第 54 次《中国互联网络发展状况统计报告》。

人"寒心";德国政府发言人称美国此举属"冷战"时期行为。全球化背景下,网络空间已成为人类共同家园,构建网络空间命运共同体意义重大,对于世界和平和人类发展具有重要价值。

加强网络安全也能够更好保障人权,促进人类社会发展,关乎个人言论表达、个人信息安全、个人隐私保护等基本权利,网络安全也涉及对淫秽色情信息、歧视言论等相关问题进行有效法律治理。因此,只有确保网络安全才能更好保障人权,保障人类社会健康与可持续发展。据报道,我国2021年"净网"专项行动共抓获实施网络黑客、电信网络诈骗违法犯罪人员1.6万余名,对其中6700余人采取刑事强制措施。同样,以隐私权为例,早在2011年,联合国人权事务高级委员会就表示,人权在网上和网下同样有效。支持和保护网上隐私同样重要。2015年11月,二十国集团一致认可,隐私权应当是"包括在数字通信方面的隐私权"。我国为保护网络隐私权也采取了诸多有效举措。2021年,在针对摄像头偷窥等黑产业的集中治理行动中,我国累计下架违规产品1600余件。

由此可见,网络安全涉及一国国民乃至人类社会生活的方方面面,网络安全与人类的和平与发展息息相关,如何持续提高网络安全意识、不断规避与防范网络安全风险,是各国政府、民间机构、网络平台、个人用户以及相关技术机构需要思考和解决的重大课题。

## 第二节 有关国家网络安全战略及立法考察

### 一、有关国家网络安全战略

在国际层面,网络安全成为影响全球各国经济安全、政治安全、文化安全乃至社会稳定的重要因素。如何化解网络安全面临的威胁,使网络空间面临的各类风险可防可控,已经成为各国需要长期面对、不断解决的重要问题。如何建立和完善网络安全信息治理体系成为世界各国普遍关注的焦点之一。我们通过对全球 30 个国家和地区，包括阿根廷、澳大利亚、巴西、加拿大、朝鲜、埃及、欧盟、法国、德国、印度、印尼、伊朗、以色列、意大利、日本、韩国、马来西亚、墨西哥、荷兰、挪威、俄罗斯、沙特阿拉伯、新加坡、南非、瑞典、泰国、土耳其、英国、美国、越南的网络安全战略、相关法律制度以及网络安全组织体系研究，深入分析各国网络安全治理体系。

在对 30 个国家和地区的研究中，包括 G20 中除我国以外的 19 个国家，以及其他网络发展和网络安全治理比较有特色的国家，涵盖亚洲、欧洲、非洲、南美洲、北美洲、大洋洲等 6 个大洲。按照互联网发展水平不同，可以将其分为三个梯队。

第一梯队，以美国、欧盟、日本等西方发达国家和地区为代表，他们的网络发展起步早、发展水平高，网络安全治理开始早、治理成效明显，法规健全、体系完善。这一梯队包括美国、澳大利亚、英国、欧盟、瑞典、挪威、荷兰、德国、法国、意大利、以色列、加拿大、俄罗斯、日本、韩国、新加坡等，美国、欧盟在该梯队中具有代表性，将在后文集中讨论。

第二梯队，以印度为代表的发展中国家，他们的网络发展时间较短，但发展速度较快，针对网络安全的治理处于发展探索阶段，但在治理过程中也取得了一定成效。这一梯队包括阿根廷、墨西哥、印度、巴西、印尼、泰国、马来西亚、埃及、沙特阿拉伯、土耳其等。

第三梯队，主要包括朝鲜在内的部分亚非国家，这些国家由于经济发展水平落后或封闭性高或者其他政治性原因，网络发展时间晚，发展缓慢，网络安全的管理水平和能力较低。该梯队主要包括朝鲜、越南、伊朗、南非等。

近十几年来，世界各国纷纷出台国家层面的网络空间安全战略，以积极的态度应对网络威胁，更好地保护国家安全和公民权益。

## 二、有关国家网络安全战略要点

### （一）美国

美国是世界上第一个制定网络安全战略的国家，也是首个把网络安全战略上升作为国家安全战略组成部分的国家。美国政府对网络空间安全的关注可追溯到 1996 年，当时的克林顿政府成立了关键基础设施保护委员会，随后小布什、奥巴马、特朗普三届政府对网络空间安全也高度重视。2021 年拜登执政后，于 2023 年 3 月发布《国家网络安全战略》。

2023 年新版《国家网络安全战略》，提出了改善全国数字安全的整体方案，旨在帮助美国准备和应对新出现的网络威胁。新战略围绕五大支柱展开：一是捍卫关键基础设施，二是打击和瓦解威胁行为者，三是通过市场力量推动安全和弹性，四是加强对未来弹性的投资，五是发展网络空间国际伙伴关系。美国政府发布的这一网络安全战略，凸显了对网络安全技术的最新关注，旨在保障美国在网络技术和网络安全方面的优先地位，同时，注重加强国家合作与协调。[1]

从小布什政府、奥巴马政府到特朗普政府，再到拜登政府，美国在网络空间的战略目标从国内控制、国际塑造、单边护持，发展为多边"竞赢"；其针对网络安全的策略也经历了本土防御、网络威慑、进攻性行动与综合性遏制四个阶段。美国政府相继推出的网络安全战略既具有延续性，又存在显著差异，其背后反映出美国对网络空间、自身实力地位与安全威胁的认知演化。随着综合实力的变化，美国对于自身所面临的外部环境的认知发生了转变，对网络空间安全威胁的认知也不断变化。在地缘政治与网络空间安全化等因素的影响下，美国针对网络安全的战略叙事也随之变化，这成为美国国家网络安全战略演进的主要驱动机制，由此加剧了网络空间的泛安全化与意识形态化。[2]

美网网络空间安全战略，主要特征有以下几点。

一是国家层面的高度重视。每届政府都特别重视国家安全，自 2003 年起将网络安全提升至国家安全的战略高度，并通过《国家网络安全战略》等文件，将网络安全与国家安全紧密联系在一起。

二是从一般政策演变为国家战略。这一过程始于 1998 年的《克林顿政府对关键基础设施保护的政策》，2000 年发布了《信息系统保护国家计划 v1.0》。

---

[1] 参见刘志超、赵林：《揭秘各国网络空间安全战略：美国保持世界绝对优势，俄罗斯突出自身特色》，《军事文摘》2020 年第 6 期。

[2] 参见宫云牧：《网络空间与霸权护持——美国网络安全战略的迭代演进与驱动机制》，《国际展望》2024 年第 1 期。

布什政府在2001年"9·11"事件后发布《信息时代的关键基础设施保护》，并宣布成立"总统关键基础设施保护委员会"，并于2003年2月正式发布《保护网络空间的国家战略》。[1] 2011年5月，奥巴马政府公布《网络空间国际战略》。2018年9月，特朗普政府发布《国家网络战略》。2023年3月，拜登政府发布《国家网络安全战略》，延续了此前小布什、奥巴马、特朗普历任美国政府围绕维护国家网络安全，巩固并强化网络霸权的核心思路。

三是强调政府的主导作用。近年来，美国政府在网络防护中的主导作用不断加强。通过建立统一的安全标准、加强危机的综合应对等措施，政府试图加强对关键基础设施的保护。此外，政府还加大了对公众网络安全意识的培育力度，以提高整个社会的网络安全意识。[2]

四是从行业自律到国家监管。在2023年拜登政府发布的《国家网络安全战略》报告中，美国首次把监管列入国家网络安全战略，而过去的战略是侧重通过信息共享以及合作伙伴关系应对挑战，这意味着相比于过去，战略将更注重强制立法而非自愿方式应对网络安全问题。据美国政治新闻网报道，这种方法标志着20年来让关键行业的公司自愿加强网络安全的努力告一段落。[3]

美国的网络空间战略，从提出、深化到国际化、系统化，日趋成熟，表明了美国在网络空间建立国际基本规范的战略思路，也体现了其对自身网络空间技术的强大信心，以及在网络空间谋求霸权的强势策略。

## （二）俄罗斯[4]

近年来，随着全球范围内互联网技术和产业的发展，俄罗斯的互联网相关产业取得了显著的成就，涌现了一批如卡巴斯基公司等主要的网络企业。同时，国际上的大型网络企业如谷歌、推特等，在俄罗斯也有良好的发展。但俄罗斯也存在普遍的网络安全问题，如缺乏加密技术、网络空间没有防火墙、没

---

[1] 参见沈昌祥：《网络空间安全战略思考与启示》，《2014年中国互联网安全大会》，2014年。

[2] 参见刘志超、赵林：《揭秘各国网络空间安全战略：美国保持世界绝对优势，俄罗斯突出自身特色》，《军事文摘》2020年第6期。

[3] 易洁、田喆：《美〈国家网络安全战略〉出台的历程、背景与核心内容解读》，"复旦中美友好互信合作计划"微信公众号2023年3月7日。

[4] 本书关于俄罗斯网络安全治理体系的研究时点放在俄乌冲突之前。

有双重认证等,导致网络瘫痪、网络攻击、网络渗透,网络恐怖主义事件增多。[1]在世界各国纷纷推出网络空间安全战略的背景下,俄高层非常重视信息安全建设,坚持从其自身的国情、军情出发进行战略统筹和顶层设计,通过规划牵引、政策扶持,将网络安全提升至战略高度,其网络安全战略与西方发达国家有许多不同之处,体现出了俄罗斯强化国家安全、实现国家复兴整体战略目标的鲜明特点。

相对中国主张的"网络主权"而言,俄罗斯更强调"信息主权"或"数字主权"。俄在不断调整、充实和完善网络空间安全政策来满足其国家安全需要的过程中,形成了一套具有自身特色的网络话语体系。长期以来,俄罗斯一直用"信息空间"代指"网络空间",用"信息安全"代指"网络安全",特别是在外交场合中避免使用"网络空间"一词。俄罗斯坚持使用符合自身价值观和利益的网络术语,保证自己在意识形态领域的优势。[2]

俄罗斯自20世纪90年代独立以来,非常重视信息安全领域的法治建设,从法理上明确国家在保护信息安全方面的责任和权力,为网络空间安全战略形成奠定了坚实基础。

一是信息安全立法的全面化。俄联邦政府根据国情从国内与国际、个人与国家等方面入手,制订了一系列保障信息安全的法律法规,内容涵盖国防、内政、外交、司法、经济、科学技术、精神生活等领域信息化问题。为俄罗斯联邦信息安全立法体系日趋科学与完善提供了支撑。俄罗斯联邦已经形成了以宪法为立法依据,以一般信息法为立法基础,以若干纲领性文件为立法的政策指导和理论依托,以具体的法律规范为立法支撑的信息安全法律体系。

二是积极推进信息领域立法。2016年俄罗斯颁布新版《信息安全学说》,提出要确保网络信息安全;2017年,俄罗斯联邦政府批准了《俄罗斯联邦数字经济规划》,提升网络关键基础设施的自主可控水平,制定在网络空间被西方制裁的对策;2019年颁布的《俄罗斯联邦网络主权法》旨在保护俄罗斯互联网在遭受敌方攻击时可持续运行,进一步强化俄罗斯国家网络在全球网络空间内

---

[1] 参见孙壮志、李中海、张昊琦:《俄罗斯发展报告(2019)》,社会科学文献出版社2019年版。

[2] 参见刘志超、赵林:《揭秘各国网络空间安全战略:美国保持世界绝对优势,俄罗斯突出自身特色》,《军事文摘》2020年第6期。

自主互联和主动防御的能力。[1]

三是加强信息安全相关领域系统建设。2013年8月，俄联邦安全总局公布了《俄联邦关键信息基础设施安全》草案及相关修正案，这是俄罗斯加强关键信息基础设施保护的重要举措。2014年5月，普京签署了《知名博主管理法案》。2015年10月，俄罗斯国家杜马通过的《个人数据保护法》开始生效，该法旨在加强政府对个人数据的监管。除了联邦法律外，俄政府还不断颁布总统令和政府决议等规范性文件，对信息安全给予多方面保障。该领域比较重要的总统令有：禁止生产和使用未经批准许可的密码设备、关于核准机密资料清单、关于使用国际信息交换通信信息网络过程中俄罗斯联邦信息安全保障措施等；重要的政府决议包括：信息技术保护活动许可、关于在个人数据信息系统中加工个人数据过程中保障个人数据安全条例核准、关于联邦国家信息系统特别接入信息通信网络等。此外，俄罗斯还制定和颁布了信息安全标准体系和测评认证制度等信息安全法规文件。诸多法律规范对信息安全立法形成有效支撑。

### （三）欧盟

欧盟网络安全战略始于20世纪90年代，已成为欧盟安全治理格局中日益重要的内容。以2013年出台的《欧盟网络安全战略》为标志，包含网络安全管控机构、战略文件与法律法规、信息技术保障、安全合作实践以及网络安全文化建设五大保障机制，构成了一个立体的战略框架体系。

从欧盟网络安全战略的发展历程来看，大体上经历了三个阶段。[2]

第一阶段是起步阶段（1993—2000年）。1993年，欧盟发布《德洛尔白皮书》，首次将促进信息通信技术产业的发展纳入面向21世纪的宏观发展战略之中，以"保护数据和隐私"，"解决信息和通信系统的安全问题"。

第二阶段是升级阶段（2001—2009年）。欧盟委员会在2001年的《网络和信息安全提案》中首次提到了网络信息安全的重要性，2004年创建了欧洲

---

[1] 参见兰顺正：《网战"硝烟"：俄乌暗战网络空间，俄网络战实力如何？》，澎湃网2023年3月4日。
[2] 参见戴丽娜、叶雪枫：《无本土互联网巨头——欧盟互联网发展与治理研究报告》，《汕头大学学报（人文社会科学版）》2016年第8期。

网络和信息安全局（ENISA），作为提高欧盟网络安全水平和促进成员国间信息交换、经验分享的重要抓手。2006年出台《确保信息社会安全的战略》，进一步提出网络安全文化。2009年3月，欧盟委员会出台《关键信息基础设施保护》，表明欧盟对互联网的思路逐渐转向提升欧盟网络的整体抗风险能力，保护欧洲免受大规模网络攻击和网络中断的风险。

第三阶段是形成阶段（2010年至今）。2010年5月，欧盟发布"欧洲数字议程"五年计划，作为落实《欧洲2020战略》计划之一；2013年2月，出台网络安全领域首份战略文件——《欧盟网络安全战略：开放、可靠和安全的网络空间》（Cybersecurity Strategy of the European Union：An Open, Safe and Secure Cyberspace）。文件指出，欧盟重点关注的对象是网络犯罪和关键性基础设施的安全，并在制度上设计了一张纵贯"成员国—欧盟—国际层面"的联动合作网络。这份战略文件的出台标志着欧盟在网络安全治理上正显示出独立、主动的姿态。

总体上看，欧洲的网络安全战略还是以信息安全，尤其是个人数据和商业隐私保护为主线，经历了从信息安全到数据安全再到网络空间安全的发展历程。与美国不同的是，欧盟对网络安全的治理更倾向于一种广泛而全面的社会治理模式，突出对公民个人权益的保护，把网络空间视为民主法治之地而非军备竞赛场所。

### 三、有关国家网络安全组织体系特点

各国在网络安全组织体系建设方面，注重通过法律形式，明确互联网信息安全管理机构的设置和职责，呈现出专门化发展趋势。

#### （一）职能分工：传统部门和专门部门相互协同

部分国家选择在现有的行政体制内赋予现存部门网络安全管理职能，另外一些国家选择成立了专门保护信息安全的权威机构，统一指导、协调网络安全工作。

传统政府部门大多处理与自己的传统职能有着密切联系的互联网信息安

全事务，例如警察、安全机构主要负责打击网络犯罪活动，商务经济部门对电子商务进行管理，文化部门对网络版权进行管理，等等。新的机构则通常是为应对互联网带来的新的信息安全问题而专门成立的。这类机构有的下设在传统政府部门之下，向传统政府部门负责，如部分国家在电信监管机构之下设立的互联网信息中心。有的则是独立的监管机构，例如为应对数据保护和垃圾邮件问题，英国颁布了《个人数据保护法》，并依据该法成立了独立的监管机构——信息委员办公室，由该机构履行公民个人数据保护等管理职责。大部分组织机构依据法律授权，实施对互联网信息安全的各项管理活动，特别是专门成立的部门，其设立、组织机构、职能都是以法律形式予以规定。

### （二）管理路径：平行模式和垂直模式各有所长

网络信息安全的全局性、广泛性、复杂性及其风险可能产生的破坏力，决定了必须由多个政府部门对其进行联合管理，如阿根廷、荷兰、埃及在这方面采用平行模式，部门之间是并行的，并非相互隶属的。但这样也容易带来交叉重复、分割管理的问题，因此一些国家设置垂直模式，在多部门之上设立权威协调机构，集中统一管理协调网络信息安全问题，如美国、俄罗斯、日本。

#### 1. 阿根廷

阿根廷涉及网络安全的国家机构主要是现代化部下的网络安全委员会，负责"起草和制定国家网络安全战略"，制定框架指导方针和规则。

安全部下的网络安全事件应对委员会是为了保护安全部的IT系统免受网络攻击，并协调对此类攻击的应对；司法部下的数据保护机构作为数据库的登记处，保存数据库的登记和更新记录，同时执行《阿根廷数据保护法》和《拒收信息法》，进行检查和处罚以及制定与数据保护有关的新的部署和规章制度。阿根廷公共信息机构，取代国家数据保护局，负责执行《阿根廷数据保护法》及其合规性审计，属于公共自治机构，由国家司令部（国家政府部委的最高权力机构）创立。通信局下的大数据观察站旨在"研究个人数据使用的监管框架""培育和创建大数据技术平台"，以及"提出新的数据规则"。但这样也容易带来交叉重复、分割管理的问题，因此一些国家选择在多部门之上设立直属最高权力机关的权威协调机构，集中统一管理协调网络信息安全问题。这既适应了网络安全的全局性,又克服了多部门各自为政。

**2. 美国**

美国网络信息安全管理体制相对完善,六大政府部门分工负责网络安全具体事务,直属总统的高级机构总揽网络信息安全事务。2009 年,美国成立全国通信与网络安全控制联合协调中心,协调和整合六大政府部门网络安全管理信息,分析上报总统。同年,成立白宫网络安全办公室,由总统特别助理兼任白宫网络安全协调官,网络安全协调官领导的办公室处理所有有关网络安全事务。该办公室履行的重要职责是:精心策划和整合所有政府网络安全政策;与管理预算办公室密切协作以确保机构预算反应这些优先事项;在发生网络攻击或其他重大事件时,协调反应机制。网络安全的工作领导和协调的层级属于总统层级,并且与情报收集、军队网络安全保障整合起来,形成一体化、综合性国家网络安全领导和协调体制。国防部网络司令部总体负责军方网络安全的政策、网络战实施指挥等;国土安全部主管政府机构、社会团体、大型企业等网络安全政策实施保障;其他方面的网络安全事务则由国家安全局负责。上述这些工作全部汇集到白宫网络安全协调官处,并由网络安全协调官通过国家安全委员会和国家经济委员会两个机构整合到美国国家安全政策和经济发展政策之中。

**3. 俄罗斯**

俄罗斯也建立了类似美国的网络信息管理体制,由具体部门分工负责,俄罗斯建立了由总统直接领导和监督,联邦安全会议、总统国家安全助理和有关部委负责的最高权威网络信息安全管理机构,以及强有力的网络执法领导机构。俄罗斯负责信息安全的主要机构是俄罗斯联邦安全理事会、联邦安全局、联邦保卫局、联邦技术和出口控制局以及信息技术和通信部。

**4. 韩国**

根据韩国《信息通信网的促进利用与信息保护法》第 4 条规定,负有信息通信网的网络和信息安全管理职责的政府机关包括行政安全部、知识经济部和韩国通信委员会(KCC)。其中,知识经济部主要负责制定和发布与技术开发、标准化及认证和质量测评等有关的监管政策;行政安全部负责在公共安全方面的管理,配合韩国通信委员会进行信息通信网及信息安全事件的调查,可以采取扣押物品、材料等相关行政强制措施;韩国通信委员会负责作为行业监管机构全方位负责信息通信网络及信息安全。三者应当依据各自职责,共同发挥对信息通信网络的管理职责,联合起草法律修改令、公布相关政策措施。此外,下设在韩国通信委员会的韩国互联网安全局是网络与信息安全的主要管理机构,负责保障国家互联网基础设施安全,免于黑客攻击、垃圾邮件泛滥和其他恶意侵犯,运营韩国计算机应急响应和协调中心,等等。

网络安全领域的监管不同于其他领域,需要有相关技能的人员参与,传统的行政管理监督体系已不能满足实施网络安全领域的要求,势必朝着越来越专门化的方向发展。

## 第三节 我国网络安全治理的总体形势与对策

### 一、当前我国网络安全的总体形势

1994年,我国接入国际互联网。同年2月,《中华人民共和国计算机信息系统安全保护条例》正式施行,明确了我国计算机信息系统安全保护工作的重点。该条例的发布,意味着我国信息网络安全进入了有法可依阶段,这一领域立法由此逐步展开。在2000年之前的一段时间,人们只是将互联网作为技术工具看待;2000年以后,人们突然认识到互联网强大的媒体属性、商业机会和社会价值,2000年9月《中华人民共和国电信条例》《互联网信息服务管理办法》等规定相继颁布,各部门开始重视参与网络信息治理,同时2004年通过的《中华人民共和国电子签名法》推动了电子商务发展,2000年通过的《全国人民代表大会常务委员会关于维护互联网安全的决定》对确保网络安全作出了重要规范。随着互联网应用的深入普及,网络已经从虚拟空间变成了现实社会不可或缺的一部分,全面开启了我国网络生活新阶段。2014年2月27日,中央网络安全和信息化领导小组成立,我国开始朝着统筹协调、顶层设计、全面依法治网的方向发展。

党的十八大以来，互联网法律治理迈入新时代，我国网络立法取得了较大进展。习近平总书记高度重视网络安全和信息化工作，提出一系列具有开创性意义的新思想新观点新论断，形成了习近平总书记关于网络强国的重要思想。由此，我国网信事业取得积极进展和瞩目成就。国家和地方政府以及行业主管部门相继颁布实施了一系列信息网络安全方面的法律法规、规章及政策性文件，行业自律公约也相继出台，初步形成了具有中国特色的包括宪法、法律、法规、部门规章、司法解释、行业自律守则等多层面的信息网络安全法律体系。

近年来，我国相继颁布实施了《网络安全法》、《中华人民共和国数据安全法》（以下简称《数据安全法》)、《中华人民共和国个人信息保护法》（以下简称《个人信息保护法》)、《关键信息基础设施安全保护条例》、《国家网络空间安全战略》等网络安全法律法规及指导性政策文件，印发《关于加强网络安全学科建设和人才培养的意见》《关于加强国家网络安全标准化工作的若干意见》等政策文件，不断夯实国家网络治理法治化根基，互联网法治进程迈入新时代；印发《网络安全审查办法》《云计算服务安全评估办法》《汽车数据安全管理若干规定（试行）》等部门规章和规范性文件，国家网络安全工作的政策体系框架基本形成，网络安全国家标准体系日益完善。中国互联网协会等行业组织还制定了20余件自律性规范，互联网行业自律意识和能力不断增强。

此外，在国际方面，中国也在积极推动、制定和实施与网络安全相关的国际公约，维护网络空间的国际安全，推动构建网络空间命运共同体。自2014年起，世界互联网大会在我国已连续10年成功举办，中国浙江乌镇已经成为世界互联网大会的永久会址。关于全球互联网发展治理的"四项原则""五点主张""四个共同"等中国智慧，得到国际社会的广泛认同，网络空间命运共同体等重要理念深入人心。自2014年起，中央网信办等十部门共同连续举办国家网络安全宣传周，有效提升了全民网络安全意识和防护技能，"网络安全为人民，网络安全靠人民"的理念深入人心。

### 二、我国网络安全治理的突出问题

近年来，我国网络安全法律治理体系日渐完善、治理能力显著提升，网络安全法律体系不断健全，执法能力和执法水平也在不断提高，平台自律能力和网民素养正在逐步增强，网络安全形势正在朝着稳健可控的方向发展。网络安全已经成为维护我国国家安全和总体安全的重要一环，维护网络安全已经成为维护我国国家主权、安全发展利益的重要保障。

与此同时，随着全球化的日益加深，第四次工业革命带来的信息化、智能化浪潮深刻影响着各个国家的网络安全环境和秩序。对一国来说，来自国内、国际的网络安全风险挑战也在日趋增多。网络空间面临的网络攻击有增无减、网络安全事件多发易发、网络犯罪事件频频发生等等，加之网络恐怖主义威胁、网络空间军事化升级等形成的态势和影响，不可避免地直接或间接向政治、经济、文化、社会、生态、国防等领域传导渗透，对包括我国在内的世界各国都形成了前所未有的严峻挑战。因此，我们应该在网络领域的立法、司法、日常监管、技术创新、队伍建设和国际合作等方面采取更多有力举措，健全完善相关制度机制，作出更有效、更科学、更具战略性的应对与部署。

就目前而言，我国网络安全存在以下几个突出问题：政出多门，立法过于分散，部门立法、地方立法缺乏统筹，难以适应网络法治特点和规律；执法能力相对滞后；立法理念上重管理而轻治理，重义务而轻权利，对我国参与互联网国际事务的支持不足；发展互联网事业人才是第一资源，而目前我国在网络立法和监管方面人才仍显缺乏，学科支撑基础薄弱。与此形成对照的是，相较于欧美一些发达国家近年来加速网络安全立法保护本国利益的做法，我国网络安全立法进度仍显滞后，网络监管与网络治理能力仍需强化，互联网法律治理体系还有待进一步建立完善。

打铁必须自身硬。科技是第一生产力，创新是第一动力，网络核心技术是信息化中最活跃的因素，是最先进的生产力。如果核心技术无法获得突破性进展，就始终无法摆脱我国在信息战略与政策及网络信息领域发展上受制于人的被动局面。一直以来，西方个别国家把控着世界信息技术的主动权，只有打破西方个别国家的信息技术霸权垄断局面，突破核心技术限制，才能真正保障我国的网络安全。实现这一目标，政府部门需要加大资金投入与政策支持，为互联网企业发展创造良好市场环境；互联网企业也需加强自主创新能力，在网络关键基础设施上摆脱对国外的技术依赖；还要注重对国外先进技术经验的学习与借鉴，不断实现我国网络信息领域的跨越式发展。

### 三、关于我国网络安全治理的基本对策思考

人类社会发展到今天，生产生活已离不开互联网，高端制造、智能制造、政务运行、社会治理及人们的日常生活对互联网的依赖程度不断加深，极言之，一旦网络安全出现漏洞或问题就可能瘫痪区域性或全局性的整体运转，导致社会重大损失，甚至出现灾难性后果。在这种潜在或现实风险带来的空前挑战下，各行业各领域乃至各个国家和全球社会对网络安全问题都空前重视，从各个方面不断完善相应对策，做到防患于未然。纵观各国和全球的网络安全治理，应采取的对策主要集中在以下几个方面。

#### （一）依法监管，严格监管

网络的快速发展，对保障网络信息安全不断提出新课题。在网络信息安全监管中，监管主体多但权责划分不明、协调机制不畅，这往往导致一个问题多头监管，或出现问题无人监管，出现监管漏洞或监管空白，且执法程序不够合理顺畅，最终导致监管效果不佳，损害了社会公共利益或公民个人权益。党的十五大报告中首次明确规定：依法治国、建设社会主义法治国家是党领导人民治理国家的基本方略。有法可依、有法必依、执法必严、违法必究是依法治国的基本要求和主要内容。我国的《国家网络空间安全战略》也明确规定应全面推进网络空间法治化，该战略还将依法治网、依法办网、依法上网作为基本原则。

网络监管的首要原则就是要做到依法监管，任何个人和组织都必须在宪法和法律允许的范围内活动，不得有逾越法律的现象。一段时期，由于我国部分网民法律意识淡薄，执法监管尚有一些薄弱环节，存在监管漏洞，因此网络安全和网络秩序急需更加健全的法律规范。为了使网络监管有法可依，首先，应消除网络监管规范上的空白区域，为执法提供更充分有力的依据；其次，应理顺监管主体的相应职责，避免权责冲突、权责空白或重复执法现象，造成部门间相互推诿或扯皮；最后，各监管部门应严格依法行使监管职能，避免随意执法造成公权力的越位或缺位。总之，只有做到依法监管、严格监管，才能确

保依法治网、依法办网、依法上网,最大限度维护网络安全,维护社会公共利益和公民及有关组织的合法权益。

### (二)加强政府和社会协同治理,促进平台企业自律

网络安全是国家治理、社会治理的重要组成部分,这就要求完善党委领导、政府负责、民主协商、社会协同、公众参与、法治保障、科技支撑的社会治理体系,建设人人有责、人人尽责、人人享有的社会治理共同体,将政府、社会组织、企业、平台和个人协同担当相关责任落到实处。在某些领域,单靠政府或某一部门实施监管往往难以收到最佳成效,网络监管也是如此。近年来发生的某些网络违法犯罪行为(案件)的处置,由于没有调动相关公民、平台企业和组织力量的监督与协同,其收效明显带有局限。比如,曾对新冠疫情虚假信息的规制和非法网络游戏的处理失当就是例证。事实上,遏制网络违法行为的关键之一在于发挥网络运营商和平台企业的自律责任,调动起大众传媒、社会组织、人民团体及公民个人的监督责任,强化社会监督和舆论监督。

为不断实现协同治理,我国一直持续通过完善立法来明确、规范并落实相关社会主体的网络安全责任。只有相关社会主体积极自觉履行自身应该承担的社会责任和义务,才会有健康清朗的网络空间,网络安全也才能有切实可靠的保障。近些年,我国出现了多个企业、高校、事业单位等因履行网络安全保护义务不力而遭受网络攻击,导致影响业务正常运行、泄密和用户信息泄露事件。因此,近年来这方面的立法不断加强。2021年9月1日,《关键信息基础设施安全保护条例》(国务院令第745号)正式施行,压实了电信行业关键信息基础设施运营者的主体责任,为我国深入开展关键信息基础设施安全保护提供有力法治保障。2019年12月,《网络安全法》中涉及网络安全措施的网络安全等级保护制度2.0标准正式实施,新标准突出了技术思维和立体防范,在主动防御、动态防御、整体防控以及精准防护等方面进一步加强。《网络安全法》第二十一条中,要求国家实行网络安全等级保护制度。网络运营者应当按照网络安全等级保护制度的要求,履行安全保护义务,保障网络免受干扰、破坏或者未经授权的访问,防止网络数据泄露或被窃取、篡改。

与此同时,《网络安全法》还对个人和组织的网络安全义务作了规范,其

第十二条第二款规定:"任何个人和组织使用网络应当遵守宪法法律,遵守公共秩序,尊重社会公德,不得危害网络安全,不得利用网络从事危害国家安全、荣誉和利益,煽动颠覆国家政权、推翻社会主义制度,煽动分裂国家、破坏国家统一,宣扬恐怖主义、极端主义,宣扬民族仇恨、民族歧视,传播暴力、淫秽色情信息,编造、传播虚假信息扰乱经济秩序和社会秩序,以及侵害他人名誉、隐私、知识产权和其他合法权益等活动。"同时该法第十四条规定了公民的举报权。上述规定一方面通过禁止性规范施加了公民强制性义务,在网络空间不得发布和传播网络有害信息;另一方面赋予公民举报危害网络安全事件的权利,引导公民参与网络治理。

随着我国经济社会发展进入全面建设社会主义现代化国家新阶段,社会力量的发挥十分重要。在更好发挥政府与市场作用,使有为政府和有效市场更好结合,同时也应充分调动和发挥社会组织的应有作用。只有这样整个社会的进步才能形成合力,社会治理水平也才能更快得到提升。社会力量的协同共治可以使政府关于网络安全治理的理念及要求更加深入人心,取得更好成效。因此,有人提出了小政府大社会的治理理念,即强调在党委领导、政府负责的前提下,各方平等参与,强化企业等非政府组织、机构在治理中的作用,强化民主协商与协同治理原则,强调互联网治理必须以透明、多边、民主的方式进行,鼓励社会各界参与其中,赓续发扬互联网集体创新的特点,为网络安全治理提供社会协同治理的可行路径。

### (三)进一步完善立法,健全制度

习近平总书记指出:"依法治网、依法办网、依法上网,让互联网在法治轨道上健康运行。"有学者提出,推进习近平总书记关于网络安全的重要论述落地实施,需要在现有互联网管理的法律框架基础上,继续完善相关法律法规,建构完整的法治体系。今后一个时期,既要对网络犯罪、个人信息的保护立法加以完善,又要对互联网企业的社会责任、政府执法部门的监管行为立法,要按照"积极利用、科学发展、依法管理、确保安全"的方针加大依法管理网络的力度,让法律法规的效力真正落到实处。

要完善我国网络安全法律体系,应充分依据网络发展的特点和规律,全面考虑立法需求，坚持普遍立法和专门立法相结合、个别立法和具体立法相结合。一方面，应当对既有立法中不适应网络环境的法律法规进行清理、修改、完善、补充，尽量通过立法解释、司法解释等方式将既有法律延伸适用于网络空间；另一方面积极研究网络社会中的新问题、新情况，及时制定专门立法，以更好应对网络空间治理的挑战。从近几年网络安全形势看，应当针对《网络安全法》《中华人民共和国电子商务法》(以下简称《电子商务法》)、《数据安全法》《个人信息保护法》以及《互联网信息服务管理办法》等法律法规，出台配套的行政法规和规章及实施细则等。我们的网络安全立法，需要保障网络空间的国家主权、公民的个人信息权益与信息安全，这是要实现的立法目的。应当注意在保障国家安全的同时，严格维护公民合法权益。任何国家在维护国家安全与维护公民隐私权、人身自由之间均不同程度地面临两难问题，这中间涉及网络内容的安全，需要做到两者的合理平衡。在这方面，《网络信息内容生态治理规定》作了必要规范。

### （四）为维护网络安全提供智力支持和人才保障

网络空间的竞争，归根结底是人才竞争。网络安全领域人才培养主要包括互联网安全技术、网络信息技术研发、网络基础设施建设与维护、网络运营及监管等多个具体领域。近些年，大众创业、万众创新在全国蓬勃展开，在互联网领域尤其如此，面对互联网领域飞速发展的现实，我国应当重视对这些专业领域人才的培养，加大投入力度，建立良好的互联网人才市场竞争机制，特别要注重从事网络安全管理专门人才的培养，更好确保网络安全。

迄今，网络安全人才培养已经收到显著成效。有资料表明，全国已设立多个网络空间安全一级学科，组织实施一流网络安全学院建设示范项目，11所高校入选；建设了多个国家网络安全人才与创新基地，开展国家网络安全教育技术产业融合发展试验区建设，推动加快网络安全学科建设和人才培养进程……尽管我国对于网络安全进行了大量的投入，但仍未完全满足我国信息网络快速发展带来的人才空缺，从我国的信息安全人力资源的分布可以看出，信息管理人才和复合型人才仍然匮乏，培养模式较为单一，专业教育质量不高，人才培养力度不大，产学研融合深度远远不够。因此，我国要加大网络人才建设的培养力度，加大教育投入，在必要时从全球引进顶尖人才，构建多层次的网络安全专业团队。要依靠技术升级，发展新技术新业态，在重视网络安全的同时，重视对内容的深度治理。除此之外，还应该加大宣传力度，全面提升全体社会成员的网络素养，增强网络安全意识。

### （五）加强互联网安全领域的国际交流与合作

"互联网时代，没有人知道和自己聊天的是不是一只狗。"这是一句网络谚语。这说明，在全球化背景下，任何人都可以躲在计算机后实施操纵，甚至伪装自己的身份，更换或隐藏IP地址，利用各种僵尸网络推手或社交平台引爆话题，在网络舞台博人眼球。世界各国面临着"主权有国界而网络无边界"的网络空间安全治理窘境。同时，互联网使信息、产品、资本在全球范围内快速流通，世界各国的发展呈现出一荣俱荣一损俱损的局面，全球互联网领域发展不平衡、秩序不合理、规则不健全等问题让现有的国际网络治理体系难以反映大多数国家的意愿和利益。主权国家作为网络空间国际级事务的核心主体，应加强相互合作与交流，确保国际网络空间的和平利用与和谐互动，实现国际网络空间安全、稳定、良性发展。各国在制定符合本国国情的互联网公共政策的同时，还应积极就网络安全问题展开建设性对话，确定和平、安全利用互联网的规则体系，共同构筑开放、平等、合作、共享的网络空间命运共同体。

总之，互联网安全领域的国际交流与合作，一是要就构建"网络空间命运共同体"的宏观格局，达成共识，加强沟通；二是要秉持"同舟共济，互信共赢"的理念，搭建国际合作平台；三是要明确"多方参与，多边参与"的原则，构建联合国框架下的国际互联网安全体系。

网络安全事关国家安全和国家发展、事关全体人民工作生活，深刻影响政治、经济、文化、社会、军事等各领域安全。筑牢国家网络安全屏障，必须按照习近平总书记提出的明确要求，尊重网络发展规律，做好各项重点工作，加强信息基础设施网络安全防护，加强网络安全信息统筹机制、手段、平台建设，加强网络安全应急指挥能力建设，积极发展网络安全产业，做到关口前移，防患于未然。就此而言，做好以下几点尤为重要：落实关键信息基础设施防护责任，行业、企业作为关键信息基础设施运营者承担第一主体防护责任；

主管部门应当履行好监管责任,即依法严厉打击网络黑客、电信网络诈骗、侵犯公民个人隐私等违法犯罪行为,切断网络犯罪利益链条,持续形成高压态势,维护人民群众合法权益;深入开展网络安全知识技能宣传普及,提高广大人民群众网络安全意识和防护技能。这样,我们才能补齐短板,夯实基础,整体提升国家网络安全治理能力,确保国家网络安全。

第二章

# 网络恐怖主义内容法律治理

# 第一节　网络恐怖主义概述

## 一、网络恐怖主义的定义

1997年，美国加州情报与安全研究所资深研究员柏里·科林（Barry Collin）提出网络恐怖主义（Cyber Terrorism）一词，意指恐怖主义与网络相结合的态势与现实。[1] 联合国"反恐执行工作组"（CTITE）认为，网络恐怖主义包括四种行为：第一，通过远程改变计算机系统上的信息或者干扰计算机系统之间的数据通信以实施恐怖袭击；第二，为恐怖活动目的将互联网作为其信息资源进行使用；第三，将互联网作为散布与恐怖活动目的相关信息的手段；第四，为支持用于追求或支持恐怖活动目的的联络和组织网络而使用互联网。[2] 之后，网络恐怖主义的定义也不断地得到修正和补充，"现实破坏性"特征已成为学界共识。[3]

## 二、网络恐怖主义的特征

综合而言，网络恐怖主义的整体特征呈以下特点：就发生形式而言，包括针对网络进行破坏和利用网络进行的破坏；就影响领域而言，伴随现代社会的时空压缩，网络恐怖主义实际上存在地理和物理层面、网络空间层面、思想意识层面等三个层面[4]；就形成挑战的程度而言，网络恐怖主义将暴力破坏和

---

[1] Cf. Collin B.C., The Future of Cyber Terrorism: Where the Physical and Virtual World Converge, *Crime & Justice International*, 1997, 13（2）: 16.

[2] 参见赵晨:《网络空间已成国际反恐新阵地》，《光明日报》2017年6月14日。

[3] Cf. WEIMANNG, Cyber Terrorism: The Sum of All Fears? *Studies in Conflict & Terrorism*, 2005, 28（2）: 129-130.

[4] Cf. COHEN B., Between Imagined Reality and Real Terrorism, *Military and Strategic Affairs*, 2015, 7（3）: 3-17.

思想渗透深度融入互联互通的网络空间，利用网络实施远程难以寻踪的"独狼式"或游击式的破坏或扰乱，从而使其攻击范围更广、费用成本更低、身份更加隐蔽、危害更重且防范更难。

网络恐怖主义与恐怖主义具有高度同震性，即当网络恐怖主义发生时，其产生的破坏力与恐怖主义具有高度的相似性或相近性。二者往往在发生地域上高度重合，只不过前者发生在该地理地域的网络空间上，沿着地缘政治"动荡弧"[1]分布。几乎在哪里出现动乱和战争，哪里就会出现网络恐怖主义行为。1998年，斯里兰卡内战诱发了全球第一次针对国家信息基础设施的网络恐怖主义行为，其后发生的多起网络恐怖主义事件均与国家内部动乱、国家间战争和大国间的博弈密切相关。"动荡弧"以伊朗核危机引发的美国、以色列与伊朗矛盾为中轴，向北伸入欧洲的南联盟科索沃危机，再向北进入俄罗斯和爱沙尼亚危机，向东北延伸进入巴基斯坦与印度冲突，向西南延伸进入埃及和北非，向东南进入伊拉克、也门等地，均发生了具有显著意义的网络袭击行为。在"动荡弧"的外围，美洲一线，以美国与委内瑞拉冲突为基点，亦引发了以南美洲诸国为目标的网络恐怖主义袭击行为。从网络恐怖主义袭击的地域分布特征来看，除了中东传统恐怖主义组织实施的网络袭击之外，沿着"动荡弧"分布的网络恐怖主义都具有大国博弈的影子。

国家网络恐怖主义是最危险的网络恐怖主义行为，除造成巨大损失外，还可能引发网络战和国家间战争。国家网络恐怖主义最经典战例是2010年以伊朗离心机为目标，席卷全球的Stuxnet蠕虫病毒。美国和以色列的计算机科学家在两国情报、资金、技术、人力的支持下，制造并散播了Stuxnet蠕虫病毒，使伊朗1000台离心机被摧毁，证明了网络恐怖主义在实现物理损毁上的技术可行性。拥有技术上代际领先的国家，可以对敌对国家基础设施发动网络攻击，如攻击国家电网，使一个国家的电力系统瘫痪。对电力系统进行网络攻击在美国有大量的理论探讨和实践模拟，美国亦有遭受网络攻击而致局部电力受损的先例。

---

[1] 参见刘青建、方锦程:《恐怖主义的新发展及对中国的影响》,《国际问题研究》2015年第4期。

### 三、网络恐怖主义的成因

网络为恐怖分子进行恐怖袭击创造了天然的便利条件，这使各国维护网络安全和主权的成本增加，难度加大。为什么"恐怖主义＋网络"会大行其道，而各国在打击网络恐怖主义过程中收效甚微？主要有以下几方面的原因。

**1. 网络恐怖活动费用低、成本小，管控难**

恐怖分子通常利用互联网聊天工具展开联络，价格便宜的加密软件又可助其逃避电子警察的定位与追踪。相比于传统恐怖活动，实施网络恐怖活动的成本更为低廉，恐怖组织或个人无须冒着风险花大价钱购买枪支、炸药等作案工具，更无须冒着生命危险去实施恐怖活动，只要躲在一个有网络、有电脑甚至是一部智能手机的地方，即可开展一场网络攻击。此外，从 3G 通信技术产生以后，再加上蓝牙、无线等先进网络技术的使用，将电脑和移动通信终端（手机、平板等）融合为一体，成为网络新的组成部分，即使在公共场所，网络恐怖分子依然能够使用这些设备悄无声息地发动一场网络袭击。因此，恐怖主义分子过去要靠"一颗炸弹"来达到其恐怖主张或目的，现在仅凭"一台电脑"就能满足，将来可能只靠"一条信息"即可实现。电脑、手机、调制解调器，这些看似人们日常生活随处可见的必需品，也可能成为恐怖分子实施网络袭击的常规武器。互联网为恐怖主义的扩散提供了便捷的最直接表现就是造就了新一代的网络恐怖主义分子——"独狼"[1]式恐怖分子，并成为主要形态。

首先，互联网成为暴恐音视频、言论、思想的主要集散地，分散在世界各地的"独狼"通过约定接头地址就能登录暴恐网站远程获得信息或指令。[2] 其次，互联网成为"独狼"汲取"灵感"、获得资源和支持[3]，学习暴恐技能、交流暴恐经验的主要平台。最后，"独狼"虽然经常独来独往，但是他们构筑"虚拟社区"，利用社交软件和论坛以匿名的方式自由发表看法，分享心得体

---

[1] 独狼式恐怖袭击已经成为当前恐怖主义活动的主要形式，其袭击成本小、隐蔽性高，逐渐成为恐怖主义组织的优选。"独狼"一词一开始与极端主义有关，1993 年，美国"白人至上主义者"阿历克斯·柯蒂斯号召"白人至上分子"采取单独行动，以任何手段清除非白色人种，并将这种"单独采取行动的战士"称为"独狼"。

[2] 参见李琦：《全球治理视角下网络恐怖主义现状、发展及应对》，《中国信息安全》2021 年第 3 期。

[3] 参见王晴锋：《"独狼"恐怖主义：定义、成因与特征》，《山东警察学院学报》2017 年第 6 期。

会，在"虚拟社区"中找到了归属感。

**2. 网络恐怖活动技术要求高、隐蔽性强，发现难**

传统恐怖主义活动主要采取枪杀、爆炸、劫持人质或飞行器等方式实施，作案工具主要有枪支、炸药、汽车等，技术要求不高。网络恐怖主义活动虽然成本小、费用低，但是技术要求高。恐怖分子要想通过网络实施恐怖行为、发动恐怖袭击，必须掌握网络技术，也就是说不仅要拥有先进的网络设备，还要拥有相关的网络人才。从近年来发生的恐怖事件来看，国际恐怖组织不仅拥有高性能解码器、大型电脑主机等高端、先进机器设备，还通过各种手段培养和吸纳了大量网络人才，可谓"软硬兼备"，直接威胁国家主权。

具有一定网络技能的恐怖分子，在国家网络管理出现"盲区"——网络发展前期的匿名性和隐蔽性的刺激下，只需利用虚拟称谓，就可以在无人知晓其真实身份的情况下隐蔽地实施恐怖活动。虽然近些年，各国对网络实名制的要求越来越高，但是随着加密技术的发展，一次网上攻击不会产生明显的迹象，而且很难判断攻击的根源地，甚至在发动网上袭击前，恐怖分子早已逃之夭夭。同时，网络的隐蔽性、远程性、即时性使恐怖分子彼此联络更方便、灵活、隐秘，再加上网络的实时传递性，解决了恐怖分子以往由于时间、空间的不同，导致联系不便所产生的不利后果问题。更有迹象表明，网络恐怖主义活动有进一步弃"明"投"暗"的趋势。例如，经过国际社会数年努力，曾经猖獗一时的"伊斯兰国"外在的军事实力和政治力量被大量消灭后，其继而改变战略，转攻为守，以规避监管，蓄势待发。网络空间成为其成员化整为零、试图卷土重来的重要依托，其开始大量使用加密社交软件 Telegram 和 WhatsApp，利用隐蔽性强、难以认证和追踪身份信息的暗网（Dark Web）[1]技术，并使用服务器在瑞士的安全电子邮箱服务 Proton Mail 进行通信。[2]

**3. 网络恐怖主义破坏力强、影响范围广，危害大**

随着信息技术的进步以及网络在社会中的普遍应用，现实社会对网络的

---

[1] 暗网：是指目前搜索引擎爬虫按照常规方式很难抓取到的互联网页面。搜索引擎爬虫依赖页面的链接关系发现新的页面，但是很多网站以数据库的方式存储内容，很难有显示链接指向数据库内的记录，因而常规爬虫无法索引这些数据。

[2] 参见宋汀、曹伟：《2017 年上半年国际恐怖主义态势报告》，《中国信息安全》2017 年第 9 期。

依赖程度与日俱增。所以,网络恐怖分子一旦发起袭击,必定会造成难以想象的后果,加之网络本身具有独特的优越性以及先天的脆弱性,使网络一方面成为恐怖分子实施网络恐怖袭击的得力工具,另一方面也为网络恐怖分子提供了一个天然的袭击目标。那些关系国计民生的国家公共网络一旦瘫痪或毁损,给国家安全带来的危害将无法想象。2013 年 4 月,自称"叙利亚电子军"的黑客组织,通过植入木马程序的"钓鱼邮件",借由美联社官方账号,广泛散布消息称"白宫发生两次爆炸,奥巴马总统受伤"。消息一经发布,美国国内各大交易系统开始大量抛售高风险资产,如原油、政府中长期国债等,道琼斯工业平均指数因此在 2 分钟 30 秒内下跌了 150 点。5 分钟后,美联社通过其他账号发布辟谣信息,道琼斯指数才陆续收复失地,但此次黑客攻击行为凸显出网络时代国家安全已遭遇来自网络空间的特殊威胁。[1] 可见,诸如国家电网、通信网、金融信息网、交通指挥网这些重要国家基础网络设施具有先天的脆弱性。

时至今日,虽然维护网络安全的技术日臻完善,但是网络仍然存在诸多缺陷与漏洞。特别是随着网络技术的普及,计算机软件的漏洞数量与时间发展成正相关。[2] 深网(Deep Web)和暗网的存在,时刻提醒着人们网络空间远非理想主义者所描绘的乌托邦,网络空间确实存在难以治理的阴暗面,需要政府、公司、跨国组织、社区、个人等利益相关各方的共同努力。

## 第二节 反恐立法的国别考察

如前所述,网络恐怖主义近年来已经成为世界各国面临的新难题,为应对这一形势,各国也纷纷出台涉及网络恐怖主义的法律,加强对网络恐怖主义活动的处置和打击。本节对有关国家的反网络恐怖主义立法予以考察和梳理。

---

[1] 参见沈逸:《美国国家网络安全战略》,时事出版社 2013 年版,第 2—6 页。

[2] 参见王震:《以色列反恐机制及其对中国的启示》,时事出版社 2008 年版,第 342 页。

## 一、欧盟反恐立法

欧盟关于打击网络恐怖主义的立法，主要体现在其一系列的反恐立法和网络立法的具体条款中。

### （一）欧盟《防止恐怖主义公约》

欧洲理事会在 2005 年发布《防止恐怖主义公约》，该公约在各缔约国认识到恐怖主义的危害、决心共同合作采取有力措施打击恐怖主义的前提下制定，公约内容涵盖了对网络恐怖主义的规制。该公约的第 5 条规定了煽动公众实施恐怖主义的犯罪，具体而言是指向公众传播或以其他方式提供某种信息，意图通过信息的传播煽动实施恐怖主义犯罪，此种传播恐怖主义的行为无论是否造成了实际危害，都有可能引发一起或者多起此种犯罪得到实施的危险。在网络时代，无论是恐怖组织自己的网页，还是恐怖组织在各种社交平台所建的页面，无一不充斥着其恐怖主义、极端主义的宣传，目的就是煽动不明真相且分辨能力不强的人实施恐怖主义行为。该公约第 6 条规定了为恐怖主义招募成员的犯罪，是指寻求另一个人实施或者参与实施恐怖主义犯罪，或使其参加某一团体或团伙，目的是协助实施由该团体或团伙实施的一起或者多起恐怖主义犯罪。根据对"基地"组织和"伊斯兰国"组织的调查，现阶段人员的招募有一大部分都是通过网络来进行，恐怖主义组织不仅能够通过自身宣传招募成员，还可以利用网络技术手段发现潜在的对象，以便进行招募。该公约第 7 条规定了为恐怖主义提供训练的犯罪。这是指在制造炸药、使用枪支或其他武器或者合成有害或危险物质方面提供教学，此类教学的目的是实施恐怖主义犯罪或者对犯罪提供协助。该公约第 10 条扩大了责任人的责任形式，要求缔约国根据本国的具体法律原则采取必要的措施作出具体的责任规定，包括但不限于刑事责任，也包括民事责任、行政责任等。这就有利于扩大对于恐怖主义的惩戒范围和追责范围。公约仍肯定了国际合作的重要性，在预防恐怖主义犯罪、情报和信息的交流以及涉及各国的调查取证方面，都要求缔约国进行最广泛的合作，网络的特性也决定了防范和打击网络恐怖主义更应当加强国际合作。

除此之外,欧洲理事会于同时期在华沙签订了《关于犯罪收益的清洗、搜查、扣押和没收以及关于资助恐怖主义问题的公约》,该公约是对1999年联合国《制止向恐怖主义提供资助的国际公约》的具体响应,尤其是对洗钱罪作出了更详细的规定,即明知财产为恐怖犯罪所得,为隐瞒或者掩饰该财产的非法来源或者为协助任何参与实施上游犯罪者逃避其行为的法律后果而转换或者转移该财产,不论何种形式,均应规定为刑事犯罪。恐怖主义组织的资金流动是一个值得研究的问题,恐怖活动无论是在线上还是在线下,都需要大量资金作为支撑,金钱数额的流动,大多通过网络来进行;用于支持恐怖主义行为的洗钱,同样是打击网络恐怖主义的重点。

## (二)欧盟《网络犯罪公约》

2001年,欧盟成员国在通过对话达成一致的基础上,在布达佩斯签署了《网络犯罪公约》,有关网络恐怖主义的内容,体现在公约的刑事实体法中。《网络犯罪公约》将恐怖分子攻击网络和利用计算机网络实施现实恐怖袭击认定为犯罪,不论该行为的目的如何,也不论该行为是否造成了具体的物理损害。[1]第2章第1节详细规定了非法访问、非法监听、数据干扰、系统干涉和设备滥用等行为,对网络恐怖主义而言,其基本的行为方式之一就是侵入计算机系统对系统进行干扰并破坏数据,公约规定的这些内容都可以用来规制网络恐怖主义行为。

该公约第2条规制了非法侵入计算机系统的行为,要求各缔约方应当建立必要的国内刑法体系,对非授权的有目的入侵计算机系统的行为采取立法措施。以非法目的获取计算机数据的,或对计算机系统与安全措施进行侵犯的行为构成犯罪。对于系统的非法入侵和破坏,是网络恐怖主义基本的行为方式之一。该公约第3条规定了非法监听行为,要求各缔约方应当建立必要的国内刑法体系,对采取技术手段监听来自、到达或者储存于计算机系统的信息传输非授权的拦截行为采取立法和其他措施。网络恐怖主义分子,往往是在没有任何授权的情况下,对于非公开的数据和信息采用非法手段进行拦截,意图通过对

---

[1] 参见皮勇:《网络恐怖活动犯罪及其整体法律对策》,《环球法律评论》2013年第1期。

数据的拦截，发动网络恐怖主义行动。该公约第 4 条规制了对于数据的干扰。要求各缔约方应该通过建立完善的国内刑法体系，对恶意的未经授权的破坏、毁损、删除、更改计算机数据的行为采取立法措施。远程恶意攻击计算机上所储存的信息，也是网络恐怖主义分子常用的攻击行为。该公约第 5 条规定了对于系统的非法干扰，要求各国国内刑事立法，对未经授权且恶意阻碍计算机功能的行为，例如输入、删除、破坏、损毁计算机数据的行为采取立法和其他措施。该公约第 6 条规制了设备滥用行为，对于计算机设备以及可以进入计算机系统完全访问数据的口令、密码，不得非法制造、出售、使用、发布。在随后发布的《网络犯罪公约》附加议定书中，又详细列举了一些网络恐怖主义相关犯罪，即通过计算机"传播种族主义""煽动极端民族主义和对外威胁""对构成种族屠杀或者反人类罪行的开脱"。在《网络犯罪公约》中，侧重于打击网络恐怖主义的网络攻击行为，而在附加议定书中，则把利用网络传播恐怖主义极端主义思想也纳入规制范围中。

该公约第 3 章主要强调了国际合作的重要性，鉴于网络恐怖主义的全球性和无国界的特点，在惩治和打击网络恐怖主义过程中，国际合作是最有效的办法。该公约第 23 条介绍了为了实现最大限度的调查与起诉计算机系统及数据的相关犯罪，或者收集犯罪的电子证据，各方应该基于统一互惠的立法安排进行合作。该公约第 24 条是关于引渡的规定，公约内规定的所有犯罪行为，都可以引渡。如果被请求国以被要求引渡人拥有本国国籍为理由拒绝引渡，或者被请求国认为自己对被要求引渡人具有管辖权而拒绝引渡，则被请求国应当把案件交给本国主管的司法机关并且将结果及时通报给请求引渡的国家。该公约第 25 条和第 26 条规定了"互相协助的通用原则"，各个缔约国在对计算机系统和数据有关的犯罪的侦查过程中，缔约国应该对于他国收集证据予以最广泛的协助。在紧急情况下，各方可以在适当的安全和鉴别级别上，要求相互协作或相应的紧急协助方式，包括通过传真和电子邮件等方式。

在该公约有关国际合作的特别条款中，提出了"24/7"网络[1]，该公约第 35 条规定各个缔约国应当指派 24 小时 /7 天可用的联络处，以确保为计算机系

---

[1] 24/7：指每周 7 天，每天 24 小时。

统和数据相关的犯罪调查和起诉，或者犯罪电子证据的收集提供即时的协助。相比于传统的国际合作方式，"24/7"网络最大特点是合作的实时性、不间断，最大限度上保证了网络恐怖主义犯罪以及其他网络犯罪的调查和取证，以便达到良好合作效果。

**（三）欧盟《关于解决在线传播恐怖主义内容的规则》**

2019年4月17日，欧洲议会通过《关于解决在线传播恐怖主义内容的规则》，建立了一个处理滥用托管服务传播恐怖主义内容的明确法律框架，要求托管服务提供商收到成员国主管部门关于删除其用户提供内容的删除令后，应当在一个小时内将该内容删除或禁止所有欧盟成员国访问。

该规则明确了主要的适用对象、适用内容和在发现恐怖主义内容时的处理程序。

**1. 明确了该规则的适用范围**

该法规规制的是在欧盟境内提供服务的托管服务提供商，无论其所在地在哪里或规模如何。

第一，适用于所有信息社会服务。为了监管到所有能够传播恐怖主义内容的在线托管服务提供者，该法适用于根据用户要求而存储用户提供的信息并将这些信息公之于众的信息社会服务，该规则并不区分这些行为是技术触发的、自动的，还是被动的，信息社会服务的范围包括社交媒体平台，视频流服务，视频、图像和音频共享服务，文件共享和其他云服务。

第二，适用于欧盟境外成立但在欧盟境内提供服务的托管服务提供商。考虑到恐怖主义分子上传恐怖主义内容的大部分托管服务提供商是在第三国建立的，因此该规则还适用于在欧盟以外建立但在欧盟内提供服务的托管服务提供商，这一要求确保所有在数字单一市场开展业务的企业，无论是在哪个国家成立的，都应当遵守同样的要求。确定服务提供商是否在欧盟境内提供服务，需要评估服务提供商是否允许一个或多个成员国的法人或自然人使用其服务，但在一个或多个成员国内单独访问服务提供商的网站、电子邮件地址或其他联系方式都不应成为适用该规则的充分条件。

第三，除外情况：该法规不适用于一些云服务，如商业云服务，这类云服务提供商对于存储什么内容或如何处理这些内容，以及是由其客户还是由客户的终端客户将这些内容进行公开都没有合同权利。在这种情况下，服务提供商也不具备将其用户或终端用户所存储的特定内容进行删除的技术能力。

**2. 明确了恐怖主义内容的范围**

该规则针对的恐怖主义内容是指包含以下内容的所有资料（包括文字、图片、音频、视频等）：煽动、要求参与或实施恐怖主义行为，为实施恐怖主义行为提供工具，要求参与恐怖主义集团的活动，指导如何为恐怖主义目的制造和使用爆炸物、枪支及其他武器。另外，欧盟议会明确，对敏感政治问题的辩论或对有争议观点的表达不应被视为恐怖主义内容。

**3. 明确托管服务提供商删除恐怖主义内容的程序**

为了确保清除恐怖主义内容，该规则引入了删除令，可以由成员国主管部门作为行政或司法命令进行发布。该规则规定，一旦托管服务提供商收到了成员国主管部门关于删除其用户提供的内容的删除令，应当在一个小时内将该内容删除或禁止所有欧盟成员国的访问。但是，该规则并没有规定托管服务提供商应当具有监控其传输或存储信息的义务，托管服务提供商也不具有积极寻找显示非法活动事实的义务。另外，为了帮助小型托管服务提供商，欧盟议会决定，如果公司以前没有收到过删除令，主管部门应当主动与其进行联系，提供关于删除的程序和日期，小型托管服务提供商可以在删除令发出后 12 小时内删除有害内容。

综上所述，可以总结出欧盟立法对于网络恐怖主义规制的特点：一是对恐怖主义打击的覆盖面大。从预防到事后的打击惩罚，均作出了规定，而且对于恐怖主义行为方式的规定并未限定媒介和方法，这就使网络恐怖主义在其规制范围之内。二是强调国际合作的重要性。欧盟是世界上一体化程度最高的国际组织，其发展离不开成员国之间在各项事业上的密切合作，在反恐问题上，欧盟也强调了成员国之间合作的必要性，共同应对和打击网络恐怖主义在世界范围内的蔓延。三是强调打击网络恐怖主义大背景下的人权保护。欧洲是人权宣言的起源地，对于人权的保护历来是欧洲法律极富特色之所在，打击网络恐怖主义，会涉及公民部分隐私，也会涉及恐怖主义罪犯的引渡问题，欧盟各项立法对此都作出了详细的规定。

## 二、德国反恐立法

### （一）主要反恐法律

为打击极左恐怖组织"红军旅"[1]及其策划的一系列恐怖袭击事件，德国立法者早在 1976 年就通过修订刑法，将建立恐怖组织的犯罪独立出来，并由此将实施特别严重违法行为的社团视为恐怖组织。在"9·11"事件之前，《德国刑法典》中涉及特别用于打击恐怖犯罪的规定有第 129 条[2]和第 129a 条[3]。第 129 条规定了建立恐怖组织罪，创立恐怖组织、作为成员参与恐怖组织、给恐怖组织提供支持、为恐怖组织招募成员或为其宣传等行为在第 129a 条之下均应受处罚。德国刑法早在建立恐怖组织的筹备阶段就提前介入，以实现对法益的前置保护，而非等到恐怖活动正在实施或实施完毕之后才消极应对。

在"9·11"事件之后，德国立即出台了两个影响深远的反恐法案。第一个是 2001 年 9 月 19 日通过的《〈团体法〉第一次修正法》。该法主要是对《德国刑法典》的修改：规定对创建恐怖组织的行为进行惩罚，将 129a 条扩大适用于国外的恐怖组织和犯罪组织，参与或支持此类组织也被视为刑事犯罪；禁止在德国境内参与任何犯罪组织，即使经过谋划的犯罪行为发生在德国境外；取消对具有宗教基础的极端组织犯罪指控的豁免，这类组织也能基于与其他极端组织同样的理由而被禁止。第二个反恐法案是 2001 年 11 月 7 日通过的名为《反恐怖主义法》的修正法，该法总共含有 23 个法条，一共修改了 17 部正式法律和 6 部行政法规，德国没有专门的反恐法典，是以修正法条的方式规定的。

《德国反国际恐怖主义法》是附属式立法模式的典范。附属式，是指并非通过设立独立的法律文件规定主体间的权利、义务关系，而是对已经生效的其

---

[1] 德国左翼恐怖主义组织。该组织采用乌拉圭"图帕马罗斯"游击队的标记，即五角星内有一把冲锋枪。组织宗旨是"瓦解北约""动摇帝国主义体系"，其攻击的主要目标是北约机构的设施、美国和德国的军警机构、司法机构，以及政界领导人和经济界代表等。

[2] 第 129 条（建立犯罪组织）第一款（1）建立旨在犯罪的组织，或作为成员参与此等组织、为其宣传或予以支持的，处 5 年以下自由刑或罚金刑。

[3] 第 129a 条，建立恐怖组织罪。

他法律文件加以修订、删改的立法模式。这种立法，实质是修订法，是对其他法律规范的修订。因此，仅仅凭借这一法律文件本身往往不能了解规范的全貌，还必须参照其所修改的法律文件。[1] 该法共规定了对23部德国法律和行政法规的修改，包括对《联邦宪法保卫法》《军事反间谍局法》《联邦情报局法》《第十条款法》《安全审查法》《联邦边防法》《护照法》《身份证法》《团体法》《联邦刑警局法》《外国人管理法》《避难程序法》《外国人登记中心法》《外国人管理法实施规定》《外国人资料档案规定》《外国人登记中心法实施规定》《联邦中央登记处法》《第10部社会法典》《航空安全法》《航空可靠性审查规定》《1975年的能源安全法——电力负载与天然气分配规定》等的修订。修改后的法律首先在防止恐怖行为方面进行了实施。此外，德国是采用所谓的刑法经典工具惩治恐怖主义犯罪行为，《德国反国际恐怖主义法》与《德国刑法典》的规定相互衔接，默契配合。

德国还于2006年修订《基本法》以增加联邦刑警局在预防危险方面的职能，于2006年制定《反恐数据库法》以加强警察与情报机关的信息交流，于2008年修改《联邦刑警局法》以增加联邦刑警局在预防危险上的秘密侦查权力，于2009年修订《德国刑法典》以将恐怖主义预备行为犯罪化，于2016年授权联邦宪法保卫局与外国情报机构通过联合数据库分享信息。具体而言，主要有以下几个方面。

（1）取消宗教特权条款（2001年）。在修法之前，《团体法》包含了一个"宗教特权条款"（第2条第2款第3项），而在修法之后，该特权条款被取消了。根据修订后的《团体法》，如果某个宗教或者意识形态组织的目的或活动违反刑法的规定或者是国际和解理念，那么联邦内政部或者州政府相关部门有权取缔该极端组织。

（2）延展德国刑法的适用范围（2001年）。根据《德国刑法典》第129a条，组建恐怖组织是一种犯罪行为。在修法之前，司法实践对于这一条以及整个《德国刑法典》的理解是：倘若某个恐怖组织在德国境内没有正式的分支机构存在，那么德国刑法就不可适用于该组织的成员。

---

[1] 参见赵秉志、杜邈:《反恐立法模式的理性选择》,《法学》2008年第3期。

（3）第129b条是新增法条。第129b条第1款延伸了该法第129条（"建立犯罪组织罪"）和第129a条（"建立恐怖组织罪"）的适用范围，于是第129条和第129a条均可直接适用于欧盟范围内的犯罪。然而，如果要追究欧盟范围之外的恐怖组织的刑事责任，那么还需要满足第129b条第1款规定的两个额外条件：一是被追究的行为应当具有特定的"本国联系"；二是需要得到联邦司法部的批准。

（4）扩大安全机构的职权（2001年）。第二个反恐法案的核心任务是扩大包括联邦宪法保护局、军事反间谍局、联邦情报局和联邦刑警局以及联邦边防局等联邦安全机构的职权，而这些职权后来又经由多部新法得以不断地延期或调整。比如，2002年《反恐法》（Anti-Terrorism Law）第1条修订了《联邦宪法保卫法》。在此次修法之后，联邦宪法保卫局以及各州宪法保卫局的职权被延伸到收集与评估关于违反国际和解理念的行为特别是破坏各国之间和平共处的行为的信息（后来经由2007年《反恐补充法》以及2011年《〈联邦宪法保卫法〉修正法》，联邦宪法保卫局在信息收集与评估方面的职权持续增加。立法机关在为其扩大职权的同时，也为其行使新增职权设置了额外的程序，以防止权力的滥用）。经由2002年《反恐法》及其后续新法，另外两个联邦情报机构——军事反间谍局和联邦情报局也新增了类似的职权。

（5）赋予联邦在预防危险方面的立法权（2006年）。德国于2006年对联邦制度进行改革，调整了联邦和各州之间的立法权限。此项改革的一个重要内容是在《基本法》中引入第73条第1款第9a项，将制定关于预防国际恐怖主义危险的法律的权力也赋予了联邦。

（6）建立联合反恐数据库（2006年）。2006年颁布的《反恐数据库法》的第1条便是建立反恐数据库，第2条至第4条通过修订相关法律授权联邦宪法保卫局、联邦情报局和联邦刑警局建立各自的临时数据库。《反恐数据库法》被认为是第二次世界大战后德国法律上的一次突破，因为这是德国首次允许情报机构和警察机关之间实现常规的情报交流。

（7）赋予联邦刑警局秘密侦查权（2008年）。2008年颁布《联邦刑警局预防国际恐怖主义活动法》为《联邦刑警局法》新增了标题为"预防国际恐怖主义的威胁"的第3a节，以及该节中包含的24个新法条（第20a条至第20x

条），改变了以往各州垄断秘密侦查权的局面。例如第 201 条第 1 款规定了电信监控的实体性条件，第 2 款规定了以侵入当事人的信息技术系统（通常是指电脑）的方式进行的电信监控，即所谓的"源电信监控"，第 3 款至第 6 款规定的内容分别是：电信监控措施的申请与批准程序；对监控措施的许可、期限以及终止提出的程序性要求；电信服务商的义务以及对于它们的赔偿；对于私人生活核心领域的保护（德国权利体系中人格尊严居于最高位阶）。

### （二）主要反恐案例的法院观点

为打击网络恐怖主义，线上搜索的网络侦查手段必不可少。所谓线上搜索，是指国家隐秘侵入他人网络资讯系统进行搜索。德国联邦政府曾如此描述"线上搜索"：(警察机关）不必在电脑旁边，即可搜索远处电脑以探知电脑存储内容。针对线上搜索，德国联邦最高法院曾作出数个裁定，先期裁定持宽松的合法见解，后期裁定则转为严格的不合法见解。后期裁定对联邦宪法法院的判决产生重要影响，使联邦宪法法院创设出"资讯科技基本权"，以作为强化线上搜索法律规制的宪法依据。

最初在 2006 年 2 月，德国联邦最高法院裁定线上搜索具有合法性。在该裁定中，检察官申请秘密搜索远端的被告人电脑及其存储资料，侦查法官同意检察官的申请，准许侦查机关将电脑程序秘密从外部植入被告人电脑内，凭此复制、传送存储于该电脑中的资料。但在 2006 年 11 月，联邦最高法院的态度发生巨大转变。11 月 25 日，侦查法官作出裁定，对被告人的电脑及存储资料进行秘密线上搜索不合法。在这则裁定中，侦查法官认为，不能类推适用传统的搜索规定作为线上搜索措施的法律授权依据。理由在于，传统的搜索是一种公开的强制处分，被搜索人享有在场权和当面被告知权等防御权，而线上搜索是秘密地侵入他人电脑，被搜索人并不享有在场权和当面被告知权等防御权，因此两者并不相同。不能将传统的搜索规定类推适用于线上搜索，否则，将会架空强制处分所应遵守的法律保留原则。[1]

2008 年，德国联邦宪法法院又创设"资讯科技基本权"判决，直接原因是

---

[1] 参见艾明：《资讯科技基本权的创设及对德国线上搜索措施立法的影响——兼论我国网络远程勘验措施的立法完善》，《学习与探索》2021 年第 4 期。

北莱茵-威斯特法伦州对州的宪法保护法的相关条文进行了修改。2006年，北莱茵-威斯特法伦州在《宪法保护法》新增第5条第2款第11项规定："为了收集信息，作为情报手段，宪法保护局根据第7条可以采取以下措施……11. 对因特网进行秘密监视和其他调查，尤其是秘密潜入他们的通信设备或者对其进行搜索，以及秘密存取资讯科技系统上的数据，包括采用技术手段。"这部法律首次为秘密线上搜索创设了法律授权依据。之后，四位宪法诉愿人对该法提起了宪法诉愿，认为《宪法保护法》违反了《基本法》相关规定。于是，联邦宪法法院最后认定北莱茵-威斯特法伦州在《宪法保护法》违反了《基本法》，联邦宪法法院认为，资讯科技基本权并不是不能被干预，但干预基本权必须符合宪法要求，在这方面，系该条文因不符合法的明确性原则和比例原则而违宪。[1]

## 第三节 我国反对恐怖主义的措施

2015年12月27日，第十二届全国人民代表大会常务委员会第十八次会议通过《中华人民共和国反恐怖主义法》（以下简称《反恐怖主义法》），并于2016年1月1日起施行。《反恐怖主义法》是一部全面、系统地规定有关工作体制机制和手段措施的综合性法律，是反恐怖主义工作的基本法。它的颁布实施对依法防范和惩治恐怖活动，加强反恐怖主义工作，维护国家安全、公共安全和人民生命财产安全具有重要意义。

2001年美国"9·11"事件发生后，恐怖主义对国家安全和人民生命财产安全造成的威胁，成为全球关注焦点。在全球进入信息化时代，恐怖主义者利用被广泛应用和深度依赖的互联网等信息基础设施以及自动化设备，将全球性、区域性和国家范围的恐怖活动结合成一种超越疆域限制的新恐怖活动形式，融合暴力破坏和思想渗透，是影响力和破坏力更大的综合形式的恐怖活动类型，给各国和国际社会带来新的严峻挑战。

---

[1] 参见艾明：《资讯科技基本权的创设及对德国线上搜索措施立法的影响——兼论我国网络远程勘验措施的立法完善》，《学习与探索》2021年第4期。

为此，美国、英国、德国、日本、俄罗斯等国陆续制定专门的反恐法案，以应对恐怖主义活动。中国境内的恐怖主义活动威胁也不容忽视，立足于当前和今后一段时期反恐怖主义斗争需要，《反恐怖主义法》制定提上日程。《反恐怖主义法》经历三次审议后，最终确定共 10 章 97 条，对恐怖活动组织和人员的认定、安全防范、情报信息、调查、应对处置、国际合作、保障措施、法律责任等方面进行了规定。

《反恐怖主义法》从无到有，加快了我国反恐怖主义法律体系的完善和构建，促进反恐向实战化转型，体现了国家对社会公共利益和国家安全的保护意志，符合总体国家安全观的要求。时任国家反恐办副主任、公安部反恐怖局局长安卫星说："中国政府历来高度重视反恐怖主义法律制度建设，中国的反恐怖工作始终在法治的轨道上进行。在现有法律规定的基础上，制定一部专门的反恐怖主义法，既是当前打击恐怖主义的现实需要，也是我国的国际责任。反恐怖主义法的出台必将为我国依法打击暴恐活动，维护国家安全、公共安全和人民生命财产安全，以及加强国际反恐合作提供更加坚实的法律支撑和保证。"

## 一、《反恐怖主义法》的制定背景

2001 年"9·11"系列恐怖袭击事件是发生在美国本土最为严重的恐怖攻击行动，从那时起，"反恐"一词常态化，并进入国际视野。我国也受到国际恐怖主义特别是中亚地区恐怖主义的渗透和影响，曾发生过数起恐怖袭击活动，如云南昆明火车站严重暴力恐怖袭击事件、新疆"7·5"暴恐事件、新疆轮台"9·21"暴恐事件、新疆喀什巴楚"4·23"暴力恐怖事件等。这一时期，"反恐"成为我国公众热议的关键词之一。

党中央从维护国家安全的高度出发，对加强反恐怖主义工作作出了一系列重大决策部署，在防范和打击恐怖活动中取得了一些成功经验，因此有必要通过制定反恐怖主义法，以法律的形式将这些成功经验确定下来。尽管当时法律对反恐怖主义有关工作作了规定，但分散在不同的法律文件中，需要进一步规范完善，反恐怖主义工作的体制机制还存在一些迫切需要通过立法解决的问题。据此，根据总体国家安全观的要求，在现有法律规定的基础上，制定一部专门的反恐怖主义法是依法防范和打击恐怖主义的现实需要，也是完善国家法治建设、推进全面依法治国方略的要求，更体现了中国作为一个负责任大国的国际责任。

## 二、我国网络恐怖主义的特点

2014年我国部分地区进入暴力恐怖活动活跃期、反分裂斗争的激烈期、干预治疗阵痛期的"三期叠加"时期，给当地社会造成极为严重的破坏，这一时期恐怖活动犯罪发展的新特点之一是网络恐怖活动迅速发展，表现为"境外有种子、境内有土壤、网上有市场"。[1] 境内外"三股势力"利用部分少数民族群众的民族情绪或宗教生活习惯，通过互联网、手机通信平台广泛散布宗教极端思想，渗透和控制信教群众的日常生活。

网络恐怖主义在我国目前呈现出来的特点主要表现为以下两点。

第一，利用互联网传播恐怖活动相关非法信息是主要形式的网络恐怖活动犯罪。利用互联网传播恐怖活动相关非法信息的6种行为包括：威胁实施恐怖活动；煽动、宣传、美化以及合法化恐怖主义；训练恐怖分子；招募恐怖分子；恐怖主义募资与融资；散布种族主义和仇外主义材料，支持或者为种族灭绝寻找正当借口。这些行为在我国都有表现，其中最为严重的是利用互联网煽动暴力恐怖活动。

第二，利用互联网进行恐怖活动联络、资助恐怖活动、收集用于恐怖活动的信息或获取技术支持等行为，具有较强的隐蔽性。在当前互联网环境中，这些行为都有实施的条件，但明目张胆地实施此类行为的情况较少发生，通常是利用加密等隐蔽技术手段躲避反恐部门的侦查和监控，秘密实施此类行为。

## 三、反恐工作机构及国际合作

国家设立反恐怖主义工作领导机构，统一领导和指挥全国反恐怖主义工

---

[1] 参见皮勇：《全球化信息化背景下我国网络恐怖活动及其犯罪立法研究》，《政法论丛》2015年第1期。

作。设区的市级以上地方人民政府设立反恐怖主义工作领导机构，县级人民政府根据需要设立反恐怖主义工作领导机构，在上级反恐怖主义工作领导机构的领导和指挥下，负责本地区反恐怖主义工作。

2001年，我国成立"国家反恐怖工作协调小组"，2013年我国成立"国家反恐怖工作领导小组"。作为国务院议事协调机构，领导小组组长由国务委员、公安部部长担任，下设领导小组办公室（下称"反恐办"）和反恐作战计划处等部门。

由于反恐工作涉及面比较广泛，反恐怖工作领导小组由固定成员和非固定成员两个部分组成，固定成员包括外交、公安、安全、武警、总参等专业的反恐职能和统筹部门，而像交通、民政、卫生等部门为不固定成员，起到辅助性作用，满足国家反恐工作的整体部署和需求。反恐办是反恐怖工作领导小组的办事机构。

公安机关、国家安全机关和人民检察院、人民法院、司法行政机关以及其他有关国家机关，根据分工，实行工作责任制，依法做好反恐怖主义工作。中国人民解放军、中国人民武装警察部队和民兵组织依照本法和其他有关法律、行政法规、军事法规以及国务院、中央军事委员会的命令，根据反恐怖主义工作领导机构的部署，防范和处置恐怖活动。有关部门建立联动配合机制，依靠、动员村民委员会、居民委员会、企事业单位、社会组织，共同开展反恐怖主义工作。

开展反恐怖主义工作，必须并行推进国内国际两条战线，强化反恐怖主义国际合作。我国《反恐怖主义法》规定了反恐怖主义国际情报信息交流、执法合作、国际资金监管合作、刑事司法协助等内容，并对国务院公安部门、国家安全部门、中国人民解放军、中国人民武装警察部队派员出境执行反恐怖主义任务作了规定。

《反恐怖主义法》第七章专门规定了反恐国际合作的内容，加之其他章节的相关条文，共同构成了反恐国际合作的法律框架，为我国开展反恐国际合作奠定了良好的法制基础。主要包括：缔结或者参加的国际条约，如《联合国宪章》《联合国全球反恐战略》；平等互惠原则，主要针对无法直接实现国际法上的对接，或根据反恐实际情况需要而贯彻的原则；与有关国家达成的"协议"，如《反恐怖主义法》第七十一条规定，相关部门出境执行反恐任务前，须"经与有关国家达成协议"，此类"协议"更偏向于具有阶段性、非机制化的特点；"有关法律规定"，主要是指《刑法》《中华人民共和国刑事诉讼法》《中华人民共和国引渡法》《中华人民共和国反洗钱法》中有关开展刑事司法合作的规定。

**四、对网络恐怖主义犯罪的立法规制**

鉴于恐怖主义对社会的严重危害，各国均把恐怖主义行为视为犯罪行为，我国亦是如此。针对日益严重的网络恐怖主义，我国一方面积极制定《反恐怖主义法》，全面、集中和系统地对我国反恐怖主义工作的各个环节予以规范化和制度化；另一方面，通过修订《刑法》对网络恐怖主义犯罪的各种表现行为予以完善。

2015年8月29日，我国通过《中华人民共和国刑法修正案（九）》，其中对第一百二十条之一后增设了策划、准备恐怖活动罪。《中华人民共和国刑法修正案（九）》将一些恐怖活动的预备行为实行犯罪化非常有必要，有利于从源头上打击恐怖行为，这是对恐怖犯罪的严惩，充分发挥了刑法的预防和保障功能。

将为实施恐怖活动准备的行为、为恐怖活动培训类的行为、为实施恐怖活动与境外恐怖主义联系的行为、为实施恐怖活动进行策划或者其他准备的行为都规定为犯罪，实现了刑法对恐怖主义的提前介入。

将"以制作、散发宣扬恐怖主义、极端主义的图书、音频视频资料或者其他物品，或者通过讲授、发布信息等方式宣扬恐怖主义、极端主义的，或者煽动实施恐怖活动"的行为规定为犯罪，严密了刑事法网，加大了对此类犯罪行为的打击力度。

从近年多发的恐怖犯罪来看，恐怖分子大都利用网络制作音视频宣扬和煽动实施恐怖主义、极端主义。甚至可以说，网络是恐怖分子实施此类犯罪的主要方式。虽然《中华人民共和国刑法修正案（九）》没有专门针对网络恐怖主义的条款，但也是对此类犯罪行为的一种影射。

## 五、网络恐怖主义的防范路径

在我国已将网络安全作为国家安全战略重要内容，并且制定了《反恐怖主义法》、完善恐怖主义犯罪罪名的前提下，我国网络恐怖主义治理的路径还可以从以下几个方面加强。

### 1. 重视网络反恐的技术创新

网络恐怖主义的兴起和发展彰显了技术应用在破坏世界和平稳定方面产生的巨大影响，网络反恐需要以更大的技术优势反制技术攻击和破坏，因此必须高度重视网络反恐技术的发展创新。重点内容包括：①研发我国网络安全的核心技术，研制我国自主品牌的操作系统、计算机芯片、路由器，开发自主品牌的防毒杀毒软件、防火墙，加固互联网边界，防止国际网络恐怖分子肆意进入；②发展反黑客技术，努力突破暗网技术和新科技制造技术，提升对网络恐怖分子和网络恐怖活动进行追踪、对抗的精准度和战斗力；③发展舆论宣传技术，利用新媒体手段广泛开展网络反恐宣传，挤压和铲除网络恐怖主义生存空间，营造洁净的网络空间环境；④创新网络恐怖主义的识别和风险评估技术，提高发现和防控网络恐怖活动的能力。据了解，美国马里兰大学构建的全球恐怖主义数据库，以开源情报的收集方式，汇集了从1970年至今全球所有的恐怖活动数据，目前该数据库容纳了超过15万个真实的恐怖袭击案件，归纳出140个以上的恐袭事件属性，相关研究人员抽取其中典型的事件属性形成相应的恐怖袭击预测算法、构建恐怖袭击预警模型，使恐怖活动的防控能力得到显著提升。我国应借鉴这一经验，进一步完善我国反恐专业数据库，加强与国际社会的数据交流与共享，加强建模、数据挖掘、人工智能等前沿技术在恐怖活动的发现、甄别和评估中的深度应用，提高网络恐怖主义的监测预警和应急处置能力，等等。

### 2. 重点保护关键信息基础设施

网络安全关键信息基础设施与国家安全、国计民生息息相关，一旦遭到攻击造成数据泄露、破坏或者丧失功能，必将严重危害国家安全和公共利益，所以，对关键信息基础设施实行重点保护是国际通行的惯例，有的国家甚至对此进行专门立法。如前所述，虽然目前恐怖分子针对关键信息基础设施发起网络攻击的能力不足，但并不意味着未来发生此类威胁的可能性较小，对此我国必须有清醒的认识和高度的警惕。此前，我国的信息系统安全保护实行的是五级分级管理，分级标准主要参照了美国的可信计算机系统评价标准。其中第四级、第五级信息系统（"第四级信息系统"是指"信息系统受到破坏后，会对社会秩序和公共利益造成特别严重损害，或者对国家安全造成严重损害"的信息系统。"第五级信息系统"是指"信息系统受到破坏后，会对国家安全造成特别严重损害"的信息系统。）与我国国家安全和社会公共利益密切相关，被认为是国家信息基础设施建设中的关键环节和关键部位。现在《网络安全法》提出"关键信息基础设施"的概念，不仅延续了信息安全等级保护的传统做法，也为关键信息基础设施保护设置了更高的规范要求。为此，必须尽快出台有关制度，明确关键信息基础设施的具体范围和安全保护办法，强化国家安全审查、重要数据强制本地存储等法律措施，同时鼓励其他网络运营者以自愿为原则参与到关键信息基础设施安全保护体系中来，实现对关键信息基础设施的严加防范和重点保护。

### 3. 发动网络反恐的社会力量

网络的开放性和普及性使网络恐怖主义治理仅仅依靠专门队伍是不够的，还需要网络企业、技术社群、社会组织和全体网民的共同参与，因此必须重视加强网络反恐的社会力量建设。具体来说，应进一步强化网络企业和技术精英的反恐责任意识，增进网络反恐行为的相互支持和配合；广泛发动网民，调动和引导广大网民参与网络反恐的积极性，及时发现涉恐活动线索，完善涉恐信息的报告和奖励制度，巩固和扩大网络反恐的群众基础；充分发挥村委会、居委会等社会组织的基础性作用，落实对网络涉恐信息及涉恐人员的落地排查、线索报告等具体工作，让恐怖分子无隙可乘、无处可藏，形成全民反恐、全网反恐的强大态势。

第三章

# 网络歧视言论法律治理

歧视言论，也称为"憎恨言论""仇恨言论"，指的是基于民族、种族、宗教、性别、性取向等身份特征对相关群体的歧视性表达。早在互联网出现之前，歧视言论就以口头、书面、标识等多种方式存在，电子媒介出现之后，又以声音、图像方式通过广播、电视等渠道进行传播。随着网络时代的全面到来，网站、论坛、聊天室、博客、社交网络、文件共享站点等各种互联网应用成为歧视言论传播的新渠道。由于可以突破地域和时间的限制，且具有匿名、快捷、开放、互动、弱把关等特点，网络空间歧视言论的传播速度和规模远远超过以往任何媒介，一些极端主义团体和个人不断向全世界发送和散布歧视言论。

网络空间歧视言论的泛滥已经成为一个世界性的问题。在欧美地区，随着难民危机和恐怖主义威胁持续升级，各种针对少数族裔、难民和移民的歧视和排外言论充斥互联网络，引发了诸多冲突甚至进一步演化为严重的犯罪行为。在亚洲的一些国家和地区，比如缅甸、印度尼西亚，社交媒体上也不断出现针对少数群体的歧视宣传、歧视表达，由此引发的流血事件也时常见诸报端。

2009年6月，时任联合国秘书长潘基文在联合国新闻部主办的"网络仇恨"专题研讨会上的讲话中说："互联网给世界带来了许多好处，改变了人们的工作和生活方式，然而，在信息高速公路上，却仍有数条阴暗的小巷，有人在那里利用信息技术散布虚假信息和传播仇恨，这些'网络仇恨'现象对年轻一代人影响尤为严重。"当前，规制网络空间歧视言论已经成为国际社会以及许多国家网络内容治理的重要组成部分。一方面，有关歧视言论的传统法律延伸适用到网络空间，另一方面，德国、法国等一些国家已经先行展开对网络传播歧视言论设置平台责任的尝试。

# 第一节 网络歧视言论概述

## 一、歧视言论的意涵

### (一) 几种常见定义

《布莱克法律词典》将歧视言论界定为:"对于其他社会群体表达仇恨或不宽容,尤其是基于种族,并且在一定条件下可能引发暴力。"《韦伯斯特新世纪法律词典》对歧视言论的定义是:"基于种族、宗教、性别、性取向、国籍,以及其他分类来煽动对个人或群体的仇恨。"《大英百科全书》如此界定:"仇恨言论或表达是指根据种族、民族、性别、性取向、宗教、年龄、身体或精神残疾等属性确定的社会群体中的成员资格而贬低一个人或多个人。"

在学理上,著名的美国传播法学者彭伯在《大众传媒法》(Mass Media Law)中提出歧视言论是"因种族、族裔、宗教、性别或性取向而攻击一个人的书面或口头词语,这种恶言谩骂可能会对他者造成伤害,甚至是极其严重的心理伤害"[1]。美国学者理查德·德尔加多及让·斯特凡契克却在更为狭义的层次上使用这一术语,他们认为,歧视言论是指"关于种族的诽谤、绰号或其他刺耳的言语,且这些言语的唯一目的就是伤害他人或群体,或将他人或群体边缘化"[2]。英国学者桑德拉·科利弗将歧视表达界定为"基于一个人的种族、族裔、宗教认同对其进行辱骂、侮辱、恐吓、骚扰或者/和煽动仇恨"[3]。

一些非政府组织以及商业组织也对歧视言论作出了界定。非政府组织人权观察将歧视言论界定为"针对种族、民族、宗教群体、妇女和其他少数群体进行的含有冒犯意味的任何表达方式"。反网络仇恨国际联盟在《什么是网络

---

[1] [美] 唐·R.彭伯:《大众传媒法》(第十三版), 张金玺、赵刚译, 中国人民大学出版社2005年版, 第117页。
[2] Richard Delgado & Jean Stefancic, *Critical Race Theory : An Introduction*, New York University Press, 2001.
[3] Sandra Coliver ( Ed. ), *Striking a Balance : Hate Speech, Freedom of Expression and Non-discrimination*, University of Essex Press, 1992, p.363.

仇恨》报告中提出，歧视言论"是基于对一个人或一个群体真实或感知到的种族、种族主义、语言、国籍、肤色、宗教信仰、性别、性别认同、性取向、政治信仰、社会地位、财产、年龄、心理健康、残疾、疾病等，故意煽动仇恨、暴力或隔离的，有意或无意的公开歧视或诽谤性言论"。

### （二）歧视言论的内涵分析

从上述各种含义来看，界定歧视言论主要有三个要素：表达方式，针对的群体身份，以及针对的具体对象。

第一，从表达方式上，歧视言论实际上包含一个负面话语的光谱，"从仇恨和煽动仇恨，到侮辱和冒犯性的言语，再到可以说最极端的情况的成见和偏见"[1]。因此，虽然仇恨是一个表达强烈的对抗情绪的词语（《牛津英语词典》将其解释为"强烈或极度的不喜欢"），但是歧视言论中的仇恨表达在不同人群可以涵盖一个很广泛的语言范围，从不喜欢到讨厌，到贬低、到侮辱、诽谤，到骚扰、恐吓、威胁，再到煽动歧视、仇恨和暴力等。

第二，针对的群体身份，也包括一个很广泛的范围，比如种族、民族、宗教、性取向、性别等。这些群体通常被称为历史上受压迫的少数群体或弱势群体。但是给出了一个最为广泛的群体范围：种族、语言、国籍、肤色、宗教信仰、性别、性别认同、性取向、政治信仰、社会地位、财产、年龄、心理健康、残疾、疾病、军人身份等。这一界定几乎包括任何可能的具有可识别特征的少数或弱势群体。

第三，针对的具体对象，分为针对的是个人还是群体。歧视性话语有时针对的是一个或几个特定的或容易识别的个人，有时针对的则是基于某种特征的一组个人。在对象界定方面，歧视言论通常以针对群体的歧视性表达更为典型。

因此，从最广泛的意义上说，歧视言论可以界定为：基于种族、语言、国籍、肤色、宗教、性别、性别认同、性取向、政治信仰、社会地位、财产、年龄、心理健康、残疾、疾病、军人或其他可识别身份针对个人或群体的讨厌、贬低、侮辱、诽谤、骚扰、恐吓、威胁，以及煽动歧视、仇恨和暴力的各种冒

---

[1] James B. Jacobs and Kimberly Potter, *Hate Crimes : Criminal Law and Identity Politics*, Oxford University Press, 1998, p.11.

犯性表达。其他中义或狭义的定义可以在此基础上在表达方式、针对群体身份以及针对对象三个方面进行不同程度的限缩。最狭义的界定通常体现在各国的刑法上，即煽动仇恨罪，将煽动对某些群体仇恨的言论规定为犯罪行为，当然各国基于历史、文化、政治传统等因素的不同，在成立犯罪的宽严程度上也会有所不同。

## 二、歧视言论的分类和表现形式

### （一）歧视言论的分类

歧视言论最基本的分类是有害歧视言论和非法歧视言论。为法律所禁止的即"非法歧视言论"，未被法律禁止但仍然是有害的被称为"有害歧视言论"。广义上的有害歧视言论实际上包含非法的歧视言论。但目前在各种文件的使用中，"有害的歧视言论"通常是指那些并未构成非法，但仍有害的歧视表达。当歧视言论构成"非法的歧视言论"时，法律在表达方式、保护范围上会限定得更加严格。因此，也有人将歧视言论区分为硬的歧视言论和软的歧视言论。前者专指"非法歧视言论"，后者指"有害歧视言论"。

还有一种按照法律评价对歧视言论的分类。比如联合国言论自由问题特别报告员认为，存在三种类型的歧视表达：一是国际法规定的刑事犯罪；二是不是刑事犯罪，但可能导致限制和民事诉讼；三是虽没有法律后果，但仍然会引起有关尊重和宽容的问题。著名的倡导表达自由的 NGO 组织（即非政府组织）"第 19 条"根据仇恨表达的轻重程度将其在法律上的对待也分为三类：一是予以禁止的。各国根据国际刑法和《公民权利和政治权利国际公约》第 20（2）条，通过刑事措施予以禁止。二是可以禁止的。根据《公民权利和政治权利国际公约》第 19 条第 3 款保护他人的权利，例如歧视性或偏见动机的威胁或骚扰是可以禁止的。三是值得回应的。未构成前两者，但在不容忍和歧视方面仍引起关注，值得国家作出重要回应的，但回应方式应受到《公民权利和政治权利国际公约》第 19（3）条的限制。

## （二）歧视言论的表现形式

歧视言论的表现载体和表现形式多种多样。表现载体比如传单、海报、小册子、报纸、书籍、广播、电视、网络等。表现形式可以包括口头表达、标志、符号、手势、文字、图片、音乐、视频、游戏和直播等，也包括以行为进行的歧视表达。

口头表达比如演讲，尤其是集会上包括典礼等各种纪念日集会上的宣扬歧视的演讲；标识性的如马路、商店、公园或其他公共场所展示或张贴的标语，以及歧视性的公共塑像、雕像、建筑、旗帜、纪念碑（如纪念希特勒）；在会堂或者教堂、清真寺墙上的歧视性或侮辱性的涂鸦；书面的如散布仇恨言论的海报、小册子、报刊、书籍等；还包括言论性行为，如在公开场合展示纳粹标志、焚烧十字架、身穿印有标语的服装（包括官员或者公司、非政府组织的印有标语的制服）；等等。

通常情况下，以书面或雕塑、标识等形式存在的歧视言论被认为危害更大，因为口头或行为表达说完或展示完毕就消失了，但书面、公共雕塑等则几乎是永久性的存在。网络空间的歧视言论也被认为与书面形式类似，如果不阻断或删除就是永久的，因此危害很大。

也有学者进一步从语言类型上对歧视言论的表现方式进行分析。根据美国学者杰里米·沃尔德伦的看法，歧视言论的语言类型可以分为4种情况。

（1）事实性的陈述，如将一个群体与某些事实联系在一起，如某个族裔与犯罪率。比如在1952年美国"博阿尔内诉伊利诺伊州"案中，黑人被与"强奸、抢劫、枪支犯罪、使用凶器"等联系在一起。再如，以文字或漫画的形式明示或暗示某类教徒是恐怖分子。

（2）观点性的陈述。大部分歧视言论都是评论性的，也有针对某些事实的观点，比如否认大屠杀，也是对历史事实的一种看法（评论）。

（3）将某一个种族或民族描述为动物。如纳粹德国期间，将犹太人描述为虫子；在1994年卢旺达大屠杀中胡图族将图西族描述为蟑螂。上述标识在视频网站"油管"（YouTube）的示例中也有许多类似的表达。

（4）直接排斥某些人。比如说"同性恋滚出去"等。

## 三、网络歧视言论的传播状况及危害

在前互联网时代，歧视性言论的传播渠道非常有限。在西方国家，主流报纸、广播电视等传统媒体普遍坚持"政治正确"的传播伦理，禁止传播歧视言论。而在各国的法律中，对工作场所、教育机构等场所也都有禁止歧视言论的规定。因此，传统媒介环境下，歧视言论的传播被限制在有限的几种场合，比如集会和请愿、发送传单、公共场所竖立标识、在宗教建筑上涂鸦、穿戴服装、印刷书籍或者私下讨论等。

但互联网改变了这一切，网络空间已经成为歧视言论传播的主要渠道。网络空间，包括网站、论坛、新闻组、布告栏、博客、微博、社交网络、视频分享网站、图片分享网站以及即时通信媒体等，其最大特点就是用户创作和分享内容。因此，各种极端团体利用互联网提供的极大便利进行人员招募、信息传播、活动组织，以及偏见的煽动。即便是普通人士，表达不满甚至发泄仇恨的主要场所也从广场集会等场合转移到了互联网。

### （一）网络歧视言论的传播形式

#### 1. 邮件

群发歧视性言论邮件是仇恨团体和极端分子在互联网的初级阶段主要使用的表达渠道。比如，1996 年，美国一个 21 岁的大学生理查德·马查多向加利福尼亚大学欧文分校的大约 60 名亚裔学生发送了一封电子邮件，其中包含对这些学生的辱骂和威胁。

#### 2. 网站以及网站中的聊天室和新闻组等

仇恨网站是指专门从事鼓吹仇恨、歧视和煽动针对特定宗教、种族、性别、国籍或性取向等群体的暴力或恐吓信息的网站。比如，1995 年 4 月，白人民族主义者唐纳德·布莱克建立了第一个极端主义网站 Stormfront.org，该网站迅速成为一个讨论新纳粹主义、白人民族主义和白人分离主义思想的理想空间。此后，仇恨网站的数量激增。

### 3. 社交网络

社交网络（SNS）兴起之后，种族主义者和极右翼极端主义团体就开始利用脸书（Facebook）和我的空间（Myspace）等来宣传自己的观点。目前，数字歧视表达的大量增加主要发生在社交媒体网站上。

### 4. 博客、微博等自媒体

推特（Twitter）兴起之后很快也被仇恨团体利用来发表歧视性言论。比如，在美国，一个由右翼极端人士组成的项目"The Dingoes"，除开设网站之外，还在推特上设立自己的账号，并关注了400多个推特账户，为澳大利亚、美国和欧洲的新旧右翼组织提供了有用的地理信息。

### 5. 视频分享网站

仇恨团体还利用视频分享网站上传仇恨视频。例如，曾经有人在"油管"上发布视频"如何杀死豆子"，该视频允许参与者在喊种族歧视语言的同时杀死拉丁裔。

### 6. 游戏

在线互动游戏也是传播歧视信息的重要方式。游戏创作者通过游戏来传播、宣传种族主义或其他各类歧视性信息，游戏中往往包含针对少数群体的虚拟暴力。

随着社交媒体的广泛普及，目前脸书、推特、"油管"和汤博乐（Tumblr）等大型社交平台已经成为歧视言论传播的主要渠道。而且这些平台还允许通过链接的方式链接到外部网站，很多仇恨团体就利用了这种方式。此外，仇恨团体还利用电子商务平台出售种族主义T恤、书籍、电影、海报和纳粹纪念品等。

## （二）网络歧视言论的主要危害

网络具有放大器的功能，放大了歧视言论的负面影响。网络歧视言论对受到攻击的个人和群体都产生了多方面的伤害。

### 1. 对受害者的伤害

网络上的言论可以停留很长一段时间，还可以反复链接，空间上则可以扩散至全球，这都会给受害者带来无法估量的心理痛苦，尤其是那些直接针对个人的歧视性言论。这种痛苦包括恐惧、焦虑、自我怀疑甚至是抑郁等。进而，歧视言论还会对他们的网络参与习惯等方面产生影响。据美国反诽谤联盟（ADL）2018年的一项调查，有38%经历过网络仇恨或骚扰的受访者表示，他们减少或改变了在线习惯，而18%的人尝试与社交媒体平台联系进行投诉，15%的人采取措施自我保护，6%的人与警察联系以寻求帮助或举报骚扰。约有22%的美国人表示，由于网络仇恨，他们在社区中的安全感降低。

### 2. 对青少年的伤害

青少年同样会遭遇到网络歧视言论的攻击，这对他们正确的价值观和自我认知的形成可能造成负面影响。许多仇恨网站或仇恨团体招募的目标往往就是青少年，因为他们在这段成长期更容易感到孤独、被边缘化，以及在周围的团体中缺乏认同感和接受感。而且，青少年还未积累必要的经验或知识来判断提供给他们的信息是否具有破坏性，因此，容易受到不良信息的误导。

### 3. 加深群体极化

歧视言论更多的是一种情绪的表达，而非理性论证。情绪还具有感染性，可以激发更多的认同，由此导致极端的、情绪化的信息在网络大肆传播。歧视言论的蔓延就是遵循这样的传播逻辑。凯斯·桑斯坦曾经提出新媒体时代的信息茧房效应，即"人们只选择那些能够取悦于他们的东西"，进而困在信息的茧房中。歧视言论具有圈子传播的特点，具有相同看法的人聚集在一起，观点彼此强化，进一步加深了对某些群体的固有印象，造成群体极化或者说分化。

### 4. 转化为现实的暴力

网络具有放大效应和强动员能力。一个人的激进观点汇聚成集体的激进观点，个体效应演化成集体效应。煽动性的言论容易引发群体动员，从线上转到线下，直接对群体采取行动。网络空间歧视言论引发暴力是非常现实的威胁。这种情形在国内外都发生过。

## 第二节　有关国家对网络歧视言论发布者的法律治理

各国对于歧视言论的法律态度并不相同。据美国皮尤调查研究中心统计，截至 2014 年，全球共有 89 个国家立法限制歧视言论。以各大洲来衡量，欧洲的立法比例最高，45 个国家中有 38 个国家制定了禁止歧视言论的法律。包括美国在内的一些国家并没有以立法形式完全禁止歧视言论，而是采取了较为宽容的规制态度。即便是在规制歧视言论的西方国家中，各国的具体规范和惩罚的严厉程度也有差异。如德国，其特有的哲学传统和特殊的历史经历决定着对歧视言论的法律规制范围是最宽泛的，惩罚是最严厉的。像英国、加拿大、澳大利亚等国家对歧视言论的规制就介于美国的宽容规制和德国的严格规制之间，采取的是有限规制路径。法律上对于歧视言论的禁止主要兴起于第二次世界大战之后。随着互联网技术的普及和应用，这些法律标准也延伸适用至网络空间，即网上、网下发表歧视言论都要受到法律的规制。这里选取几个典型国家对歧视言论的发布者进行法律治理的情况进行介绍和分析。

### 一、美国对网络歧视言论发布者的法律治理

#### （一）美国法律对歧视言论的界定标准

美国主流观点秉持言论的自由市场理论，市场被认为是解决真理问题、民主问题最好的手段。该观点认为，错误或冒犯性的言论当然不好，但是言论市场可以自我矫正，正确的观点得以胜出。虽然美国也是《世界人权宣言》《公民权利与政治权利公约》等国际人权文件的签字国，但是其中关涉歧视言论规制的条款美国都作了保留。同时，美国也是欧洲《网络犯罪公约》第二议定书的签字国，其中有关歧视言论的条款同样也作了保留。

### 1. 公共场所内的歧视言论一般受到宪法保护

在美国，一些公共场所（如公园、街道、广场等）被视为"公共论坛"，适用于公共论坛原则，即言论受到更高的法律保护，这对于民主制度有特殊意义。美国最高法院曾经短暂地禁止过歧视言论。1959年，"博阿尔内诉伊利诺伊"案中，法院将歧视言论认定为"群体诽谤"加以禁止。该案虽未被正式推翻，但美国最高法院在实际上并未追随这一判决路线。1978年"科林诉史密斯"案中，为阻止美国新纳粹团队国家社会党在当地的游行，伊利诺伊州斯科基镇紧急颁布三项法令禁止散发鼓吹和煽动对种族、国籍或宗教群体仇恨的材料等行为。之后，这些法令被地方法院和联邦第七巡回法院皆裁定违宪。地方法院指出："最好是允许那些鼓吹种族仇恨的人以夸大其词的方式去发泄他们的怨恨，而不是惊慌地走上危险的道路，允许政府决定其公民可以说和听到的话。"最高法院最终拒绝了复查该案的申请，因此默认了上述法令违宪的判决。

美国法院裁定，公立大学禁止歧视言论也是违宪行为。20世纪80年代和90年代，美国200多所大学都制定了校园守则，禁止在学校范围内基于种族、宗教、性别等身份的歧视性表达和行为。其中就包含许多公立大学。当时，很多人向法院提起诉讼，质疑这些守则的合宪性。其中最有代表性的是1989年"多伊诉密歇根大学"案，地区法院在判决中否定了这类校园守则的合宪性。法院认为，由于公立学校受到政府资助，公立大学官员的行为应被认为是国家行为，而校园应被视为一个重要的公共论坛，宪法第一修正案应当扩展到对公立学校校园言论的保护。因此，公立大学的歧视言论守则要接受宪法第一修正案的检验。

### 2. 公共场所受到禁止的煽动性和挑衅性言论

（1）煽动性言论。1919年申克案中，霍姆斯大法官首次提出了构成煽动性言论的"明显而即刻的危险原则"。1968年美国联邦最高法院"勃兰登堡诉俄亥俄州"案进一步发展了这一原则。判决指出，只有当言论是以直接煽动他人从事立即的违法行为或产生立即的违法行为为目标，而且该言论的确会煽动或产生这种立即的违法行为，才可以对此进行限制和惩罚。"除非这种宣传活动是为了煽动或采取迫在眉睫的违法行动，并且很有可能导致这种行为的发生"，才可以禁止该提倡暴力的言论。因此，法院将旨在进行暴力行为的抽象教义或广泛倡导与旨在进行迫在眉睫的违法行为的演说区分开来。仅仅是煽动某种违法行为并不足以构成对言论进行限制的正当理由。

（2）挑衅性言论。挑衅性言论是一种面对面地对他人实施的语言攻击，这种攻击很可能引起被攻击者以暴力或以其他激烈方式进行应对。对于挑衅性言论，1942年"查普林斯基诉新罕布什尔州"案确立了挑衅性言论不受宪法保护的一般原则。但之后，美国最高法院更加严格限定了挑衅性言论的构成要件。美国最高法院在1992年的"R. A. V. 诉圣保罗市"案中明确指出，政府可以对挑衅性言论进行规制，但不得专门挑选某些特定类型的信息进行规制。2003年，美国最高法院在"弗吉尼亚州诉布莱克"案中又进一步确定了挑衅性言论的"真实威胁"原则。美国最高法院判定，案件中当事人的行为很可能使被指向对象非常恐惧遭受人身伤害，这是一种具有"真实威胁"的恐吓。

**3. 私人场所禁止歧视言论**

美国宪法对歧视言论的保护主要限于公共场所，当歧视言论发生在其他场合，如工作场合、私立学校，则有其他的法律对其予以限制。当然，如果歧视言论针对的是特定的一个人或几个人，在不构成挑衅言论或仇恨犯罪的情况下，如果达到一定的标准，也可以按照侵权法上的侵扰或精神损害来提起民事诉讼。

**（二）歧视言论的法律标准在网络空间内的适用**

网络空间被认为是公共领域。在一般意义上，仇恨网站以及在社交媒体上发表歧视言论受到《美国宪法第一修正案》的保护。但是，当这种歧视言论达到1968年最高法院在"勃兰登堡诉俄亥俄州"案中所确立的"煽动性言论"标准，或者达到2003年在"弗吉尼亚州诉布莱克"案中所确定的挑衅性言论的"真实威胁"标准的时候，就会受到法律的禁止。就目前的情况来看，由于互联网本身的特点，网络空间内的煽动性言论很难达到"勃兰登堡诉俄亥俄州"案中"宣传是为了煽动或采取迫在眉睫的违法行动，并且这种宣传很有可能导致这种行为的发生"这样严格的标准，因此这方面的案件并不多。但是通过网络进行挑衅，达到"真实威胁"原则的案例已经出现多起。

1996年，一名大学生理查德·马查多以匿名电子邮件的形式向加利福尼亚大学欧文分校的60多名亚洲学生发送了种族主义信息，为校园里出现的各种问题指责他们，并在邮件中警告说，如果他们不离开校园，他将亲自找到并杀死这些人中的每个人。为此，一些学生改变了他们上课的时间表，有的甚至离开了学校。此前，马查多还曾因向校园报纸发送威胁信息而受到过调查。最后，法院认为这些邮件达到了对接收邮件者的"真实威胁"，根据联邦民权法，将该学生定罪并判处1年徒刑。

1999年，另一名大学生金曼·昆向数百人发送了反西班牙裔电子邮件，其中包括洛杉矶加利福尼亚州立大学的教职员工和麻省理工学院的学生。金曼·昆在电子邮件中表达了对西班牙裔的仇恨，他认为西班牙裔"太愚蠢"以致无法在没有平权行动政策的情况下被大学录取或找到工作，并威胁说他会"来杀死他们"。金曼·昆认罪并被判处两年徒刑。

1999年，美国生命活动家联盟（ACLA）为实施流产的医生编写了一系列档案。在该档案中，ACLA收集并张贴了有关堕胎服务提供者的个人信息，包括照片和录像图像、地址和电话号码，车牌号码，社会安全号码以及提供者及其家人的姓名和出生日期。ACLA还在网站上对不同的堕胎提供者进行了标记："正在工作"的提供者的名称以纯黑色文本显示，"受伤"的提供者以灰色显示，被谋杀的提供者被划掉并标记为"死亡"。一群医生起诉ACLA和其他12位该联盟活动家成员，他们指控被告的言论对他们的生命构成威胁。该案最后诉至联邦第九巡回上诉法院。法院认为，该网站的信息对受害者的生命的确构成了"真实威胁"，超出了第一修正案所保护言论的范围。第一修正案尽管对没有特定指向的提倡暴力予以保护，但是并不保护用暴力来威胁一个特定的人，ACLA被迫关闭其站点，并且支付原告超过1亿美元的赔偿金。

## 二、德国对网络歧视言论发布者的法律治理

### （一）德国法律对歧视言论的界定标准

德国是目前世界上对歧视言论规制最严厉的国家之一。这和德国特殊的历史经历和文化传统有关。为避免纳粹统治期间屠杀犹太人的悲剧重演，战后德国以刑法的方式禁止任何煽动族群仇恨的行为。第二次世界大战结束后，德

意志联邦共和国通过了作为德国宪法的《基本法》。在德国，言论自由要受到德国《基本法》中尊严价值的约束，以及他人名誉权和其他公共利益的约束。德国《基本法》第1条第1款就规定了："人之尊严不可侵犯，尊重及保护此项尊严为所有国家机关之义务。"

德国法律中存在诸多规范歧视言论的法律，其刑事和民事法律均禁止针对个人的侮辱、诽谤和其他形式的口头攻击。但最重要的是刑法中针对群体的歧视言论的规定。

《德国刑法典》（本节以下简称为《刑法典》）第130条明确规定了煽动群体仇恨的犯罪。

（1）任何人以一种能够扰乱公共和平的方式，包括煽动针对人口中的某一部分群体的仇恨，或者号召以暴力或专制的方式对待他们，或者通过侮辱、恶意中伤，或者诽谤人口中的某一部分群体来攻击他人的尊严，应当被处以3个月至5年的监禁。

（2）对于煽动他人使用暴力或专制方式对待某一部分群体（如种族、民族、宗教群体或以种族风俗为特征的群体）的言论，或者是载有侮辱、恶意中伤、诽谤等攻击上述群体人格尊严的书面材料，若通过广播电台、媒体或者电信传输进行演说，应该被处以最高为3年的监禁或罚款。

（3）任何人以一种能够扰乱公共和平的方式公开地或在会议上批准、否认或不予重视从事上述《国际犯罪法》（The Code of International Criminal Law）第6条第1款所载的国家社会主义统治的行为，应被处以最长为5年的监禁或罚金。

需要注意的是，《刑法典》第130条没有特别限制是哪些群体，比如种族、民族、性别等，而只是说"人口中某一部分群体"。这意味着可能被冒犯的人群包括任何"可识别的群体"。因此，德国刑法保护的群体范围非常广泛。尽管1960年制定刑法之初主要是为了保护犹太人，但最后的文本显示其他群体也都落在《刑法典》第130条的保护范围之内。

刑法禁止"群体侮辱"。《刑法典》第185、186、187条分别规定了侮辱、恶意中伤和诽谤罪。这些犯罪一般是针对个人实施的。但是，《刑法典》第185条中还规定了"群体侮辱"，即侮辱的对象不是个人，而是由个人组成的集体。煽动对群体的仇恨也可能落入这类犯罪中。对于该条款的适用，根据联邦宪法法院的解释，这个集体必须是"可划定范围的集体"，而且，攻击的内容必须涉及所有的集体成员，这样集体中的每个成员的荣誉都受到了贬损。很大的群体，如所有德国人、美国人、妇女、天主教徒等，虽然也可能被认为是易受侮辱的可识别的群体，但是，针对如此庞大群体的侮辱很少能满足个性化的要求。联邦宪法法院曾经表示："一个贬损性声明所涉及的群体越大，个体成员的个人参与就越弱。"因此，当涉及人数较少的群体的时候，更有可能构成"集体侮辱"。

《刑法典》关于"对民主宪政国家的威胁"一节（第84条至第91条）包含禁止违宪与国家社会主义组织散布和使用宣传的规定（第86条和第86a条）。例如，禁止展示国家社会主义（纳粹）的"旗帜、徽章、制服、符号和致敬"，尤其是纳粹致敬和纳粹符号。这些都是歧视言论的象征性行为，应受到刑法的制裁。

否认大屠杀在德国也被视为刑法上的一项歧视言论犯罪，因为这种否认被认为是煽动对犹太人的仇恨。否认大屠杀者通常主张：在第三帝国时期没有发生种族灭绝，或者，即使有犹太人被杀害，也没有使用毒气进行大规模杀害。通常的说法可能是："大屠杀从未发生过"，或者"关于大屠杀的报道被大大夸大了"。

除了上述法律之外，歧视言论的禁止还体现在对媒体内容的要求上。《关于危害青少年的出版物传播法律》第1条规定，能够在道德上危及儿童和年轻人（包括不道德、残酷、美化战争，或煽动他人实施暴力、犯罪或种族仇恨的书面材料）的那些材料必须被列入限制名单。1991年《州际广播电视协议》第3（1）条规定，禁止"煽动对部分人口或针对国籍、种族、宗教或族裔等身份特征的群体的仇恨，宣传针对此类人群或群体的暴力和歧视，或通过侮辱、恶意嘲笑或诽谤部分人口来攻击他人的尊严的节目"。规范公共和私人广播电视公司法律地位的《德国广播法》也禁止侵犯他人尊严的种族言论或歧视言论。

## （二）歧视言论的法律标准在网络空间内的适用

1997年，德国通过了《多媒体法》，旨在防止非法材料进入网络空间。该法扩大了《刑法典》中出版物的概念，将存储在计算机内存或网络中但未打印出的电子数据纳入出版物的范畴。因此，通过互联网发表歧视言论的行为也适用于《刑法典》的相关规定。网络空间内发生的煽动族群仇恨、集体侮辱、否认大屠杀，以及展示纳粹的旗帜、徽章、制服、符号以及向纳粹致敬等表达和行为都属于《刑法典》规制范围，即使服务器不在德国境内，或者发表者不在德国境内，也都会受到法律的惩治。

典型案例是1999年托本案。弗雷德里克·托本是德国国籍，但生活在澳大利亚。托本曾印刷传单和在网页上宣传否认大屠杀的观点。他认为奥斯维辛集中营事件纯属谎言，否认第二次世界大战期间死了数百万犹太人。1999年，托本回到德国，德国法院以《刑法典》第130条"否认大屠杀"罪判处他10个月监禁。托本在受审时辩称，他发表的互联网资料是在德国境外"印刷"的，不应当受德国法律的约束。但德国联邦法院裁定，德国禁止传播"美化纳粹"和"否认纳粹大屠杀"的立法适用于互联网的所有方面，无论其来源国或信息呈现方式如何。

联邦法院的这一判决对于网络空间内犯罪的处理具有重要意义。该案有效地设定了先例，即在网上发布的所有材料均应遵守德国法律，并且，禁止种族歧视的法律明确适用于在德国"境外"创建的互联网材料，只要德国互联网用户可以访问该网页。

另外一个典型案例是赞德尔案。该案被告恩斯特·赞德尔是一位著名的漫画家、艺术家和摄像师，他还是希特勒的忠实拥护者，也是德国第三帝国的捍卫者。赞德尔出生于德国，在加拿大生活了数十年，之后移居美国。赞德尔也持有否认大屠杀的观点，他曾经出版过一本《难道六百万》的小册子，以印刷形式以及通过互联网进行传播，他认为没有充分的证据证明德国曾经屠杀过600万犹太人。德国当局试图将赞德尔从美国引渡回国，按照《刑法典》第130条对他的罪行进行审判，但由于赞德尔违反了《美国移民法》，美国将其驱逐回加拿大。2006年，德国将其从加拿大引渡回德国，按照《刑法典》"否认大屠杀"条款将赞德尔定罪，判处其最高法定刑5年监禁。

除此之外，德国还对传播歧视信息、售卖相关物品的网络平台提出了相关要求。比如，2001年5月和2002年7月，德国宪法保护局（German Agency for the Protection of the Constitution）先后两次对易趣网站（eBay）提出严重警告，责成该公司不能通过互联网向德国用户出售纳粹歌曲、书籍、衣物或其他纳粹随身物品。随后该网站正式宣布，将不再向德国用户出售纳粹期间的任何物品或与纳粹集团有关的任何物品。

### 三、英国对网络歧视言论发布者的法律治理

英国刑法对发表歧视言论的行为予以一定程度的限制。在过去的30年间，煽动种族仇恨、煽动宗教仇恨、基于性取向的煽动仇恨三个方面的表达行为逐步被纳入英国刑事法律的规制范围。目前，煽动对跨性别者、身体残疾者的歧视或仇恨并不构成刑事犯罪，英国也并未将基于性别、年龄等的煽动歧视或仇恨定为犯罪。这些标准也都延伸到互联网上。

#### （一）英国法律对煽动歧视言论的界定标准

##### 1. 煽动种族歧视

英国最早涉及煽动种族歧视的法律是《1965年种族关系法》。该法第六部分规定：一个人如果通过发布或散发威胁、辱骂、侮辱性的书面材料，或者在任何的公共场所或公共集会中口头使用威胁、辱骂或侮辱的方式，故意煽动对不同肤色、种族或民族出身群体的仇恨，且该行为可能激起对基于肤色、种族或族裔、民族出身群体的仇恨的，则该行为为犯罪。1976年英国制定了新的《种族关系法》，废除了上述规定中"故意"要件的要求。

1980年代，英国正式将煽动种族仇恨罪纳入《1986年公共秩序法》（Public Order Act 1986）。与前两部法律相比，该法进一步扩大了种族仇恨的范围。

该法对种族仇恨进行了界定："种族仇恨是指在不列颠境内针对一群人基于他们的肤色、种族、国籍（含公民身份），或族裔、民族出身等身份特征所表达的仇恨。"

根据该法，煽动种族仇恨的犯罪是指，意图引起，或该行为可能引起种族仇恨的行为，这些行为包括，使用威胁、辱骂或侮辱性的语言或行为，或威胁、辱骂、侮辱性的书面材料的展示行为。这里并不需要证明某些人实际上感

受到了威胁、辱骂或侮辱。这一犯罪既可以发生在公共场合，也可以发生在私人场合。但是发生在私人住所且除了住所里的人之外没有其他人听到或看到的则不算犯罪。

构成种族仇恨的犯罪行为还包括出版，或对公众或部分公众散发那些载有威胁、辱骂或者是侮辱性的材料。公开的戏剧表演如果包含有威胁、辱骂或者是侮辱性的内容，则表演者和导演都构成犯罪。但是彩排、表演录制行为不构成犯罪，若该表演的唯一用途或主要用途是用于广播或有线节目中，也不构成犯罪。若仅是参与表演，且完全按导演的指示表演，也不需承担责任。

散发、展示、播放含有针对种族的威胁、辱骂或者是侮辱性的内容的录像或者录音，也构成该罪。若广播或有线节目中包含有针对种族的威胁、辱骂或者是侮辱性的内容，承担责任的人员范围包括提供广播或者有线服务的人、节目的出品人或导演，及直接呈现以上内容的人。但是该项犯罪不适用于英国广播公司（BBC）和独立广播局（The Independent Broadcasting Authority），或者通过上述两家机构接受和即时传输的有线节目。该法还将持有载有煽动种族仇恨的书面材料、录音或者录像也视为犯罪。

该法对于主观方面，一般要求的是"故意"。但是，若没有故意，综合考虑当时的各种情况，如果仇恨很有可能被语言或行为激发，也构成犯罪，因此，故意并不是犯罪的必备条件。该法还规定了煽动仇恨的抗辩事由。"无知"（不知）是一项重要的抗辩理由。一个人可以以并非故意引起种族仇恨进行抗辩，如果他并非故意，或者没有意识到他的语言或行为可能是威胁、辱骂或是侮辱性的，就可以免除责任。

### 2. 煽动宗教仇恨

在很长一段时间里，英国并未将煽动宗教仇恨纳入刑法规制。美国"9·11"事件之后，煽动宗教仇恨入法的呼声在英国越来越强。2006年，英国通过了《种族与宗教仇恨法》。该法将煽动宗教仇恨界定为："针对一群人基于其宗教信仰或缺乏宗教信仰而产生的仇恨。"因此，仇恨对象可以涵盖所有的信仰和非信仰的人群。该法详细列举了构成该煽动宗教仇恨罪的一系列的表达行为，包括利用言语或行为，展示书面资料，印刷或散发书面资料，公开表演，散发、展示或放映音像制品，在广播节目中广播或插播节目，或者为了展示、印刷、散发或播放而持有书面资料或音像制品，该罪名要求以上表达行为必须具有"威胁性"。这一要求比煽动种族仇恨罪更为严格，因为 1986 年《公共秩序法》中煽动种族仇恨的行为方式还包含谩骂或侮辱。

该法的主观要件要求必须是故意。该法 29B 至 29F 所列举的诸项威胁性的表达或行为都必须具有"煽动宗教仇恨的故意"才构成犯罪。按照政府提交给议会的草案，"故意和粗心大意"都可以构成犯罪，但经过上下两院的激烈辩论，最终文本仅保留了故意这一种主观形态。与 1986 年《公共秩序法》中煽动种族仇恨的规定相比，这一要件也更为严格。因为煽动种族仇恨规定，没有故意，但综合考虑各种情况很有可能引起或激发仇恨，也构成犯罪。

该法还规定了一项非常严格的抗辩理由："该条款的任何部分都不得以这样一种方式被解读或产生效力，即禁止、限制对某种宗教、信仰或其信仰者的信仰或信仰实践的讨论或批评，或者禁止对该信仰或信仰实践表达反感、厌恶、嘲讽、侮辱或辱骂等；该法也不可被解读为禁止劝诱改变宗教信仰，或禁止力劝信奉其他宗教信仰的信徒停止实践他们的信仰。"

触犯该罪，在普通程序中可判处最长为 7 年的监禁或罚金，或两罚并处。在简易程序中可被判处最长为 6 个月的监禁，或不超过法定最高数额的罚金，或两罚并处。

### 3. 煽动基于性取向的仇恨

目前在英国，煽动基于性取向的仇恨也是一项犯罪。该罪规定于《2008 年犯罪与移民法》第 5 章第 74 节中。根据该法，在行为要件上，只有运用威胁性的语言或行为，或通过展示威胁性的书面材料表达仇恨才可以构成该罪，侮辱或辱骂的语言或行为不构成该罪。在主观方面上，行为人必须具备主观故意，即"故意"煽动对同性性取向者的仇恨。在行为对象上，这里的性取向既包括同性性取向，也包括异性性取向，还包括双性性取向者。该法附件 6 第 14 节也特别增加了一项言论自由保障条款，规定该法并不禁止对某些性行为方式的批评，"对某些性行为方式的讨论或批评，或者督促某人不要进行这样的行为实践，及督促改正这样的行为就其本身而言不被视为一种'威胁性'的表达"。

除了刑法上的规定，《1988 年恶意通信法》( Malicious Communications Act

1988）将发送"不雅和严重冒犯性"通信以引起困扰或焦虑的行为定为犯罪，并且，《2003年通信法》（Communications Act 2003）第127条禁止在公共电子通信网络上发送严重冒犯性或淫秽消息。该法对监管机构英国通信管理局（OFCOM）需要制定的广播标准也提出了要求。该法第319条规定，英国通信管理局有责任为所有媒体节目内容制定标准以确保若干规范目标的达成，这些规范目标包括：①使18岁以下的未成年人得到保护；②那些可能鼓励或煽动犯罪或导致混乱的材料不应该被包含在电视或广播服务中。

### （二）歧视言论的法律标准在网络空间内的适用

互联网兴起之后，上述各种煽动歧视或仇恨的言论主要是通过互联网实施的，因此英国关于煽动仇恨的犯罪标准都适用到网络空间之内，这里通过若干典型案例进行分析。

2010年，"女王诉迈克尔·希顿和特雷弗·汉宁顿"案。2009年12月，两名"雅利安打击力量"组织的高级领导成员希顿和汉宁顿在他们各自的家中被逮捕。希顿是该组织委员会的成员，汉宁顿是ASF网站的管理人。两人都在其网站论坛上发表了大量帖子，其中包括有号召杀死犹太人和黑人等内容。这些帖子也表现出对犹太人、黑人、穆斯林和亚裔人士的仇恨。希顿的家中存有大量的纳粹用品。他在ASF论坛上张贴了一些号召毁灭犹太人的材料，还发表了一些仇恨少数族裔和英国政府的评论。希顿被起诉多项罪名，其中包含招募谋杀及使用威胁性、辱骂性的语言和行为故意煽动种族仇恨罪。法院判决希顿触犯了《1986年公共秩序法》中的煽动种族仇恨罪，判处希顿30个月的监禁。法院还认定希顿的行为构成收集可能被用以实施或准备恐怖主义行动的信息罪和散发恐怖主义出版物罪，判处他两年监禁。

2010年，"女王诉谢泼德和惠特尔"案。2004年前后，惠特尔编写了一本《霍洛霍克斯传说》的小册子，由谢泼德编辑并将其上传到自己创建的网站上，该网站由加利福尼亚的服务器托管，但在英国可以访问。该小册子以漫画书的形式呈现，其中心主题是对大屠杀的存在表示怀疑。该出版物还暗示，犹太人民有编造针对他们实施暴行的故事的历史，以及其他一些描述。该小册子如果分发很有可能激起针对犹太人的仇恨。同时，二人还撰写并上传了其他一些文章，包含贬低犹太人和黑人的言论，以及威胁、辱骂或侮辱各个种族群体的材料。之后，谢泼德还在网上发表了一本《不要做墙头草》的小册子，该小册子也具有种族煽动性。除了通过在网上传播，谢泼德还在2004年将《霍洛霍克斯传说》小册子邮寄给伦敦政治经济学院的教授以及教堂等一些机构。2008年，皇家检察署根据1986年法案第三部分起诉谢泼德和惠特尔。法院判决煽动种族仇恨罪成立，二人违反《1986年公共秩序法》中的拥有、出版和散布种族煽动性材料罪。2009年7月10日，谢泼德被判处有期徒刑4年10个月，惠特尔则被判处有期徒刑2年4个月。

### 四、我国对网络歧视言论发布者的法律治理

#### （一）我国法律对歧视言论的界定标准

在歧视言论的法律治理方面，我国法律主要对煽动民族仇恨、民族歧视作出了规定。我国实施民族平等原则，保障各少数民族的合法权益。《宪法》第四条规定："中华人民共和国各民族一律平等。国家保障各少数民族的合法的权利和利益，维护和发展各民族的平等团结互助和谐关系。禁止对任何民族的歧视和压迫，禁止破坏民族团结和制造民族分裂的行为。"

同时，我国也是诸多相关国际公约的签署国。《公民权利和政治权利国际公约》第20条第2款规定："任何鼓吹民族、种族或宗教仇恨之主张，构成煽动歧视、敌视或强暴者，应以法律加以禁止。"《消除一切形式种族歧视国际公约》第4条规定："应宣告凡传播以种族优越或仇恨为根据的思想，煽动种族歧视，对任何种族或属于另一肤色或人种的人群实施强暴行为或煽动此种行为……概为犯罪行为，依法惩处。"

煽动民族仇恨、民族歧视，情节严重的，可以构成刑事犯罪。《刑法》第二百四十九条规定，对犯煽动民族仇恨、民族歧视罪的，处3年以下有期徒刑、拘役、管制或者剥夺政治权利；情节特别严重的，处3年以上10年以下有期徒刑。根据相关司法解释，"情节特别严重"，是指煽动手段特别恶劣，长期进行煽动的，引起民族纠纷、冲突或者民族地区骚乱，后果特别严重的或者

影响特别恶劣的等等。《刑法》第二百五十条还规定："出版歧视、侮辱少数民族作品罪"，"在出版物中刊载歧视、侮辱少数民族的内容，情节恶劣，造成严重后果的，对直接责任人员，处三年以下有期徒刑、拘役或者管制"。在我国，煽动民族仇恨、民族歧视，情节一般的，不作为犯罪进行处理，但需要承担一定的治安责任。《中华人民共和国治安管理处罚法》（以下简称《治安管理处罚法》）第四十七条规定："煽动民族仇恨、民族歧视，或者在出版物、计算机信息网络中刊载民族歧视、侮辱内容的，处十日以上十五日以下拘留，可以并处一千元以下罚款。"

### （二）歧视言论的法律标准在网络空间内的适用

通过网络发布和传播煽动民族仇恨、民族歧视的同样适用于我国《刑法》以及《治安管理处罚法》的规定。以下是若干典型案例。

2019年李某某煽动民族仇恨、民族歧视案。2018年11月至2019年3月，被告人李某某多次在沈阳市和平区其租住的房屋内，利用手机、电脑在其新浪微博账号上长期发布、转载攻击伊斯兰教、诋毁穆斯林同胞的言论、图片等，其中包含明显侮辱性文字内容的微博达200余条，共计被点赞1840次、转发1682次、评论712条，公然煽动对信奉伊斯兰教的民族的仇恨和歧视，违反了我国宪法规定的"各民族一律平等"的原则，扰乱了我国民族工作秩序，经公安机关两次警告拒不悔改，已引起部分回族群众及沈阳市伊斯兰教协会强烈反映，造成恶劣的社会影响。一审法院认为，被告人长期利用互联网煽动民族仇恨、民族歧视，情节严重，其行为已构成煽动民族仇恨、民族歧视罪。依照《刑法》第二百四十九条的规定，认定被告人犯煽动民族仇恨、民族歧视罪，判处有期徒刑2年6个月。二审维持原判。

唐某某煽动民族仇恨、民族歧视案。2018年2月23日，被告人唐某某在廊坊市开发区艾力枫社小区，通过手机在"快手"短视频平台上，使用"ID230557755、昵称为唐某，鸿鹄之志"的"快手"账号上传一段用喷火枪烤猪蹄的视频，并在视频上附文字"回民最爱吃的一道菜"，视频迅速在"快手"平台及"微信朋友圈"传播，侵犯了回族群众宗教信仰和风俗习惯，对民族间平等团结和谐关系造成伤害，引发了大量回族群众于当晚在廊坊开发区荷塘月色饭店聚集寻找唐某某下落，并引发较大规模回族群众到廊坊市政府聚集抗议。经审理判决，被告人唐某某犯煽动民族仇恨、民族歧视罪，判处拘役6个月。

## 第三节　对登载歧视言论的网络平台的法律规制

20世纪90年代，互联网发展初期，各国法律都对网络平台在内容审查方面的责任予以一定程度的豁免。网络服务提供商除非直接履行了编辑责任，否则不被认为需要承担法律责任。美国1996年《通信行为端正法案》（Communication Decency Act，CDA）第230条确立了高度豁免原则，欧盟《电子商务指令》确立了被称为"通知–删除规则"的有限豁免原则。

随着网络技术的高速发展和网络应用的广泛普及，这种高度豁免原则逐渐被认为不合时宜。由于信息和技术劣势，政府对网络有害内容的发布者直接进行规制存在很多困难，执法工作往往需要网络服务商的配合才能完成。因此，一些国家越来越倾向于为网络服务商直接设定内容审查责任，通过规制网络服务商来间接规制发表者。尤其是，网络技术和业态的发展带来了大型社交平台的兴起，使网络由去中心化变得再次中心化。虽然社交平台在一定程度上通过内部规定对平台用户所发表的内容进行规制，但这始终是一种自愿、自律行为。随着国际情势的变更，以及歧视言论在社交媒体上的聚集，一些西方国家开始将歧视性言论的规制责任分配给网络平台，使其自律规范上升为法律义务。率先做出改变的是德国，2017年德国通过了《网络执行法》。法国紧跟其后，效仿德国制定了专门针对网络歧视言论的《反网络仇恨法》。再次是英国，2019年4月英国政府公布了《在线有害白皮书》，拟立法建立起一套全面的规制网络空间有害行为和内容的解决方案。

## 一、德国《网络执行法》中关于网络平台责任的规定

### （一）立法背景

自 2015 年夏天开始，德国打开大门接纳了来自中东的百万难民。难民进入后对就业机会、教育资源、社会福利等诸多方面的挤占，及不断引发的治安问题，影响着千千万万普通德国人的日常生活，极大激发了本国民众的排外情绪以及右翼政党的兴起。因此，歧视性言论在社交媒体上激增，这些言论主要指向外来的难民、移民以及少数族裔。

为回应社交媒体上不断增长的歧视言论的挑战，德国司法部长海科·马斯于 2015 年组建了一个治理歧视言论的特别工作组。该工作组不断与谷歌、脸书、推特及公民社会代表进行合作，督促社交平台及时删除网络非法内容。此后，马斯部长认为平台的自我规制并不充分，为继续加强平台对歧视言论等非法内容的规制，并避免发生 2016 年美国大选期间"假新闻"对政治选举那样的干扰，保障当年德国大选的顺利进行，于 2017 年春季向联邦议会提出了《网络执行法》的草案。草案指出，社交网络在执行现行法律方面存在重大问题，需要引入惩罚性的强制执行的社会责任机制，以迅速、有效地打击歧视言论及其他刑事非法内容。经过激烈的辩论，该法最终于 6 月 30 日获得通过，已于 2018 年 1 月 1 日起正式实施。此次立法使德国成为欧美国家中第一个明确规定社交媒体对其平台传输的某些刑事违法内容承担法定审查义务的国家，使平台对内容审查的自律要求转变成为法定义务，也使政府开始对社交媒体上的违法内容进行规制。《网络执行法》的主体部分共分 6 章：适用范围、报告义务、处理关于非法内容的投诉、处罚、国内信息传送全权代表以及暂行规定。该法指定德国司法部对平台进行监管。

### （二）主要内容

#### 1. 适用范围

在适用范围上，该法明确将规制对象限定在拥有 200 万注册用户以上，以

营利为目的，旨在使用户能够与其他用户分享任何内容或向公众提供此类内容的平台（社交网络）。因此，该法是专门针对为用户生产内容（UGC）提供平台的社交媒体进行的立法。该法规定，社交媒体对那些由其自身负责编辑的新闻内容本身就负有责任，因此这类内容不适用该法。那些传播特定内容的平台（如电子商务平台或者职业社交平台）以及个人通信（如电子邮箱、即时通信服务）服务商也被明确排除于该法调整范围。该法还将规制对象限定在 200 万用户以上的平台，这主要是出于减轻中小企业负担的考虑，因此该法主要适用的对象便是脸书、推特、"油管"这样的大型社交网络平台。

该法还对社交平台负责审查的内容进行了明确的列举和限定。根据该法，平台需要对包括歧视性言论、假新闻、侮辱、诽谤、煽动实施犯罪在内的 18 项刑事违法内容进行审查，这些内容都直接引自德国刑法的规定。其中，对歧视言论的审查最引人瞩目，也是该法主要的立法目的。

**2. 平台的法定义务**

该法为社交平台设置了三项法定义务：报告义务、设立有效处理非法内容投诉机制的义务以及设置国内联系代表的义务。

（1）报告义务。该法规定，凡每年收到 100 份以上投诉的社交网络平台须每半年制作一次报告，并在联邦公报以及自己网站主页上进行公布，时间最迟为半年结束后的一个月内。该法还详细列举了报告应当涵盖的各项内容，主要包括：删除或屏蔽的评判标准；收到的投诉数量；负责处理投诉的机构、人员情况；进行外部咨询的次数；实际删除或屏蔽的数量；从接到投诉到决定删除或屏蔽的时间；以及平台为消除违法犯罪活动所作努力的一般性说明等。

（2）设立有效处理非法内容投诉的机制。该项义务是社交平台法定义务的核心。该法要求社交平台必须给用户提供一个"易于识别""且能直接、持续利用"的用户投诉程序，及时删除或屏蔽法律所列举的刑事违法内容。该法规定，平台必须建立有效而透明的投诉处理机制。这一机制必须确保平台对于用户举报的刑事违法信息作出及时的判断和处理。对于明显的刑事违法信息，除了与刑事侦查部门另有约定之外，平台必须在 24 小时之内予以屏蔽或删除。其他任何违法信息则须在 7 日内予以屏蔽或删除，除非判断内容是否违法的决定依赖于某项事实性主张或其他事实性情形的真伪，或者社交平台已将违法与否的判决交给某个官方认可的第三方机构进行处理。被移除的信息要保存10周以作为证据使用。

（3）设置国内联系代表。为便于政府可以及时对社交媒体的执行情况进行监督，从而可以快速对有关问题作出反应和处理，该法规定社交媒体必须设立两种国内联系代表，一种负责接受政府的通知、处罚或相关文书，另一种负责接受来自执法部门的信息问询，且应在收到要求的48小时内予以答复。无论总部是设在德国还是在德国以外的社交媒体都需要设置这两种代表。

### 3. 法律责任

在法律责任方面，该法为违规平台设置的是"行政罚款"这一处罚方式，故意或过失违反上述各项法定义务，社交平台均须承担来自政府的高额行政罚款。其中，违反上述第一项义务和第二项义务即报告义务和设置投诉处理机制的义务，将要面临最高为500万欧元的罚款；违反上述第三项义务即设置国内联系代表的义务，将面临最高为50万欧元的罚款。上述两项处罚，如果受处罚者是公司主体，罚款数额最高可达上述罚款金额的10倍。这意味着违规的网络平台将可能承担最高为5000万欧元的巨额罚款。

《网络执行法》于2018年1月1日正式实施，按照法律的要求，各个平台须在2018年7月向社会公众发布内容投诉和删除的第一次透明度报告。但是，对于脸书发布的该次报告，作为监管机构的德国司法部认为其未能满足法律要求的处理歧视言论投诉的透明度要求。该机构表示，脸书在2018年上半年的报告中并未反映有关涉嫌非法内容的实际投诉数量，其中包括在德国的反犹太人言论和旨在煽动对基于宗教或种族的仇恨的人或团体的材料。并认为，脸书关于处理歧视言论投诉的人员的语言技能和培训的信息也还不完整。因此，2019年7月，德国司法部根据《网络执行法》的规定，对脸书处以200万欧元的罚款。这是该法实施后的第一例处罚。

实际上，《网络执行法》的颁布实施引起了德国社会各界的不断质疑。为此，德国政府不断承诺将对该法进行改革。2020年1月17日，联邦司法部长克里斯汀·兰布雷希特发布了的一份36页的计划书。根据该文件，脸书、推特和"油管"等服务提供商将必须提供明确的选项让用户能够选择反对平台随意删除内容，或拒绝收到的投诉。

## 二、法国《反网络仇恨言论法》中关于网络平台责任的规定

### （一）立法背景

近年来，由于恐怖袭击频繁在法国发生，以及大量难民进入法国，还有本来就存在的本地人与国内大量的穆斯林等少数族裔人口的冲突，法国社交媒体上也充斥着大量针对难民、少数族裔的歧视性言论。为整治网络秩序，特别是有效打击仇恨言论，法国很快效仿德国的做法，制定了专门的打击仇恨言论的法案。

2020年5月通过的《反网络仇恨言论法》共包括7章内容：简化网上仇恨内容通知系统；平台运营商在打击网络仇恨内容方面的合作义务；高等视听委员会在反对仇恨内容方面的作用；加强打击仇恨内容在线传播的斗争；加强对在线仇恨内容制作者刑事诉讼的有效性；防止在网上传播仇恨内容；附则。

### （二）主要内容

**1. 在线平台运营商的删除义务**

为尊重公众的普遍利益，在法国领土内活动的在线平台运营商，应当在一个或多个人发出通知后的24小时内，删除或封锁任何明显违反法国1881年《新闻自由法》以及《刑法》中所规定的以种族、宗教、性别、性取向或者残疾等为由的煽动仇恨或歧视性侮辱言论。未能遵守该义务的，将被处以25万欧元的罚款。但是在线平台运营商应当将删除或屏蔽的内容保留在公共行动的时限内，以供执法机关调查、认定和起诉刑事犯罪。

成立满五年且其法定对象包括保护儿童的协会，当协会通知运营商发现有明显违反本法所规定的仇恨言论时，运营商应当毫不迟延地确认收到协会的通知，并告知协会对通知所采取的措施以及作出决定的原因。

**2. 平台运营商在打击网络歧视性内容方面的合作义务**

第一，建立完善的投诉处理系统。

平台运营商应当为法国境内用户建立一个统一的投诉系统，该系统可直

接访问且易于使用，允许任何人以使用服务的语言通知平台运营商平台上的非法内容。平台运营商应当告知不适当投诉所可能面临的各项制裁。

（1）当他们决定删除或使信息无法访问时，并且当他们拥有作者的联系信息时，应通知该用户平台的决定及原因，以及质疑的可能性。他们还应当提醒用户发布非法内容可能会受到的民事和刑事制裁。本规定不适用于公共机构出于公共秩序预防和侦查刑事犯罪的目的而提出的要求。

（2）当他们决定不删除或不阻止信息的访问时，投诉的作者可以对此决定提出异议。

第二，告知用户非法内容发布和不当投诉可能面临的后果。

平台运营商应当向公众以清晰、详细、易于获取和看见的方式向用户提供发布非法内容、不当投诉所面临的后果，特别是以下内容。

（1）用户在发布此内容时可能遭受的制裁，包括刑事制裁。

（2）可供这种内容的受害者使用的平台内部和司法上诉机制，处理这些投诉的时间限制以及能够为这些受害者提供支持的机制。

（3）滥用通知的作者所受到的制裁以及负责发表内容的用户不当地撤回或难以获得的内部和司法补救措施。

第三，向法国高等视听委员会报告的义务。

平台运营商应当根据本法规定报告他们处理仇恨言论的情况，包括他们所使用的人力和技术资源，以及采取的程序。他们还应报告他们在必要时撤回被删除的信息所采取的行动和手段，以及在打击和预防方面取得的成果。他们应当立即将所发现的与刑法相违背的一切活动告知主管当局。

第四，接受司法文件的义务。平台运营商应当指定一个位于法国领土内的自然人，行使与当局对话的职能，负责接受司法机关适用本法所提出的要求和欧洲高级理事会所提出的要求。

第五，制定清晰的服务条件。平台运营商应当以精确、易于理解、客观和非歧视的术语制定向公众提供的服务使用的一般条件。

### 3. 法国高等视听委员会在打击仇恨内容方面的作用

（1）职责。法国高等视听委员会负有监督和确保平台运营商履行本法义务的职能，确保对这些运营商承担的义务进行跟进，发布有关在线平台运营商对本法规定的应用及其有效性的年度审查。

（2）处罚。如果平台运营商不遵守本法所规定的义务，则高等视听委员会可以在本法规定的条件下宣告罚款，其金额应考虑到履行义务不足的严重性以及（如果适用）其重复性质，金额不得超过2000万欧元或上一财政年度全球年度总营业额的4%，二者中以高者为准。

（3）鼓励措施。高等视听委员会应当鼓励平台运营商实施以下行为：这些经营者之间以开放形式开发合作和信息共享工具，以打击该法中所指出的仇恨言论的罪行；适当的技术手段，有可能在处理用户投诉之前就限制该内容的共享和公众对它的接触；（新）合作工具，用于与内容，特别是大规模的录像或图像，在网络上的传播作斗争。

（4）设立网络仇恨观察站。建立"网络仇恨观察站"以监视并分析该法所提及的仇恨言论内容的发展情况。该观察站应当召集与打击和预防此类犯罪有关的经营者、协会、主管部门和研究人员，并考虑公众，尤其是未成年人等多主体的参与。该观察站由视听高等委员会负责，以确保其秘书处的工作，其任务和组成都由视听高等委员会确定。

### （三）对相关条款争议的处理

2020年5月，该法由国民议会通过。但是该法遭到宪法委员会质疑。6月18日，法国宪法委员会废除了该法律的核心条款，即在线平台必须在收到通知/投诉后的24小时内，从其平台上删除歧视性言论。委员会认为该规定不当侵犯了公民的表达权和思想自由。

## 三、我国法律的相关规范

我国法律、法规明确禁止通过互联网传播煽动民族歧视、民族仇恨的内容。1997年12月，公安部颁布实施了《计算机信息网络国际联网安全保护管理办法》，旨在对计算机信息网络国际联网加强管理，第五条规定了禁止利用国际联网制作、复制、查阅和传播的九项内容，其中就包含煽动民族仇恨、民族歧视，破坏民族团结的信息。2000年9月，国务院通过了行政法规《互联网信息服务管理办法》，对 1997 年公安部部门规章的规范进行了重申，并进一步完善了具体表述。该办法第十五条禁载规范中，也明确禁止制作、复制、发布、传播含有煽动民族仇恨、民族歧视，破坏民族团结的内容。

对于通过互联网以音视频传播煽动民族歧视、民族仇恨的内容也制定有专门规范。2007 年广电总局、信息产业部出台了部门规章《互联网视听节目服务管理规定》，第十六条明确列举了视听节目不得含有的 10 项内容，其中第四款就明确包含"煽动民族仇恨、民族歧视，破坏民族团结，或者侵害民族风俗、习惯的"内容。

对于通过互联网进行的出版活动，2016 年《网络出版服务管理规定》第二十四条中规定，网络出版物不得含有"煽动民族仇恨、民族歧视，破坏民族团结，或者侵害民族风俗、习惯的"内容。

同时，我国关于网络新闻、网络广告等领域的规章、规范性文件也都有类似规定。2019 年 12 月，国家互联网信息办公室审议通过了部门规章《网络信息内容生态治理规定》，对于禁载内容有了进一步的规定。第六条规定了网络信息内容生产者不得制作、复制、发布含有的 11 条违法内容。其中再次将"煽动民族仇恨、民族歧视，破坏民族团结的"内容列入禁载。

第四章

# 网络淫秽色情内容法律治理

淫秽色情是法律治理的重要内容。但二者并不相同，一般而言，淫秽是指引人堕落的内容，色情是指包含性暗示之类的内容。淫秽内容普遍为各国法律所禁止，但对于色情内容，不同国家的法律规制态度存在一定差异。有一类特殊的色情内容"儿童色情"，即以儿童参与或作为色情表现对象的内容，在各国均被认为是一种严重的犯罪行为，为国际公约和国内法律所普遍禁止。

互联网时代的到来极大便利了网络淫秽色情内容的传播。匿名、低门槛、实时、互动、跨国界这些网络传输的特点使创作和传播淫秽色情内容前所未有地加快，也能够触及更广泛的人群，淫秽色情信息充斥网络空间，而且追责变得更加困难，已经成为各国互联网内容治理中的重点和难点。本章将分三节分别对网络淫秽内容、网络儿童色情内容和一般网络色情内容的法律治理展开论述。

# 第一节　网络淫秽内容的法律治理

## 一、网络淫秽内容的传播与危害

淫秽为 Obscenity 的翻译，该词源自 16 世纪晚期法语的 obscénité 或拉丁语的 obscaenitas，obscaenus。法语中 ob 和 scénité 分别为"强迫"和"场景"，拉丁语中 ob 和 caenum 意思分别为"向"和"污秽"。[1] 因此，淫秽内容通常指的是可以导致人堕落和腐化的一类内容。

### （一）传播方式

网络淫秽内容表现形式多样。从媒介形式来看，包含文字、图片、音频、视频等各种方式。从载体来看，网站和各种移动应用客户端（App）都可以作

---

[1] 参见曲广娣：《色情问题的根源和规范思路探讨》，中国政法大学出版社 2013 年版，第 10 页。

为传播渠道和平台。目前，网站（包括通过暗网传播）仍然是重要的传输渠道。比如，2020年6月，江苏省无锡市公安局公布该市警方破获了全国首起"暗网"平台案件。该案中，男子王某在"暗网"上搭建淫秽网站，以传播淫秽物品牟利，被警方查获时，网站注册会员已达6万多名。

同时，各种移动客户端也成为传输淫秽色情内容的重要渠道。从具体的应用形式来说，目前网络直播、网络短视频以及社交软件成为传输淫秽色情内容的主要渠道。比如，2019年6月，深圳市龙岗区警方一举端掉一个特大涉黄短视频平台"快妖精"客户端。该应用自称"成人版抖音"，非淫秽视频不能在平台上予以发布。据警方介绍，该短视频在上线后的短短5个月之内，注册用户就破百万，公安机关在服务器上共查获11万部淫秽短视频。又比如，2020年8月，上海警方发现数个名为"色×""绝×"的客户端可用以下载观看色情短视频。经查，嫌疑人黄某、郭某等人自2019年6月起，合谋开发色情客户端和网站，先后开发上线多款色情软件，存储在境外资源服务器上的淫秽视频多达10万余部，总容量达128TB。当前，淫秽内容直播也是传输淫秽色情内容的重要渠道。比如，2018年下半年至2020年3月间韩国发生的性剥削案件"N号房事件"，即通过加密通信软件传输淫秽色情视频或直播性剥削过程。

## （二）危害性

在互联网出现和普及之前，淫秽内容通常是通过印刷媒介和电子媒介（广播电视、电影、录像制品）进行传播。印刷制品的分发主要通过人工或者邮政传输，因此淫书淫画在制作规模、传播范围以及危害程度上都比较有限，也容易得到控制。到了电子媒介时代，表现方式由图文到视频，淫秽内容的冲击力和负面影响大为增加，但其控制难度并没有增加多少。广播、电视、电影很容易通过许可证、内容审查的方式控制制作和播放。作为重要载体的录像制品，其传输方式其实与印刷媒体并无不同，都是通过人工贩卖或邮政渠道进行分发，也容易得到控制。互联网时代的到来，彻底改变了淫秽色情内容的制作和传输方式，为其传播带来巨大便利。网络时代，淫秽内容的制作规模、传播范围都前所未有地增加。

同时，淫秽内容的危害程度也大大增加。印刷时代，由于文字阅读本身自带门槛，而且消费成本高，未成年人实际上能够接触该类内容的机会非常有限。电子媒介时代，信息接受的门槛降低了，但依然存在着消费成本较高的问题，所以对未成年人的危害也是有限的。在互联网高度普及的时代，接触网络的成本几乎为零，随着触网年龄的不断降低，未成年人接触互联网的机会和时间大为增加，而且不需要通过邮政发行，传输瞬时甚至是实时。因此，大大增加了成年人以及青少年接触网络淫秽内容的机会，产生了更大的社会危害。

## 二、法律对淫秽内容的界定标准

各国对淫秽内容都有规制，但宽严程度不同，这里选取英国、美国和我国的界定标准进行介绍和分析。

### （一）英国法律对淫秽内容的界定标准

进入近代以后，随着出版印刷术的发达，英国出现了大量的含有性描写的文学作品。为此，英国在19世纪颁布了第一部禁止淫秽内容的成文法——《1857年淫秽出版物法》（Obscene Publications Act 1857）。之后，英国法院在著名的"女王诉希克林"案中确立了判断是否构成淫秽的著名标准——"希克林标准"，即"被指淫秽的事物有没有一种倾向，使那些心灵易受不道德影响感染而这类出版物又可能落入他们手中的人腐化与堕落"。该标准又被表述为"父亲是否可以在家里大声朗读的作品"。

这些标准颁布后，由于较为严苛，一直受到来自不同方面的批评。包括认为标准过于狭隘和僵化，没有考虑作品的文学价值，没有公共利益的抗辩理由等。在司法适用上，这些标准则被批评为法官常常允许根据孤立的段落而不是整体来进行指控，法官拒绝采用有关作者的主观意图和目的、作者的文学声望，以及文学批评家的意见等方面的证据等。进入20世纪后，因标准严苛，《尤利西斯》等一些著名的文学作品以及一些医学教科书也被禁止出版。20世纪50年代，英国新法颁布，在一定程度上放宽了淫秽的认定标准。

1959年，英国颁布了新的《1959年淫秽出版物法》（Obscene Publications Act 1959）。该法对"淫秽物品"这样界定："某件物品或由两个或多个项目组成的物品中的任何一项的效果，如果从整体来看具有倾向于使那些在所有有关场合下可能读到、看到或听到相关作品所包含或体现的内容的人堕落和腐化的话，该物品将被认为是淫秽的。"因此，可能导致相关受众的堕落与腐化是判断一件物品或作品是否构成淫秽物品的关键。与以往的标准相比，该法强调需从"整体"判断是否构成淫秽内容。

而且，该法还增加了多项免责条款。根据该法，一般情况下，被告可以以"不知"作为抗辩理由。通常来说，出版者或持有人的动机并不影响定罪，但如果行为人并不知道自己所管理或经营的物品是淫秽的且没有理由怀疑其是淫秽的，就可以免除法律责任。根据第 4 条的规定，出版淫秽物品罪还可以"公共利益"作为抗辩理由，"如果针对相关物品的出版行为被证明是为了科学、文学、艺术或者其他公众关注的事项的利益，那么此种行为就具有公共利益的正当理由，其不应被视为违法行为"。对于移动的画面、电影和配音，这里的公共利益抗辩被表述为"为了戏剧、歌剧、芭蕾或任何其他的艺术，或文学或学习的利益"。该法还明文规定，"在涉及证明相关物品的文学、艺术、科学或其他价值时，可以援引专家证据"，这些证据既包括可以证明具有上述价值的证据，也包括证明不具有上述价值的证据。显然，该法确立了相对宽松和更为合理的评判标准，也反映了当时英国对淫秽内容社会共识的变化。

1964 年，为加强防范"为营利"而出版（公开）淫秽物品或作品的行为，及意图"生产"淫秽物品或作品的行为，议会于 1964 年再次立法，出台《1964 年淫秽出版法》（Obscene Publications Act 1964），对淫秽出版物作了一些补充规定。该法为了强化对淫秽出版物的打击力度，增加了"为营利而持有淫秽物品"罪。该法规定，为了营利而持有可供出版的淫秽作品，不管是为了自己营利还是为了他人营利，皆为犯罪。另一方面，为加强打击"生产"淫秽物品的行为，该法还扩大了淫秽物品的范围。该法规定，淫秽出版物还包括那些可以用于复制或制作相关淫秽作品的物件。比如照片底片或书籍的底稿等都可包含在内。至此，英国完成了对淫秽内容法律标准制定的工作。《1959 年淫秽出版物法》和《1964 年淫秽出版法》至今有效，所确立的淫秽内容判断标准迄今未变。

### （二）美国法律对淫秽内容的界定标准

在美国，淫秽内容为各州刑法所禁止，制作、散布、出售或展示淫秽材料等属于犯罪行为。但如同英国一样，淫秽内容的判断标准经历了一个从严苛到相对宽松，从单一到多元的过程。19世纪，美国承继了英国的希克林标准。进入20世纪后，该标准因过度严苛受到来自各界人士的批评。美国联邦最高法院大法官富兰克夫特就曾这样评价："这一规则将成年人群局限于阅读适宜儿童的读物。"[1] 另一方面，20世纪后，大众传播媒介如电影、广播、电视等已开始广泛流行，文化思潮从精英文化开始走向大众文化，美国法院的判断标准也在随时代而变。

1957年，在"罗斯诉美国"一案中，美国法院确立起新的淫秽内容界定标准"罗斯标准"。20世纪中期，纽约书商罗斯因邮寄"淫秽"杂志而被起诉。依据《康斯托克法》，初审法官判处他5年有期徒刑，并判处罚金5000美元。罗斯不服，上诉至联邦最高法院。法院指出，淫秽作品不属于宪法所保护的言论和出版自由的范围，《康斯托克法》禁止邮寄淫秽物品并不违反《美国宪法第一修正案》。布坎南大法官提出，宪法对言论自由的保护是为了让人们可以自由交流思想，进而促成人们希望的政治和社会变革。淫秽言论并不具有这种价值，"完全不具备任何社会重要性的补偿"。淫秽物品还是有害的，"是为了激起读者或者观赏者的淫欲"。因此，淫秽作品不受《美国宪法第一修正案》保护。

不是所有的涉性作品都不受美国宪法的保护。布坎南法官明确指出，"性与淫秽不是同义词……艺术、文学以及科学作品中存在对性行为的描写，本身并不足以成为剥夺宪法所保障的言论自由和出版自由的理由"。他确定了新的淫秽判断标准："如果要确定一个出版物的内容是否可以被界定为淫秽，要看'对于一般人，如果采用当代社区标准，该材料从整体上来看，其主题是否能够刺激淫欲'，其中的社区标准应以'普通人'（而不是易受不道德事物影响的人）的理解为准。"此即"罗斯标准"。该标准缩减了构成淫秽出版物的范围，扩展了言论自由的空间，在美国司法史上有着深远持久的影响。

20世纪60年代，随着大众媒介和大众文化的进一步普及和流行，美国法院对待涉性作品的态度进一步朝着自由化方向发展。1973年，最高法院又通过"米勒诉加利福尼亚州"一案确立了新的标准"米勒标准"。米勒因寄送淫秽广

---

[1] 参见张世耘：《淫秽色情的认定标准与言论自由的冲突——美国联邦最高法院判例探微》，《国际关系学院学报》2007年第2期。

告的行为被地方法院定罪，后上诉至联邦最高法院。最高法院维持了对米勒的定罪判决。首席大法官伯格重申了罗斯案确立的原则——淫秽表达不受宪法第一修正案的保护，但同时为淫秽作品的判断确立了新的三点标准：①当代社区标准，即从普通人的角度看，认为该材料从整体看意在刺激淫欲；②作品以明显冒犯性的方式描写或刻画州现行法律中明确界定的性行为；③从整体上看，作品缺乏严肃的文学、艺术、政治或科学价值。显然，米勒标准进一步缩小了"淫秽作品"的范围，使淫秽作品入罪变得更加严格。该标准一直沿用至今。

### （三）我国法律对淫秽内容的界定标准

在我国，无论是传统文化还是主流价值观都对"性道德"持有非常严肃和保守的态度，淫秽色情内容被认为败坏社会风气、危害青少年的身心健康而予以严厉禁止。1949年新中国成立初期，我国就展开了围剿淫秽书刊图画的斗争。[1] 新中国成立后我国颁布的第一部刑法——1979年《刑法》就规定了制作、贩卖淫书淫画罪（后又对此罪名进行了调整）。20世纪80年代中期，为应对从国外涌入我国，以及本土市场上产生的大量的淫秽色情出版物，我国行政主管部门密集出台了多部法规和规章，对淫秽出版物进行规制。

1988年新闻出版署发布的《关于认定淫秽色情出版物的暂行规定》中，淫秽物品或出版物被界定为"在整体上宣扬淫秽行为……挑动人们的性欲，足以导致普通人腐化堕落，而又没有艺术价值或者科学价值的出版物"，并列举了6项具体表现以及1个兜底条款："淫亵性地具体描写性行为、性交及其心理感受"；"公然宣扬色情淫荡形象"；"淫亵性地描述或者传授性技巧"；"具体描写乱伦、强奸或者其他性犯罪的手段、过程或者细节，足以诱发犯罪的"；"具体描写少年儿童的性行为"；"淫亵性地具体描写同性恋的性行为或者其他性变态行为，或者具体描写与性变态有关的暴力、虐待、侮辱行为"；"其他令普通人不能容忍的对性行为淫亵性描写"。

1997年我国修改《刑法》，对淫秽物品犯罪作出新规定。修改后的《刑法》第三百六十七条将淫秽物品界定为"具体描绘性行为或者露骨宣扬色情的

---

[1] 参见王四新：《中国法律对淫秽色情内容的规范》，《四川理工学院学报（社会科学版）》2017年第2期。

诲淫性的书刊、影片、录像带、录音带、图片及其他淫秽物品"。并同时将两种情况排除在犯罪之外："有关人体生理、医学知识的科学著作不是淫秽物品。包含有色情内容的有艺术价值的文学、艺术作品不视为淫秽物品。"同时,《刑法》设置了两条关于淫秽物品的罪名,第三百六十三条"以牟利为目的,制作、复制、出版、贩卖、传播淫秽物品"罪,第三百六十四条"传播淫秽的书刊、影片、音像、图片或者其他淫秽物品"罪。至此,我国法律对淫秽物品的界定标准得以完成。

### 三、网络淫秽内容的法律治理

在网络时代,前互联网时代的法律标准被延伸到网络空间予以适用,但同时执法方式、治理方式也在进行新的探索。

#### （一）网络淫秽内容的判断标准

网络时代,英国对淫秽内容的界定标准并未改变,而且以补充规定的方式明确将这些标准适用到网络空间。英国《1994年刑事司法与公共秩序法》(Criminal Justice and Public Order Act 1994)明确规定,以电子介质方式进行的存储也包含在1959年《淫秽出版物法》的出版范围之内,并界定,"当相关资料是以电子方式进行存储的时候,出版或公开行为是指数据传输;制作可以通过网络获取的图片或文本也构成公开"。[1]

与英国不同,美国的米勒标准因为采用的是社区标准在网络时代面临挑战。"社区标准"本是为了对抗全国标准而设立,但在网络环境下,淫秽内容的传播突破地域限制,该标准在网络空间的落实,在某种程度上将使各地的淫秽标准与全国最严的州趋同。迄今为止,美国法院的基本态度是肯定社区标准在网络空间中的适用。20世纪90年代"美国诉托马斯"案是美国最高法院审理的通过网络分发"淫秽"材料的典型案件。该案中,托马斯夫妇在旧金山经营一个电子布告栏,上面发布了大量的描述性场景的图片,付费会员可以访问

---

[1] 参见[英]萨莉·斯皮尔伯利:《媒体法》,周文译,武汉大学出版社2004年版,第381页。

这些文件。1993年7月，田纳西州孟菲斯邮政督察官以出售和传播淫秽材料为由起诉了这对夫妇。根据孟菲斯市的社区标准，该夫妇被控告故意通过电脑传播淫秽材料和牟利。在案件审理中，该案的关键问题就是社区标准是否可以从物理位置扩展到互联网虚拟空间的问题。法官在判决中肯定了这一点，指出，如果被告托马斯夫妇不愿意在较不宽容的司法管辖区内承担责任，他们可以选择拒绝给这些地区的成员提供密码，从而排除责任风险。但是，社区标准在互联网时代是否应被更新，代之以全国性标准，法院和社会各界对此一直存在诸多争议。

我国法律明确规定刑法关于淫秽内容的规定适用于网络空间，对于具体判定标准，还以司法解释的方式作了量化规定。2000年第九届全国人民代表大会常务委员会第十九次会议通过的《关于维护互联网安全的决定》第三条规定，在互联网上建立淫秽网站、网页，提供淫秽站点链接服务，或者传播淫秽书刊、影片、音像、图片，构成犯罪的，将依法追究刑事责任。2004年、2010年，最高人民法院和最高人民检察院在该决定和《刑法》相关规定的基础上，先后联合发布了两个《关于办理利用互联网、移动通讯终端、声讯台制作、复制、出版、贩卖、传播淫秽电子信息刑事案件具体应用法律若干问题的解释》（以下简称《2004年解释》和《2010年解释》），明确规定刑法适用于对网络淫秽内容的规制。

借鉴《刑法》淫秽物品的定义，两个司法解释将网络淫秽物品界定为具体描绘性行为或露骨宣传色情的诲淫性的视频文件、音频文件、电子刊物、图片、文章、短信息等互联网、移动通信终端的电子信息和声讯台语音信息。同样，有关人体生理、医学知识的电子信息和声讯台语音信息不是淫秽物品；包含色情内容的有艺术价值的电子文学、艺术作品不视为淫秽物品。

两个司法解释还对利用互联网、移动通信终端制作、复制、出版、贩卖、传播淫秽电影、表演、动画等视频文件，淫秽音频文件，淫秽电子刊物、图片、文章、短信息等犯罪行为的处罚，具体规定了详细的量化标准。《2004年解释》第一条列举了"以牟利为目的，利用互联网、移动通讯终端制作、复制、出版、贩卖、传播淫秽电子信息"可以按照《刑法》第三百六十三条定罪的8种情形。根据该解释，当网络用户或网站制作或扩散的淫秽电子信息达到一定数量，后果严重的，将面临刑事处罚。第三条规定了"不以牟利为目的，利用互联网或者移动通讯终端传播淫秽电子信息"可以《刑法》第三百六十四条定罪的3种情形。也就是说，即便制作或传播淫秽电子信息的目的是出于非营利性的，同样构成犯罪，只不过对数量的要求要宽松一些。《2004年解释》中还指出，利用聊天室、论坛、即时通信软件、电子邮件等方式实施上述行为的，以同款罪名进行认定。

《2010年解释》增加了对网络传播淫秽物品的若干条款。第三条规定："利用互联网建立主要用于传播淫秽电子信息的群组，成员达三十人以上或者造成严重后果的，对建立者、管理者和主要传播者，依照《刑法》第三百六十四条第一款的规定，以传播淫秽物品罪定罪处罚。"该解释还对"淫秽网站"作了界定，即以制作、复制、出版、贩卖、传播淫秽电子信息为目的建立或者建立后主要从事制作、复制、出版、贩卖、传播淫秽电子信息活动的网站。相关负责人还指出，在实践中网站包括多个网页、栏目、频道或者板块，不宜仅因其中某一部分包含淫秽电子信息就认定整个网站为淫秽网站，而应结合其建立的目的和建立后主要从事的活动加以认定。

### （二）网络中介者（服务提供商）的责任

网络环境下，除了淫秽内容的创作者和直接发布者之外，为淫秽内容提供发布平台但不参与和干预内容制作的网络服务提供商要不要承担责任是一个很重要的问题。各国在这方面的法律并不相同。1997年，美国1996年《通信行为端正法案》规定网络平台承担责任的条款被联邦最高法院判处违宪。迄今为止，仅提供传播渠道但不参与内容编辑的网络服务提供商是不需要承担中介者责任的。英国的法律也是如此。与此不同，我国通过修改《刑法》，发布司法解释，以及各互联网信息内容主管部门发布大量规章、规范性文件明确规定了网络中介服务提供者的责任。

#### 1. 我国网络传播的法律法规

我国在网络环境下颁布了诸多的法规、规章和规范性文件，都要求网站、网络应用禁止传输淫秽色情内容。1997年12月，公安部颁布实施了《计算机信息网络国际联网安全保护管理办法》，旨在对计算机信息网络国际联网加强管理，其中第五条规定了禁止传输包括淫秽色情内容在内的9条内容规范。2000年9月，国务院通过了行政法规《互联网信息服务管理办法》，对1997年公安部规章的规范进行了重申，但进一步完善了具体表述，继续规定9条不准传播的内容，其中明确提到禁止传播淫秽色情内容。此后，我国关于网络出版、网络视听节目服务、网络直播、网络搜索服务、网络群组服务、区块链服务等都规定禁止传输淫秽色情内容。2019年12月，国家互联网信息办公室审议发布的《网络信息内容生态治理规定》也同样如此。而且，2014年后，我国互联网信息内容主管部门的规章和规范性文件都强调，谁办网谁负责，网络服务提供者在内容管理上负有主体责任。

**2. 我国最高人民法院和最高人民检察院的司法解释**

在以往的司法实践中，司法机关打击的往往是淫秽网站利益链的末端，即直接制作或传播淫秽信息的个人和组织，但这常常不足以阻止淫秽信息网络传播的蔓延。实际上，淫秽网站、电信运营商、广告主、第三方支付平台之间形成了环环相扣的利益链条。鉴于此，《2010年解释》规定以下3种行为均构成犯罪，并制定了相应的定罪量刑标准：①电信业务经营者、互联网信息服务提供者明知是淫秽网站，为其提供互联网接入、服务器托管、网络存储空间、通信传输通道、代收费等服务，并收取服务费；②明知是淫秽网站，以牟利为目的，通过投放广告等方式向其直接或者间接提供资金，或者提供费用结算服务；③网站建立者、直接负责的管理者明知他人制作、复制、出版、贩卖、传播的是淫秽电子信息，允许或者放任他人在自己所有、管理的网站或者网页上发布淫秽电子信息。立法者希望通过明确各参与方的刑事责任，从源头上切断传播淫秽电子信息的利益链条。

上述不少条款涉及"明知"的概念。从各国司法的实践看，"明知"的认定是打击淫秽电子信息犯罪中的难点，行为人往往通过声称自己不"明知"以规避打击并牟取暴利。因此，为便于司法操作，《2010年解释》根据实际情况列举了应当认定行为人主观上明知的4种具体情形：行政主管机关书面告知后仍然实施上述行为的；接到举报后不履行法定管理职责的；为淫秽网站提供互联网接入、服务器托管、网络存储空间、通信传输通道、代收费、费用结算等服务，收取服务费明显高于市场价格的；向淫秽网站投放广告，广告点击率明显异常的。此外，还存在虽不属于这4种情形，但能够认定行为人明知的其他情形，故特别规定了"其他能够认定行为人明知的情形"的条款。考虑到司法实践中的情形比较复杂，可能存在虽然具有上述几种情形，但有证据证明行为人确实不知道的情况，这是《2010年解释》中规定的除外情形。

因传输淫秽内容受到刑事处罚的典型案例是深圳市快播科技有限公司传播淫秽物品牟利案。2013年底，北京市公安机关和著作权主管部门在执法检查中查扣了快播公司4台服务器，仅在一部服务器上就发现了淫秽色情视频达3000多部，北京市公安局在4台服务器中提取了25175个视频文件进行鉴定，最终认定其中属于淫秽视频的文件为21251个。2014年9月，快播公司数名高管被移送北京市人民检察院起诉，2016年1月7日案件开审，罪名是传播淫秽物品牟利罪。快播公司首席执行官（CEO）王某认为公司和个人不构成犯罪，因为快播只做技术，不提供视频，也不具备搜索功能，被查服务器是缓存服务器，缓存视频是行业的普遍做法，快播无法分辨视频是淫秽视频还是普通视频，且对淫秽视频进行了监管。但审理法院认为，"正是快播公司提供的这种介入了缓存服务器的视频点播服务，以及设立的这种缓存技术规则，决定了其实质介入了淫秽视频的传播行列"。2016年9月13日，北京市海淀区人民法院一审宣判：快播公司犯传播淫秽物品牟利罪，判处罚金人民币1000万元；4名被告人分别被判处3年至3年6个月不等的有期徒刑。被告人上诉后二审维持原判。

### 3. 我国《刑法》的规定

2015年，我国通过了《刑法修正案（九）》，其中增设了网络服务提供商拒不履行信息网络安全管理义务罪。该修正案在原《刑法》第二百八十六条后增加一条作为第二百八十六条之一，"网络服务提供者不履行法律、行政法规规定的信息网络安全管理义务，经监管部门责令采取改正措施而拒不改正，有下列情形之一的，处三年以下有期徒刑、拘役或者管制，并处或者单处罚金：（一）致使违法信息大量传播的……"。因此，如果网络服务提供者没有履行对于淫秽色情内容等违法信息的管理义务，且经监管部门责令采取改正措施而拒不改正的，就可以直接按照"拒不履行信息网络安全管理义务罪"进行刑事处罚。因此，网络服务提供商在内容管理方面不履行法律规定的义务，不但要承担行政责任还要承担刑事责任。

## 第二节　网络儿童色情内容的法律治理

儿童色情是指以儿童为色情描绘对象或表现题材的制品或内容。该类内容主要损害的是儿童的身心健康。与成人色情不同，各国对儿童色情的规制态度是一致的，均将其作为严重的犯罪行为予以规范和制裁。互联网的应用使儿童色情制品的生成及传播成本都大大降低。一方面，网络使潜在的犯罪分子以及恋童癖者更容易接近儿童，对其实施犯罪，进而形成儿童色情制品；另一方面，网络的传输特点极大便利了儿童色情制品的交易与扩散，刺激了该类产业的发展。在网络内容治理中，儿童色情内容的治理是各国最有共识的部分，受到各国政府和国际社会的普遍重视。

### 一、网络儿童色情内容的传播与危害

儿童色情产业是与毒品犯罪、军火走私并称的三大黑色暴利产业，网络环境进一步刺激了该产业的发展。在网络环境下，网络儿童色情内容的表现形式更加多样，传播更为广泛。

#### （一）网络儿童色情内容的传播

**1. 儿童色情制品**

儿童色情制品是对儿童色情活动的记录，主要来自对儿童性虐、儿童性剥削过程的拍摄或录制，形式包括儿童裸照、性侵或猥亵儿童、儿童淫秽表演的照片、录像（视频）、电影等。这些通常被称为"儿童虐待图像"或"儿童性虐待材料"。

在网络环境下，儿童色情制品大量泛滥。据美国失踪与被剥削儿童国家中心的统计，自1998年至2015年共收到750万份关于儿童色情材料的投诉，其中仅2015年就收到440万份投诉。根据国际检举热线联盟（INHOPE，这是

目前全球比较有影响力的关注未成年人网络问题的非政府组织）2014年的报告，全球大约有89758个网站中存在未成年人色情相关信息。据网络观察基金会（IWF，总部在英国）2016年报告，IWF接到的举报中，57335个网站确认存在未成年人色情信息，而这些色情信息中，53%涉及10岁及以下儿童。

2017年，广东茂名邹某成贩卖儿童色情视频案中，其通过网络大量贩卖儿童色情视频非法获利，仅警方查获其已售出的儿童色情视频就达22000余个。2017年，网络名人许某某被曝出曾在其多个社交账号上转发疑似恋童内容，其转发的图片、视频与正常拍摄小孩子天真可爱的手法完全不同，是有着强烈性暗示意味的色情图片和视频。

近年来，各国加大了对网络儿童色情制品的查处力度。2019年10月16日，美、英、韩三国执法官员宣布，他们共同捣毁了全球最大的儿童色情网站之一"Welcome to Video"，并且已经在全球38个国家起诉337人，解救至少23名被虐待的儿童。这个网站在2015年至2018年3月期间，利用比特币销售了25万段儿童非法视频。在我国，2011年至2017年间，吴某伙同王某、曹某等人假借上海某模特公司招募人员摄制儿童教育片的名义，先后欺骗100余名儿童拍摄不雅视频，并上传至"西边的风"网站，从中获利50余万元，后被警方抓获。2018年8月，"正太社区"网站传播淫秽视频及图片被查。其网站服务器在国外，注册会员3000余人，网站上有淫秽视频2000余部、图片8000余张，部分视频和图片涉及未成年人。后涉案罪犯被抓捕到案并被判刑。

**2. 虚拟儿童色情制品**

网络儿童色情还包括虚拟儿童色情内容，即由机器生成或合成的虚拟的儿童实施的色情行为形成图片或视频进行网络传播。近年来引起社会广泛关注的"儿童邪典片"，就属于这种类型。儿童邪典片是动画制作公司以儿童熟悉的卡通人物包装成为血腥暴力或软色情内容，甚至是虐童的动画或真人小短片。以教育孩子为幌子，制作一些不适宜儿童观看的视频，扭曲未成年人的价值观和世界观。

"儿童邪典片"在国外引起高度关注，被称为"艾莎门"（因为迪士尼动画电影《冰雪奇缘》里的艾莎公主是这类视频中最常出现的主角，故名"艾莎门"）。2017年7月，《纽约时报》报道了这一情况，引起全美关注。在社会各界的强烈抗议下,"油管"开始大规模下线这类视频、封禁账号。直至 2017 年 11 月,"油管"宣布删除了超过 50 个相关频道、15 万个视频。在我国,2018 年 1 月 22 日,广州市公安、文化执法等部门对制作传播"儿童邪典片"企业"广州胤钧"进行了执法检查并调取相关证据。2018 年 2 月,对舆论曝光网上流传"儿童邪典"视频,全国扫黄打非办公室部署开展"儿童邪典"等涉儿童色情信息网络专项整治,清理有害信息 37 万余条,对提供传播平台的多个互联网平台予以行政处罚并曝光,严厉查处制作"儿童邪典"视频企业,有关负责人被刑事拘留。

**3. 儿童色情直播**

随着网络业态和技术的发展,还出现了儿童色情直播的形式,通过网络直播对儿童的性侵过程,或猥亵过程,或诱导、胁迫儿童直播淫秽表演。社交媒体兴起之后,这种直播还大量存在于社交媒体的聊天群中。

2018 年下半年至 2020 年 3 月间发生在韩国的性剥削案件"N 号房事件",即通过加密通信软件传输性剥削视频或直播性剥削过程。据报道,涉案人员赵主彬等人通过网络聊天室上传受害者不雅视频,以此牟利,其中有 16 名受害者是未成年人,年龄最小的是年仅 11 岁的小学生。我国也曝出了国内版的"N 号房事件",多家儿童色情网站被举报后关停。

**(二)网络儿童色情内容的危害**

儿童色情内容与一般的淫秽色情内容在侵害客体和利益上存在本质的区别。一般淫秽色情内容侵犯的是社会的管理秩序,或社会的道德风尚,但是儿童色情内容侵害的是儿童权利,其危害是多方面的。

儿童色情制品往往蕴含着一个针对儿童的上游犯罪,即针对儿童的性侵或猥亵,或者胁迫儿童卖淫等,再往前追甚至可以包括儿童贩卖。这些行为已经构成严重的犯罪,侵犯了儿童的身体权、健康权、自由权等,是对儿童生理、心理的严重伤害。最后,儿童色情内容传递错误的价值观,破坏社会风俗,毒害儿童成长环境。接触这些内容的儿童甚至对其中的一些行为进行模仿。对整个社会而言,该类内容的传播会形成错误的引导效果,污染社会环境,侵蚀社会的公序良俗。

## 二、法律对儿童色情内容的界定标准

很长一段时间里，人们并没有认识到儿童色情内容危害的严重性，在各国的法律中儿童色情都是作为淫秽内容进行处理的。随着对儿童色情内容及其危害程度认识的加深，自20世纪70年代以来，包括美国、英国、加拿大、德国、澳大利亚、日本、马来西亚等在内的很多国家和地区都纷纷修改法律或单独立法，将儿童色情从淫秽内容中剥离出来，并不断细化犯罪行为类型，加大打击力度，加强对儿童的保护。同时，联合国的《儿童权利公约》也明确禁止儿童色情内容。

### （一）联合国有关公约对儿童色情内容的界定

儿童色情是对儿童权利的严重侵犯。1989年联合国《儿童权利公约》第34条规定："缔约国尤应采取一切适当的国家、双边和多边措施，以防止：①引诱或强迫儿童从事任何非法的性活动；②利用儿童卖淫或从事其他非法的性行为；③利用儿童进行淫秽表演和充当淫秽题材。"其中，第①项被视为对儿童实施性侵犯或称为性虐待的禁止，第②③项被视为对儿童实施性剥削的禁止。显然，该公约将儿童色情内容（制品）视为对儿童的性剥削行为。

2000年，联合国又进一步通过了《〈儿童权利公约〉关于买卖儿童、儿童卖淫和儿童色情制品问题的任择议定书》，对儿童色情制品的打击作出了更加明确而严格的规定。议定书的第2条第3款给出了儿童色情制品的定义："系指以任何方式表现儿童正在进行真实或模拟的直露的性活动或主要为取得性满足而以任何方式表现儿童身体一部分的制品。"简言之，儿童色情制品包含两类：表现儿童性活动的内容，无论这一活动是真实的还是模拟的；表现儿童身体裸露的内容，主要是指暴露儿童性器官。联合国《儿童权利公约》及《〈儿童权利公约〉关于买卖儿童、儿童卖淫和儿童色情制品问题的任择议定书》中的儿童均指未满18周岁的人。

### （二）美国法律对儿童色情内容的界定

美国在儿童色情规制方面是探索最早的国家，也是目前最为完善的国家。

1970年代中后期，鉴于儿童色情制品在国内的泛滥，1977年美国国会通过了第一部规制儿童色情的专门立法《保护儿童免受性剥削法》，首次尝试将儿童色情与淫秽予以区分。该法明确禁止制作、传播、商业流通涉及16岁以下儿童的色情制品，重点保护儿童免受性剥削，处罚威逼利诱儿童从事色情活动、出于营利的商业目的制作儿童色情制品的人，以及默许儿童从事这种活动的监护人和对儿童产生实际控制的人。其中儿童色情制品载体包括图像、电影、纸质书、幻灯片以及其他可视资料，1988年修订该法案时，将以计算机为传播媒介的情形也视为犯罪。

1982年，美国最高法院明确表示儿童色情不受宪法保护。在约克诉费伯一案中，美国最高法院作出判决，认定儿童色情制品无权获得《美国宪法第一修正案》的保护。即使儿童色情图像内容不涉及淫秽性质，美国最高法院仍禁止儿童色情制品。这是美国法院第一次将儿童色情内容与成人淫秽内容区分开。

1984年，非营利性分发儿童色情内容入罪。国会通过《儿童保护法》，禁止分发涉及儿童性剥削的材料，并提高了对儿童色情犯罪的惩罚力度。该法修改了1977年《保护儿童免受性剥削法》中对商业目的的要求，即使不是为了营利目的散发该类制品也是犯罪行为，并将受保护儿童的年龄提高到18岁。

1990年，持有儿童色情制品入罪。美国最高法院对奥斯本诉俄亥俄州一案作出裁判，"持有"儿童色情制品行为也是一种犯罪行为。此后不久，美国州法和联邦法将"持有"儿童色情材料正式规定为一项犯罪。1990年，美国通过了《儿童保护及处罚促进法》，规定行为人只要持有3张以上儿童色情图片，就将予以处罚。至2003年时，该项犯罪最高可判处20年监禁。

1996年，电脑合成儿童色情制品入罪。随着互联网的广泛普及，美国制定了《儿童色情防治法案》，首次将由电脑合成的图像列入范围内，并规定传播、接受或分发、制造、贩卖、持有儿童色情制品等为犯罪行为。美国总统乔治·布什于2003年同意通过并签署的《禁止剥削、利用当代儿童的起诉救济保护和其他手段法》规定，对无法确定是否为计算机合成儿童色情图像的，法庭仍会将此图像认定为儿童色情制品。该法对于模拟儿童色情与内容中包含真实儿童色情的情况作出了区分。该法规定，虚拟儿童色情制品必须被认定为含有"缺乏严重的文学、艺术、政治或者科学价值"淫秽内容才被认定为非法，即保护法案并没有将所有的模拟儿童色情内容都认定为违法行为。

目前，美国刑法已经明确禁止儿童色情内容。依据《美国法典》第 2251、2252、2252A、2260 条规定，任何人通过洲际或者国外任何方式制作、邮寄、运输、知情地接受或者分发；故意地出售、购买或者私自拥有儿童色情制品；有意访问浏览任何包括儿童色情图像的杂志、书籍、期刊、电影、录像带、计算机磁盘；故意制作或者向未成年人分发、提供、发送任何含有儿童色情的照片、视频、电影、图片等行为，都属于联邦法律规定的犯罪行为。

### （三）英国法律对儿童色情内容的界定

英国也是最早开始探索儿童色情立法的国家之一，也经历了与美国类似的立法历程，而且比美国的规定更为严格。1978 年，英国通过了《儿童保护法》（Protection of Children Act 1978），一改此前将儿童色情与淫秽不分的局面，将拍摄、散发和展示儿童不雅照片（图像）的行为单独规定为犯罪，为了散发和展示而持有的行为也是犯罪。在普通程序中，该罪最高可判处 3 年监禁（后提高至 10 年）。

为进一步加大对儿童色情的打击力度，《1988 年刑事司法法》（Criminal Justice Act 1988）将非商业目的的持有儿童不雅图像也规定为一项犯罪，最高可处以 5 年监禁。《1994 年刑事司法与公共秩序法》（Criminal Justice and Public Order Act 1994）将电脑合成的儿童色情制品也纳入规制范围。

《2000 年刑事司法及法院服务法》（Criminal Justice and Court Services Act 2000）第 41 条将刑罚加重为 10 年以下有期徒刑。关于持有行为的处罚规定，《刑事司法法》第 160 条第 1 项仅以简易判决处理，且处罚最重为 6 个月有期徒刑。《刑事司法及法院服务法》将处罚调整为 5 年以下有期徒刑，并以正式审判程序处理。2000 年判决的"英国诉鲍登"案指出，从网上下载儿童色情照片也是非法的。

《2003 年性犯罪法》（Sexual Offenses Act 2003），将未成年人的年龄由 16 周岁提高到 18 周岁，与联合国国际标准一致。还规定了不认为是儿童色情的条件，即"年龄是 16、17 岁的儿童与被告是婚姻或者同居关系；并且被告能够证明儿童同意拍摄，或者被告有理由相信儿童同意；该图像未向除被告和该儿童外的其他人传播"。如果这三项同时满足，被告无罪。

《2008年刑事司法与移民法》（Criminal Justice and Immigration Act 2008）又将描摹照片和虚拟照片也包含在儿童不雅图像之内。之后，英国又通过了《2009年验尸与司法法》（Coroners and Justice Act 2009），将"持有"关于儿童的"禁止性"图像规定为一项刑事犯罪。该类图像是指用以表现儿童性器官，或者涉及儿童性活动的各类图像。

### （四）日本法律对儿童色情内容的界定

日本是影视和动漫产业大国，其中不乏儿童色情内容。自20世纪末开始，日本加大了对儿童色情的规制力度。日本1999年制定了《儿童色情禁止法》，禁止制作和出售儿童色情制品。2014年日本议会以绝对优势通过了修订后的《儿童色情禁止法》，明确禁止未成年人色情产品的拍摄和销售，同时禁止拍摄和持有低于18周岁未成年人的色情摄影和摄像产品，但关于未成年人色情的绘画或电子绘制的影像作品并不在禁止之列。

该法第2条规定，儿童为未满18岁的人，本法所称儿童色情是指照片、包含电磁或其他无法以自然知觉功能辨识的办法制造且供电脑处理资料的用途者；以其他媒介描绘儿童体态，使之可观赏而属于下列情形者。第7条规定提供儿童色情（包括提供电磁记录或其他记录）的行为人将处以有期徒刑以及罚金；以提供儿童色情为目的进行制造、持有、运送、输入或自日本输出行为都属于刑法规制范围，其中以提供儿童色情为目的而保存电磁记录者亦同。因此，为满足自己好奇心而持有儿童色情材料者也是犯罪行为，触犯者将面临最高1年的监禁，或最高100万日元的罚款。该法于2015年7月开始实施。

### （五）我国法律对儿童色情内容的界定

长期以来，我国公众以及政府部门对儿童色情的危害性都缺乏足够认识。近年来一些与儿童色情犯罪有关的报道不断出现，儿童色情这一问题开始走入公众视野。据2018年8月21日一篇题为《儿童色情网站已形成产业链，29元套餐含多部色情视频》的报道，儿童色情内容的传播交易在我国已经初具规模，涉及人数众多。然而，总体来看，我国当前对儿童色情的立法规制及执法手段都还无法与此匹配，需要进一步完善。在立法上，我国还未将儿童色情独立出来成立一项单独犯罪，我国的诸多立法文件均未提及儿童色情或未成年人色情材料，根据相关司法解释，儿童色情作为淫秽的一种类型予以规制。

1989年，国家新闻出版署颁布《关于认定淫秽及色情出版物的暂行规定》，具体界定了何为淫秽和色情，在其中列举的6项淫秽内容中，就包含"具体描写少年儿童的性行为"。在我国的《刑法》中，儿童色情也被归入淫秽内容予以处理。《刑法》第363条至第367条具体规定了制作、贩卖、传播淫秽物品的各项犯罪及处罚方式。

目前我国将儿童色情与淫秽不加区分的做法存在很多不足，其中最主要的是，由于我国《刑法》将"制作、贩卖、传播淫秽物品罪"看作是"妨害社会管理秩序"的一类犯罪，因此导致对儿童色情的处罚力度非常低。《刑法》仅以此罪名处罚传播儿童淫秽制品者，意味着传播儿童色情信息仅被评价为破坏社会管理秩序的行为，对于行为对儿童的性权利所造成的侵害则被忽略。根据《刑法》第三百六十四条规定，传播淫秽书刊、影片、音像、图片或者其他淫秽物品，仅在情节严重时才予以处罚，且最高处罚为2年有期徒刑。而在许多国家，儿童色情被归为侵犯儿童权利的严重犯罪类型，动辄处罚几年、十几年甚至几十年监禁。

我国也未将"持有"儿童色情材料的行为纳入法律规制范围。而儿童色情材料的"持有"是儿童色情产业链的重要一环，下载、存储儿童色情材料等"持有"行为是对制作与传播儿童色情产业的鼓励，它们之间是共生关系。此外，"持有"行为本身已经对涉事儿童造成了间接伤害，而且还有研究表明，"持有"行为容易诱发针对儿童的性侵害。此外，我国也未将电脑形成的虚拟儿童色情材料纳入法律规制范围，这也不利于对儿童色情内容的打击。

## 三、网络儿童色情内容的法律治理

### （一）《网络犯罪公约》对网络儿童色情内容的法律治理

2001年11月，欧洲理事会的26个欧盟成员国以及美国、加拿大、日本和南非等 30 个国家的政府官员在布达佩斯所共同签署的《网络犯罪公约》（Convention on Cybercrime），成为全世界第一部针对网络犯罪行为的国际公约，其中明确界定了什么是儿童色情内容并将其作为一项严重的网络犯罪予以严厉禁止。

《网络犯罪公约》将以视觉描绘以下 3 种内容的色情材料界定为儿童色情内容：①未成年人从事露骨的性行为；②类似未成年的人从事露骨的性行为；③表现未成年人从事露骨性行为的逼真图像。《网络犯罪公约》明确要求：每一缔约方均应采取必要的立法和其他措施，将下列行为在其国内法中规定为刑事犯罪，包括制作儿童色情制品以通过计算机系统进行分发；通过计算机系统提供儿童色情制品；通过计算机系统分发或传输儿童色情制品；通过计算机系统为自己或他人获取儿童色情制品；在计算机系统或计算机数据存储介质上拥有儿童色情内容。《网络犯罪公约》规定，"未成年人"应包括所有 18 岁以下的人，缔约方可以要求较低的年龄限制，但不得少于 16 岁。

### （二）欧盟对网络儿童色情内容的法律治理

欧盟非常重视对网络儿童色情内容的规制。为加强网络儿童权利的保护，欧盟先后出台了《保护未成年人和人权尊严建议》《儿童色情框架决定》等法令，同时采取一系列措施，包括建立网络安全计划，建立市民热线，打击非法内容，设立行业自律原则等。2011 年，欧洲联盟指令（Directive 2011/93/EU）是打击儿童性虐待和性剥削以及儿童色情制品方面最重要的规范。

**1. 儿童色情的认定标准**

指令将儿童色情制品定义为视觉上描绘儿童从事真实或者模拟的露骨性行为材料，包括描绘看起来像孩子的成年人的材料（青少年色情制品）和计算机生成涉及儿童的色情内容（虚拟儿童色情内容）。因此，将虚拟儿童色情也包括在犯罪行为之内。

**2. 犯罪行为构成**

包括：①通过计算机系统提供、散布或传播儿童色情制品；②通过网络技术制作、获取儿童色情制品；③通过信息通信技术有意在线访问含有儿童色情制品的网站；④与信息通信技术有关的在线色情表演等其他刑事犯罪。色情表演在指令中被定义为"现场表演",包含通过网络信息技术,让孩子从事真实或者模拟的露骨性行为以及主要是出于性目的的展示裸露儿童器官。另外指令还规定,行为人煽动、协助、教唆和预备企图犯下此类罪行,也应当受到刑事处罚。

### 3. 网络服务提供商的法律责任

一是负有删除、封锁义务。该指令对网络服务提供商规定了强制性的义务,即删除并尽可能地阻止含有儿童色情的网站。服务商有义务采取必要措施,以保证能够快速地删除包含以下内容的网页:该网页内存在或托管着儿童色情作品;托管在其网页之外的此类聊天室、论坛以及网络群组等领域。二是阻止访问网页。指令规定,服务商负有非强制性义务,阻止访问包含以下内容的网页:任何向其国家领土内的互联网用户传播儿童色情内容的网页。阻止访问网页并不意味着删除网页内的非法内容,更多是通过技术手段隐藏内容、设置应用过滤器,使该类网站内容不可访问。

### (三)美国和其他国家对网络儿童色情内容的法律治理

在儿童色情内容的监测与处理方面,掌握技术以及离信息源更近的网络服务提供者比政府更有优势,因此在监管方面负有不可推卸的责任。在美国,互联网服务提供者负有向"全国失踪和被剥削儿童中心"报告儿童色情的法定义务。违反该义务将会受到最高5万美元的罚款,如导致严重后果,罚款会提高至10万美元。

近年来,美国法律正在全面调整网络服务商的法律责任。2018年,美国国会通过了《允许各州和受害者打击在线性贩运法》(Allow States and Victims to Fight Online Sex Trafficking Act),规定那些为促进性交易或为性交易提供便利的在线公司应当承担法律责任。2020年5月3日,两位国会议员提出《消除对交互式技术的滥用和肆意忽视法案》(Eliminating Abusive and Rampant Neglect of Interactive Technologies Act)议案,提出如果网络服务提供者未能在其服务中处理儿童性虐待材料,将撤销对其230免责条款的保护,允许任何州对服务提供者提起诉讼。

2009年,德国联邦议会通过了《访问限制法》(The Access Impediment

Act），主要目的是要求互联网服务供应商保证遵守联邦刑警局每日更新的儿童色情网页禁入清单，从技术上使用户难以登录。2011 年，加拿大总督签署了《关于互联网服务提供者网络儿童色情制品强制报告法》（An Act Respecting the Mandatory Reporting of Internet Child Pornography by Persons Who Provide an Internet Service），规定网络服务提供商必须将其所知的网络中涉及或者可能涉及儿童色情的材料以书面的形式报告给指定组织，并且明确规定了报告中所应该涵盖的各类信息，违反者将被处以 1000 至 10 万加元不等的罚款。

## （四）我国对网络儿童色情内容的法律治理

2004 年，最高人民法院、最高人民检察院联合发布《关于办理利用互联网、移动通讯终端、声讯台制作、复制、出版、贩卖、传播淫秽电子信息刑事案件具体应用法律若干问题的解释》，对于通过互联网、移动通信终端、声讯台制作、传播淫秽信息在刑法上的适用进行了细化的规定。该解释第六条特别规定，通过互联网描绘和传播未成年人色情的下列方式，按照《刑法》第三百六十三条和第三百六十四条的规定从重处罚："（一）制作、复制、出版、贩卖、传播具体描绘不满十八周岁未成年人性行为的淫秽电子信息的；（二）明知是具体描绘不满十八周岁的未成年人性行为的淫秽电子信息而在自己所有、管理或者使用的网站或者网页上提供直接链接的。"

2010 年，最高人民法院与最高人民检察院又联合发布《关于办理利用互联网、移动通讯终端、声讯台制作、复制、出版、贩卖、传播淫秽电子信息刑事案件具体应用法律若干问题的解释》，进一步对网络环境下制作和传播淫秽内容作了补充规定，加大了对于未成年人的保护力度。以牟利为目的，利用互联网、移动通信终端制作、复制、出版、贩卖、传播内容含有不满 14 周岁未成年人的淫秽电子信息，包括：①制作、复制、出版、贩卖、传播淫秽电影、表演、动画等视频文件 10 个以上的；②制作、复制、出版、贩卖、传播淫秽音频文件 50 个以上的；③制作、复制、出版、贩卖、传播淫秽电子刊物、图片、文章等 100 件以上的；④制作、复制、出版、贩卖、传播的淫秽电子信息实际被点击数达到 5000 次以上的；⑤以会员制方式出版、贩卖、传播淫秽电子信息，注册会员达 100 人以上的；⑥利用淫秽电子信息收取广告费、会员注册费或者其他费用，违法所得5000元以上的；⑦数量或者数额虽未达到第①项至第⑥项规定标准，但分别达到其中两项以上标准一半以上的；⑧以及造成严重后果的。具有以上情形之一的，按照制作、复制、出版、贩卖、传播淫秽物品牟利罪定罪处罚。利用互联网建立主要用于传播淫秽电子信息的群组，成员达30人以上或者造成严重后果的，对建立者、管理者和主要传播者，依照《刑法》规定，以传播淫秽物品罪定罪处罚。

我国对于互联网服务商应该承担的责任也有非常严格的规定。2000年之后，我国颁布了大量的法律、法规、部门规章禁止在互联网上传播淫秽色情内容，其中就包含儿童色情内容。2016年，我国通过了《网络安全法》，详细规定了网络服务提供者所负有的各项安全保障义务，明确了不得传输的非法内容，其中就包括阻止淫秽色情内容传输的义务。虽然没有明确列出禁止儿童色情内容，但按照司法解释和学界的共识，其中是包含儿童色情内容的。

## 第三节　网络一般色情内容的法律治理

一般色情或称成人色情、成人内容，是指以成人为色情描绘对象或表现题材的制品或内容。各国一般都区分淫秽和成人色情，前者一般称为硬色情，后者一般称为软色情。法律对待二者的态度也非常不同。前者被认为是对个人权利和公共道德的损坏，后者则属于成年人自主决定的范畴，但对未成年人的身心健康是不利的。因此，对于这部分色情内容主要采取分级制度，要求采用一定手段避免未成年人接触。这种规制思路也被很多国家延伸运用到互联网上。我国结合本国国情特点，对一般色情内容的规制有自己的标准和做法。

### 一、网络一般色情内容的传播与危害

网络具有多媒体性、多载体性。网络色情的表现形式包括色情文学、色情音视频、包含色情内容的电子游戏，以及通过即时通信工具的裸聊、色情内

容直播等。从载体上而言，随着网络发展到 Web2.0 阶段以及移动互联网时代，色情网站依然大量存在，但同时社交媒体、移动端已经成为色情内容泛滥的重要场所。

从主体来说，色情内容的制作和传播除少部分属于个人的、自发或者随机的制作之外，大量的色情内容实际上来自商业的色情网站，即以营利为目的、组织化传播色情内容的机构。色情产业从古至今存在着，其需求和从业者始终保持在一定的规模。互联网已经成为全球色情产业发展最快的市场。据统计，在互联网上，高达 1/8 的网站都是色情网站。每秒钟，全球有 28000 人在同时浏览色情网站；在搜索引擎中的搜索关键字中，高达 1/4 的请求与色情相关，同时在所有的网络下载中，35% 的下载都是色情内容。比如，全球最大的成人视频内容播放网站 Xvideos，其 2018 年的访问量，每月达到了 44 亿次之巨。[1]

在我国，色情内容也在网络上广泛传播。从早期以微信公众号、新浪微博、个人邮箱、贴吧论坛等社交媒体和个人渠道为主要渠道进行广泛传播，到现在网络直播、短视频、社交圈群、网盘存储等已成为涉黄涉非违法犯罪活动的高发领域。据中央网信办举报中心发布 2021 年全国网络举报受理情况，全国各级网络举报部门受理举报 1.66 亿件，其中，淫秽色情类有害信息举报占到 55%。

## 二、一般色情内容的分级制度

从全球范围来看，对色情内容制作和传播的规范有一个除罪化的过程。20 世纪中叶之后，不少国家开始在立法上明确区分淫秽和色情，成人色情内容被移除于刑法规制之外。这主要出于两方面的原因：一是色情内容规制涉及成年人的信息接受自由问题；二是包含色情内容的作品可能具有一定文学、艺术等补充性社会价值。因此，对于成人色情，许多国家主要采取的是分级制度，禁止向未成年人传播。

---

[1] 参见史豪仕：《论我国网络色情言论的规制》，宁波大学 2019 年硕士学位论文。

### （一）电影分级和录像分级制度

美国是最早尝试电影分级的国家之一。迄今为止，已经形成了较为成熟的电影分级制度。1968年，美国电影协会作为行业组织创立了电影分级标准，后经几次修订，目前将电影总共分为5个级别。G级：一般观众，无年龄限制；PG级：建议父母指导，某些内容可能不适合小孩；PG-13级：强烈提醒家长，某些内容可能不适合13岁以下未成年人；R级：限制级，建议17岁以上观看；NC-17级：仅限17岁以上成人。这一自律性制度被1996年美国《电信法》（Telecommunications Act of 1996）所肯定。该法鼓励所有视频节目制作者都建立起一套自愿的分级制度，并搭配以"V"芯片的制度要求让父母们来决定可以让未成年人来观看哪些内容。

英国《1984年录像制品法》（The Video Recording Act 1984）规定了录像制品的分级制度。该法规定所有销售或出租的录像制品必须经过内务部授权的机构进行分级审查，内务部把审查分级的职权授予英国电影分级委员会（British Board of Film Classification，BBFC）。未经分级的商业性质的录像作品不可以售卖和出租。该法还规定，将录像出售给所分级别以下年龄的人是一项犯罪。另外，英国电影委员会也可能要求录像作出某些删减以便获得分级或达到为合适的年龄观众观看的程度。根据《1984年录像制品法》，教育、宗教、体育、音乐、视频游戏，且没有描述暴力、性或煽动犯罪的作品不必分级。但是2014年英国政府出台新的规范要求此类主题的录像制品如果包含不合适合儿童观看的内容也要进行分级。《1994年刑事司法和公共秩序法》（Criminal Justice and Public Order Act 1994）对录像制品法的部分条款进行了修订，要求英国电影分级委员会特别关注对社会和公众有危害的内容，包括犯罪行为、毒品问题、暴力行为和事件、恐怖行为或事件、性行为等。如今，互联网的发展大大加大了审查的难度，因此，近年来，英国电影分级委员会在某种程度上也放松了审查的标准。

### （二）广播电视分水岭制度

广播电视的内容放送是线性的。为避免未成年人接触，很多国家规定广播电视对成人内容应当采取加密频道播放或者是分水岭制度。分水岭制度是指对节目内容播放时间上进行一定的区分，成人内容被放在晚间和清晨之间，即通常是未成年人休息的时间。在美国，1992年《公共电信法》（Public Telecommunication Act）第16条规定，午夜12点或之前停播的公共广播电台或公共电视台在一周之内的任何一天的早上6点到晚上10点之间不得播放不雅节目；其他广播台和电视台不得在一周之内任何一天的早上6点到午夜12点之间播放不雅内容。

英国的分水岭制度更为细致。英国广播电视独立监管机构，即独立电视委员会（Independent Television Commission，ITC）在其指定的广播守则中对电视节目的播出规定了分水岭制度，分为4种情况。

（1）一般情况下，分水岭是晚9点，不适宜儿童收看的节目通常不得在晚9点之前和早5：30以后播出。

（2）付费订阅的电影服务，分水岭是晚10点。1.24条规定，付费订阅的电影服务可以在晚10点之前和早5：30之后播出分级为15及以下的电影，只要在这段时间内设置了强制性的接入措施即可。且这些用于保护青少年的安全措施必须向每一位订阅者解释清楚。那些分级更高的电影只能在晚10点以后及早5：30之前播出。

（3）浏览付费的电影服务，1.25条规定，浏览付费服务没有分水岭，可以在晚9点之前和早5：30之后播出分级为18或相当程度的电影，只要在这段时间内设置了强制性的接入措施。该守则规定，必须采取措施保证付费订阅服务和付费浏览服务的订阅者是成年人，上述的强制性接入措施是指不能被用户移除的PIN码或相当程度的保护系统，以仅限于那些被授权进入的人观看。

（4）被英国电影分级委员会分级为R18的电影一律禁止播出。

### （三）游戏分级制度

泛欧游戏信息组织（Pan European Game Information，PEGI）的分级系统是另外一个非常具有代表性的体系，在欧洲拥有广泛的影响力。由PEGI制定的游戏分级制度于2003年4月起投入使用，此后逐渐取代一些欧洲国家原有的分级体系。目前，这一分级体系已被30多个国家采用。PEGI将游戏产品分为

5个等级。

（1）PEGI 3，适合所有年龄的消费者，不包含任何可能吓唬幼儿的声音或图片，不包含粗俗语言，可以包含非常温和的暴力形式（在滑稽的环境或童趣环境中）。

（2）PEGI 7，适合7岁及以上的人群，可能包含让幼儿感到恐惧的场景或声音及非常温和的暴力形式（隐含的、非细节的或非现实的暴力）。

（3）PEGI 12，适合12岁及以上的用户，可能包含对幻想人物的略微形象性的暴力以及对真人的非现实暴力内容，可能存在性暗示或性姿势、温和粗话以及真实的赌博场景。

（4）PEGI 16，适合16岁及以上的人群，可能包含现实暴力、更为极端的粗话，也可能包含投机性游戏以及烟草、酒精或毒品等的使用。

（5）PEGI 18，仅适合于18岁以上的成人，可能包含严重暴力、随意杀戮或对无防卫角色实施的暴力、非法毒品以及露骨的性内容。PEGI是自律性质的，销售一款被PEGI分级的游戏给不适龄对象的行为并不算违法，但PEGI在欧洲适用效果很好，值得借鉴。

## 三、网络一般色情内容的法律治理

### （一）国外对网络色情内容的法律治理

到了网络时代，实施分级的很多国家继续将内容分级的思路沿用到互联网上。当色情内容通过网络传播的时候，这些法律标准继续适用。但是，由于网络匿名化等特点，色情传播方式更加隐蔽、数量大、监管难度大，网络中介服务者的责任成为各国规制的重点。

**1. 网络内容过滤制度**

对于网络色情内容要不要强制性过滤，各国的做法并不相同。1996年，美国国会通过《通信行为端正法案》，明确禁止通过网络传输淫秽、色情内容。同时规定，交互式计算机服务提供商必须采取合理、有效的措施和技术限制未成年人接触色情内容，或者用信用卡来扣款，或通过软件、密码等方式过滤未成年人用户，否则会受到法律的处罚。1997年，美国最高法院在"雷诺诉美国公民自由联盟"一案中判决该条款违宪。理由是这些规定过于宽泛、模糊，不当限制了表达自由。同时，法官还认为，由于色情内容的判断采用的是社区标准，由于互联网的超地域性，必将使最严格地区的标准适用于全国范围，这是对其他地区标准的否定，也是对言论自由的过度限制。此外，由于该法案未区分商业色情网站和普通网站，这会使一些讨论比如备孕的问题被限制。而且该法案采取的并不是保护未成年人能够采取最小限制的方式，这样会不适当地限制成年人的信息自由。而且，在当时的背景下，法官认为法案中以采用信用卡认证、软件、密码等方式作为免责事由，增加了网站的经济负担。

此后，美国国会又曾多次立法试图为网络服务商施加责任，比如1998年出台的《儿童网上保护法》（Children Online Protection Act，COPA），要求商业色情网站屏蔽未成年人，但由于一些社会团体认为该法律压抑了言论自由权，所以在通过11年后，《儿童网上保护法》在2009年被最高法院裁定违宪，予以废除。2000年，美国国会又通过了《儿童互联网保护法》（Children's Internet Protection Act，CIPA）。该法要求学校和图书的电脑上安装过滤色情信息的软件。如果不安装，将无法获得联邦技术基金的支持。法案后来也被起诉到联邦最高法院，但最终获得了联邦最高法院的支持，认定政府保护儿童的利益高于此法带给成年人的负担。

新加坡也有类似规定。新加坡广播局要求学校、公共图书馆、社区中心以及网络咖啡屋等向青年人提供互联网服务的机构安装必要的桌面控制软件。同时家长也被鼓励在互联网连接的家庭计算机上安装类似软件。

**2. 网络内容分级制度**

网络内容分级借鉴电影、录像分级制度，将网络内容分成不同级别，向不同年龄段的用户开放。由网络内容提供者对其网页上的内容进行标识，内容接受者可自行决定要不要接入该网站。

1998年10月，网络内容分级组织（Internet Content Rating Association，ICRA）成立，其宗旨是为了让全世界的儿童安全地使用互联网，推进网络内容过滤。该组织由英国网络观察基金会（Internet Watch Foundation）、美国娱乐软件顾问会（Entertainment Software Association）以及德国ECO论坛（Electronic

Commerce Forum）三个非营利组织倡议成立，旨在研发一种可以被世界各国接受的分级制度。

网络内容选择平台（Platform for Internet Content Selection，PICS）是当前应用较为广泛的一种内容分级平台。PICS 并不是分级标准，而是一个提供标记、分级的平台，是分级过滤软件的一部分。该平台可标记互联网上的内容，帮助老师和家长来有效地控制孩子对互联网的使用行为，控制孩子可以浏览的网络信息。平台将内容分为四大类，分别是性、裸体、语言和暴力，PICS 要求网络信息发布者或者网站经营者以自愿的方式对其发布的内容或网站所发布的内容进行自我分级，分级结果需要显示在其所发布的网络资讯或网页上。这种分级技术标准适用于各种不同的网络技术，包括网络浏览器、网络公司的服务器以及网络防火墙等。作为另一端的网络信息用户，则是通过平台进行标记、设置，主动选择自己想看的内容。

### 3. 对商业色情网站的法律治理

商业色情网站是传播色情内容的主要主体。虽然美国至今没有成功立法限制商业色情网站对未成年人的屏蔽，但是很多国家都要求色情网站只允许成年人接入，因此有身份验证的要求。比如英国，2019 英国《数字经济法》（Digital Economy Act）明确规定，商业色情网站必须对登录者身份予以验证。规定超过 1/3 内容是色情内容的网站需要设立相关验证机制，保证访问者的年龄达到 18 岁或以上。德国也是如此，含有色情内容的网站都必须应用"成人认证系统"，通过输入个人信用卡信息、身份证等不同方法确认访问者的年龄，否则将被视为违法。

### （二）我国对网络色情内容的法律治理

我国法律明确禁止网络传输色情内容，为网络服务提供者设定了限制传播的行政法律义务。从执法上，我国一直将淫秽、色情以及低俗内容视为我国网络内容治理的重点，予以严肃执法，而且近年来加大了对于色情内容打击的力度。

### 1. 颁布规范文件

1997 年公安部颁布的《计算机信息网络国际联网安全保护管理办法》是我国规范网络内容的第一部法律文件。该办法第五条规定，任何个人、单位或者其他组织都不得"利用国际互联网制作、复制、查阅和传播淫秽色情内容和信息"。2000年通过的《全国人民代表大会常务委员会关于维护互联网安全的决定》，第三条第五项禁止"在互联网上建立淫秽网站、网页，提供淫秽站点链接服务，或者传播淫秽书刊、影片、音像、图片"，"构成犯罪的，依照刑法有关规定追究刑事责任"。2000年，国务院颁布的《互联网信息服务管理办法》，是一部网络信息内容规范的综合性立法。其第十五条第七项明确规定，互联网服务提供商不得制作、复制、发布、传播含有"淫秽色情、赌博、暴力、凶杀、恐怖或者教唆犯罪的"信息。

此后，各内容主管部门又出台了关于网络出版、网络视听服务、网络表演、网络直播、搜索、论坛、群组以及区块链等各种服务和应用的规范性文件，其中都有类似规定。2019年，国家网信办颁布了《网络信息内容生态治理规定》，在明确规定禁止传输色情内容的基础上，还进一步将带有性暗示、性挑逗等易使人产生性联想的不良内容列入禁止范围。违反上述规定的个人和平台会受到治安处罚或其他行政处罚。

**2. 实施青少年模式**

2020年10月17日，《中华人民共和国未成年人保护法》（以下简称《未成年人保护法》）第二次修订，于2021年6月1日起正式实施。该法增设"网络保护"专章，第七十四条明确规定："网络游戏、网络直播、网络音视频、网络社交等网络服务提供者应当针对未成年人使用其服务设置相应的时间管理、权限管理、消费管理等功能。"由此开始，未成年人保护模式从之前的推荐性的、非强制性的功能变成法律上强制性的设置。这是保护未成年人的强有力的措施。

目前，各大网络平台纷纷上线青少年模式，为青少年提供特定的内容池，以及上线时间限制。这种模式与国外的分级制度既有相同之处，也有不同之处。分级是让色情内容对青少年不可见，而青少年模式是单独为青少年配置内容。该模式的运行目前还存在不少问题，突出的问题是青少年内容池的内容比较单一。其主要原因是，法律还没有对该模式的运作有明确的操作性要求，因此各个平台并没有动力投入大量成本改善服务。

**3. 采取专项整治行动**

我国从2009年开始集中整治网络淫秽色情内容。自2009年8月至10月，公安部、中宣部、中央外宣办和广电总局等九部委，在全国范围内组织开展打击整治网络淫秽色情专项行动。重点打击在境外开办淫秽网站并在境内发展会员、传播淫秽色情信息的；组织网络淫秽表演和进行网上招嫖活动的；建设虚假色情网站骗取网民注册费用的；利用无线应用协议手机网站、点对点网络传播淫秽色情信息的；明知淫秽色情网站仍投放广告进行推广获利的；明知淫秽色情网站仍提供网上支付、手机代收费等行为。

此后淫秽色情内容成为每年专项执法的重点。从 2012 年开始，"净网"行动开始和"扫黄打非"行动联系在一起，主要进行网络淫秽色情信息专项治理。在接下来的"净网"行动中，公安部继续联合各部委深化打击网络淫秽色情信息。在 2012 年至 2017 年的五年间，网络淫秽色情信息被重点整治，百度、新浪、腾讯等各互联网平台也逐渐建立了网络内容审核机制，将淫秽色情纳入主要的日常管理对象。在"净网 2020"专项行动中，"扫黄打非"部门信息在网络直播、短视频、社交群组、网络文学等领域开展专项整治，加强监管措施和要求，从严查办处置了一批事件，效果明显。针对利用微信、抖音等平台引流推广、架设淫秽色情网站等方式大肆售卖传播淫秽物品，以及开办工作室制作淫秽视频等不法行为，多地在"净网 2020"行动中梳理出一批重点案件线索，深挖犯罪利益链条，破获了一批大案要案，依法严惩犯罪分子。其中，浙江丽水侦办一起网络传播淫秽视频大案，涉案资金达 2 亿元，抓获相关嫌疑人 58 名。2023 年，全国公安机关持续严查严打、重拳出击，深入推进"扫黄打非"工作。共侦破传播淫秽物品类刑事案件 4500 余起，捣毁淫秽色情网站、App4900 余个，共侦破网络儿童淫秽色情案件 84 起，侦破制作传播淫秽色情小说、漫画、游戏、手办专案 17 起，查获淫秽游戏、漫画、动漫 1.7 万余部，查获淫秽小说 3.7 万余部，查获淫秽手办 23 万余件，全力保护未成年人健康成长。总之，我国将持续网上"扫黄打非"工作，坚持标本兼治、久久为功，不断加大对违法违规行为的打击力度，有力维护清朗网络空间。

第五章

# 涉未成年人网络内容法律治理

当代青少年是伴随互联网成长的一代，是网络空间的"原住民"，也是社交媒体的重要用户群体。联合国报告显示，全球网民的1/3是青少年，平均每半秒钟就新增一名使用网络设备的儿童。[1]由于网络传播的交互性，结束了以往家庭成员共同接收传统广播电视节目的局面，每个人包括孩子，都可以独立持有自己的接收终端，选择自己需要和喜欢的内容，未成年人有了更多独立面对网络内容的时间和机会，成年人对孩子获取信息的最后把关基本不复存在。

网络内容纷繁复杂，有的内容为争夺"流量"所带来的商业利益，通过"打擦边球"，靠荒诞、搞怪、惊悚"博眼球"等做法，寻求曝光和招揽粉丝。由于网络环境比较复杂，自媒体用户可自行上传内容，平台审查不能面面俱到，因此其中不乏暴力、虚假、色情等不利于未成年人健康成长的内容，危害未成年人独立人格，从而对未成年人产生不良影响、损害未成年人合法权益等，因此需要从法治的视角强化保护未成年人的社会责任。

# 第一节　未成年人网络保护概况

## 一、我国基本建立未成年人网络保护法律体系

互联网和信息技术的创新发展日新月异，推动当代社会的媒体生态发生巨变。历经近30年风雨，以海量交互实时为特征的社交媒体发展迅猛，占据了人们社会交往的重要空间，成为影响现代社会生活的重要媒介。截至2022年6月，我国19岁以下青少年网民占网民总体的17.7%；2021年未成年人互联网普及率达96.8%。[2]青少年首次触网年龄持续提前，低龄化趋势明显。10岁以下开始接触互联网的人数比例达到78%，首次触网的主要年龄段集中在6

---

[1] 有关数据来自联合国儿童基金会发布2017年的年度报告《2017年世界儿童状况：数字时代的儿童》。
[2] 有关数据来自共青团中央发布的《2021年全国未成年人互联网使用情况研究报告》。

至 10 岁。[1]青少年的成长已经和互联网环境紧密融为一体，平板、手机等互联网媒介载体高度融入青少年的成长过程，媒体尤其是社交媒体对青少年学习、生活、娱乐和社会交往产生了全方位影响，成为青少年认知世界、形成价值观的重要渠道和知识来源，受到社会各界关注。

在国际法层面，1989 年联合国通过了《儿童权利公约》，该公约标志着儿童权利的体系已经基本形成，是宣传和保护儿童权利最全面的人权条约和法律文书。《儿童权利公约》确立了儿童权利的最大利益原则、非歧视原则、尊重儿童原则、多重责任原则，具体规定阐述了对儿童的生存权、受保护权、发展权和参与权以及其他基本自由和权利的保护规定，特别结合大众媒体和广电媒体的特点，对这些相关原则和权利作了表述说明。截至 2021 年 6 月 18 日，全球已有 196 个国家或地区批准了《儿童权利公约》，这是联合国历史上加入国家最多的国际公约。可见无论国家不同、社会制度不同、文化传统不同、种族肤色不同，保护儿童是全人类的共识。在国内法层面，我国先后颁布《网络安全法》《电子商务法》等法律，对与未成年人有关的网络安全、民事行为责任等作出规定。国家网信办出台《儿童个人信息网络保护规定》，其他有关部门发布《网络游戏管理暂行办法》《网络表演经营活动管理办法》《未成年人节目管理规定》《关于防止未成年人沉迷网络游戏的通知》等规定，对与未成年人有关的个人信息保护、网络表演经营活动管理、节目制作传播、网络游戏沉迷预防等进行了明确。

此外，在如何引导未成年人科学使用网络上，国家有关部门也采取了诸多措施，包括实名认证、限制时间、一键禁玩等。例如，在 2019 年 3 月 28 日，国家网信办指导组织 3 家短视频平台试点上线青少年防沉迷系统，这是网络短视频领域首次尝试开展青少年防沉迷工作，对于呵护未成年人健康成长、行业履行社会责任、营造良好网络环境具有创新性意义。截至 2019 年 10 月，国家网信办统筹指导 53 家网络平台上线"青少年模式"，网络防沉迷工作基本覆盖国内主要网络直播和视频平台。这 53 家上线"青少年模式"的网络平台实现了统一运行模式、统一功能标准，在该模式下关闭站内搜索、弹幕评论、内容分享、私信聊天、拍摄发布、充值打赏等功能，仅推荐适合青少年观看的内容，

---

[1] 参见季为民、沈杰：《中国未成年人互联网运用报告（2020）》，社会科学文献出版社 2020 年版，第 4 页。

确保"青少年模式"下的内容池更健康更有益。2021年6月1日，第二次修订后的《未成年人保护法》正式施行，其中增设"网络保护"专章，对网络保护的理念、网络环境管理、相关企业责任、网络信息管理、个人网络信息保护、网络沉迷防治等作出全面规范，力图实现对未成年人的线上线下全方位保护。

## 二、涉未成年人的网络不良信息——网络暴力

### （一）网络暴力的现状和特征

以1995年开始提供商用互联网接入服务为起点，中国社会一步步融入互联网虚拟世界。截至2024年6月，我国网民规模为10.9967亿，较2023年12月新增网民742万，互联网普及率达78.0%。

互联网的普及无疑能够促进整个社会生活的便利和资源整合效率的提升，但是由于互联网的开放性和便捷性也使信息容易呈现碎片化和无序性的裂变传播，如果再经过部分非理性和聚集性网民的扩散和放大，有可能促使舆情极化，产生影响网络秩序和社会稳定的网络暴力事件。例如，红黄蓝虐童事件（2017年）、德阳女医生自杀事件（2018年）和热依扎事件（2019年）都是近几年国内发生的较为典型的网络暴力事件。

放眼全球，网络暴力事件同样随着网民规模的扩大而日益增多。其中，青少年由于自身三观尚未定型、缺乏判断力和易冲动等特点，在使用网络媒体时，更容易受到不良信息的误导而成为网络暴力事件的参与者和传播者。同时他们又由于自我保护意识差，更容易成为网络暴力的目标和受害者。数据显示，有24%的青少年经历过网络暴力，而17%报告自己曾经通过网络暴力伤害过别人；几乎75%的学龄儿童在过去一年内至少经历过一次网络暴力。国外关于青少年网络暴力的研究主要集中于网络暴力给受害者带来的严重伤害、网络暴力与现实暴力的关系以及网络暴力的预防和干预策略等方面。研究表明，网络暴力会对个体造成一系列不良结果，包括焦虑、抑郁、药物滥用、睡眠困难、身体病症增多、学习成绩减退、旷课逃课、辍学甚至谋杀或自杀行为，对青少年的学习、社交和情感的伤害更大而且持久。网络暴力一般表现为让受害者情绪失控、

网络骚扰、网络盯梢、网络诋毁、网络伪装、披露隐私和在线孤立等7种形式。国内的研究则主要集中在法学、社会学、心理学和传播学等领域。

### （二）网络暴力的概念和特征

在定义"网络暴力"之前，应该先了解"暴力"的含义。《辞海》中对"暴力"的解释为："①强制的力量；武力。②特指国家的强制力量。"可见，暴力主要指的是一种激烈而强制的力量。

对于"网络暴力"概念的界定，国内已经有不少学者提出了各自的见解。有学者认为，网络暴力是"一种新型暴力行为，不同于传统意义上侵害他人生命权、身体权，而是网络技术风险与网下社会风险经由网络行为主体的交互行动而发生交叠，继而可能致使当事人的名誉权、隐私权等人格权益受损的一系列失范行为"[1]。还有学者认为，网络暴力"本质上是虚拟社会的一种非理性表达方式"，是"由使用互联网的个体或群体实施的，基于一定的目的，借由虚拟社会中的非理性表达，采取诽谤、攻击、谣言、污蔑、骚扰等方式介入现实社会，对网络以及现实中与之对应的个人、集体施加压力、造成影响、形成威胁的一系列行为的总称"[2]。

综合上述有关学者的研究，网络暴力的事件应该具有三个共性特征。

第一，具备主观上的故意。网络暴力的发动者和传播者意图以所谓的道德、道义或公益等名义来讨伐和审判事件当事人，甚至谋求将虚拟空间的问题转移到现实世界中加以解决。

第二，实施了恶劣的行为方式。通过人肉搜索、公布和传播当事人甚至其亲友的真实信息，煽动纠集群体性力量对其发表进攻性、侮辱性、谩骂性或诽谤性的暴力语言，以侮辱、谩骂、人身攻击或江湖追缉令等方式来维护其宣称的道德、道义或公益。

第三，造成了严重的后果。在现实生活中对个人当事人的精神和/或身体，对群体或组织当事人的名誉权或财产权等造成明显的伤害，最严重的甚至

---

[1] 姜方炳:《"网络暴力"：概念、根源及其应对——基于风险社会的分析视角》，《浙江学刊》2011年第6期。
[2] 李媛:《虚拟社会的非理性表达——"网络暴力"初探》，复旦大学2009年硕士学位论文。

可能导致个人当事人自残或自杀等恶性结果。

调查显示，青少年对于网络暴力大多有一定程度的了解，不过在对8种网络暴力表现形式的认知上还存在较大差异：①认为"以语言、图片和视频等方式向他人发送胁迫、恐吓等骚扰信息"和"在网上恶意中伤他人或特定群体"属于网络暴力的占比最高，分别达到89.98%和83.03%；②认为"网络恶搞"和"将网络暴力行为延伸至线下"也属于网络暴力的占比最低，分别是30.06%和22.49%。[1] 这说明青少年能够警惕常见的网络暴力形式，但是相当多青少年对于表现形式更为隐蔽的网络暴力还缺乏识别和防范能力。"将网络暴力行为延伸至线下"的典型案例是"蓝鲸死亡游戏"。这个游戏在网络平台上传播，诱使叛逆、心智不成熟的青少年在50天内完成各种自残任务，最终很可能导致其自杀。在2015年11月至2016年4月间，"蓝鲸死亡游戏"仅在俄罗斯就造成130名青少年自杀，并且很快扩散传播至东欧和北欧国家，后于2017年传入中国。

### （三）青少年网络暴力行为发生的主要原因

第一，网络的匿名性和虚拟性是网络暴力发生的基础原因与前提条件。

调查中，100%的受访者，不论其是否认同或者是否承认参与过网络暴力，都认为网络的匿名性和虚拟性是网络暴力发生的基础原因、前提条件。在集合行为中，个体之所以会做出平时甚少甚至没做过的越轨行为，是因为它处于匿名地位。人处于匿名时，没有明确的个人标志，不必承担破坏规范的后果，由此而产生责任分散的心理，同时匿名状态也使人的群体遵从性降低，降低人的社会约束力。[2]

目前，即使已经完成了实名制的网络平台也多是采用"前台自愿、后台实名"的原则，网民发言时是以虚拟的身份标志网络ID的形式出现，网络交流还处在事实上的匿名状态，更不用说那些使用了父母或者他人的身份完成注册的青少年网民，他们中有部分人误以为在网络上可以自由表达意见而无须承担责任，从而成为隐身在屏幕背后的"键盘侠"。

第二，网络治理的立法滞后和执法困难是网络暴力行为存在的重要原因。

---

[1]《青少年网络暴力的致因和对策》，"Traiblazer"公众号2020年1月27日。
[2] 参见郑杭生：《社会学概论新修》，中国人民大学出版社2003年版，第150—152页。

调查显示，受访者普遍对于使用网络应该遵循的法律法规没有概念，20%的受访者甚至认为反正网络是匿名的，也就没有什么法律能够真正规范到他们的网络言行。法律是法典和律法的统称，分别规定公民在社会生活中可进行的事务和不可进行的事务。在现实生活中，法律法规可以对人们的言行形成规范和约束。随着互联网的迅猛发展，人们的生活方式和社交模式都在快速迭代改变，但是我国对于网络治理相关的立法工作却显得相对滞后和分散。不过，我们也看到，随着《未成年人网络保护条例》的正式出台和实施，未成年人网络合法权益的法律保障正在完善之中。

《全国人民代表大会常务委员会关于维护互联网安全的决定》（2000年）是第一个与网络信息安全保护有关的法规，首次规定了要对"利用互联网侮辱他人或者捏造事实诽谤他人"等典型网络暴力行为追究刑事责任；其后，我国还陆续颁布了《互联网信息服务管理办法》（2000年）、《互联网电子公告服务管理规定》（2000年）和《全国人民代表大会常务委员会加强网络信息保护的决定》（2012年）等法规；《中华人民共和国刑法修正案（九）》（2015年）首次量化了信息网络罪责，并且对网络暴力的罪名作出了明确规定；《互联网上网服务场所管理条例》（2016年）规定"不得诽谤和侮辱他人"；《网络安全法》（2017年）要求对互联网的使用实行实名制；《中华人民共和国民法总则》（2017年修订）增加了对公民信息的保护；在对青少年使用网络进行专门保护方面，《未成年人网络保护条例》要求"任何组织和个人不得制作、复制、发布、传播含有宣扬淫秽、色情、暴力、邪教、迷信、赌博、引诱自残自杀、恐怖主义、分裂主义、极端主义等危害未成年人身心健康内容的网络信息"，"网络产品和服务提供者应当建立健全网络欺凌行为的预警预防、识别监测和处置机制，设置便利未成年人及其监护人保存遭受网络欺凌记录、行使通知权利的功能、渠道，提供便利未成年人设置屏蔽陌生用户、本人发布信息可见范围、禁止转载或者评论本人发布信息、禁止向本人发送信息等网络欺凌信息防护选项"。

对网络暴力行为的追责和打击在执行环节也存在技术上的困难，主要包括：①侵权责任主体难以认定。网络暴力行为是群体性和匿名性的行为，在大规模扩散以后，很难快速定位和确定事件的始作俑者。②网络暴力的侵权事实也同样难以确定。与现实生活中的侵权行为多是对财产权等实体权益的侵害不同，网络暴力造成的危害是对受害者人格权、隐私权和名誉权的损害。③不少受害者，特别是青少年受害者缺乏自我保护意识，没有及时保留被侵权的证据，而使事后再搜集证据的难度加大。

第三，心理发展不成熟是青少年网民参与网络暴力的根本原因。

从中国网民的年龄分布情况来看，截至2024年6月，我国10岁以下儿童占网民整体的3.5%，10—19岁网民群体占比为13.6%。[1]

从个性发展来看，青少年的心理具有过渡性、闭锁性、社会性和动荡性四个特点。青少年处于儿童期（幼稚期）向青年期（成熟期）发展的一个过渡阶段；他们的内心世界逐渐复杂，开始不大轻易将内心活动表露出来；心理越来越带有社会性和政治性；思想敏感，心理面貌不稳定，可塑性强，处于成熟前动荡不稳的时期。[2]一些调研也反映了这一现象，几乎所有受访者都表示越来越不愿意把真实想法与他人（包括父母和朋友在内）交流，而与此同时，网络由于匿名性反而可能方便他们在此倾吐心声。此外，71.98%的受访者承认他们对于某一事物的看法容易受到外界的影响，61.96%的受访者还承认他们的看法并不一定是会持久的，在一定条件下很有可能发生变化。

综合上述分析，青少年参与网络暴力的心理因素主要包括以下几种。

（1）从众心理。网络暴力事件通常表现为网民群体对于受害者个体的群体攻击。一方面，有些参与者可能有法不责众的侥幸心理，认为法律难以对群体追责，并且因为参与者人数众多也很难要求其中个别人承担责任。另一方面，青少年往往都有获得群体身份认同的心理需求，为了不被孤立甚至成为异类，他们也会随大溜，选择和自己的"同类人"或"伙伴"一起行动，无论是在现实生活中还是在网络上。当个体感知到自我与群体的行为或态度不一致的时候，来自社会的压力或者个体自身的压力都会促使个体与群体或社会保持一致的行为或态度。

（2）逆反心理。青少年处于独立意识萌发和逆反心理逐步显现的阶段，他们认为自己已经长大，在心理上有抗拒学校和父母管束的倾向，而相对宽松和自由的网络环境恰好成为他们宣泄情绪的绝佳场所。与此同时，青少年还普

---

[1] 有关数据来自中国互联网信息中心（CNNIC）发布的第54次《中国互联网络发展状况统计报告》。
[2] 参见成慧：《中学生心理发展的特点》，《思想政治课教学》1988年第4期。

遍缺乏社会阅历，又面临着学业上的巨大压力，容易造成他们看待问题时缺乏全面性，往往只看到问题的消极面而忽视积极面，遇到网络热点事件时便更有可能相信"阴谋论"，而不相信官方或正面的说法。此外，网络治理不尽如人意和不接地气的现状更进一步激发了青少年网民的逆反心理，使其在不知不觉中成为网络暴力的接力者和放大器。

（3）"道德民兵"心理。中国有两千多年的儒家思想文化传统。以儒家思想为核心的泛道德主义将人们划分为君子和小人两种类型，君子道德高尚，小人道德败坏，教化的目标就是将人培养成君子，而对小人则进行孤立甚至制裁。可以说，"中国拥有悠久的'道德民兵'传统"。在这种泛道德主义的长久影响下，不少青少年自小都被父母有意无意地灌输了"好人—坏人"这种二元对立的思维方式。因此，在热点社会事件中，青少年网民在情感上很自然地容易倾向于同情"弱者"，而以"是否符合道德"作为凌驾一切的终极标准对社会事件展开道德审判，即使在道德与法律冲突的情况下也一样重道德而轻法律，重德治而轻法治。他们自以为是在维护社会正义，而事实上已经被裹挟参与到网络暴力之中。

（4）娱乐看客心理。"一切公众话语日渐以娱乐的方式出现，并成为一种文化精神。我们的政治、宗教、新闻、体育、教育和商业都心甘情愿地成为娱乐的附庸，毫无怨言，甚至无声无息，其结果是我们成了一个娱乐至死的物种。"美国学者尼尔·波兹曼在其著作《娱乐至死》中，解析了20世纪80年代美国社会由印刷统治转变为电视统治，导致社会公共话语权的特征由曾经的理性、秩序和逻辑性，逐渐转变为脱离语境、肤浅和碎片化，一切公共话语以娱乐的方式出现的现象。

互联网的出现和普及更加剧了这种泛娱乐化现象。在虚拟的世界里，人们的各种欲望得到了充分的发泄，传统的权威受到颠覆，对他人隐私的窥视欲与好奇心得到了前所未有的满足。同时，通过对他人隐私与不幸的打探，网民获得了心理上的满足。[1] 有些网络暴力事件甚至不必披上道德审判的外衣，而是单纯对受害者进行的恶搞和取乐，更多的网民则是抱着看热闹不嫌事大的心

---

[1] 参见何新华：《网络暴力事件中的受众心理机制》，《新闻爱好者》2008年第2期。

态参与其中。

### 三、涉未成年人的网络不良信息——网络色情

关于网络色情信息，国际上至今尚未有明确、清晰的概念和定义。由于不同文化背景、历史传统等差异，各国对具体的色情信息的理解尚未达成共识。早在 2009 年国务院新闻办公室网络局副局长刘正荣做客人民网传媒沙龙访谈时，回答了"如何界定淫秽、色情、低俗内容"的问题。刘正荣指出，色情是指整体上不是淫秽的，但是其中一部分与"淫秽"信息的界定有重合的，对普通人，特别是未成年人的身心健康有毒害，缺乏艺术价值或者科学价值的文字、图片、音频、视频等信息内容。[1]

淫秽信息侧重的是对普通人性欲挑逗，导致腐化、堕落，而色情更侧重于对未成年人身心健康的伤害。未成年人好奇心强，自制力弱，色情信息因为较强的刺激性，常常引诱未成年人沉迷，短期可能会导致视力下降、颈椎疼痛等身体疾病，长久沉迷则可能导致学业退步、精神萎靡不振等身心伤害。因此对网络色情内容的治理，国际社会均高度关注。

2019 年，英国网络观察基金会（IWF）在一份报告中指出，仅在 2018 年，该组织就通过网络算法和举报，删除了超过 10.5 万个未成年性虐网页内容，平均每 5 分钟会发现一张有害照片或视频。北京青少年法律援助与研究中心办公室主任刘会丽指出，淫秽色情信息让青少年产生"精神麻醉"，增加青少年的攻击行为、攻击认知、攻击情感、暴力冲动的生理唤醒，减少青少年亲近社会的有益行为。在少年审判岗位工作 27 年的尚秀云法官接触过很多未成年人犯罪案件，她说"网络淫秽色情信息是引发未成年人性犯罪的重要原因"。[2]

未成年人的网络色情，集中体现为两种表现形式。一是未成年人作为主播进行的色情直播。例如在 2020 年陕西省咸阳市破获的一起特大传播淫秽物品牟利案中，在注册的 4000 多名主播中，18 岁以下未成年人有 113 人，占主

---

[1] 参见杨文：《权威部门给出有害信息判定标准》，光明网 2009 年 3 月 15 日。

[2] 参见王春霞：《网络淫秽色情信息严重损害未成年人健康成长——打击网上淫秽色情信息专项行动系列调查之二》，《中国妇女报》2014 年 4 月 18 日。

播人数的 2.7%。二是以未成年人为对象的网络色情行为，包括直播，也包括制作、传播、贩卖未成年人色情图片或视频。这类行为市场需求量大，获利丰厚，因此也是警方重点打击对象。据全国"扫黄打非"办公室透露，2018 年江苏省常州市"扫黄打非"办执法人员通过前期远程勘验，发现文某某组织开设的"萝莉福利网"和"网站冰恋者基地"两个网站充斥大量以未成年人为角色的淫秽色情内容，严重损害未成年人身心健康，情节严重。常州市钟楼区人民法院以传播淫秽物品牟利罪判处文某某有期徒刑 3 年，并处罚金 10 万元。

## 四、涉未成年人的网络不良信息——网络游戏沉迷

《2023 年度中国游戏产业报告》表明，2023 年国内游戏市场实际营销总额为 3029.64 亿元，游戏用户规模 6.68 亿人，同比增长 0.61%。

《第 6 次中国未成年人互联网使用情况调查报告》显示，2023 年中国未成年人网民规模达到了 1.96 亿，未成年人互联网普及率已经达到了 97.3%，较 2021 年提升 0.1 个百分点。未成年人使用互联网的广度和深度明显提升，使用手机上网的未成年网民比例一直保持在 90% 左右，正在使用智能手表、智能台灯、词典笔、智能屏等新型智能设备的未成年网民均超过 20%。

其实，在未成年人群体中，游戏早已脱离了其固有的概念。尤其是在学校等区域，游戏在消磨课业压力之余，已经融入到交流话题中，成为社交的一环，倘若对某些游戏不熟悉，那么学生很可能无法融入到相关的话题中去，用通俗的话来说，即"不合群"。

游戏依旧是未成年人解决娱乐需求的首选。数据显示，未成年人上网经常从事的各类活动中，选择玩游戏的未成年人比例占到了 67.8%，除利用互联网学习用途外，在观看短视频（54.1%）、听音乐（57.7%）等休闲娱乐活动中，位于首位。

不过，"中国文化的'游戏'概念，含有玩物丧志、君子不游戏的基因。这种偏见阻碍了我们对游戏的认知和利用"[1]。而对于游戏厂商来说，游戏的立

---

[1] 不都：《对于未成年人游戏防沉迷，我们能够做些什么》，北京乐想时代科技有限公司百家号 2019 年 3 月 9 日。

项原则之一就是包含足够多的潜在用户群，懵懂的小学生、中学生，在他们看来都是将要去攻伐的目标用户。就连很多成功的中年游戏玩家都抵不住排行榜、无上称号、全区第一、极品装备的诱惑，未成年人怎么能抵挡新手引导、多重系统、多样玩法、小目标渐进的软肋攻击？

因此对未成年人的游戏防沉迷系统或者未成年人游戏模式应运而生，在这一领域的法律治理，亦亟须加强完善。

## 第二节 未成年人权益保护立法的域外经验

对任何一个国家来说，未成年人都是社会和民族的未来与希望，未成年人的发展关乎人类的未来。因此世界各国对未成年人权益保护都非常重视，一些国家在未成年人保护立法方面各有特色，在未成年人网络保护方面同样如此。下面分别介绍一下日本、美国、英国等国家对未成年人在立法、游戏分级、未成年人网络保护等几个方面的实践经验。

### 一、准确界定"有害信息"

日本于2009年4月起开始实施了《不良网站对策法》，该法对"有害信息"作出了明确规定，"性、暴力、欺辱、毒品、诱发青少年犯罪等内容"都为妨碍青少年健康成长的有害信息。例如，"直接并且明确地约定、介绍中介，或者引诱他人犯罪或违反刑法刑罚法令的信息，直接并且明确地发表引诱他人自杀的信息，对人的性行为或性器官等进行的猥亵描写或其他明显地使人产生性欲、刺激性欲的信息，发表杀人、死刑、虐待等场面的令人毛骨悚然的描写和其他非常残酷内容的信息"。同时，该法还规定了网络经营者对于发现"有害信息"后的义务，即"应当采取立即从网络上删除，或者采用密码登录认证等的会员制等方法确认浏览者的年龄等措施"，从源头上确保未成年人不会接触到该类有可能危害身心健康的信息。

美国的《通信行为端正法案》以及《儿童在线隐私保护法》(Children's Online Privacy Protection Act, COPPA) 也对危害未成年人身心健康的网络环境中的"有害信息"加以严格规定，并对违反规定者作出严厉的处罚。其中，《通信行为端正法案》规定："未满18岁的未成年者接触的网络交互服务和电子装置，制作、教唆、传播或容许传播任何具有猥亵、低俗的内容（包括言论、询问、建议、计划、影像或其他），均被视为犯罪，违者将被处2.5万美元以下的罚金，2年以下徒刑，或两者并罚。"美国联邦最高法院认为该法管制的行为过于模糊，适用范围过宽，最终判定该法违宪。《儿童在线隐私保护法》规定"商业性的色情网站不得给17岁以下的未成年人提供浏览'缺乏严肃文学、艺术、政治、科学价值的裸体与性行为影像及文字'有害身心的网站内容"的服务，但该法由于违反《美国宪法第一修正案》所保护的言论自由，2007年被美国联邦最高法院裁定违宪。不过，为了最大化地实现预期的目的，联邦贸易委员会提出了将行业自律政策与立法规范相结合的保护儿童网络隐私权的模式，即业界可依其需要及属性制定保护儿童隐私的自律规范，该规范经联邦贸易委员会批准后即成为安全港。[1]

英国2008年3月制定并实施的《未成年人网络安全计划》(Child Internet Safety Strategy, CISS)，"要求互联网服务商不仅要主动屏蔽不良资讯，还要在网站的显著位置设置安全提示；同时网站版应注意处理有关未成年人的敏感话题，并链接提供相关帮助的网页和软件，以确保未成年人远离有害信息的干扰和伤害"。

韩国《青少年保护法》(又称"灰姑娘法", Youth Protection Revision Act)[2]中的一系列规定也体现了该国对未成年人接触网络信息安全权益的重视和保护。该法明确规定，"门户网站和新闻类网站不得含有色情等不适宜未成年人

---

[1] 参见中国信息通信研究院互联网法律研究中心、腾讯研究院法律研究中心:《未成年人网络保护的美国经验》，《信息安全与通信保密》杂志社搜狐号2016年10月12日。

[2] 2011年4月29日，韩国国会对限制青少年深夜上网打游戏的《青少年保护法》进行审议，其间有2个议案，一个是禁止未满16岁的青少年在午夜12点至清晨6点在线游戏；另一个是大国家党国会议员辛智浩提出的将年龄提高到19岁。最终韩国国会法制委员会通过了16周岁这个修正案。该修正案在2011年11月正式施行。

接触的内容","网吧、图书馆、学校等公共场所应安装过滤软件,保证未成年人获取健康信息"。

## 二、实施对"网络游戏"的分级管理

在本书第四章第二节中,列举了国际上较为完善的一般色情内容的分级制度,包括电影分级和录像分级制度、广播电视分水岭制度、游戏分级制度,通过对相关网络内容及产品的分级,使之适用于不同的群体,从而达到限制不良内容流入未成年人的目的。

以网络游戏分级制度举例,对网络游戏进行分级,是基于特定目的保护未成年人而为之,通过对网络游戏产品的级别进行分类,使之对应适用不同的群体,从而达到限制某些游戏产品流入未成年人群体的目的。目前,在亚洲范围内,日、韩等国家都制定了比较完善的网络游戏分级系统,相比之下,我国在该领域的制度制定上还欠缺专门性与正式性,这样一来就导致了当国外的网络游戏大量涌入我国时,无法通过一套网络游戏分级系统筛选出适合我国未成年人接触的网络游戏产品。因此,我们需要借鉴国外已存在的网络游戏分级规范,从中得到的启示进而建立一套为我国所用的系统。

日本的网络游戏分级系统在很大程度上考虑的是游戏产品本身的色情内容与相对适应的年龄关系。与之相关的分级系统被称作电脑娱乐分级组织游戏分级系统(Computer Entertainment Rating Organization,CERO)。在分级方法上,其采用了"年龄区分"以及"游戏内容区分"的结合方法。在"年龄区分法"中,"CERO 根据游戏中存在的暴力、色情成分以及其程度的高低,分为'全年龄适应''12 岁以上''15 岁以上''18 岁以上'4 个级别,并将审查分级结果在游戏包装盒上以级别标签方式注明,以指引玩家购买",而在"游戏内容区分法"中,则通过对游戏内容的特征进行标识,标识包括"成人内容、性、暴力、恐怖、抽烟、饮酒、赌博、犯罪、毒品、脏话以及其他"为父母和玩家购买网络游戏产品时进行引导。这样的一种分级规范不仅有效地指导了消费者选择游戏,也促进了游戏生产商的自我发展,在日本达到了较好效果。

韩国作为网络游戏大国,在大力发展网络游戏产业的同时也逐渐完善了游戏软件分级制度。韩国的游戏分级系统是韩国媒体分级委员会游戏分级系统（Korea Media Rating Board，KMRB）。该系统的分级方法包括了用户等级标记和警告条文提示。其中，用户等级标记与日本相同，分为"全年龄适应、12岁以上、15岁以上以及18岁以上"4个等级，并加以不同的背景色衬托，以凸显其重要性；而警告条文则指青少年保护警告条文，其记载"此类游戏物属于18岁以上用户可利用的游戏物，青少年不可使用"。这一分级系统的使用不仅对玩家在消费时提供了更加明确的选择参考，也为韩国的游戏产品能在国外市场的广泛销售起到了巨大的推动作用。

### 三、努力净化网络环境

#### （一）美国：通过司法强制手段推动未成年人权益保护

除了《通信行为端正法案》，美国还制定出台了《儿童在线隐私保护法案》，想通过两部法案净化未成年人网络信息，但与《不良信息儿童保护法案》一样，也遭受美国联邦最高法院违宪裁决，因其提出要求互联网用户进行身份核实的方案从源头上对信息自由权进行了普遍性限制，违反了《美国宪法第一修正案》。根据美国各种公众自由组织及人权协会的观点，他们坚持言论自由有助于思想与资讯的流通，是推动文明进步与发展的原动力。他们认为，言论自由是公民享有的基本权利，不应受到媒介的限制，政府任何控制互联网内容的行为都是对言论自由的破坏，除非言论自由导致对公民权利不可挽回的危害，否则它是不应被限定的。

美国的两部法案将国家对未成年人网络安全保护提升到法律层面，能够带动全民对未成年人网络安全的重视，由于立法标准不统一、法律条款互相冲突、用词模糊等原因导致均被禁止实施。后来，美国国会根据法院的判决通过了《2003年保护法》（Protect Act 2003），2000年美国国会还实施了修改后的《儿童互联网保护法》，均被美国最高法院判定合宪。

### (二) 英国：移动运营商对不良内容作出行业自律

2004年，英国多家移动运营商联合发起行动，对新媒体内容进行自我规范，制定行业行为准则，确定标准判断哪些内容不适合儿童。商业内容提供商要根据这一标准对生产内容进行分级并由运营商进行后台控制，根据出售移动设备时对使用者进行的年龄登记，选择性地提供服务内容。英国的移动运营商突显了行业的自律性以及社会责任感，但是否能够一如既往地坚持及自觉遵守，还有待时间的考验。

### (三) 澳大利亚：对网络及移动终端平台共同管理

澳大利亚注重通过立法确定网络内容的管理方案。网络运营商的执业准则包括：①对于公共管理者必须由具有经验和资源的管理当局作出法律评价和决定；②企业要协助家长加强教育和提升责任；③鼓励家长使用技术手段，如下载内容过滤软件等。同时，政府通过以下两方面对网络服务商进行监督：一是命令服务商纠正违规行为；二是在服务商行业标准不恰当时有权制定强制性标准。此外，澳大利亚互联网行业协会发起了"家庭友好互联网服务提供商"项目，通过激励机制调动行业积极性，向儿童及家长作出质量承诺。

澳大利亚这种由行业推进、政府提供法律保障、授权于终端用户的共同管理模式的最大优点在于在共管的基础上协调了各方主体的利益，避免在公共管理的行为中产生或激化社会矛盾，提高了管理效率。

在澳大利亚，对于互联网内容的管控有专门的立法规定，《1992年传播服务法》（Broadcasting Services Act 1992）中第五部分"在线服务"和第七部分"内容服务"是管理互联网内容的基础。这些条款旨在限制未成年人访问那些可能会引起他们不适的互联网内容，保护孩子远离不适合他们的内容，并提供举报不良内容的通道。该法的相关规范适用于澳大利亚互联网服务商和互联网内容提供商，并由澳大利亚通信及媒体局（Australian Communications and Media Authority，ACMA）管理。《1992年传播服务法》第五部分设立了在线内容的联合管理机制，将管理责任分给现行的政府机构（ACMA）和行业自我监管机构互联网行业协会（Internet Industry Association，IIA）。

联合管理机制管控的内容包括网站、新闻客户端、P2P（互联网借贷平台）文件共享应用、网络直播以及其他互联网上能接触到的内容形式（不论是通过电脑还是手机）。在这种管理机制下，一方面，政府管理者 ACMA 拥有调查被公众投诉的网络"违禁内容"以及"潜在违禁内容"的权力，并且对违规内容提供者予以惩罚。另一方面，行业自我监管机构"互联网行业协会"负责制定并执行与行业实践相关的规范与标准，如提供相应的内容筛选、过滤服务等。

内容服务商需要遵守相关的行业规范和标准。如果内容服务商没有遵循相应的行业规范和标准，将根据实际情况的严重程度给予其不同的制裁，比如，剥夺行业协会权益或者特权。同时，根据在线内容服务商条例，内容服务商必须遵循 ACMA 的"最终的删除通知"或指导，违反相关条例属于刑事犯罪，而继续提供相关"违禁内容"将面临最高 1.1 万澳元 / 日的罚款。

### （四）比利时：以技术手段保障儿童权益

比利时主要依靠技术手段防止未成年人接触网络上的不良信息。政府为 12 周岁以上儿童颁发电子身份证，儿童可以通过电子身份证进入到"安全"聊天室。不过，这一方式又引发关于儿童隐私的争议。比利时隐私委员会在 2001 年就曾提出，要尽可能以不介入公民私人领域的手段解决未成年人与不良网络信息的问题，这种需要登记儿童出生日期、性别、姓名的技术手段明显不符合某项关于隐私的议案。同时，儿童即使通过账号登录了安全聊天室，但其获得的信息也是受到限制的，仅限于聊天交流的内容，完全浪费了互联网能够提供海量信息的优势。

### （五）欧盟：立法规制加行业自律保障未成年人健康发展

欧盟采取立法规制加行业自律的保护模式，对未成年人开展网络保护。立法方面，欧盟先后出台了《保护未成年人和人权尊严建议》（1998）、《儿童色情框架决定》（2004）等法令，对欧盟未成年人网络保护起到了重要作用。自律方面，主要通过建立网络安全计划；建立市民热线打击非法内容；实行泛欧洲游戏信息系统 PEGI 制度（Pan European Game Information，泛欧洲游戏信息组织）；设立行业自律原则等方式。

欧盟委员会通过互联网行动计划，旨在使分级和过滤系统更为有效。1999年、2005年和2009年，欧盟开始分别实施三个网络安全计划。2001年11月通过了第一个有关打击网上犯罪的协议。根据协议，网上侵权、欺诈、向未成年人传播色情内容等行为均属网上犯罪行为，成员国有责任予以打击。协议还规定各成员国应在建立全球性计算机安全查询系统、拦截非法电子邮件以及引渡网络犯罪嫌疑人等方面保持高度的合作。此外，欧盟还建立了市民热线。公众可以通过热线汇报非法内容，然后由热线网络将相关信息报告给各主管部门。市民热线还通过构建专家中心，就何为非法内容等问题向网络服务提供者提供指导。

2023年1月，欧洲议会通过欧洲议员洛佩斯提交的游戏业发展报告，该报告呼吁欧盟重视随游戏业发展产生的多项相关问题以更好保护消费者权益，尤其是未成年人游戏玩家。在年龄评级方面，洛佩斯表示，PEGI分级系统目前有38个国家采用，需要制定统一的强制性标准，以更好地帮助消费者了解游戏的实际内容、受众群体以及内购内容。此外，洛佩斯还大力呼吁欧洲建立一个统一的年龄验证系统，以对游戏玩家的年龄作出更准确的识别。

同时，欧洲议会对"开箱""打金"等相关玩法再次提出警示，要求欧洲委员会对开箱、IAP的影响进行评估，并对如流水线化打金等游戏行为进行调查，识别这一类行为是否涉嫌经济犯罪乃至人权问题。同时呼吁游戏设计师避免围绕成瘾性设计游戏，并建议提高数据和消费者保护的优先级与促进游戏工业中的性别平等。

## 第三节 我国涉未成年人网络内容的治理对策

我国一直以来十分重视未成年人合法权益保护，1991年我国制定了《未成年人保护法》，1996年制定《中华人民共和国预防未成年人犯罪法》，后随着社会发展和技术进步、网络应用的普及，我国对两部关于未成年人的专法及时予以修订，并在《未成年人保护法》中增加"网络保护"专章，以应对新时代未成年人权益可能出现的风险。《中国未成年人保护发展报告蓝皮书（2022）》指出，我国已经建立未成年人"六大保护"体系机制，包括家庭保护、学校保护、社会保护、网络保护、政府保护、司法保护，正在为未成年人的健康发展体系和机制建设，进行不断探索和完善。

### 一、加强网络治理立法，创新网络治理执法手段

近十多年来，中国已经就网络治理问题陆续出台或者修订了不少法律法规，但是如前文所述，立法总体上还是呈现相对滞后和分散的态势，特别在针对未成年人网络保护的建章立制层面，中国大幅落后于已经构建相对完善保护体系的欧美和日韩等国家和地区，需要尽快补齐短板。

以美国为例，1996年通过了《通信行为端正法案》，其中有两个条款保护未成年人免受色情作品危害；2000年通过了《儿童互联网络保护法》，规定中小学、公共图书馆等必须在其网络服务程序上提供过滤器，确保未成年人接触不到含有色情内容的网站；2006年梅根事件[1]的恶劣影响促成了《梅根·梅尔网络欺凌预防法案》（Megan Meier Cyberbullying Prevention Act）的制订。迄今为止，联邦层面和各州共制订了130多项针对网络暴力的法律法规，其中包括严厉的民事赔偿制度，让受害者的权利得到有效救济，并且震慑试图实施网络暴力行为的人。

2020年10月《未成年人保护法》完成第二次修订，于2021年6月1日正式生效（2024年第二次修正）。在本次修订中，《未成年人保护法》对网络时代的热点问题进行回应，创设"网络保护"专章，从立法角度为未成年人提供网络保护。

### （一）《未成年人保护法》增加"网络保护"专章

近年来，随着互联网经济蓬勃发展，信息技术的革新和普及，全球大部分

---

[1] 梅根事件：美国一名13岁的少女梅根·梅尔遭遇网络暴力，因不堪忍受网友的恶毒辱骂在家里自杀身亡。虽然这起事件的罪魁祸首已经基本确定是一位中年妇女劳丽·德鲁，警方却因为无法可依而拒绝对其提出起诉。这个事件在美国社会引起轩然大波，并促成了后来的一系列制止网络暴力、保护未成年人的法案的产生。

国家和地区都经历着信息化、城镇化趋势，虚拟的网络世界给青少年带来数字机遇的同时，未成年人网络保护问题也凸显出来，网络信息内容良莠不齐，个人信息泄露、网络沉迷、网络欺凌等现象时有发生，对未成年人网络保护专门立法是国际通行做法。2020 年《未成年人保护法》修订工作在体系上的一大创新特色是将未成年人网络保护单独成章，与传统保护体系相互衔接、相辅相成。

在未成年人传统保护体系中，国家、社会、学校、家庭作为不同的责任主体，在各自职责范围内履行保护责任。然而，网络的横向性打破了这一职责划分界限，职责界限相互交叉，单一主体履行单一职责难以实现全面保护。因此，《未成年人保护法》修订工作针对网络时代的突出问题，区分不同网络风险类型，明确各方责任主体的职责、权利，实现对未成年人的线上线下全方位保护，以期最大限度地保障未成年人合法权益。

然而，"网络保护"专章并非能够完全独立实施，解决未成年人网络保护的问题并不只局限于"网络保护"专章本身，"网络保护"单独专章也并不意味着线上线下完全隔绝，线上问题本身具有现实复杂性，又往往需要通过线下寻找根源，谋求线下保护方案。例如，实证研究表明，网络欺凌往往是校园学生欺凌的延伸。因此，需要通过《未成年人保护法》各章节互补配合，实现多方主体共治的整体保护局面。

### （二）未成年人网络保护以五大主题为纲、四种责任主体为本

从未成年人网络保护问题的解决思路来看，需要综合考虑不同网络风险的关联互动性，避免通过单一手段、简单思路、孤立地解决问题。因此，2020 年《未成年人保护法》修订在内容创新上的特色表现为，以网络素养教育、网络信息管理、网络沉迷防治、个人信息保护、网络欺凌防治五大主题为纲，以国家、社会、学校、家庭这四大责任主体为本，各主题之间相伴相生，彼此关联，并非仅针对单个问题进行"头痛医头、脚痛医脚"地孤立性应对，而是整合不同的立法规范，科学性、体系化、整体性地构建了未成年人网络保护体系。

第一，网络素养教育是实现网络保护的根本和基石。培养网络素养教育，不仅有利于未成年人把握网络时代的发展机会，也有利于未成年人通过提高辨

别、应对网络风险的意识和能力，正确应对信息安全、网络沉迷、网络欺凌等网络风险，树立符合社会发展规律的网络价值观，也有利于降低其自身从事不当行为的可能。网络素养的责任主体包括国家、社会、学校和家庭（第六十四条），监护人具有网络素养是引导和监督未成年人正确使用网络的前提条件，因此，他们应提高网络素养，规范使用网络行为（第七十一条第一款）。

第二，构建以分类管理为基础的网络信息管理制度，是网络保护体系中最核心的内容。一方面，增加有益内容的供给，便利未成年人获取有益健康成长的内容信息（第六十五条）；另一方面，网络服务提供者依法履行内容审查、提示和删除义务（第八十条），同时，家长、提供互联网上网服务设施的场所，以及智能终端产品的制造者、销售者，通过安装网络保护软件等安全保护技术措施保障上网安全。

第三，有必要对网络沉迷现象进行防治（第七十四条）。不当网络使用不同于网络沉迷，即使是在网络游戏防沉迷领域，规制重点仍然在于内容管理，即对网络游戏产品进行分类和适龄提示，不得让未成年人接触不适宜的游戏或者游戏功能（第七十五条第三款）。

第四，网络环境下需要给未成年人提供特殊保护，将14周岁作为未成年人个人信息处理的同意年龄（第七十二条第一款），并赋予未成年人及其监护人更正、删除权（第七十二条第二款），信息处理者遵循合法、正当和必要的原则（第七十二条第一款）。针对未成年人私密信息，网络服务提供者应当及时提示并采取必要的保护措施（第七十三条），以最大限度保护其合法利益和个人信息安全。

第五，网络欺凌行为是指通过网络以文字、图片、音视频等形式，对未成年人实施侮辱、诽谤、威胁或者恶意损害形象等（第七十七条第一款）。因此，网络服务提供者接到通知后，应当及时采取删除、屏蔽等必要措施（第七十七条第二款）。网络产品和服务提供者应当提供便捷、合理、有效的投诉和举报渠道（第七十八条）。此外，将防欺凌教育作为网络素养教育中的重要部分，网络服务提供者对私密信息的提示（第七十三条）以及对信息内容审查（第八十条），也都有利于防范网络欺凌的发生。

## 二、《未成年人保护法》"网络保护"内容的独特性

### （一）积极发展与权益消极保护并重

在日益数字化的世界中，能否接入网络是未成年人的基本权利之一，是其享有发展权、参与权等权利的延伸。联合国儿童基金会发布的《2017年世界儿童状况：数字时代的儿童》指出，数字访问已经成为新的分水岭。[1]数字鸿沟加剧了社会经济地位的不平等，如何弥合数字鸿沟，并确保每个公民都能获得维系生存与发展的能力，正成为所有国家面临的共同挑战。针对处于"数字时代"的新一代未成年人，立法能否保障其上网权利，是完成"跨越数字鸿沟，还是加剧代际贫穷"这道选择题的关键。

因此，"网络保护"专章体现出兼顾积极发展和消极防御并重的保护观念，未成年人网络保护问题宜疏不宜堵，从保护未成年人发展权利的正面视角，尊重"数字原住民"的客观成长规律，从加强未成年人网络素养教育出发，既保护其免于因接触网络遭受负面影响，又充分利用网络新媒介带来的资源与发展机会，成为网络强国的新一代建设者与接班人。这种时代品格体现在以下方面。

第一，《未成年人保护法》第三条明确规定，国家需要兼顾保障未成年人的发展权和受保护权。这也是我国作为《联合国儿童权利公约》的缔约国应当履行的国际义务，是对政府履行保障儿童权利义务的回应。尤其是《未成年人保护法》第四十四条第一款将"社区公益性互联网上网服务场所"与博物馆、纪念馆、科技馆、展览馆、美术馆、文化馆等场所相提并论，承认其作为信息基础设施建设的重要作用。

第二，《未成年人保护法》"网络保护"专章第六十四条首次规定了"网络素养"教育。网络风险并不等于实际损害，立法应当更注重事先预防，而不

---

[1]《2017年世界儿童状况：数字时代的儿童》是联合国儿童基金会首次针对数字技术给儿童的生活和人生机遇带来的影响、潜在危害与机遇等不同方面进行的综合分析。报告指出，数字技术可以成为改变弱势儿童命运的关键，为他们提供全新的学习、社交和表达意见的机会，然而同时，数以百万计的儿童正在被日益互联的世界所遗弃。

是在伤害发生后进行补救。全面消除风险、将未成年人禁锢在"围墙花园"中既不可行也不可取，保守的"消极保护主义"立场，不仅会剥夺孩子探索、适应、应对的成长机会，还有可能把他们的网络行为引导到家庭或学校以外的更危险的环境中。提高未成年人网络素养相当于是一种赋权，通过加强未成年人网络素养教育，能够改变儿童数字技能发展不平衡的状况，使其提高风险防范意识，正确地预判以及应对网络活动带来的风险及危害。

第三，将未成年人关于个人信息处理的同意年龄设定为14周岁且赋予未成年人及其父母、其他监护人要求信息处理者更正、删除个人信息的权利，充分体现出立法者对于未成年人使用网络权利以及保障其个人信息安全的同等重视。

第四，在网络信息管理、网络沉迷防治等具体保护措施方面，均采取"疏堵相结合"的规制模式。在网络信息管理方面，既鼓励和支持有利于未成年人健康成长的网络内容的创作和传播，同时，由网信部门及其他有关部门依法惩处利用网络从事危害未成年人身心健康的活动，根据不同年龄阶段未成年人的需要，侧重治理危害未成年人身心健康的信息。

在网络沉迷防治方面，没有对网络产品和服务采取"一刀切"的禁止性规定，而是在规定"不得向未成年人提供诱导其沉迷的产品和服务"的基本前提之下，由不同行业的网络服务提供者针对未成年人使用其服务设置相应的时间管理、权限管理、消费管理等功能；此外，对游戏进行分类分级管理，要求网络游戏服务提供者对游戏产品进行分类，作出适龄提示，采取技术措施，不得让未成年人接触不适宜的游戏或者游戏功能。

## （二）国际共性和中国特性兼容

保障未成年人合理安全地使用网络，赋予未成年人发展机会和最大限度地减少网络风险是各国未成年人保护立法的普遍诉求。不同国家面临的关键性风险，及其采取的保护措施是否能够发挥作用，会由于特定的文化或国情而有所不同。

与欧美发达国家相比，我国属于发展中国家，互联网普及率、城镇化率还将继续上升，城镇、农村地区的经济差距在逐步缩小，但在未成年人教育关注、养育理念等方面仍然存在着巨大差异，呈现出未成年人保护诉求区域差异大、欠发达地区未成年人监护严重缺位等特点。例如，当一、二线城市普遍焦虑网络沉迷问题时，贫困地区未成年人使用网络的基本权利仍然得不到保障，黑网吧查处事件主要集中在相对贫困地区，农村地区、留守家庭的未成年人犯罪发案率占比较高。[1]因此，2020年《未成年人保护法》修订工作立足我国国情，兼顾国际共性问题，这体现在以下两个方面。

第一，由于每个未成年人的成长环境不同，单靠技术措施难以对未成年人进行有效保护，未成年人的父母或者其他监护人仍然是第一责任人。修订版《未成年人保护法》对《民法典》中规定的监护人教育保护职责进行细化，充分发挥监护人在网络保护中的积极作用，既包括正向的教育示范、引导和监督职责，例如，提高网络素养、规范自身使用网络行为、加强引导和监督的义务（第七十一条第一款）；也包括防御性的保护职责，例如，使用网络保护软件等安全保障技术措施义务（第七十一条第二款）、同意处理未成年人个人信息（第七十二条第一款）、遭受网络欺凌时通知网络服务提供者采取措施（第七十七条第二款）。

第二，针对区域发展不平衡难以短期改变的现状，基于优先保护原则，给予处于不利地位的儿童更为周全的保护和提供平等发展机会，社会力量、学校同样是具有重要意义的责任主体。因此，本法除了细化监护人职责以外，鼓励社会力量参与提供支持和资源，包括社区公益性互联网上网服务场所的免费或者优惠开放（第四十四条第一款），能够缓解因地区、经济发展不平衡带来的发展机会不平衡问题；并且，强化国家、社会、学校的各项义务，有利于最大化地保障未成年人的合法权益。例如，学校同样有网络素养宣传教育义务（第六十四条）、采取安全保护技术措施义务（第六十九条第一款）、智能终端产品统一管理义务（第七十条第一款）、网络沉迷告知义务（第七十条第二款）等；网络产品和服务提供者履行有害信息提示和删除义务（第八十条）、信息安全保障义务（第七十二、七十三条）、预防网络沉迷义务（第六十八、七十四条）、网络欺凌的协助义务（第七十七条第二款）等。总之，在"家庭—学校—社

---

[1] 2017年我国最高人民法院公布的《司法大数据专题报告：未成年人犯罪》数据表明，农村地区未成年人犯罪发案率占比为82.06%，占比过高。

会—国家"、从微观至宏观的不同层面，形成促进未成年人保护与发展并重的多方共治局面。

### （三）制度延续和立法前瞻并存

伴随着智能手机等智能终端产品的普及，未成年人网络普及率将进一步提升，5G技术发展与应用也会带来相应的挑战，非法处理未成年人信息、信息安全、网络沉迷等风险也会相应增加。因此，2020年修订的《未成年人保护法》在保障制度延续的基础上，充分体现出立法的前瞻性和包容性，能够在5G乃至信息技术更加发达的时代为未成年人网络保护工作提供有力的法律依据和保障。

目前，我国涉及未成年人网络保护和管理的法律法规主要有《网络安全法》《儿童个人信息网络保护规定》《网络信息内容生态治理规定》等等。我国网信、教育、文化、新闻出版广电等各部门依据各自职责，针对未成年人网络保护存在的问题联合或单独采取行动，包括内容管理、游戏沉迷、网络欺凌等，对危害未成年人身心健康的行为进行查处打击，已经取得了积极成果。2020年修订《未成年人保护法》充分体现出立法者正确处理制度延续和前瞻包容这两者之间的平衡关系，体现在以下两个方面。

一方面，上述立法中涉及的未成年人网络保护的部分条款和规定，以及已经被实践证明卓有成效的成熟经验，在本次修订中均被纳入未成年人网络保护体系。例如，鼓励支持有益内容创作（第六十五条）、网络信息分类管理（第六十七、七十三条）、网络游戏管理制度（第七十五条），等等。但是针对现有法律制度中存在的立法空白，又创设性地设计了相关法律条款，如信息内容提示制度（第八十条第 款）、未成年人网络游戏电子身份认证系统（第七十五条第二款）、禁止为未满16周岁未成年人提供网络直播发布者账号注册服务（第七十六条），等等。

另一方面，创设性地设计了相关法律制度，来填补现有未成年人网络保护体系中的空白。例如，网络素养宣传教育（第六十四条）、处理未成年人个人信息的知情同意规则（第七十二条第一款）、未成年人信息的删除更正权（第七十二条第二款）、网络服务提供者对未成年人私密信息保护义务（第七十三条)、网络欺凌中采取必要措施(第七十七条第二款)、智能终端产品由学校统一管理(第七十条)。通过创设并实施这些制度,以期有力应对智能终端产品的普及、5G技术带来的海量数据内容的挑战,有效防范个人信息安全风险。

因此,本次立法工作吸收现有的有效成熟经验,既能通过立法填补空白、完善管理,也尊重了现行管理制度,既体现了立法的稳定性和延续性,又体现出其前瞻性和包容性,能够应对技术飞速发展带来的机遇与挑战。

### 三、社会、学校和家庭"三位一体"加强青少年网络素养教育

"网络素养"是指网络使用者在互联网使用过程中,拥有分辨网络信息、抵抗网络诱惑、远离网络危害的自我保护能力、自律意识和法治意识的综合素养。"网络素养教育"则是旨在提升网民网络素养的教育。

无论是完善网络实名制,还是加强网络治理立法、创新网络治理执法手段,都是网络暴力的主体"网民"以外的外部因素,而要从根本上防范网络暴力行为的发生,应该要从提高网民网络素养教育着手。结合中国互联网低龄化的现实情况,笔者认为社会、学校和家庭三位一体加强青少年网络素养教育是有效治理网络暴力的重中之重。

#### (一)社会层面:营造健康的网络氛围

网络环境的整体因素,例如网民观点的整体风向、网络暴力行为的普遍性以及当前社会对于言论自由的容忍度等,都会对低龄网络使用者关于网络暴力行为的行为意向产生影响,因此想要解决网络暴力行为主体低龄化的问题,需要营造一个良好的网络氛围。

媒体具有议程设置的功能,即通过新闻报道的发布影响公民对事件的关注度和态度[1]。网络媒体平台作为网络的"把关人",应该负起审核平台发布信息、把握言论尺度、过滤有害信息、合理引导网络舆情以及处理问题账户等责任。媒体人,特别是对青少年有重大影响力的自媒体大V等,则应该多发挥

---

[1] 参见管雅乐:《网络舆论暴力的形成机制与治理研究》,《现代商贸工业》2019年第7期。

正面宣传的作用，通过客观、向善的新闻传播，影响包括青少年网民在内的受众的态度和价值判断，促进全社会思想道德素质的提升。

**（二）学校层面：促进青少年心理健康发展，提高分辨力、自控力和责任感**

教育的目的不仅是教学生知识或谋生的技能，更重要的是针对学生的情感和意志需求，通过知识学习、活动训练和组织引导等手段，使学生能够在认知、情感、意志等精神和心理层面实现均衡发展，培养健全人格。在美国心理学家卡尔·兰瑟姆·罗杰斯的教育理想中，要培养"躯体、心智、情感、心力融为一体"的人，也就是既用情感的方式思考又用认知的方式行事的知情合一的"完人"或者"功能完善者"。[1]

学校应该摒弃只重视课程教育的做法，积极采取措施，引导青少年发展和谐有序的人际交往能力，促进心理健康发展；应该将防范网络暴力相关知识的教育引入课堂，也可以推出专家讲座和知识竞赛等多种形式，提高青少年对网络暴力危害性的认识，加强自我保护的意识和能力；应该教育青少年提高对网络信息的分辨能力，自觉抵制虚假和不良信息；应该教育青少年发展全面完整分析问题的能力，避免片面和极端的思维方式；应该培养青少年的情绪自控能力，降低发生冲突的可能性；还应该教育青少年增强对于自身和社会的责任感，树立积极向上的人生观。

**（三）家庭层面：家庭和谐，父母以身作则**

家庭是最好的学校，父母是最好的老师。青少年参与网络暴力，根源往往来自家庭教育的失败，造成人格缺陷、性格缺陷或者有暴力倾向等心理问题。当出现父母之间的暴力行为、虐待老人的行为以及一些姻亲冲突时，思想观念还不成熟的孩子往往是最大的受害者。这些家暴事件会被无限制放大，导致孩子产生不信任感和不安全感等负面情绪，甚至以为肢体暴力和语言暴力可以随意实施，从而养成孤僻和消极的性格，并且随着成长逐渐强化其破坏性和

---

[1] 参见张大钧：《教育心理学》，人民教育出版社 2015 年版，第 90 页。

报复性。由此可见，只有保持和谐的家庭环境，才能够帮助青少年形成良好的人格和品格，从根本上减少其参与网络暴力的可能性。

　　青少年的很多行为是在成长过程中养成的，而父母自身的言行就是青少年最亲近和最长期的模仿对象。一方面，父母在使用网络时要注意言行，引导青少年以积极的心态合理使用网络；另一方面，父母也要有良好的网络自我保护意识，例如父母应该避免过多的可能导致个人信息泄露的朋友圈"晒娃"行为，保护好青少年的隐私，为青少年培养网络自我保护意识树立榜样。

第六章

# 网络虚假信息法律治理

互联网时代网络传播既丰富又多元，在海量信息内容中，不免鱼龙混杂，掺杂某些虚假信息。基于网络传播的特性，虚假信息一经传播，就会混淆视听，影响日常生活、社会秩序、经济发展，甚至威胁国家安全。营造风清气正的网络空间需要依法对虚假信息进行有效治理。目前，我国对网络虚假信息的法律规制渐成体系。本章将围绕网络虚假信息概念、国内外网络虚假信息法律治理的比较考察、我国网络虚假信息法律治理的重点难点问题进行阐述。

## 第一节　网络虚假信息概述

在日常生活中常常会遇到"虚假信息"和"谣言"这两个词语，但二者又有区别，在法律上的定义和在日常生活中含义也有不同，根据《现代汉语词典》第7版释义，虚假即"跟实际不符"。我们暂且将虚假信息理解为跟实际不符的信息。然而，在我国法律法规中，与实际不符的信息一般有谣言和虚假信息两类。对"谣言"和"虚假信息"的定义和规范在我国刑法中都有具体明确的规定[1]。此外，在日常用语中，"流言""传言""据传""据说"等词的意思与谣言或虚假信息近似。对两词使用的混乱，给网络虚假信息法律治理研究带来了一定困扰。为此，本节将探讨二者概念的内容、实质、存在语境等，厘清它们之间的区别与联系。

---

[1] "谣言"可见于《刑法》第一百零五条，对"以造谣、诽谤或者其他方式煽动颠覆国家政权、推翻社会主义制度的"行为定罪处罚。《刑法》第二百九十一条规定："编造虚假的险情、疫情、灾情、警情，在信息网络或者其他媒体上传播，或者明知是上述虚假信息，故意在信息网络或者其他媒体上传播，严重扰乱社会秩序的，处三年以下有期徒刑、拘役或者管制；造成严重后果的，处三年以上七年以下有期徒刑。"

## 一、网络虚假信息及其相关概念

### （一）谣言与网络谣言

关于谣言的定义，至今众说纷纭。

首先，在民间传说和典籍中存在大量关于谣言的表述。在古希腊的雅典城邦中，谣言被视作宙斯的神谕，其神祇法玛女神专司传播谣言。

古代汉语中，谣言实际上包含了两层意思，第一种是中性词语，代表民间流传的歌谣，最早见于《尔雅》中关于"谣"的释义，即"徒歌谓之谣"，意指缺乏伴奏的歌谣，类似于清唱，可见谣言在我国文化生活上有很长的历史。这和今天我们所说的童谣或民谣相近。在古代社会，可以说"谣言"是信息传播的主要载体之一，此点在《三国演义》里就有记述[1]。这就说明了谣言在我国古代可作为信息传播的载体。第二种是不实的传闻。从《战国策·秦策二》中记载的曾参杀人的典故[2]可以看出，"众口铄金，积毁销骨"，不真实的传言，如果说的人多了也会动摇慈母对贤子的信任。由此可以看出缺乏真凭实据的谣言自古以来就有强大的破坏力。

现代社会，谣言的定义发生了很大变化。《现代汉语词典》第7版将谣言定义为："没有事实根据的消息。"《韦伯斯特英文大词典》对"谣言"的解释是："谣言是一种缺乏真实根据，或未经证实、公众一时难以辨别真伪的闲话、传闻或舆论。"[3]再者，从国内外学界定义来看，谣言大都包含以下要素：一方面，谣言中包含一些真实因子。谣言大多并非无中生有，它的产生、发展往往与一定的事实关联。"人们总能在谣言背后找到孕育它诞生的细胞和温床，同

---

[1] [明]罗贯中：《三国演义》第三十五回："公闻荆襄诸郡小儿谣言呼？其谣曰：'八九间始欲衰，至十三年无孑遗。到头天命有所归，泥中蟠龙向天飞。'"

[2] 我国汉朝刘向《战国策·秦策二》中记述："昔者曾子处费，费人有与曾子同名族者而杀人。人告曾子母曰：'曾参杀人！'曾子之母曰：'吾子不杀人。'织自若。有顷焉，人又曰：'曾参杀人！'其母尚织自若也。顷之，一人又告之曰：'曾参杀人！'其母惧，投杼逾墙而走。夫以曾参之贤与母之信也，而三人疑之；则慈母不能信也。"

[3] [加拿大]罗娜·荛斯：《对因特网"颜色"的反思》，郭镇之译，《新闻与传播研究》2000年第3期。

时也能在现实中找到谣言信息的原型,即事实内核。"[1] 另一方面,在信息相对匮乏或公共话语相对不足的情形下,谣言有时可能是丰富人们获取信息的一种形式。这里也涉及一个业界与学界久久争论的话题,即如何在规制网络虚假信息的同时又保障言论自由,后文中将展开讨论。最后,不少学者认为,谣言是"未经证实的消息",但不一定是虚假信息,因为仍然有许多谣言被证实是真实的。"事实上,谣言之所以令人尴尬,就是因为它可能是真实的。"[2]

基于上述认知,谣言可定义为一种真实性未经相关主体证实但得到广泛传播的有特定指向的信息。网络谣言与谣言在本质上区别不大,只不过其传播载体和环境不同。从网络载体这一层面对谣言定义进行界定,实际上指的是在网络生成与发布并经过大量传播但未得到证实的信息。[3]

现实生活中,谣言或网络谣言类型多种多样,依据一定标准,从不同角度可以分成以下几类:从内容上可分为政治谣言、经济谣言、军事谣言、社会生活谣言和自然现象谣言[4];从目的上可分为有意捏造和无意讹传两种[5];从后果上可分为有害谣言和无害谣言。谣言是一种政治和社会现象,是以特殊形式表现出来的社会舆情,是一种民众评价活动的形式。在某些时候,通过对谣言的分析,可以了解民意和舆情走向。[6]

## (二)网络虚假信息

在厘清网络谣言的定义后,网络虚假信息的定义似乎迎刃而解。《现代汉

---

[1] 黄毅峰:《社会冲突视阈下的谣言行动逻辑探析》,《天津行政学院学报》2010年第3期。
[2] [法]让·若埃尔·卡普费雷:《谣言:世界最古老的传媒》,郑若麟译,上海人民出版社2008年版,第15页。
[3] 参见王国华、方付建等:《网络谣言传导:过程、动因与根源》,《北京理工大学学报(社会科学版)》2011年第2期。
[4] 政治谣言是有关政治生活的谣言。它往往是为了某种政治需要而有意捏造,是对有关政治人物或政治集团或其活动的不真实描述或诽谤。经济谣言则是有关经济生活的谣言。它往往与经济利益有关,会直接导致经济上的得益或失利。军事谣言是有关军事生活和军事行动的谣言。战争年代军事谣言往往此起彼伏。自然现象谣言主要与自然界的特殊现象和宇宙神秘现象有关。比如最常见的外星人谣言。又如因某些异常天气现象而谣传某地要发生自然灾害等谣言。
[5] 有意捏造的谣言往往是制造者出于某种利益驱动,针对具体目标和对象炮制出来的。无意讹传的谣言则是由于消息在传递过程中因种种原因,出现遗漏、颠倒或错误,甚至被传播者进行了任意的增补以自圆其说,这样由虚构、联想和夸张产生的不正确传播,极容易成为谣言的来源。
[6] 参见姜胜洪:《网络谣言的形成、传导与舆情引导机制》,《重庆社会科学》2012年第6期。

语词典》第 7 版将"虚假"定义为：跟实际不符合。虚假信息则可理解为跟实际不符合的信息。虽从字面上很好理解，但在其置于的研究语境中，从法律层面讨论更为合适。关于谣言的表述，最早见于公安部 1997 年 12 月 16 日发布的《计算机信息网络国际联网安全保护管理办法》，其中第五条第五款中明确禁止扭曲事实和散布谣言。这一规定也成为我国关于网络谣言的首条规范。这里的"网络谣言"等同于"歪曲或者捏造的事实"，其中含有虚假信息之意。另外，《治安管理处罚法》第二十五条第一款第一项规定："散布谣言，谎报险情、疫情、警情或者以其他方法故意扰乱公共秩序。"这一规定虽然将其限制在"险情、疫情、警情"的范畴，但是对其传播行为定义为"谎报"。《现代汉语词典》第 7 版定义，谎报是指"故意不真实地报告"，即故意报告虚假信息。从这里来看，我国法律上认定的"谣言"应当属于经证实的虚假信息，而不是"未经证实"的信息。[1]

另一方面，最高人民法院、最高人民检察院在相关法律适用的司法解释中对传播虚假信息和恐怖虚假信息均作出了具体明确规定[2]。有关的法律适用对"恐怖虚假信息"的解释是，"指以发生爆炸威胁、生化威胁、放射威胁、劫持航空器威胁、重大灾情、重大疫情等严重威胁公共安全的事件为内容，可能引起社会恐慌或者公共安全危机的不真实信息"[3]。由此可知，作为未经证实的特定信息，谣言未必虚假，不一定符合构成现有罪名的条件；业界规范语境中的虚假信息也是指不真实的信息。因此，网络虚假信息是指网络中与事实不相符的信息。

同时，"谣言"的概念来源于《治安管理处罚法》（该法最近一次修改通过是 2012 年 10 月 26 日），而"虚假信息"来源于 2015 年 8 月 29 日通过的《中华人民共和国刑法修正案（九）》，可以看出，"虚假信息"是最新的法律术语。

---

[1] 参见谢永江、黄方：《论网络谣言的法律规制》，《国家行政学院学报》2013 年第 1 期。

[2]《最高人民法院、最高人民检察院关于办理利用信息网络实施诽谤等刑事案件适用法律若干问题的解释》第五条第二款规定："编造虚假信息，或者明知是编造的虚假信息，在信息网络上散布，或者组织、指使人员在信息网络上散布，起哄闹事，造成公共秩序严重混乱的，依照刑法第二百九十三条第一款第（四）项的规定，以寻衅滋事罪定罪处罚。"《最高人民法院关于审理编造、故意传播虚假恐怖信息刑事案件适用法律若干问题的解释》第四条规定，"编造、故意传播虚假恐怖信息，严重扰乱社会秩序"的几类情形，以及应当认定为《刑法》第二百九十一条之一的"造成严重后果"的几类情形，后者处 5 年以上有期徒刑。

[3]《最高人民法院关于审理编造、故意传播虚假恐怖信息刑事案件适用法律若干问题的解释》第六条。

综上，基于业界规范语境和新法优于旧法原则，以"虚假信息"作为统一法律术语更为恰当。值得注意的是，虽然本节的讨论对象是网络虚假信息，但限于相关语境的变化及对谣言和虚假信息的辨析，文中不免还会出现"谣言"或"网络谣言"，以方便讨论。

### （三）流言、传言等其他相关概念

在民间用语中，流言、传闻多用于指代各种真假难辨的小道消息。部分学者也曾使用流言、传闻、传言、传说等词指代谣言或虚假信息。从表面上来看，流言虽然是针对特定人或群体发布的"闲言碎语"，但从本质上来看却是群体社交的重要语言形式，有一些积极的作用。例如员工针对老板作出的各种猜测能够迅速让员工间建立良好的社交关系，迅速获得群体认同。若对流言缺乏节制以致引发群体性对抗或其他社会生活风险，就应予以合理规范。流言传播动机同谣言基本类似。虽然流言与谣言同样具有"非官方"色彩，但流言更广泛地渗透到中国熟人社会中，所关注的重点更多是微观群体互动，是人际交往间的非正式话语空间，其影响主要集中在群体层面。

## 二、网络虚假信息的基本特征

全媒体时代到来，媒体格局发生了全新的代际变化，信息生产与传播所依赖的机制也在发生深刻变革。伴随移动通信技术和网络信息技术的不断发展，信息传播呈现出形式多元、内容丰富、传播渠道或平台多样、发布者或传播者动机复杂等特点。在此背景下，以互联网为载体的网络虚假信息传播也呈现出显著特征。

### （一）网络虚假信息的编造和传播主体多元

法律主体类型有自然人、组织体和国家三种，组织体可分为公法人和私法人、非法人组织。[1] 从网络虚假信息的制造与传播行为主体来看，编造或传

---

[1] 参见李天昊：《政党的法律主体类型归属》，《学习论坛》2018 年第 4 期。

播虚假信息被定罪的案例中，自然人所占比例较高。2019年，贵州某地幼儿园存在性侵的消息一经发布迅速登上微博热搜，引发众多网友责难，阅读量很快超过9亿人次。这一信息未经证实便广泛传播，令众多幼儿园家长陷入恐慌，社会人心惶惶。事后得知，发布者编造和传播该信息是为了满足个人猎奇心理。经法院查明，被告人赵某从2018年开始在网络上下载各种图片，添加文字说明，虚构幼儿园及福利院幼儿遭性侵的虚假信息，并利用微信、微博等社交媒体大量传播。另一被告尤某在明知上述信息虚假的情况下，仍进行了杜撰，致使以"毕节留守儿童居然还发展成了生意"为标题的图片信息迅速在网络上大量传播，法院审理判定二人均构成虚假信息传播罪。此外，还有网民"秦火火"等人因频繁造谣涉嫌诽谤罪、寻衅滋事罪，傅某某因炮制"中石化女处长牛郎门"虚假信息被刑事拘留等多起典型案例。

组织是指一定数量的自然人为实现特定目的而依法组成的机构，《民法典》总则编基本采纳职能主义分类标准，根据是否具有营利性将组织体划分为营利法人和非营利法人[1]。

营利法人制造与传播虚假信息的案例较为常见，如网络"黑公关"，包括网络公司下属的从事非法活动的公关部门，以及利用网络进行非法公关活动的主体及其活动等。在过去数十年中，由于信息生产、发布机制以及我国信息管理的特殊机制，作为非营利法人的传统媒体，极少编造、传播虚假信息，因此受到刑事追究的案件更为罕见。伴随着网络时代的到来，各类媒体竞争日趋激烈，无论是传统主流媒体还是新媒体，为了更高的受众关注度和更强的时效性，抑或为了追求某种效应，在把关不严的情况下，往往极易造成虚假信息的传播，产生不良社会影响。

2018年10月28日，在重庆市万州区公交车坠桥事件中，某报记者撰文指出该公交车在坠江前疑似与逆行轿车相撞，后来这 文章在微博上被转载，其中指出大巴在前行过程中与逆行的小轿车相撞由此引发大巴坠江，一时之间引起社会对小轿车女车主的强烈谴责。但深入调查发现，因该公交车司机驾驶中与乘客发生争执，车辆越过马路中心实线与对面正常行驶小轿车相撞后，冲

---

[1] 根据《民法典》总则编的相关规定，非营利法人可划分为事业单位、社会团体、基金会、社会服务机构等，此外还有特别法人的周延分类，机关是比较重要和典型的特别法人。

断护栏，最终坠入江中。2020年1月31日晚，多家媒体联合发布信息称，"上海药物所、武汉病毒所联合发现中成药双黄连口服液可抑制新型冠状病毒"，引发全国多地民众哄抢购买，就连知名网络购物平台的双黄连也一度被抢空。次日，官方媒体正式发文辟谣，"双黄连对新型冠状病毒不具针对性"。此次虚假信息的传播速度惊人、负面影响巨大。

### （二）网络虚假信息内容涉及社会生活多个领域

就网络虚假信息内容看，涉及政治、经济、文化、军事、社会生活等领域。虚假政治信息的产生和传播，往往是出于政党、派别或某个阶层的政治需要，极易造成社会恐慌，破坏社会秩序，消解政府公信力。比如，美国总统大选期间常常会形成激烈对抗的竞选氛围，共和、民主两党经常相互制造攻击对方的种种传闻。如今，信息传播速度更快，传播面更广。包括名人隐私传闻在内的社会虚假信息的散布，极易侵犯个人和有关组织的相关权益。虚假经济信息传播的出发点是为了获取某种利益，具有欺诈性和牟利性，包括针对企业家、经济实体、行业和经济政策的虚假信息，以不正当竞争方式抹黑企业形象，破坏国家经济秩序。虚假军事信息经常出现在战争中，交战双方都利用虚假信息大打心理战。近年来，国内曾发生过数起虚假军事信息传播造成不良社会影响的案例，此点应引起有关方面高度重视。

### （三）网络虚假信息的编造与传播动机复杂

网络虚假信息的传播动机在某些方面与谣言相似。研究发现，当前网络环境中，谣言的传播往往包括三个动机，即事实寻求、关系提升和自我促销。[1]首先，谣言的传播与不确定有着紧密联系，在某种情况下谣言的传播将以消除不确定性为最终目标。1947年，美国社会学家奥尔波特和波斯特曼提出一个关于谣言的公式：$R = I \times A$。其中，$R=$谣言，$I=$重要度，$A=$模糊度。例如，在2011年"7·23"动车事故发生后，由于信息公开不及时，在人们不了解真相的情况下，网络谣言一时甚嚣尘上。其次，关系提升。也有研究者指出，谣言

---

[1] Cf. Allport, G. W. & Postman, L., *The Psychology of Rumor*, NewYork: Henry Holt and Company, 1947.

可以成为与陌生人开展对话的话题，通过分享谣言，人们可以在社交圈中积攒一定的声望。最后，自我促销。人们乐于传播有利于自己或有损于竞争对手的谣言，通过谣言提升自我形象、实现个人目的。

**（四）网络虚假信息的传播方式、速度、范围呈现新特征**

网络虚假信息的传播方式多元、速度快、范围大。网络虚假信息通过网络媒介突破了时空限制，能够快速在网络空间中传播。网络信息传播具有跨平台性，其借助于博客、贴吧、微博、微信、论坛、短信、短视频软件等网络平台，呈现出"点—线—面"的多重传播特性。庞大的网民基数，使网络虚假信息的传播范围更广。新冠疫情期间，全国多地依法查处了多起涉及新冠疫情网络虚假信息案件，其中大多是因网民将不实信息转发至各类社交媒体，引发社会恐慌，扰乱社会公共秩序所致。2021年1月17日，大庆市网民刘某在微信朋友圈、微信群中发布自己核酸检测呈阳性的图片，被大量网友转发，扰乱了社会公共秩序。经核实，当地并未检测出阳性病例，网上所传图片为虚假信息。属地公安机关依法对刘某处以行政拘留7日的行政处罚。

**（五）网络虚假信息具有隐蔽性与欺骗性**

"在互联网，没有人知道你是一只狗。"这是人们早已熟知的网络谚语。隐蔽性指的是网络信息生产与传播者在从事相关活动中身份信息匿名。有关部门在很早以前就提出推行网络实名制，但由于法律方面的缺失，网络服务商的重视程度不高，网民的认可度不足，导致落实效果不佳。而不少信息传播者自始就有规避法律责任的动机，往往不会用其真实身份散播网络虚假信息，故而其传播行为更为隐蔽。

**（六）网络虚假信息造成的伤害某种程度上具有不可逆性**

对于被侵害的客体而言，网络虚假信息辐射范围的广度导致其负面社会影响较大。而一些虚假信息对个人、组织、社会甚至国家安全带来的伤害，往往具有不可修复性。比如，2020年7月，"女子出轨快递员"的网络虚假信息事件给杭州吴女士的生活和工作带来了严重困扰，她不仅丢失了工作，且在网络暴力的二次伤害下患上了抑郁症。事实表明，该事件对吴女士的伤害短期内是难以修复的。

### 三、网络虚假信息的危害

互联网已经成为公众了解时事新闻、获取信息的重要来源和渠道，也为其判断和行动提供决策依据。美国计算机科学家尼古拉斯·尼葛洛庞帝指出："每一项技术或科学的馈赠都有其黑暗面。"[1] 互联网在给人们带来无尽便利的同时，也悄悄打开了虚假信息传播的潘多拉魔盒。调查表明，面对谣言，有些人往往选择"宁可信其有"。[2] 而"宁可信其有"的态度常常成为谣言滋生和传播的土壤。一段时间以来，网络上时常发生真假难辨的相互攻讦与谩骂，再到一些出于各种目的扰乱社会生活、经济秩序、影响国家安全的虚假信息传播，甚至不同国家、地区之间也会出于各种利益或目的制造并传播危害攻击对方的虚假信息，这在两国关系出现不和或敌对状态时尤为常见。

虚假信息传播有特定的侵害客体，会产生一定的社会危害。从网络虚假信息所侵害的客体来看，这在我国相关法律中都有明确的界定。王颖吉、王鑫所著《突发公共事件中谣言治理的法律途径》将谣言的侵害客体分为五类，分别为国家安全类，社会主义市场经济秩序类，公民人身权利、民主权利类，社会管理秩序类，国防、军事利益类。[3] 近几年，诸如"取快递女子被造谣出轨"等案件严重危害个人权益，"蚊蝇可以传播新冠病毒"等虚假信息侵害公民群体权益，还会引起社会恐慌，扰乱公共秩序。

网络虚假信息的肆意传播削弱了网络公信力，严重影响了网络内容建设

---

[1]［美］尼古拉斯·尼葛洛庞帝：《数字化生存》，胡泳、范海燕译，海南出版社1996年版，第256页。

[2]《新媒体蓝皮书：中国新媒体发展报告（2016）》调查显示，对于十分重要但是真伪难辨的信息，70.3%的受访者都表示"宁可信其有"，只有17.6%的人选择"宁可不相信"，另有12.1%的人选择"其他"。

[3] 涉及这五类谣言制造、传播的罪名可以归类为：一是国家安全类，主要包括煽动颠覆国家政权罪、煽动分裂国家罪；二是社会主义市场经济秩序类，主要包括编造并传播证券、期货交易虚假信息罪（金融管理秩序），损害商业信誉、商品信誉罪（市场秩序）；三是公民人身权利、民主权利类，主要包括诽谤罪、民族歧视罪等；四是社会管理秩序类，主要包括散布虚假信息罪，利用迷信、邪教组织等破坏法律罪，组织与煽动抗拒法律罪等；五是国防、军事利益类，包括战时扰乱军心罪、战时传播虚假信息惑众罪等。具体可参见王颖吉、王鑫：《突发公共事件中谣言治理的法律途径》，中国传媒大学出版社2013年版，第158页。

和互联网健康发展。其危害主要表现在以下五个方面。

### （一）侵害各类社会主体的合法权益

在法律层面上，权益指的是经过法律确认后，对一切权利主体所赋予的权利与利益总和。在网络环境下，一些个人或组织利用虚假信息侵害个体姓名权、名称权、名誉权、荣誉权、肖像权、隐私权等权益引起的纠纷案件屡有发生。

例如，针对特定个体捏造和传播的网络虚假信息侵犯了社会主体的名誉权等人格权，严重损害了公民、法人或其他组织的社会形象，造成了受害者名誉、声誉和荣誉等方面的严重损害，这类情形在国内外时有发生。在韩国，每年都有因不堪忍受网络虚假信息所带来的伤害而自杀的案例，其中著名演员崔真实的自杀事件曾引发高度关注。"崔真实放高利贷"的网络谣言，使她承受不了社会上某些人的质疑而自杀身亡。

### （二）扰乱市场秩序

网络"黑公关"往往是网络虚假信息传播的重要源头或始作俑者。网络"黑公关"（也称"网络黑社会""网络打手"，其主要"工作职责"是"拿人钱财，替人消灾"，按照客户指令，密集发帖，诋毁竞争对手，左右舆论，并最终达到损害竞争对手商业信誉、商品声誉的目的）现象的背后实际上是商业资本和利益的博弈。一些自媒体或互联网企业受到商业利益驱使，为了争取流量，不惜采用虚假炮制、曲解事实、编造事实的手段，以达到虚假营销推广、打压竞争对手等目的。网络虚假信息往往会给特定群体带来沉重的经济打击。这类现象不能单纯依靠政府治理，还需要行业组织与企业共同参与。而目前我国个别企业责任意识不强，行业自律相对较弱，尚不能很好履行应有的法律义务和社会责任。

### （三）扰乱社会秩序

类似网民"秦火火"编造"'7·23'动车追尾事故外籍旅客获2亿赔偿"谣言混淆视听，这样的事件基本上都属故意编造、蓄意炒作。它们对国家形象造成了严重损害，影响了社会稳定。

以 2011 年发生的"抢盐风波"为例,在短时间内,网络虚假信息在浙江、江苏、山东、重庆、湖北、四川等地,都引发了消费者恐慌。再加上中国民众向来有着"不怕一万,就怕万一"的心理,放大了网络信息的煽动性,引发进一步恐慌。一些不法商人趁火打劫,试图囤积商品、哄抬物价,严重影响市场秩序。

### (四)危害政治安全,威胁国家安全

网络虚假信息干扰了真实信息的传播,使后者湮没在网络中,由此滋生了大量的社会负能量。这种情形严重影响了社会秩序的正常运行,额外增加了政府部门的治理成本。例如,2009 年,据西方媒体透露,美国中情局利用手机短信和社交网络广泛传播伊朗总统选举舞弊的虚假信息,导致伊朗国内爆发了大规模骚乱。

### (五)影响国际交往和国家关系

随着互联网技术的高速发展,移动通信设备的迭代升级,著名传播学家麦克卢汉的"地球村"理论已经成为现实。在此背景下,来自四面八方的海量信息如潮水般涌入各个国家的网络空间,其中不乏大量涉及他国政治、经济、文化等领域的虚假信息,故意抹黑别国政党和政府形象,影响国际交往和国家关系。

近年来,出于意识形态的偏见和对中国不断崛起的焦虑,不少西方媒体炮制了大量虚假涉华信息,并运用各种伎俩歪曲中国,涉及领域广泛,形式不一。2021 年 3 月 24 日,"H&M 声明抵制新疆棉花"登上微博热搜,"新疆棉事件"试图将中国再次推向国际社会舆论风口。这些虚假信息,由个别西方国家有预谋、有组织地炮制,旨在以臆造的"人权问题"来操纵国际舆论,诋毁中国形象,企图制造中国的民族矛盾及中国与其他国家间种族矛盾。

近年来西方国家发生的虚假信息(新闻)传播造成不良社会影响的案例屡见不鲜。2016 年开始,虚假新闻迅速成为国际社会热议的话题。谷歌趋势(Google Trend)在当时发布的一项统计报告中指出,虚假信息在 2016 年底被大肆搜索,并在 2017 年全年时间内维持高频率的点击量。2016 年,英国脱欧

前不实信息大肆泛滥。英国《太阳报》的报道声称英国女王支持脱欧，并引用一位匿名高层人士的话语，暗示过去 10 多年来英国女王多次主动表达反对英国成为欧盟成员国的想法。而事实上，英国女王在此次事件中一直保持中立态度，这些报道是没有根据的主观猜测。虽然当时白金汉宫对相关报道提出抗议并发布信息澄清，然而，这些报道已经影响了公众的判断，最终对公投结果产生了明显影响。

## 第二节　全球化视野下网络虚假信息法律治理的考察与比较

### 一、有关国家网络虚假信息法律治理历程概述

在治理网络虚假信息的态度上，世界各国存在共识。大陆法系的德国在 1997 年颁布了世界上第一部网络立法《信息与通信服务法》（Informations-und Kommunikationsdienste-Gesetz，IuKDG），为解决经由网络传输的违法内容提供了规范文本。后来德国又颁布《信息自由法》（Information sfreiheits gesetz，IFG）、《电信媒体服务法案》（Telemediengesetz）等一系列法律，这些法律可以直接适用于网络虚假信息和谣言的规范和监管。

作为互联网发源地，美国一直以强硬的姿态打击网络虚假信息和谣言。美国规制网络空间虚假信息的法律的数量全球领先，联邦政府已经制定了近 140 部网络法律法规，其中包括《1996 年电信法》（Telecommunications Act of 1996）、《计算机欺诈和滥用法》（Computer Fraud and Abuse Act）、《1987 年计算机安全法案》（Computer Security Act of 1987）、《通信行为法》（Communication Act）、《儿童在线隐私保护法》（Children's Online Privacy Protection Act）等法律，这些法律对国家利益、社会秩序、公民隐私权、名誉权等都作出了明确规范，涵盖了网络领域的多个方面。《电信法》同样明确，互联网并非法外之地，应同样受到相关法律的规制。根据美国法律，对于情节严重的网络诽谤，法院

可以判处数千万美元罚金。此外，即使网络受害者不知道侵权者的身份信息，他们仍然可以向法院提起诉讼。法院可以要求网络运营商或服务提供商提供与侵权行为和侵害者相关的信息。美国的地方立法也积极跟进，例如纽约、加利福尼亚等州通过了多项法律加强对网络虚假信息或谣言的管控，旨在保护公众免受虚假信息伤害并维护社会秩序。

英国、韩国、新加坡等国家也采取多项措施应对网络虚假信息，并取得了显著社会成效。这些国家特别注重法律的更新与改进；重视基本法和专门领域立法；立法规范，执法严格。当然，这些国家的网络虚假信息治理之路也并非一帆风顺，这里面既有先进经验，也有教训。

## 二、有关国家网络虚假信息法律治理基本路径

### （一）审慎规制虚假信息

西方的言论自由保障是基于"观点的自由市场"理论，这一理论认为言论自由这项基本权利的核心在于保障每个人能够表达自己的声音，保障个性和思想的差异性，而不是保障每个人说出完全的真相和真理。这样的言论自由显然包括说错话的自由，给予怀疑主义者发声机会。一方面，无论是英美等普通法系国家还是德法等大陆法系国家，都强调言论多样性的重要性，指出言论自由不仅应该保护主流观点，还应该保护一些边缘的非主流观点。另一方面，正如奥地利著名学者哈耶克所说，自由并非绝对的，而是具体的、相对的。社会秩序依赖于规则，个人自由应受一般性法律的制约，属于在法律约束框架内的自由。法律在设定过程中要充分考虑到对自由的追求与限制的有效平衡，不偏不倚。但与此同时，应当对于法益较大的权益给予更多保障，例如因网络虚假政治信息引发的一些灾难性问题，应当给予更加严厉的惩治，这种处理结果同侵害法益特殊性密切相关。唯有在兼顾上述考量的基础上制定的相关法律才能更好维护社会秩序，在保障言论自由的同时防止不良信息泛滥。这就成为各国依法限制虚假信息时的圭臬。

比如，新加坡有关网络信息的立法相对严谨，既规定了应受限制的内容，

也采取内在价值的判断标准判定网络内容，并进一步规定可以提交广播委员会认定禁止某些内容的必要性。这种较为详细和精确的规定无疑更有助于维护网络言论的多样性和自由。

美国联邦通信委员会公布的报告《数码旋风：网络与电讯传播政策》中提出两点主张：第一，政府应该避免不必要的干预和管制，不轻易介入网络空间；第二，由于互联网与传统媒体有明显差异，传统媒体的管理规范不能简单适用于网络管理。这事实上表明了网络空间言论自由必须在特定的法律框架下得到适当限制。

### （二）持续完善法律制度

德国是网络立法的先行者。从 1997 年起，一系列互联网法规体系已在《德国民法典》《德国刑法典》等法律框架内确立，为维护互联网秩序提供了明确依据。德国还专门出台了《信息与通信服务法》，用来约束网络违法信息传播。一是授权内政部设立"网络警察"以监控危害性内容的传播；二是将"传播儿童有害网络信息"定义为非法行为。在普通法律延伸适用方面，德国在多部法律中均规定有与网络言论问题相关的条款，直接适用于网络虚假信息治理。《德国民法典》和《防止对青少年有害信息传播法》等法律均包含相关规范，用于管制网络诽谤和虚假信息，形成了一套完备的法制体系。此外，《德国刑法典》第 267 条明确规定，如果某人明知散布的传闻是错误的，且可能在广大人群中引起不安、危害公共秩序，仍有故意传播意图，可被判处高达 6 个月的监禁或罚款。如果此行为导致多人死亡，犯罪者可能面临最高为期 5 年的监禁刑罚。在司法实践中，与其他犯罪行为相比，德国对网络虚假信息犯罪的处罚更重。

再来看看美国，从 1991 年美国联邦政府成功处理了网络虚假信息侵权案发展至今，美国国会和联邦政府围绕着网络侵权通过了《电脑犯罪法》《儿童互联网保护法》在内的 130 多项法律法规，其中就有很多法律法规针对网络虚假信息传播而设置。1996 年，《电信法》出台，首次确立互联网作为一个与真实世界相同的、需要进行管控的场域，构建了网络虚假信息多元治理体系。随后在各州、市的共同努力下，通过了众多地方性法律法规，构建了一套完善的网络虚假信息治理格局。根据马萨诸塞州在 2000 年通过的《2000 年法案》，任何在网络上对他人进行恶意或蓄意侵扰的，导致受害人情感紧张、心理危机的行为都应被视为刑事骚扰罪，并可判处不超过两年半的监禁或不超过 1000 美元的罚款（也可罚款和监禁并用）。2010 年一起"因脸书诽谤而引发的马里兰州少女自杀"一案中，谣言制造者和宣传者也受到了法律制裁。

韩国在网络立法方面主要的建构有《互联网内容过滤法》《促进信息通信网络使用及保护信息法》等，不断完善互联网监管。2008 年，韩国与美国达成牛肉进口协议后国内就出现了关于疯牛病的网络谣言，韩国电视台播出节目揭示关于疯牛病的所谓"真相"，引发当地民众开展大规模集会和示威游行。后来经过韩国检察院的调查取证，电视台在制作相关节目中发布的信息为虚假信息，于是对相关负责人提起诉讼。2008 年 12 月底，因次贷危机引发的新一轮金融危机在世界爆发，而此时韩国一名员工在网络发布虚假信息称"各大金融机构制定了禁止买入美元的策略，以防止韩元过度贬值"。该信息一经传播便引发韩国股市汇市一片恐慌。后来多家金融机构介入并公开披露，才确认该信息属虚假信息，检方随后对当事人提起诉讼。上述两起事件促使韩国立法机构紧急制定了更为严格的虚假信息管控法案，对虚假信息发布者给予严厉惩处。随后出台的《电子通信基本法》明确了虚假信息传播罪及相关罪行的处理方案（规定对传播虚假信息导致金融市场混乱的行为处以 5 年以下有期徒刑及 5000 万韩元罚款）。

为了更好应对互联网虚假信息传播问题，日本在刑法和民法之外还专门颁布了《个人信息保护法》《反垃圾邮件法》《电子契约法》等，对网络违法行为进行依法严处。

### （三）加强网络管控与内容审查

德国政府对于破坏国家民主秩序的网络言论绝不手软。德国有两个主要的政府机构负责执行网页内容审核：分别是隶属于内政部的联邦刑警局和归属于家庭部的青少年有害媒体审核署。德国政府曾多次要求谷歌公司提供网络用户资料或屏蔽特定网页，还多次要求屏蔽违法博客。此外，对于涉及本地科学、教育、文化和卫生领域的相关问题，各个联邦州政府也有权下令关闭相关网站。

美国的管控制度则更注重从源头上消灭网络虚假信息或谣言，在网络虚假信息源头治理的时效性上下足了功夫。美国总统奥巴马上台后专门成立的网络安全协调控制中心与管理办公室，在国家层面严厉打击网络虚假信息传播行为，规范网络秩序，维护网络安全。美国联邦政府还专门成立多个网络监控中心，对美国的博客、网络论坛等多种社交平台进行全面监管。为了防范网络虚假信息造成社会危害，美国政府还在信息传播之前下足功夫，专门颁布了《信息安全与互联网自由法》，该法明确总统可以临时授权发布"信息空间紧急状态"，也可以根据相关法律法规对特定网站进行接管、处置[1]，依法治理威胁公共安全的网络谣言。2011年7月，一位美国公民利用社交账号发布了虚假的国家领导人遇刺身亡信息。不到两小时，美国特勤局就成功接管相关网站，清理信息源，对当事人进行抓捕。同时，美国注重利用新技术支持网络虚假信息治理。2011年7月，美国国防部高级研究计划局启动了名为"社交媒体战略通信"的研究项目，旨在通过创新技术手段监测社交媒体上出现的虚假信息和其他恶意信息。

韩国政府在2005年颁布和修改了《促进信息化基本法》《信息通信基本保护法》等法律，为实施网络实名制提供了法律支持。2008年，韩国女星崔真实因网络虚假信息自缢事件发生后，韩国政府进一步扩大了实名制的适用范围，试图以此遏制虚假信息传播。然而，网络虚假信息和网络暴力频发现象却未得到明显改善，网络实名制还常遭到以"钳制言论自由"为名的抨击。在韩国知名网站大规模泄露个人信息后，韩国政府又取消了网络实名制。

**（四）多平台多领域行业自律**

美国在互联网行业中设立了多个协会，专门负责执行行业公约和规范，对于阻断网络虚假信息的来源和传播渠道发挥了至关重要的作用，以确保行业行为符合法律规定和道德要求，并充当了虚假信息的"筛选器"。对那些放任自流的企业，美国互联网行业协会即施加巨大压力，要求其纠正，否则将限制该企业的发展机会。值得一提的是，在美国计算机协会的积极努力下，成功制

---

[1] 参见《透视美国互联网管理》，新华网2011年4月23日。

定了包含计算机合理使用原则的"摩西十诫"。除此以外，美国互联网保健基金会也制定了相关的规范准则与管理条例，严格约束论坛聊天室的虚假信息传播。采取行业协会把关的形式能够更好地辅助政府监管，促进互联网自觉抵制网络虚假信息传播。在美国图书馆界，协会组织充分发挥指导和协调作用，建立了渐进式的信息识别和分析教育体系，与社会各方力量协同合作，提高公众网络素养，形成合力，共同打击虚假信息传播犯罪。伊利诺伊大学专门设立的"iSchool 研讨会"，西雅图湖滨学校开设的"数字生活"等项目均是美国图书馆界打击虚假信息传播的成功案例。

为了应对海量而庞杂的互联网信息，英国综合了行业监管和政府监管两种方式，以加强对网络虚假信息的监管。英国于 1996 年成立了"网络观察基金会"（Internet Watch Foundation，IWF），促进网络从业者自觉规范行为。在英国政府组织下，IWF 与 50 家网络提供商组成的网络服务提供商协会（The Internet Service Providers' Association，ISPA）、伦敦网络协会（The London Internet Exchange，LINX），以及英国城市警察署、国内事务部的代表共同签署《R3 安全网络协议》（Safety Net Agreement Regarding Rating，Reporting and Responsibility）。IWF 的主要职责包括以下四个方面：一是设立网络举报热线，鼓励人们举报包含儿童色情、种族仇恨和其他淫秽内容的网站链接；二是制定并推行《行业准则》，促使网络服务提供商进行自我规范；三是鼓励网络服务提供商自愿对其网站内容进行分类和过滤，以帮助家长、教师等相关主体有效地阻止儿童接触违法和淫秽的网络信息；四是提供网络安全教育，通过网络咨询、普法等方式提高公众对违法信息的警惕意识。

### 三、有关国家网络虚假信息法律治理的现实困境与对策

#### （一）有关国家网络虚假信息法律治理的现实困境

随着近年来网络技术不断发展和社交媒体广泛应用，假新闻和虚假信息的问题日益严重，对社会秩序造成了严重破坏，甚至威胁政局稳定，成为当前国际社会关注的热点。社交媒体脸书连续三年（2015—2017 年）进行自我有效监

管，监测到在此期间发布虚假信息的账号 470 个，共计发布虚假信息 3000 余条。2016 年美国总统大选期间，有高达 65 个网站涉嫌发布虚假信息、侵权信息，传播范围达 1.59 亿人次。美国总统特朗普上台后，首先以"另类事实"的说法引发了社会的怀疑，又通过个人推特发布信息与主流媒体对峙，指责对方利用虚假信息操纵舆论，而这一行为实际上导致了虚假信息的进一步传播。

虚假信息广泛传播严重破坏公众作出决策的基本依据，引发人们对科技创新和媒体可信度的怀疑。盖洛普研究报告 2016 年调查显示，美国公众对媒体的信任度仅为 32%，跌至 30 年来的低谷。尽管到了 2018 年，相关统计指出公众信任度略有提升，达到了 45%，但整体发展形势仍不容乐观。可见，在虚假信息泛滥的情形之下，政府及社会各方面的公信力都受到了不少影响。

### （二）有关国家网络虚假信息法律治理的对策

**1. 德国：颁布《社交媒体管理法》，规制违法言论**

在社交媒体治理探索方面，德国扮演着先行者的角色。经过多年的讨论、谋划，德国从 2018 年开始正式实施《社交媒体管理法》，这一法案明确规范了社交言论行为，成为当前世界上在此方面首个作出立法的国家。德国通过大量努力，整合了以往的相关法律法令，对推特和脸书之类的网络社交服务平台提出了严格监管要求。

《社交媒体管理法》中包含的六大内容，明确了法案的适用范围，规范了不同主体的上报职责和违法违规处理形式，成为当前比较有代表性的网络信息治理法案。该法案适用范围较广，涵盖了当前在德国运营的各种网络社交平台。网络用户可以根据自己的分析判断，通过提交表单的方式，对一些存在明显违法违规性质的内容或信息予以举报。社交平台在收到用户举报以后一天内严格审查相关信息，采取锁定用户名、删除违法内容等措施。对于违法性质不明确或不违法违规的举报内容，须采取 7 日内锁定或删除账号的处置措施。其中还明确，社交平台在每个季度收到大量的用户举报后，要将相关信息上报至联邦司法部门。当然，用户除了能够在网络上举报相关内容以外，还可以直接通过信件的方式向联邦司法部直接举报社交平台的信息处理不当行为。经查证社交平台确实打击违法言论不力的，最高会收到 5000 万欧元的罚单。对于那些拒绝提供相关信息的媒体平台，也可依该法案采取相应处罚措施。

从 2018 年该法案生效至今，有众多颇具影响力的社交账户和平台因发布不当言论受到处罚，例如 2018 年德国极右翼的贝娅特丽克丝·冯·施托希与《泰坦尼克号》杂志就因为卷入到相关违法事件中受到处理，司法部前部长马斯发过的一条不当推文也遭删除。当然在整个法案的实施过程中，因为某些事件的复杂性，在确保执行合法合规的同时也会出现一些疑似误操作的案例。

**2. 美国：在网络时代重启事实核查机制，寻找真相**

事实核查是媒体确保发布新闻信息真实、准确的关键步骤，涉及对信息内容进行检验和验证。作为媒体树立专业形象的职业准则，事实核查已经发展成为一项相当成熟的制度。最初，事实核查产生于新闻机构内部的编辑机制，如今逐渐成为一种独立的新闻把关样式，广泛应用于网络媒体的信息核查。事实核查最早可以追溯到 1923 年创刊的《时代》周刊。该刊创立了美国媒体的首家事实核查团队，随后，1927 年《纽约客》杂志设立了事实核查部门。20 世纪 40 年代，事实核查制度逐渐在欧洲得到推广和发展。

在传统媒体时代，新闻内容通常是单一的，对相关事实进行核查相对简单且可预测。进入社交媒体时代以后，各种信息喷涌而出，信息传播渠道与形式异常丰富。原先适用的一些核查手段在新媒体时代中多会丧失其适用性，变得无从下手。在此情形下，如何进行高效的平台审核管理成为迫切需要解决的问题，由此，一系列新型事实核查机制应运而生。

新型事实核查机制在美国的兴起并非偶然，主要有三个原因。第一，美国在政治生态方面存在明显的极化问题，不同党派在政策立场与意识形态方面存在的差异越来越突出。为了抨击对手、保护或实现自身利益，往往通过操控媒体以抹黑或贴标签的方式攻击对方，而公众由于缺乏相关信息，对相应观点无法区分谬误和真相。人们在极化政治生态中愈加渴求真相。第二，总统大选报道的创新需要。美国媒体一直将总统大选作为媒介关注的重点事件。总统大选报道需要媒体提供深入的信息和负责任的报道，聚焦候选人言论，并关注第二真实（是指媒介的真实，即程度不同的相对真实），而不是让公众围观这场"竞选秀"。第三，新闻业"看门狗"角色的实现。媒体的主要使命是努力提升公众对当下事件和议题的认知，以赋予公众更大的影响力。然而，自 2000 年以来，美国公众对媒体的信任度逐渐降低。盖洛普 2016 年发布的一项媒体信任度调研结果表明，受访者中认为美国新闻媒体发布的信息全面准确的人数不足 1/3，在每次总统大选的相关报道中传播内容的主动权牢牢把握在竞选团队策划人手中，媒体和公众往往不具备议程设置主动权，反倒成为虚假信息的传播者，媒体也在一定程度上沦为宣传机器。媒体分析机构 MediaQuant 发布数据显示，特朗普竞选期间花费在媒体上的广告投入高达 19 亿美元。除此以外，美国媒体在过去数年里大量削减核查人员，据统计，从 2003 年到 2009 年由 5391 人削减至 3695 人，削减数量高达三成，显著影响了媒体报道的真实性和准确度。

### 3. 日本：建立独立的第三方事实核查机构，提升公信力

近几年亚洲地区为了提升社会公信力，建设了多家核查组织，扩张速度迅猛。在整个亚洲地区，日本是媒体业最为发达的国家之一，它通过多年实践逐步建立起一套相对完善的运行体系，有效遏制了虚假新闻的网络传播。

2012 年 GoHoo 正式成立，它是日本成立的首家新闻核查网站，采取的是第三方视角、独立于媒体创作人的管理模式，对媒体报道的准确性进行检查、检验，以确保新闻质量达标。2017 年在一些非营利组织和日本著名学者与记者的共同努力下，成立了事实核查组织 FIJ，号召社会媒体同虚假信息展开斗争，构建了防止虚假信息扩散的运行机制，旨在重建诚信社会。从 2017 年众议院选举到 2020 年新冠疫情传播事项调查，该组织都发挥了十分重要的核查作用，减少了虚假信息传播，对于稳定社会秩序发挥了积极影响。

日本事实核查机构的从业者们在继承美国事实核查新闻传统的同时，以符合日本传媒生态的发展模式不断完善新闻业务核查机制。在 FIJ 持续不断地努力和大力推动下，从传统的专业从业者拓展至普通的社会公众，日本逐渐形成了从信息的初步甄别到核查与发布再到最终新闻评价等多个环节的全面核查体系。在相关管理过程中，FIJ 始终能够保持透明和公正，严格落实事实核查制度，其专门制定的包含 9 个级别的评级量表根据事实程度分别打分划定级别，并将相关调查结果在社会范围内公开。

### 4. 欧盟：实施《欧盟反虚假信息行为守则》，强化监管力度

欧盟于 2018 年 9 月正式颁布了《欧盟反虚假信息行为守则》，旨在加强互

联网企业对平台内容的内部审核,以遏制网络谣言的传播。欧盟委员会发布消息称,在 2020 年成功启动《欧盟反虚假信息行为守则》效果评估,进一步夯实网络监管基础,强化监管力度。此次评估的核心在于检验社交平台对抗网络谣言或处置网络犯罪所采取行为的有效性,主要是通过第三方机构全权介入、在独立顾问配合下的方式进行。如果评估发现反虚假信息行为准则落实未达到预期效果,将会进一步收紧措施,实施更加严格的监管或是制定更加严厉的处罚制度。

总体来看,在网络监管上,上述国家注重在媒体内部和外部的差异化监管。虽然各国在监管水平和惩治力度上有所区别,但是总的趋向是越来越强化监管,保证传播质量,提升政府监管能力和传播平台的诚信水平,增加公众对网络平台的信任度。

# 第三节 我国对网络虚假信息的法律治理

网络空间同现实社会一样,既要提倡自由,也要保持秩序。自由是秩序的目的,秩序是自由的保障。近年来,我国从立法、执法、司法等各个层面不断加强对网络虚假信息的法律治理,成效明显。

## 一、我国对网络虚假信息法律治理历程基本回顾

现阶段,中国已初步建立以宪法、法律、行政法规、司法解释、部门规章和地方性法规及规范性文件构成的网络虚假信息(网络谣言)治理法律体系,为维护公民网络权利、规范网络秩序、打击网络违法犯罪和构建清朗网络空间提供了法律制度保障。传播网络虚假信息(网络谣言)须承担的法律责任,主要是刑事法律责任、民事法律责任和行政法律责任。另外,需要指出的是,我国现行法律法规中对于不实信息有"谣言"和"虚假信息"两种表述,基于本章前文分析,除特殊情况外,我们将业界所称的"谣言"一律认定为已

经证实的虚假信息。

我国刑法罪名体系中涉及网络虚假信息（谣言）的罪名主要包括煽动分裂国家罪，煽动颠覆国家政权罪，编造并传播证券、期货交易虚假信息罪，损害商业信誉、商品声誉罪，诽谤罪，编造、故意传播虚假恐怖信息罪，造谣扰乱军心罪，战时造谣惑众罪等八项罪名。这些罪名构成了针对网络虚假信息（谣言）相关的刑事犯罪的罪名体系，在满足特定犯罪构成要件的前提下，可以这些罪名对相关行为进行惩罚。

此外，我国《刑法》的若干司法解释也对网络虚假信息的处理作出了规定。不仅包括打击邪教组织利用"迷信邪说"进行违法犯罪的行为，还涵盖对编造、故意传播与突发传染病疫情等灾害相关的恐怖信息的定罪处罚。司法解释中还明确提出了对利用谣言煽动分裂国家、破坏国家统一，或者煽动颠覆国家政权推翻社会主义制度的行为进行定罪的规定。[1] 2013年9月，最高人民法院、最高人民检察院出台了两部司法解释，释明以寻衅滋事罪定罪处罚利用信息网络实施诽谤的刑事案件的情形，并规定了编造、故意传播虚假恐怖信息的定罪方式和含义解析。[2]

对相关罪名进行梳理后，可以发现我国《刑法》主要侧重于涉及"造成客观损害或现实危险的虚假信息"的网络谣言，而在归罪时除了要达到责任年龄以外，还应当满足主观认知和意志因素。然后以此为基础，刑法体系构建了故意编造网络信息罪、虚假传播罪等相关罪名。这与我们在开篇关于核心概念厘清部分论述一致。

---

[1] 1999年10月施行的《最高人民法院、最高人民检察院关于办理组织和利用邪教组织犯罪案件具体应用法律若干问题的解释》中规定了打击邪教组织利用"迷信邪说"进行违法犯罪的行为。2003年5月15日施行的《关于办理妨害预防、控制突发传染病疫情等灾害的刑事案件具体应用法律若干问题的解释》规定："编造与突发传染病疫情等灾害有关的恐怖信息，或者明知是编造的此类恐怖信息而故意传播，严重扰乱社会秩序的，依照刑法第二百九十一条之一的规定，以编造、故意传播虚假恐怖信息罪定罪处罚。""利用突发传染病疫情等灾害，制造、传播谣言，煽动分裂国家、破坏国家统一，或者煽动颠覆国家政权、推翻社会主义制度的，依照刑法第一百零三条第二款、第一百零五条第二款的规定，以煽动分裂国家罪或者煽动颠覆国家政权罪定罪处罚。"

[2] 最高人民法院、最高人民检察院《关于办理利用信息网络实施诽谤等刑事案件适用法律若干问题的解释》第五条第二款，"编造虚假信息，或者明知是编造的虚假信息，在信息网络上散布，或者组织、指使人员在信息网络上散布，起哄闹事，造成公共秩序严重混乱的，依照刑法第二百九十三条第一款第（四）项的规定，以寻衅滋事罪定罪处罚"；以及，最高人民法院《关于审理编造、故意传播虚假恐怖信息刑事案件适用法律若干问题的解释》第五条、第六条。

从 2000 年 9 月颁布《中华人民共和国电信条例》，到 2002 年 9 月国务院颁布《互联网上网服务营业场所管理条例》，再到 2014 年中央机构编制委员会办公室、工业和信息化部颁行《党政机关、事业单位和社会组织网上名称管理暂行办法》，2017 年开始施行《网络安全法》，我国关于网络谣言、网络信息的法律规制框架逐渐完善。此外，2000 年 12 月第九届全国人民代表大会常务委员会通过的《关于维护互联网安全的决定》第二条第一款，2014 年 6 月通过的《关于审理利用信息网络侵害人身权益民事纠纷案件适用法律若干问题的规定》第十一条，《重大动物疫情应急条例》第四十八条以及《治安管理处罚法》的第二十五条第一款，《民法典》第一千一百九十四条[1]等都涉及对网络虚假信息（谣言）的规制。

我国部分地区出于特殊原因也发布了相关条例。《新疆维吾尔自治区防范和惩治网络传播虚假信息条例》第三条规定："本条例所称的网络传播虚假信息是指通过文字、图片、音频和视频等形式，编造虚假信息在网络上传播，或者明知是虚假信息，故意在网络上传播，扰乱社会秩序的行为。"其他地方也出台了类似地方性法规或规范，以更有效对网络虚假信息进行治理。

近几年来，我国的行业协（学）会也开始对信息传输中出现的一些不法现象以出台规范、规则或其他文件的形式进行治理。例如 2012 年 4 月，中国互联网协会发布了《网络谣言抵制倡议书》，呼吁媒体承担起责任，建立健全网站内部管理制度，并积极采用技术手段遏制网络谣言的传播。

## 二、我国对网络虚假信息法律治理尚存在的突出问题

我国法律对于编造、传播网络虚假信息（后文将谣言涵盖在虚假信息中，不再明示）的行为一般根据其社会危害性予以规制，对于近年来此起彼伏的网络虚假信息，还颁布了一些专门性的规范。但总体而言，面对一些网络虚假信息及其造成的危害，立法需要不断健全完善、执法需要加强力度，对网络虚假信息的治理效果仍待提升。

---

[1] 该条规定："网络用户、网络服务提供者利用网络侵害他人民事权益的，应当承担侵权责任。法律另有规定的，依照其规定。"

## （一）违法成本低，查证成本高

我国《刑法》和其他相关法律在规范、纠正和惩罚编造、传播虚假信息等违法行为方面，有一系列具体规定，然而，在举报、立案、取证、审判、惩处的程序与机制方面，还缺乏更为明确的规定，因此法律治理效果有限，与消除虚假信息及其产生的危害应该达到的成效相比还有距离。应该指出的是，现行诉讼制度对网络虚假信息受害人起诉、举证不利。依据《中华人民共和国民事诉讼法》（以下简称《民事诉讼法》）规定，原告提起诉讼的4个要件之一是，要求存在明确的被告。然而，当被告的身份和地址信息不明确时，法院常常以无明确的被告为由而拒绝受理或驳回原告的诉讼请求，导致受害人在维权时往往无法得到法律的有效支持而不能追诉。

我国《刑法》对以造谣、诽谤或者其他方式煽动颠覆国家政权、推翻社会主义制度，以及捏造并散布虚伪事实，损害他人的商业信誉、商品声誉，给他人造成重大损失或者其他严重情节的行为都规定了较为严厉的惩罚[1]。但实际上考虑各种因素，在司法实践中，多采用警告、惩罚等较轻处罚，致使违法成本低，而在查证时往往需要耗费较高的司法成本。

## （二）预警、监管及信息公开等方面能力和水平亟待提升

首先，政府对网络谣言（未被证实之前的网络谣言还不能被认定为网络虚假信息）的预警能力较弱。我国预警和监管网络谣言信息的职能机关为公安机关，但相关机关工作事项多，工作任务重且缺乏完善的网络监管技术体系，难以有效监测和分析网络空间传播的言论的真实性、合法性，因而不能及时识别删除。

其次，政府在信息公开方面缺乏科学合理的机制。虽然《中华人民共和国政府信息公开条例》的相关规定要求，与公民、法人和组织等多元主体利益

---

[1]《刑法》第一百零五条规定："以造谣、诽谤或者其他方式煽动颠覆国家政权、推翻社会主义制度的，处五年以下有期徒刑、拘役、管制或者剥夺政治权利；首要分子或者罪行重大的，处五年以上有期徒刑。"《刑法》第二百二十一条规定："捏造并散布虚伪事实，损害他人的商业信誉、商品声誉，给他人造成重大损失或者有其他严重情节的，处二年以下有期徒刑或者拘役，并处或者单处罚金。"

相关的信息，政府机关应当积极主动地定期公开。然而在具体实施过程中，个别部门又以该条例中"涉及国家秘密、商业秘密、个人隐私的政府信息不得公开"为由，只对某些信息做部分公开或拒绝公开。可见，信息公开的执行力度不够，尤其是公民所关注和需要的信息，受到各种因素影响，很难完全公开。

最后，政府在联动处置网络虚假信息方面的能力有时稍显不足。目前，我国主要依赖网络监管部门的查处行动或指令网络运营商自律监管处理网络虚假信息或谣言，然而，网络运营商高度自律的局面仍未出现。总之，尚未完全形成网络监管的协同机制。

### （三）网络自律水平有待提高

目前，我国建立的互联网行业协会在自我监管方面效率不高，其一系列自律制度主要表现为原则性限制，缺乏足够的约束力、实施力与威慑力。

我国互联网行业的自律性规范主要由中国互联网协会发布[1]，总体来说，这些规范虽然规定了网络运营商、相关组织和个人在进行网络运营或使用网络服务时应遵循的准则，但大多数规定都属于道德性要求，约束力不足。例如，根据《中国互联网行业自律公约》第二十三条规定，针对违反公约要求的成员单位，其承担责任的形式主要限于内部通报或取消公约成员资格，并未规定其他惩罚措施。尽管部分省（自治区、直辖市）已逐渐建立了省级新闻道德委员会，旨在通过结合行业自律和社会监督方式，对新闻从业人员的职业道德失范行为进行调查处理，而该机构的主要关注点仍局限于传统新闻媒体，需要进一步扩大适用范围以延伸到互联网领域。

### （四）法律体系有待完善

我国个别法律法规在针对特定问题时缺乏明确性和可操作性。这些法律法规在处理现实问题上的适用空间有限，存在法律空白，无法满足网络社会

---

[1] 中国互联网协会发布的代表性文件有：《中国互联网行业自律公约》（2002年）、《互联网站禁止传播淫秽、色情等不良信息自律规范》（2004年）、《文明上网自律公约》（2006年）、《博客服务自律公约》（2007年）、《中国互联网行业版权自律宣言》（2010年）、《2018中国互联网企业履行社会责任倡议书》（2018年）、《用户个人信息收集使用自律公约》（2019年）、《中国互联网协会倡议书》（2020年）等。

的发展需要。目前来看，我国现行法律中，《刑法》对传播虚假信息或谣言进行了具体规制，国务院颁布的《互联网信息服务管理办法》列明了互联网信息服务提供者不得制作、复制、发布、传播的 9 类信息，该办法第二十条、第二十三条规定了相关处罚措施。其他相关性规范仅以"不得""不准"等表述提出了一般性要求，大多缺乏相应惩处机制。

现有罪名体系也对违法编造和传播虚假信息的惩处力度不足。《刑法》对虚假信息的定义相对狭窄。如前所述，现行《刑法》中惩罚编造和传播虚假信息的罪名体系存在明显缺陷：对于针对非特定个人、单位、产品等的谣言，无论其造成的后果多么严重，只有当谣言被定性为"虚假恐怖信息"时，才能适用《刑法》。而民法中，关于网络虚假信息的规定更是寥寥无几，网络虚假信息所造成的侵权在民法上也并未明确或补充解释，其责任的追究就有可能避重就轻、乘间抵隙。然而，由于某些虚假新闻的恶劣影响，司法机关实际上在处理相关违法案件时采取了过度"扩张解释"的司法手段进行惩处。出于这个背景，司法机关通常试图寻找并应用新的罪名解决定性问题。例如，北京市公安机关对"秦火火"等人的定性为寻衅滋事罪就是一种尝试。

同时，"寻衅滋事罪"和"编造、故意传播虚假恐怖信息罪"之间存在一种兜底型和专用型的关系。而这种奇怪的互补关系容易引起广泛的置疑和争议，也带来了如何判定网络时代的"公共秩序"混乱的司法难题。因此，将我国《刑法》第二百九十一条之一中关于虚假信息类型的限定进行扩展，将其扩大为"严重危害社会秩序和国家利益"的虚假信息，可能更为合适。

### 三、网络虚假信息法律治理的基本路径

网络将世界上各个国家连接起来，使"海内存知己，天涯若比邻"成为现实写照，在全球互联互通时代，为了降低互联网发展带来的某些负面影响和风险，各国已经形成了许多互联网治理的共识、原则和惯例。一些发达国家已经建立了较为完善的网络虚假信息治理法律制度体系，在司法实践上也有较多成熟经验。结合互联网发展趋势，在全球化背景下，我国网络虚假信息法律治理应从以下几方面加强完善。

## （一）加强事前防范

**1. 对网络虚假信息危害的认知及治理水平亟待提高**

公民守法意识的建立首先是基于对法律的信仰，及在此基础上对法律的理解和掌握。因此，开展相关法律的学习与普及尤为重要。只有这样，法律治理及网络内容的有效法律治理才会有扎实的社会基础与公众在心理上的认同和支持。

谣言概念在公众间存在模糊认识，其在法律上也没有界定清楚，在法律适用上没有对传播、编造谣言的相关行为准确进行规制。同时，普法教育和日常媒体报道中也未对谣言作清晰定义与解释，以至于使这种模糊认识长期存在。法律对谣言进一步规范和推进公民法治教育，能使公众更加清醒地认识到编造和传播谣言的违法性、危害性，提高鉴别能力、提升法治意识、增强法治观念，自觉做到遵法守法。

要确保法律条文释义准确和适用准确，需要在两个方面做好工作。一是要做到准确确立法律条文。这要求相关法律在制定过程中做到开门立法，而不是闭门造车，吸纳社会意见，使之在公众中普及，且与时俱进。二是要确保法律法条准确适用。这需要司法机关和社会各界积极展开普法工作，并引导媒体准确运用法律语言，向民众传达法律信息。

从网络虚假信息传播角度来看，应当针对不同传播主体（平台）及传播行为进行有效规制。为此，有必要明确网络虚假信息涉及的客体，从法律治理角度看，一方面，要保护公民或法人的言论自由，另一方面，要对恶意（故意）传播虚假信息加以严格治理，以维护公众合法权益和公共利益。这就要求对言论自由和故意编造、传播虚假信息从法律上进行有效甄别与惩处。

因此，建立更加完善的刑事、民事和行政责任体系，从而实现对网络虚假信息的全方位约束十分必要。目前虽然最高人民法院、最高人民检察院出台的一系列关于治理虚假信息的司法解释对于完善治理体系起到了很好作用，但随着现实情形的变化，仍有进一步健全的必要。同时，还应适当借鉴国外成熟立法，以不断提升治理效能。

也有观点提出，应当通过对法律的调整与完善，加大对恶意（故意）传播虚假信息的处罚力度，以进一步提升司法威慑力，促进公民更加自觉遵法守法，增强法治意识，提升法律治理水平。对于编造、传播虚假信息造成严重社会后果的，在运用《刑法》施以制裁时，应当进行清晰准确界定。"严重社会后果"应当理解为对公民、法人或其他组织的权益造成严重侵害，对社会秩序产生严重危害，损害或威胁国家安全等，这样才能在起到精准打击效果的同时又能有效维护合法的言论自由。

### 2. 有效完善实名制

在实行网络实名制之前，网络侵权现象频发多发，甚至出现扰乱社会公共秩序、威胁国家安全的情况。为有效消除此类现象，有必要实行网络实名制，以增强网民自律意识，规范网上言论，提升网民社会责任感，防范并减少不良信息传播。同时，网络实名制一定程度上能够强化平台的社会责任和自律义务，倒逼其更加注重对公民、法人及社会组织相关信息和权益的保护，降低监管成本并有效遏制网络违法犯罪行为。当然，网络实名制并非一项完美制度，在互联网平台遭受入侵时，用户的真实信息往往会直接暴露在黑客的攻击之下。2018年，美国社交网站脸书因遭受黑客攻击，不慎导致6800万用户的信息泄露。

### 3. 加强信息公开，完善长效机制

由网络虚假信息基本特征可知，网络虚假信息的传播范围、传播速度及其产生的影响与之所涉及事项的重要性和模糊度正相关，它们是为网络虚假信息"增能聚势"的关键因素。第一，对于公众关注的各类信息，在法律和政策许可范围内，应当及时予以公开，澄清某些误传，从而有效阻止虚假信息或谣言的肆意传播。在这个"人人拥有麦克风的时代"，话语权的下放使公众的质疑能力大大提升，相关部门须恪尽职责，不断优化社会生活中的公共信息公开机制，充分保障公民知情权。第二，政府部门、大众传媒、相关机构在涉及公众关注的敏感问题或热点问题上，应当保持客观中立，回应公众关切，因势利导，及时化解负面舆情。对个别恶意编造、传播虚假信息的行为要依法依规予以有力处置，维护正常传播秩序。

## （二）注重事中监管

### 1. 为网络内容法律治理和可能发生的虚假信息诉讼提供支持和便利

我国施行的网络实名制，实际上是前台匿名、后台实名，因此，按照《民

事诉讼法》的规定，网络虚假信息受害人难以自行查明侵害者的真实身份，在提起虚假信息诉讼时深感不便。这里建议，对《民事诉讼法》及其解释中有关"有明确的被告"[1]的规定进行扩大解释，将"有明确的网络注册账号"视为具备明确被告或被告人身份的标准，以便提起诉讼。具体而言，受害人可以先以"网名"的身份对匿名侵害者提起诉讼，一旦案件立案，法院便可依职权调查侵害者的真实身份信息，追究其法律责任。这样做极大地方便了网络虚假信息受害人寻求民事和刑事救济，并对侵害者产生实质性威慑效果。

**2. 建立执法长效机制**

法律的生命和权威在于有效实施。为了让网络用户自觉文明上网，除加强法制教育外，更应注重以执法推动守法，做到执法必严、违法必究，尤其是对于制造、传播网络虚假信息造成恶劣后果的违法犯罪予以处理，作为镜鉴，让文明上网、依法用网成为公众网络生活的行为准则和行为习惯，并形成对法律的信仰。为了提高执法效率，一方面，应深化行政执法体制改革，包括考虑整合相关职权、集中行政处罚权，以减少执法协调成本；另一方面，应优化多部门联合执法模式，减少运动式执法和突击式执法，建立执法信息共享和执法协调机制，完善长效执法机制，使网络虚假信息无藏身之地。

### （三）持续完善治理机制

**1. 加强公民教育，提高媒介素养，优化舆情引导**

互联网的匿名属性让人们"想说什么就说什么"的愿望在一定程度上得以实现。然而，在这种新型传播环境下，提高法律素养，提升媒介素养[2]，增强辨别是非的能力至关重要。

就互联网平台自身来说，要加强自身队伍建设，对虚假信息鉴别人员（许多网络平台大都设有鉴别师专岗）开展职业技能培训及法律知识培训，对在网

---

[1] 参见《民事诉讼法》第一百二十二条第二项规定"有明确的被告"和《最高人民法院关于适用〈中华人民共和国刑事诉讼法〉的解释》第三百一十六条第四项规定"有明确的被告人"。

[2] 媒介素养一词源于20世纪30年代英国学者欧·奥尔特曼和马·切顿斯共同出版的《文化与环境》一书中提出的"文化素养"。美国媒介素养研究中心认为，媒介素养使人们具有接触、分析、评价和创制从印刷到影像再到网络等各种空间形式信息的能力，媒介素养是构建民主社会公民的基本探究技能、必要的自我表达和对社会媒介感悟的能力。媒介素养教育是探讨媒介素养的重要一环，认识了媒介素养的重要性之后，如何提高公众的媒介素养，一直是各国政府和研究机构极力推进和研究的内容。

络上发现的虚假信息要第一时间进行处理；完善举报制度，对于网民举报的虚假信息及时进行核实并依网络运营规则和相关法律进行查处，消除可能产生的危害，并在相关范围内向社会公众和举报人作出解释。

从个体来看，公众也要加强自身的道德和法律素养，"法律是成文的道德，道德是内心的法律"[1]，二者不可分割。在法律规范尚未明确的领域，道德作为一种社会规则往往有着不可替代的作用。公民应当自觉遵法守信，遵守社会道德、尊重不同民族种族和地域的风俗及生活习惯，自觉对自己的网络言行加以约束，以维护良好的网络风尚。

### 2. 完善平台自控机制，加强行业自律

众所周知，互联网企业既要考虑商业利益，又要承担社会责任，维持网络的合法正常运营。首先，网络运营商作为营利主体，有义务在现行法律法规下出台配套的相关运营规则，维护公众（网民）正当合法权益，防止虚假信息的网络传播。为了实现这一目标，网络平台可以依据用户数量、功能特性、用户反馈等因素，建立并完善相应运营规范和机制。其次，建立网络信息事前审核机制。将现有的信息发布"事后审查机制"调整为"事前审核＋事后审查"双重机制，填补网络虚假信息监管漏洞。最后，建立用户文明诚信上网档案，引导用户文明上网、守法自律。

### 3. 注重维护公民权益，防止出现寒蝉效应

在加强互联网监管的同时，注重维护公民权益，防止出现寒蝉效应也很必要。寒蝉效应是指在行使讨论个人思想、发表言论，以及进行集会等公民权利时，由于担心遭受相应惩罚，或是无力承受预期耗损，就随之放弃，导致公共事务无人关心的一种状态。在网络治理中，一方面，应提高编造、传播虚假信息的违法成本阻止其传播；另一方面，如果对网络表达和网络传播过度约束，也容易引起寒蝉效应，妨碍人们披露真相。因此，社会需要将寒蝉效应维系在一个合理限度，这就需要运用立法技术逐步实现精准调整和科学规范。

### 4. 健全法律法规，扩展相关解释

网络虚假信息的传播，一是源头多样，二是易于"推陈出新"。因此，治

---

[1]《习近平谈治国理政》第一卷，外文出版社2018年版，第141页。

理网络虚假信息，需要在源头上打击控制，也需要在其传播过程中切断传播渠道、封闭传播端口。针对这两种情况，在法律上对有关当事方追究侵权责任往往不可或缺。还需要秉持平衡理念，在保障公民充分行使表达权的同时，又严格限制网络虚假信息的传播，如前面提到过的"扩大解释"即是为了实现此目的。在现实生活中，网络的虚拟性及法律本身的滞后性，往往使一些网络虚假信息的制造者和传播者心存侥幸。因此，应完善相关法律法规，在保护公民言论自由的前提下，对网络虚假信息及其传播的性质、后果、责任认定、损害赔偿以及监管的职权、程序、责任等给予明确界定。

### 5. 政府部门强化信息公开，权威媒体及时有力辟谣

谣言止于公开。谣言之所以产生，有些时候是因为信息渠道不畅通。在一些重大突发公共事件中，信息的披露不及时往往是造成社会公众产生恐慌心理的重要原因。因此，当重大突发公共事件发生时，不仅应公开结果，更要及时公开进度，甚至公开进度中的详细情况，保障人民的知情权。官方消息具有专业性、权威性，会稳定社会公共心理预期，正向引导舆情，保持社会稳定。如此，虚假信息的传播就没有可乘之机。近年来，不少网络平台积极履行社会责任，及时传播科学真实的信息和资讯，客观上起到了破除谣言、荡涤网络虚假信息的作用。新冠疫情期间，不少网络平台推出了"新冠疫情实时辟谣"专题，公众可以搜索"肺炎辟谣"验证肺炎信息的真实性。某网络平台数据显示，在这次新冠疫情中流传的众多谣言和伪科学观点，在辟谣平台的积极影响下，引起关注的时间都不超过1天。由此可见，权威平台的及时辟谣有效阻止了谣言的传播和扩散。

# 第七章

# 网络著作权法律治理

关注互联网内容的法律治理，便不能绕开网络环境下对作品著作权的保护与规制。作为人类智力劳动成果所对应的重要权利之一，著作权这一概念的产生与发展，以及对其的关注与保护，与科学技术的进步息息相关。以国际视野观望著作权法的变化历程，不难发现，种种先进科技的问世与发展变化，均对著作权制度本身与法律保护实践产生了直接且深远的影响。

在互联网时代，以信息网络为核心的新兴技术，于内容复制和传播领域，突破了传统载体的限制，使作品创作、复制与传播的成本和门槛大大降低。伴随着层出不穷的新兴科技与商业模式，产生了著作权保护领域的诸多新矛盾与新问题，对传统著作权体系的基本框架和制度形成了巨大挑战。与此相对应的是网络环境下内容产业显示出的巨大价值。腾讯研究院发布的《中国网络版权产业十年发展回顾》显示，中国网络版权产业市场规模从 2013 年的 2100 亿增长至 2021 年 1.4 万亿，年复合增长率近 25%，[1] 上升势头尤为明显。

网络内容的经济价值日渐凸显，围绕其进行的著作权保护与侵权规制同样刻不容缓。面对新技术带来的诸多新挑战与新问题，本章即从网络环境下何种内容应当受到著作权保护，网络环境中的著作权利有何新内涵与新表现，受到何种限制，以及网络著作权侵权的认定和法律规制展开论述。

## 第一节　网络环境中的著作权客体

网络内容作为无形财产的价值属性逐渐得到关注和挖掘，网络版权产业已成为我国国民经济增长中的重要一环，网络环境中的著作权保护也被视为随互联网技术发展而广受关注和重视的著作权保护新领域。但不容否认的是，数字网络技术在丰富和拓展了网络内容的创作方式和呈现形式的同时，也直接颠

---

[1] 参见李兆娣：《如何应对新技术给数字版权保护带来的挑战？》，法治网 2023 年 3 月 6 日。

覆了传统理论中对于著作权保护客体的定义与认知，使互联网背景下对于可版权性的界定和著作权法意义上的"作品"的理解均有所发展变化。

## 一、著作权客体的构成要件

不论是传统的文学、艺术、科学领域的创作者、研究者，还是新兴互联网环境中的内容创作者，均需借助文字、图像、声音、画面等为工具，将带有个人印记的思想情感或研究成果外化为一定的文学、艺术或其他表现形式，通过这一创作过程的完成，使他人可以凭借个人感官完成感知、阅读和赏析，其创作所产生的具有一定独创性的智力劳动成果，即被认为是著作权法保护的对象——作品。

互联网内容受到著作权法保护的前提，即满足"作品"的构成要件，被认定为是著作权法意义上的作品。对于作品的构成要件与认定标准，国内外法律规定、学术研究和司法实践领域均已有较为丰富和成熟的讨论。著作权保护的国际条约《保护文学艺术作品伯尔尼公约》（以下简称《伯尔尼公约》）中对于作品的具体类型进行了详尽列举[1]，《与贸易有关的知识产权协定》（以下简称《TRIPs协定》）中也有相关内容。依托国际公约的通行规定，2021年开始施行的新版《中华人民共和国著作权法》（以下简称《著作权法》）第三条表述为"本法所称的作品，是指文学、艺术和科学领域内具有独创性并能以一定形式表现的智力成果"。并对相应形式加以具体列举。

由上述列举和描述可知，构成著作权法意义上的作品，必须为人类通过运用其智力创造能力付出一定劳动所产生的具有独创性的成果，且形成足以被他人客观感知的外在表现形式。即应当满足具有独创性、可以以一定形式表现两个重要特征。网络内容也不例外。

---

[1]《保护文学艺术作品伯尔尼公约》第2条规定："'文学艺术作品'一词包括科学和文学艺术领域内的一切作品，不论其表现方式或形式如何，诸如书籍、小册子及其他著作；讲课、演讲、讲道及其他同类性质作品；戏剧或音乐戏剧作品；舞蹈艺术作品及哑剧作品；配词或未配词的乐曲；电影作品或以与电影摄影术类似的方法创作的作品；图画、油画、建筑、雕塑、雕刻及版画；摄影作品及以与摄影术类似的方法创作的作品；实用美术作品；插图、地图；与地理、地形、建筑或科学有关的设计图、草图及造型作品。"

## （一）独创性

独创性翻译自英文中的 Originality，《著作权法》及《中华人民共和国著作权法实施条例》（以下简称《著作权法实施条例》）对于著作权法所称作品的定义中有直接提及。独创性直接关系着作者对作品拥有权利的证明性与正当性[1]，只有具备独创性的内容表达才能成为受著作权法保护的作品，因而对于独创性的理解和认定尤为重要。

就中文字面含义而言，独创性包含两层含义。"独"即必须由创作者独立完成。这一要求同专利法中的"新颖性"内涵有所不同，为促进内容的创作和文化的繁荣，以保护思想情感的外在表达为目标的著作权法并不规定首次创作或独一无二的作品才能受到保护，相反，但凡智力成果来源于作者的独立创作，而非对他人作品的直接复制，均可能构成著作权法中的作品。

"创"即劳动成果应具有一定程度的智力创造性。对于独创性要件中创造性程度的高低的认知，不同国家的观念、立法与司法实践尚存在一定差异。奉行作者天然对个人的劳动成果拥有权利的自然权利思想的英美法系国家[2]，曾经提出"额头出汗原则"（Sweat of the Brow），主张作者在作品的汇编或创作过程中投入了劳动和技能，达到了额头流汗的程度，即应当认为具有独创性。该原则目前已被美国等国家放弃，但英美法系国家对于独创性程度的要求仍然相对较低。如具有重要意义的美国费斯特出版公司诉乡村电话公司一案中即提出，独创性的构成要素包含创作系独立完成与少量的创造性两个方面。而德国等大陆法系国家，则强调作品与作者个性特征的连接，认为作品应当具有作者人格和精神的印记，秉承较高的独创性标准，要求能够体现创作者个人特性。

我国《著作权法实施条例》及相关法律规定并未对成立独创性的智力创作高度作出具体规定，结合著作权法的立法目的，一般认为，劳动成果在符合独立创作完成和具有最低限度的创造性的基础上可能成为著作权法意义上的作品，并需结合个案成果的具体情形加以具体判断。如《北京市高级人民法院侵害著作权案件审理指南》（以下简称《北高指南》）提出，对独创性的认定应考

---

[1] 参见吴伟光：《著作权法研究》，清华大学出版社 2013 年版，第 54 页。

[2] 参见吴伟光：《论作品的独创性——版权制度的本质与独创性要求的标准》，中国法学网 2015 年 12 月 16 日。

虑"对表达的安排是否体现了作者的选择、判断"。但对于特定作品类型的创造性高度要求，以及不同作品类型的要求标准是否一致，尚存在一定争议。网络环境中的诸多新型作品，如直播画面以及电子地图等，对其独创性的判定应采用何种标准，考虑何种因素，也尚待学术研究与司法实践的进一步探讨。

### （二）可以一定形式表现

《伯尔尼公约》并未强制要求成员国将可复制性或固定性作为受著作权保护的条件。一些国家通过法律规定，作品的首次固定之时为作品的创作产生之时[1]，也有部分国家从证据的角度将作品的有形复制作为主张著作权法保护的前提。在 2020 年《著作权法》修订完成之前，《著作权法实施条例》亦明确提出智力成果须能以某种有形形式复制方能构成著作权法意义上的作品。但应当注意，这一条件的规定意在表明，著作权法保护的客体是通过文字、图像等符号传递的思想个性表达或科学研究成果，不具有实体形态，需要以物质载体为承载、储存和传播媒介。[2] 这里的有形复制仅强调可能性而非已实际完成，即并未要求智力成果需要得到复制以后方能受到著作权法保护。

信息网络环境下，复制技术的进步使各种类型的作品大多能够以快捷且成本低廉的形式完成复制，网络内容的广泛传播更直接伴随着复制活动的进行。对于可复制性要件的认定呈现出一定弱化趋势。在此基础上，新版《著作权法》仅以"能以一定形式表现"作为作品的可版权性要件之一，而未再对作品的可复制性作额外要求。

### （三）其他要求

除上述通行的作品构成要件之外，尚有若干其他标准，如属于文学、艺术和科学领域的限定，以及艺术性或美学价值的要求，在部分成果可版权性的认定中是否应当纳入考虑范畴，存在一定争议。

关于是否应当将属于"文学、艺术和科学领域内"作为认定作品的要件

---

[1] 参见吴伟光：《著作权法研究》，清华大学出版社 2013 年版，第 58 页。

[2] 参见熊文聪：《论"已经固定"不是电影作品的可版权要件》，《山东科技大学学报（社会科学版）》2019 年第 21 期。

之一，这一限定传承自《伯尔尼公约》第 2 条的规定，但在当时的历史背景和技术条件下，作品的传统表现形式大多只存在于相应的文学、艺术和科学领域，人类并未对作品类型有更为广阔的认知。随着科学技术的飞速发展，作品创作方式、呈现形态以及运作的商业思路均大为丰富，涉及纯粹文艺领域之外的游戏、设计等行业均希望借助《著作权法》对其智力劳动成果加以保护，一味僵化地强调领域的限制，并不利于对创作的鼓励和对利益的平衡。

关于对智力成果艺术性或美学价值的衡量，是否应当作为可版权性成立的前提之一。这一争议源自我国有关司法解释在美术、建筑等作品类型的定义加以描述时，加入了"有审美意义"的定语。司法实践中也常将审美意义或艺术价值纳入对美术、建筑作品的可版权性判定的考量因素之中。其目的可能在于将工业产品及作品的功能性成分排除在著作权法保护的范围之外。

然而，综观世界范围内的立法与司法实践，多数国家均未将作品的创作目的与质量同受保护与否挂钩。如《法国知识产权法典》指明，对作品著作权的保护"不问作品的体裁、表达形式、艺术价值或功能目的"[1]。美国也通过司法判例放弃了对于作品艺术价值的要求，并提出"由仅受过法律训练的人判断美术作品的价值是非常危险的"。著作权法以鼓励创作，促进社会整体文化繁荣为主要目的，美术作品等同样应当迎合大众的多样需求而非仅满足法官等少数人的审美趣味，因而不将作品的美术价值作为受著作权法保护的判定因素已经受到广泛认可。同时，将审美价值作为某些作品类型额外的可版权性要件，意味着必然将存在判断的主观和不确定性以及作品之间标准不一致的不均衡性，而设置这一标准的理由并不足够正当，即加入审美意义的考量并非区分工业产品和功能性成分的必要方式。我国《北高指南》亦提出，独创性存在的判断与其所含有的价值高低无关。

## 二、网络环境中的新型客体

现代信息网络技术以及在技术的支撑下产生的互联网环境中的新内容平

---

[1]《十二国著作权法》，《十二国著作权法》翻译组译，清华大学出版社 2011 年版，第 64 页。

台与内容产品形式,已逐渐渗透入社会公众生活的方方面面。网络视频、网络直播乃至网络游戏,均已成为网络内容呈现和广泛传播的主要形式与途径,毫无疑问应当作为网络文化产业输出的内容产品看待,并且具有知识领域智力成果的表现形态,其庞大用户群体、丰厚的利益回报要求其能够借助著作权法的保护尽可能维系公众、平台与创作者的利益平衡的同时捍卫内容创作者的应有权利。但此类内容产品往往具有创作手段新颖、组成元素复杂、独创性程度和法定类型有待判定等特征,同传统著作权意义上的作品相比具有差异,对其可版权性的论证也存在一定争议,可将其视为网络环境中的新型客体,首先应对其是否构成著作权法上的"作品"加以论证。

### (一)短视频

目前我国短视频普及率、用户群体规模及黏性已相当可观。权利保护需求随之凸显,侵权问题频发。但与之相对应的是,时长通常较短、使用元素较复杂、内容专业度较低且无法直接归为某一法定作品类型的短视频,是否能够成为著作权法保护的客体,仍需进一步明确。

短视频通常以数字化的形式发布于网络平台之中,作为已被拍摄固定的视频画面,其面向用户传播的过程通常伴随着视频内容在网络服务器中的复制与存储,具有可复制性或能以一定形式表现,毋庸置疑。因而判断短视频是否构成作品的重点,在于结合个案的具体情形探究其是否同时具有独创性。就这一问题,我国已有相关案例值得借鉴。

全国首例短视频著作权侵权案"快手诉华多"一案中,法院认为,涉案视频包含舞蹈动作、音乐演唱、特效及动画效果等多种元素的内容表达,其安排和设计能够体现作者个性,同时通过一定介质加以固定,由一系列有伴音的画面组成并通过网络传播的作品,可认定为类电作品加以保护。"微播视界诉百度"一案中,法院进一步提出,判定独创性与视频长度并非必然相关。当主题和基本素材确定时,由此创作出的较短视频若能通过编排、选择及呈现为体现制作者的个性化表达,投入了制作者智力劳动,且传递积极向上的思想情感,仍可肯定其独创性的存在。

结合上述对可版权性要件的认知和司法实践的探索可知,短视频虽然以数分钟乃至数秒的较短长度为主要特征，常被认为内容创作的空间有限，但当创作者对内容的选择、编排以及对元素的组合利用能够体现并传递个人的个性化表达，具有不容忽视的独创性时，仍然构成著作权法意义上的作品。同时，作为固定在一定介质上且由声音及画面共同组成的视听内容，可以考虑列入我国《著作权法》视听作品的范畴之中。

### （二）网络游戏

网络游戏凭借其可观的市场价值及蓬勃的市场需求已成为我国文化产业发展的重要动力之一。庞大的产业价值与市场份额的背后，是巨大的财力及智力劳动投入，亦需要法律提供必要保护，以维护公平的市场竞争秩序。

网络游戏通常由多种类型的创造性元素组合形成，其中包含有以背景介绍、技能说明为形式的文字作品，以场景、角色形象、运行静态画面为表现的美术作品，以背景音乐、插曲、音效等为体现形式的音乐作品，以动画、连续动态画面为表现的视听作品，以及不具有外在形态的游戏规则等。网络游戏开发伴随着背景、剧情等文字的拟定，音乐、美术、动画等各环节的艺术性创作，其独创性不言而喻。对网络游戏作为著作权保护客体的认定，在司法实践和规范性文件的规定中，也经历着从对游戏中各元素拆分判断，到将游戏画面作为整体加以保护的变化趋势。

"梦幻西游与口袋梦幻"侵权纠纷一案中，法院认为，游戏中展现的人物、道具等美术形象可以被认定为美术作品，情节设计、背景介绍等文字内容可以被认定为文字作品，以拆分作品类型的形式分别进行了侵权判定与保护。"奇迹 MU 与奇迹神话"一案中，法院则主张游戏运行过程中呈现为文字、图片、声音等组合而成的画面，系由一系列有伴音的动态画面组成，应被认定为构成类电作品受著作权法保护。2020 年 4 月广东省高级人民法院发布的《关于网络游戏知识产权民事纠纷案件的审判指引（试行）》中提出，可以考虑通过网络游戏的整体保护手段制止侵权行为。

目前我国法律规定中尚未有针对网络游戏的专门作品类型，在 2020 年《著作权法》修订完成之前，对于连续性画面，通常以是否满足独创性标准进行划分，将具有独创性的游戏元素综合作为游戏整体画面的视听作品加以保护，有利于游戏开发商统一行使和捍卫网络游戏的著作权利以及司法资源相对节省，有其合理性。美国法院亦通过判例支持了通过视听作品的形式保护网络游戏画面的方式，"斯特恩电器诉考夫曼"一案中，法官即指出游戏运行中图像和声音实际已被固定，满足作为视听作品保护的要求。

网络游戏的动态整体画面，仍需结合其类型和具体呈现内容及方式合理判断其独创性及能否适用视听作品的相关规则。[1] 有学者认为，只有网络游戏包含人物、情节等丰富的表达元素时，才可被视为视听作品。[2] 上文提到的国内司法案例，涉及的也均为"角色扮演类游戏"，如"梦幻西游2"案中涉案游戏即呈现出了多元的故事情节和人物形象等，传达出了创作者的个性特征。日本"PAC-MAN游戏"一案亦指出"必须以某种形式表现思想或感情之创作"。基于此，有观点认为，相较具有情节推进和叙事特征的"角色扮演"等类型的游戏，主要表现玩家技巧、重在交互性的竞技类游戏画面较难构成类电作品。但这一观点尚存争议，如"守望先锋"一案中，法院即认为，射击类游戏中人物移动及技能释放等均呈现为连续的动态画面，可构成类电作品。"王者荣耀"案首次认定MOBA（多人在线战术竞技游戏）类游戏连续画面可以构成类电作品。网络游戏连续画面被认定为视听作品的范围似乎有不断扩大的趋势，其合理性仍待进一步讨论。

### （三）网络直播画面

网络直播已成为国内社会大众休闲娱乐的重要方式。其中，除了电商直播，以网络游戏直播和体育赛事直播发展最为迅猛，截至2023年6月，我国游戏直播用户规模为2.98亿，体育直播的用户规模为3.23亿，已分别占到网民整体的27.6%和29.9%。网络直播行业规模不断扩大，市场利益回报丰厚的同时，侵权问题也日渐频发。网络游戏、体育赛事等直播画面是否具有可版权性，也直接关系着侵权行为的认定。

#### 1. 网络游戏直播画面

对于网络游戏直播画面，判断其可版权性的前提在于合理地划分游戏本

---

[1] 参见王迁、袁锋：《论网络游戏整体画面的作品定性》，《中国版权》2016年第4期。

[2] 参见祝建军：《网络游戏直播的著作权问题研究》，《知识产权》2017年第1期。

身的整体画面与直播画面。其中，前者即网络游戏在运行过程中，借助游戏内含的文字、声音、图像、动画等诸元素的单独或组合表达，所呈现于 PC 端或移动端界面中的连续画面，后者则表现为游戏主播在向公众转播的过程中所另外呈现的网络游戏运行的画面，其中可能包含主播解说、镜头切换与画面选择等其他元素的添加。以网络游戏运行画面为基础形成的直播画面可否受到《著作权法》保护，应当依据直播画面的产生及运作情形加以分析。

关于网络游戏直播画面的分类，有学者认为可分为非创作性直播形成的画面和创作性直播形成的画面[1]，或仅针对游戏画面所进行的简单直播，在画面基础上添加简单解说、互动的直播，以及通过专业直播平台进行的，融合了复杂解说、镜头切换回放、字幕配乐等多种元素的直播。[2] 其目的均在于将仅单纯复制游戏运行画面的直播行为排除在著作权保护的范围之外。而直播画面若能将解说和游戏画面等有效结合，并以直播的形式加以呈现，则此类连续动态画面可纳入《著作权法》保护的范畴。

因此，当网络游戏直播仅单纯复制转播原始的游戏运行画面，或由个人添加对客观情形的简单描述时，因难以体现独创性而无法构成著作权法上的作品。但当有专业的直播平台或被许可方在直播之外加入精彩解说、串场表演、字幕弹幕、音效配乐等复杂元素，并结合赛事的推进以及互动的需求对画面的切换和选择融入个性化的独创编排时，其直播画面实际上已构成原始游戏画面基础上的新作品。

**2. 体育赛事直播画面**

体育赛事直播画面的特殊之处在于，同影视作品需由充分的后期剪辑以及网游直播有较大的编排和丰富空间不同，赛事直播一般表现为在多镜头、多机位拍摄的基础上对画面的现场选择和伴随比赛的同步播出。所需考量的重点问题在于是否具有一定的独创性。就其是否能够成为著作权法上的作品，以及独创性要求的高低，学术研究和司法实践中目前尚存较大争议。

我国体育赛事直播第一案——"新浪诉凤凰网中超赛事转播案"一审判决尚主张对机位的设置和对所拍画面的取舍与编排体现了独创性。二审判决则

---

[1] 参见丛立先：《网络游戏直播画面的可版权性与版权归属》，《法学杂志》2020 年第 6 期。
[2] 参见焦和平：《网络游戏在线直播画面的作品属性再研究》，《当代法学》2018 年第 5 期。

认为，体育赛事连续画面的独创性高度不足。"央视国际诉聚力"一案提出，涉案赛事节目在机位、镜头、慢动作等方面的选择和安排等体现了创作者独创性，彰显了人格因素。欧盟法院相关判例认为，可对比赛广播中涉及的画面、图片、队歌等主张版权，而被直接认定赛事直播画面构成作品。

产生分歧的原因主要在于，对于被认为归属于视听作品的体育赛事直播画面，是否应当适用较高的独创性标准。部分观点认为，我国著作权法体系参照大陆法系国家形成，以智力成果的独创性高低区分作品与录音录像制品，针对体育赛事直播，也应当适用较高的独创性。[1] 应通过完善"广播组织权"及丰富其他相关立法对赛事直播的权益加以维护。另有观点则认为，较高独创性的标准模糊，不具有适用的正当性，体育赛事直播在内容创作、剪辑回放、素材与主题选择方面尚存在较大的发挥空间，应根据个案的具体情形实际判断并承认赛事直播构成类电作品的可能性。[2]

综合以上论述，笔者认为，对体育赛事直播画面施加较高的独创性判断标准，于法律适用的一致性与明确的可预测性方面均存在一定争议，但对其可版权性的认定也并非仅依据对镜头或画面的简单的选择和编排即可完成，而应当根据个案的具体情形充分考量素材选择、拍摄方式、画面编排以及其他元素添加等方面的独创性，从而为投入了足够智力劳动的赛事直播画面提供更合理有据的著作权保护。

## 第二节　网络环境中的著作权适用与限制

数字网络等新兴技术的问世，为互联网环境下内容的复制、传播与再利用提供了更为丰富多样的可能性，也对传统语境下形成的各项著作权利及权利

---

[1] 参见王迁：《论体育赛事现场直播画面的著作权保护——兼评"凤凰网赛事转播案"》，《法律科学》2016年第1期。

[2] 参见崔国斌：《体育赛事直播画面的独创性标准选择》，《苏州大学学报（法学版）》2019年第4期。

的限制规则在新问题下的理解，形成了相当大的挑战。面对新兴的网络创作和传播行为，如何准确把握其与著作权控制的特定行为的关系，如何正确适用著作权的例外规定，从而使著作权法在鼓励创作积极性的同时，实现对利益平衡的价值追求和对社会文学艺术发展的整体促进，同样是网络内容的著作权法治理中应当讨论的问题。

## 一、著作权在网络环境中的适用

著作权法的立法目的之一，是为对投入智力劳动的创作活动及产物加以鼓励和奖励，而实现这一目的的前提，即赋予创作者一定的经济权利使其作品成为具有价值、可供消费的商品或服务并获得经济收益。

著作权被认为是具有消极属性的排他性权利，即它的作用与意义在于使著作权人控制他人利用自己作品的特定行为，而非权利人本身拥有从事特定行为的积极权利。在网络内容的复制、传播和利用过程中，若某项行为落入对应著作专有权利管控的行为范畴，且不存在限制与例外的免责情形，则可能成立对著作权的直接侵犯。下文将对网络环境中较为常见的复制权、发行权、信息网络传播权三种权利的内涵与适用加以分析。

### （一）复制权

#### 1. 基本概念

著作权保护的智力成果与物权保护的有形财产之间的本质区别在于前者可以复制，从而具有了非排他性特征。[1] 同时，复制行为也是许多作品利用活动展开的前提。因此，复制权被认为是著作权人享有的最为基本、重要且核心的权利。

复制权即著作权人享有的复制作品的权利，表现为一种事实上对作品的再次呈现。但"再现"需满足一定条件，通常认为，构成著作权法上的"复制行为"，首先应当将作品再现在有形物质载体之上，从而与表演、广播等对作

---

[1] 参见吴伟光：《著作权法研究》，清华大学出版社 2013 年版，第 223 页。

品的再次呈现形成区分；其次，应当使作品"相对稳定且持久地'固定'在有形物质载体之上，形成有形复制件"。[1]

**2. 网络环境中的复制权**

网络环境中的复制行为表现为如下几种形式：利用上传、下载等技术手段将数字形式的作品固定在光盘或网络服务器硬盘等介质中；以加速访问为目的、通过缓存等方式，将数字内容固定在本地或网络服务器磁盘上；网上浏览时计算机自动调入内存、关机自动消失的复制。

第一种形式完成了有形载体上的作品稳定再现，因而符合复制权的构成要件。我国 2020 年新修订的《著作权法》在"复制权"的定义中也增加了"数字化"的形式。但其余两种行为被统称为"临时复制"，若将其纳入复制权对应的范围，则网络环境中的浏览作品、临时缓存均可能受到控制，对其行为定性也形成了一定讨论和争议。

从维护版权产业经济利益的角度出发，美国与欧盟在临时复制这一问题上均采用了偏向权利人的立场，对复制权的内涵作更为宽泛的理解。如美国法律认为，复制权并不限于制作永久物理复制件。[2] "马伊系统公司诉皮克电脑公司"一案中，美国联邦第九巡回上诉法院提出，当程序载入 RAM 时，复制行为即已发生并构成侵权。但司法判例中也将持续时间较短的而难以被感知和传播的缓存复制排除在外，如"卡通网络诉 CSC 控股公司"一案中，法院即认为存在时长未超过 1.5 秒的复制不满足固定的要求。综合来看，美国立法与司法实践认可了复制权在网络环境中的扩张。欧盟对著作权保护通常保持较高的水准，2001 年《关于协调信息社会版权和相关权的指令》规定，复制权是可控制他人采取任何措施、以任何形式进行的复制行为，相当于涵盖了包括临时复制在内的各种类型的复制活动。同时，也对符合"短暂的或偶然的、技术所必需；以便利网络传输为唯一目的，或使作品合法使用为目的，本身不具有独立经济意义"三个条件的临时复制行为进行了豁免的例外规定。受该指令的影响，"索尼公司诉鲍尔公司"一案中，英国高等法院认为，侵权复制件的制

---

[1] 参见王迁：《知识产权法教程》（第四版），中国人民大学出版社 2014 年版，第 130—131 页。
[2] 参见姜福晓：《数字网络技术背景下著作权的困境与出路》，对外经济贸易大学 2014 年博士学位论文。

作与否仅取决于复制的瞬间而与是否持续储存无关。

我国立法与司法实践中，对临时复制的界定尚不明确，《信息网络传播权保护条例》草案拟定中虽有提及，但最终也未将临时复制纳入复制权控制的范畴。司法实践已有相关探索，"易查网"侵权著作权罪一案中将非技术必需且具有一定经济属性的临时复制认定为著作权法上的复制行为。学术观点针对临时复制问题多较为保守，认为"附带性复制仅是客观的技术现象，且临时存储的作品没有独立的经济价值"[1]。总而言之，在综合考量鼓励互联网产业与技术发展、维护创作者的合法权益等因素的基础上，对临时复制行为性质的认定，还需结合个案的具体情形和社会发展进一步探讨。

### （二）发行权

#### 1. 基本概念

发行权作为一项独立的权利进入国际公约和各国著作权立法的时间虽相比于复制权较晚，但随着数字音像、计算机网络等技术的发展，著作权人在以提供复制件为主要行为方式的发行环节有了获得经济收益的可能性与期待的同时，也面临着更大的被侵权风险。同时，网络环境中作品的提供、传输行为，则对传统发行权边界的定性提出了一定挑战。因而正确理解发行权所控制的发行行为的构成，具有重要意义。

"发行"一般被界定为向公众提供作品原件或者复制件的行为，如《德国著作权法》第17条即规定，"发行指将作品的原件或复制件向公众提供或投入流通领域的行为"。另外，发行活动所针对的客体为作品的原件或复制件。

#### 2. 网络环境中的发行权

信息网络技术尚不发达的时代，对作品复制件的提供大多只能通过市场中的出售、出租等流通环节方能完成。而在网络环境中，虽然最终均以受众获得作品的复制件为结果，但作品传播的传统方式被彻底颠覆。一方面，公众或经营服务者可以通过上传或下载的方式直接获取或提供网络内容的数字文件；另一方面，与传统的发行行为中复制件在公众手中流转且保持数量恒定不同，

---

[1] 王迁：《网络环境中的著作权保护研究》，法律出版社2011年版，第48页。

网络环境中作品的传播通常还伴随着新的数字复制件的生成，因而网络中的作品提供与传播和传统发行行为的关系还需进一步探明。

由于发行权已被明确界定为有形物质载体的移转，因而大多数国家和地区均将网络传播排除在发行权控制的范围之外。如《世界知识产权组织版权条约》（WCT）第6条和《世界知识产权组织表演和录音制品条约》（WPPT）第8条、第12条议定声明中均说明，"发行权所控制的原件和复制件仅指可以进入流通的有形物体"，并要求各成员国就网络环境中向公众传播作品的行为加以控制。欧盟即采用了将传统发行与网络传播分开调整的形式，将发行权的调整范围限于实体领域，而专门新增专项权利统一规制网络中向公众提供作品的行为。美国对此问题的认知和实践上则存在较大差异，其主张扩大发行权的调整范围，将网络传播同实体发行均统一归由发行权控制，并在诸多司法判例中加以明确。

我国著作权法沿用了多数国家的体例，设置了专门的信息网络传播权以调整网络环境中的作品传播活动，具有将实体发行与数字网络流转相区分的倾向。司法实践中也多以信息网络传播权规制网络传播中的侵权行为。然而，一方面，相关法律文件[1]中仍将通过信息网络传播他人作品的行为认定为"发行"，对相关行为的定性在思路上仍不明确；另一方面，即便将网络传播与实体发行作出彻底区分，仍不能排除随着数字技术和商业模式的发展，会有更多以彻底移转数字复制件的占有和所有权为主要形式的数字发行行为涌现，也不应完全排除发行权在网络环境中应用的可能性。

### 3. 发行权用尽原则的适用

发行权用尽原则在数字领域的应用，是发行权同信息网络技术碰撞所产生的另一鲜明问题。在传统环境下，作品原件或复制件的所有权经合法程序被转移后，著作权人对该原件或复制件的再次流转不再享有控制的权利。如《德国版权法》第17条（2）指出，权利人同意作品的原件或复制件在德国进入市场，则该作品作为商品的进一步销售无须作者同意。该原则的提出和应用目的在于防止著作权对商品自由流通的限制。我国立法虽未有明确规定，但学术研究和司法实践中多支持并采纳这一原则。网络环境中，作品传播通常导致受众

---

[1]《关于办理侵犯知识产权刑事案件具体应用法律若干问题的解释》第十一条、《关于办理侵犯著作权刑事案件中涉及录音录像制品有关问题的批复》等。

对作品复制件的获得，那么数字复制件的传播、流转以及转售等，是否同样可以不经权利人许可而直接进行？

上文的论述中已表明，在网络传播作品的定性上，欧盟与美国采用了差异较大的不同模式，因而产生了完全不同的观点，即前者以向公众传播权控制，而后者采用发行权统一调整。在司法实践中对于发行权用尽在网络中的适用，却保持了相对一致的观点。欧盟"汤姆·卡比内特网络公司"一案中，法院认为，网上下载提供电子书的行为未有有形物质载体的流转，不属于发行行为，应归属于"向公众传播"。"甲骨文公司诉用软公司"一案中，法院虽然裁定计算机软件被作者以销售的方式转让，则后续再被许可或销售不需作者同意，但仅针对性质及使用流程较特殊的计算机软件。"美国国会唱片诉雷迪格公司"一案中，法院认为音乐上传、转移过程中伴随有文件的保存以及新复制件的生成，已超出纯粹的发行行为并构成对复制权的侵害，而发行权用尽仅针对合法制作的特定复制件。简而言之，对网络环境中发行权用尽原则的适用，均保持了相当谨慎的态度。

综合来看，应当充分认识到这一权利和原则在数字二手市场等领域中可能发挥的重要影响，从保障著作权人的经济收益与维护公共利益相协调的角度出发，进一步加以讨论和完善。

### （三）信息网络传播权

为适应信息网络社会发展的需要，补充《伯尔尼公约》在发行权和向公众传播权等方面的空白和作品传播权设置分散的问题，将以交互式传播为代表的网络环境中的作品传播行为纳入著作权法规制的范围，1996年新的《世界知识产权组织版权条约》缔结形成，通过第8条"向公众传播的权利"，该条文后半句则表述了更为具体的"向公众提供权"。[1]

我国的"信息网络传播权"，体现了"向公众提供权"的内核。结合条文内容不难发现，信息网络传播行为的构成需满足特定的条件，即通过网络向公众提供作品，以及满足交互式的特征。其中，前者指将作品上传至网络服务器等

---

[1] 参见邓恒：《信息提供权——信息网络传播权的本质》，《中国社会科学报》2019年2月13日。

使公众具有获得作品的可能性的行为，后者则指公众能够"按需""点播"作品。

对信息网络传播行为的正确理解与把握，同频发的网络传播作品的行为性质的认定直接相关，其第一个关键要素，在于对作品提供行为的界定。在利用信息网络传播作品的过程中，涉及的行为方往往复杂多样，既包含直接将作品上传至网络服务器的内容提供者，也离不开网络接入、链接、存储等多种服务的服务提供者。但通常认为，仅将作品上传至网络的初始提供行为，可能构成著作权法意义上的信息网络传播。如我国法律以"向公众提供"而非"向公众传播"为表述，通过语义传达出信息网络传播行为的限缩。[1] 提供网络接入、传输、链接、存储等服务的网络服务提供行为，通常不涉及对信息网络传播权的直接侵犯。

第二个关键要素，在于对"交互性"的理解。信息网络传播权将控制的行为范畴限制于可以个人选择、接受者具有主动性并可与提供者互动的传播形式，而与被动按提供者安排接受作品传播的广播权、放映权等相区分。但对于"个人选定的时间和地点"的理解，在实践中颇有争议，即用户在时间和地点的选择上是否有任意选择的绝对自由。对此，学界多认为，这一表述的意义在于对交互性的具体描述，因而并不意味着可以将其理解为在"任意的时间和地点"。因服务器开放时间限制而导致内容无法传递并不必然导致信息网络传播行为的不成立。

另一方面，网络环境中广泛存在的网络实时转播、网络首次广播等，作为非交互式的网络传播形式，能否适用信息网络传播权的相关规定加以调整，曾经存在争议。由上文论述不难得知，我国对于信息网络传播权的规定限制在交互式传播的范围内，对法律的理解和适用不宜进行随意的过度扩张。但同时，控制传播行为的另一权利——广播权，过去存在难以规范非交互性的网络传播行为的问题，其原因在于我国《著作权法》修订之前，对广播权的规定所控制的行为范畴同样有限，网络转播等网络中的实时传播行为恰好处于上述规定的空白区域。新版《著作权法》将广播权的定义进行修改，显然已对广播权的控制范围进行了扩张。广播权与信息网络传播权的连接更为紧密，网络直播等非

---

[1] 参见孔祥俊：《网络著作权保护法律理念与裁判方法》，中国法制出版社 2015 年版，第 77 页。

交互式在线传播的形式可以依据广播权的相关规定加以治理。相信未来对于网络环境中的各类作品传播活动，立法和司法实践均将给出更好的规范方式。

## 二、网络环境中的著作权限制

如知名知识产权学者郑成思所言，著作权的权利限制，"指某些行为本属对著作权人权利的侵犯，但因法律将这部分行为作为侵权的例外，因而不再属于侵权"[1]。从维护社会公共利益的整体角度考量，国际条约以及各国著作权法一般均规定了在满足某些特定条件的情形下，对作品的利用不构成著作权侵权的限制与例外情形。即法律既赋予著作权人以控制作品的排他性权利，也要求著作权人应当为社会公共利益作出一定让步。对著作权的例外限制主要体现为合理使用和法定许可使用两种形式，著作权限制规则的适用与否可能直接影响网络作品流通中某些行为的定性，应当结合理论与具体实践加以探究。

### （一）合理使用

合理使用，即在满足法律规定的特定条件的前提下，行为人可以不经著作权人同意，也无须向其支付报酬，而对其作品进行的免费使用。对合理使用规则的正确理解，直接关系着著作权人的合法权益能否在与促进社会公益与科学文化繁荣发展保持平衡的同时，在合理的范围内受到保护，因而具有十分重要的意义。

#### 1. 合理使用的规定模式比较

包括《伯尔尼公约》、《TRIPs 协定》以及《世界知识产权组织版权公约》在内的国际条约均为成员国对著作权的限制提供了规定的空间，但同样设置了一致的、较为明确的前提条件，如《TRIPs 协定》第一部分第 13 条规定，关于合理使用的适用要求，并以此推导出合理使用的"三步检验法"，包括：只能在特殊情况下作出，不能与作品的正常利用相矛盾，以及不能无故损害权利人合法权益。这意味着上述条约的成员国应以三步检验的三个标准为前提与关

---

[1] 郑成思：《版权法》(上)，中国人民大学出版社 2009 年版，第 284 页。

键的判定要素。

　　以此为背景，各国立法或司法实践对合理使用的理解与判断路径有所区别。美国等国家通过"在立法中设定合理使用判断要素，为法官的个案裁判提供原则性依据，呈现为'因素主义'"[1]。《美国版权法》第107条规定判断对作品的使用是否属于合理使用，应考虑四个因素[2]，其中，第一个因素分析对作品的使用是否出于商业或营利性质，第二个因素考量被使用作品的独创性程度，第三个因素围绕引用的程度是否适量展开，第四个因素较为关键，在于使用是否影响了原作品的潜在市场。美国司法实践中还发展出了"转换性使用"的规则，即在作品的使用中增加新的内容、角度或理念，或以其他形式，使原作品在被使用的过程中形成了新的价值或目的，从而对其原本的价值或功能有所改变。[3]"转换性使用"最初虽然在戏仿等介绍、评论原作品或创作新作品的案例中出现，但对其解释的范围在逐步扩大，渐成趋势。一般认为，一种使用作品的行为所具有的转换性越强，被认定为合理使用的可能性越大。且有调查表明，"转换性使用"在美国合理使用案件的司法裁判中，已经逐渐成为最为主要的认定因素。

　　德国、法国等国家则对合理使用采用了较为封闭的规定，在法律条文中通过尽可能精确且翔实的类型化区分方式对合理使用的各类情形予以专门规定。如《德国著作权法》即从个人使用目的、为文化经济而进行及为公众利益而进行等角度对满足合理使用的可能情形进行了描述。[4]

　　我国《著作权法》对合理使用的规定更贴近德、法等国明文穷尽列举的形式，《著作权法》第二十四条列出了合理使用的13种法定情形，《信息网络传播权保护条例》第六条描述了网络环境中合理使用的8种情形。同时，《著作权法实施条例》第十一条则进一步结合三步检验的整体规则予以限制，即在符合法定情形的前提下，仍然"不得影响该作品的正常使用，也不得不合理地损害著作权人的合法权益"。2020年新修订的《著作权法》也已将三步检验的

---

[1] 李杨：《著作权合理使用制度的体系构造与司法互动》，《法律评论》2020年第4期。
[2] 参见《十二国著作权法》，《十二国著作权法》翻译组译，清华大学出版社2011年版，第731页。
[3] Cf. Campbell v. Acuff-Rose Music, Inc., 510 U.S. 569, 579 (1994).
[4] 参见雷炳德、张恩民：《著作权法》，法律出版社2004年版，第298—345页。

相关标准纳入合理使用的一般性描述中。

不可否认的是，面对数字网络时代作品传播与利用的新形式、新问题，落后于实践的僵化的规则主义模式难以作出灵活且合理的反应。在此基础上，最高人民法院颁布了《关于充分发挥知识产权审判职能作用推动社会主义文化大发展大繁荣和促进经济自主协调发展若干问题的意见》，通过引入美国合理使用"四要素"，对合理使用的法定情形予以扩张。但由于《著作权法》定情形、三步检验标准与四要素的相互关系与适用顺序并不明确，对部分规定与要素的具体内涵描述并不清晰，我国司法实践面临合理使用问题时呈现出多样化的判定思路，可基于三步检验、四要素、转换性使用等多种方式。

笔者认为，网络环境中对合理使用的理解不应仅限于法定的有限具体情形，而可以通过"其他情形"的设置以使法律规定具有司法解释的灵活空间。在此基础上，借助四要素等司法裁判中的衡量因素，结合社会公共利益的需求与对著作权人实质利益的保护，针对个案情形具体论证，并最终落脚于对三步检验的二、三因素的判定，从而完善合理使用制度的运行机制，以更好适应数字时代的需要。

**2. 网络环境中的合理使用**

在《著作权法》对合理使用法定情形列举的基础之上，我国《信息网络传播权保护条例》规定了为介绍评论适当引用、时事新闻报道中使用、课堂教学或科研中少量使用、国家机关公务性使用、对公众提供时事性文章的使用和对公众集会上讲话的使用等应用于网络环境的若干形式，且对各形式的常见表现与适用规则大多已有较为通行的理解与论述。

更为棘手的问题在于，网络环境中出现了诸多作品传播与利用的新方式、新现象。局限于法定的有限情形，往往难以解决其合理使用的判定问题。为适应数字技术的需求和版权法制统一的需要，同样采用明文列举形式限定合理使用的欧盟，于2019年通过的《数字化单一市场版权指令》中，即在第二章专门设置了针对数字环境的例外限制相关条款，包括"文本和数据挖掘、在数字化和跨境教学活动中使用作品和其他客体、文化遗产的保存三种形式"[1]。仍然

---

[1] 王进：《欧盟〈数字化单一市场版权指令〉的例外与限制制度解读及对我国的启示》，《科技与出版》2019年第10期。

以规则主义的形式，扩展了合理使用在数字时代的适用范围。

我国司法实践中面临的对合理使用判定的新问题，则大多集中于新型作品的新型利用形式，在《著作权法》及相关法律条文尚未对合理使用的情形与规则作进一步的扩张或明确的情况下，法院需要正确地适用前述的规则与要素加以综合考量，而常存在一定争议。在此以网络环境中争议较大的两种情况为例，加以论述。

问题之一，网络游戏直播能否被认定为合理使用的形式之一。我国司法实践对这一问题已有初步探索，"梦幻西游2"一案中，法院认为，"构成'转换性使用'，应当达到使受众关注点由作品本身的文学、艺术价值，转移到对作品转换性使用所产生的新的价值和功能的程度"，从而否定了该案网络游戏直播构成合理使用的抗辩。

学术研究中对网络游戏直播合理使用的判定，在适用标准以及判定结论上均存在争议。如应当采纳四要素、转换性使用还是依据三步检验条件或我国《著作权法》第二十四条的法定情形为认定标准。有观点认为，游戏直播重点在于展示用户的游戏策略与技巧，具有更强的转换性，且对游戏市场本身和游戏画面衍生开发的影响并不明显，因而可被认定为转换性使用。[1] 相对应地，也有论述主张，我国法律对合理使用的具体情形有明确列举，网络游戏直播并不归属于任一法定情形。另外，即便从受众因素衡量，画面的观赏价值对直播的吸引力、号召力以及对经济收益有重要影响，且游戏开发者往往对直播市场存在一定的收益预期，因而无法构成合理使用。[2]

在另一更加非专业化的短视频领域，人人均可为创作者的特征更为明显。以个人或小型团队为主的创作群体，常通过对以他人作品再剪辑、再创作的方式，完成个人的思想表达，如各类混剪视频、电影解说类视频等。不可否认的是，在这类视频的创作过程中，制作者往往投入了大量的心血与智力劳动，或通过片段的选择、编排传递特定的情感思想，或以独特且具有创造力的旁白对原始作品的情节、内涵加以角度不同的剖析。但同时，未经授权而直接将他人

---

[1] 参见王迁:《电子游戏直播的著作权问题研究》,《电子知识产权》2016年第2期。

[2] 参见焦和平:《网络游戏在线直播的著作权合理使用研究》,《法律科学》2019年第5期。

作品随意剪辑、再现的行为可否因构成合理使用而免责，也在司法实践与学术研究中多有探讨。

结合解说、混剪等视频内容的特征以及我国合理使用列举的情形，这类创作成果更具有个人使用或为介绍、评论而适当引用的性质。但当下视频复制和传播速度快、范围广，且常具有商业目的或营利性回报，很难被定性为纯粹为个人目的进行的使用；另外，也已超出传统意义上对作品评论方式的认知。在此基础上，对这类短视频合理使用的判断，可以结合上文中列举的四要素、转换性使用等标准综合判断。

从使用作品的性质和目的上，大量混剪、解说视频常带有获取经济回报的目的或最终结果，如打赏、带货、发布广告以及第三方平台引流等常见的形式均可以使视频制作者获得丰厚的经济收益，具有利用他人创作成果牟利的倾向。但也有观点主张，不应单纯以营利与否判定使用目的。[1] 从版权作品的性质上，被作为素材使用的视频片段通常取自独创性较高、创作及摄制投入均较大的成熟影视作品。不乏混剪或解说视频，借用了原作品中大篇幅或具有核心价值的部分，使受众无须再观赏原作便已获得原作的主要信息或观摩体验，从而直接影响了原作品的潜在市场。但也应注意到，部分混剪视频在对原作的重新编排、剪辑以及解说的过程中，已经改变了原作传递的思想情感或创作目的，而形成了带有个人印记的独创性表达，如常见的通过片段的拼接讲述全新的故事，或以独特的视角解读对影视作品的深层次理解等，因而具有转换性使用的性质。

由此可见，网络环境中，单纯依赖对传统的合理使用法定情形的理解，已经很难解决新现象、新问题产生的新矛盾，此时借鉴国外实践经验，综合运用有适用价值的各类衡量因素，结合个案情形灵活判断，就显得尤为重要。

**（二）法定许可使用**

法定许可使用同样属于对著作权人的专有权利的限制，但不同之处在于，并未剥夺其获得报酬的权利。其目的一方面在于降低交易成本，促进作品的使

---

[1] 参见张伯娜：《短视频版权保护与合理使用判断标准探究》，《出版发行研究》2019 年第 3 期。

用或信息的获得,如报刊的转载,录音制品的制作与播放,均不宜因烦琐的授权交易而使作品传播的速度和范围有所减损。另一方面则出于公共利益或产业发展的需要,如教科书对作品的汇编等。

我国《著作权法》并未集中就法定许可的适用情形加以规定,而是散见于与录音录像、播放、广播电台、电视台等领域与环节相关的条文中,包含了如下几种形式。

从促进教育事业发展的角度,《著作权法》第二十五条规定了教科书的法定许可,并在最新修订的版本中取消了"九年制"的限定条件,将教科书法定许可的适用范围进一步扩大。相对应地,为满足网络教学对课件的需要,《信息网络传播权保护条例》新增了第八条,类比前文规定,指明同类情况下制作课件同样适用法定许可。从促进信息内容以及优秀作品传播的角度,针对文字作品,《著作权法》第三十五条第二款规定了报刊转载、摘编的法定许可。针对多媒体作品,《著作权法》第四十六条第二款规定了广播电台、电视台播放作品的法定许可。还有为促进产业发展,防止过分垄断以及为扶助贫困而制定的部分条款。

在网络环境中,互联网媒体已经成为信息发布和传播的重要平台,逐渐有压倒传统媒体的势头,对法定许可制度的争议也更多表现在对其是否可适用于网络转载行为的讨论中。我国立法对该问题的规定曾经历了几番调整。发布于2000年的《最高人民法院关于审理涉及计算机网络著作权纠纷案件适用法律若干问题的解释》曾规定将报刊转载法定许可的范围扩展到了网络媒体间。但《著作权法》后续进行修正时,仍然坚持将这一法定许可限定于传统报刊之间。在此基础上,最高人民法院最终修改了上述网络著作权司法解释,去除了网络转载适用法定许可的规定。由此可见,网络中内容的转载摘编应取得著作权人授权,否则将面临较大的侵权风险。如"腾讯诉今日头条"一案中,法院认为,今日头条擅自通过其网站和App向公众提供腾讯享有权利的200余篇报道文章,侵犯了腾讯的信息网络传播权。

针对网络内容转载是否应适用法定许可,支持和反对的观点均有明确理由。如支持者认为,网络媒体始终面临着海量作品的授权取得问题,不利于信息的及时快速传播。且先授权后使用模式在网络环境中的烦琐、滞后性一定程度上导致了网络媒体"普遍性违法"。[1]反对者则认为,网络媒体与传统媒体在传播手段、范围、速度与影响力方面均有巨大差异,网络转载传播范围广泛、即时快捷,若不受著作权人控制,将对其作品产生鲜明的市场替代效果,从而严重影响其合法权益。

法定许可制度的设计目的,在于不影响通过经济回报对作者施以创作激励的同时,促进作品的及时、广泛传播,推动社会文化的整体繁荣。可视为对传统的先授权后使用模式的改进。从促进作品最大范围内传播的角度,将法定许可扩展到网络范围内确有必要。但维护作者权益同样必不可少,因而一方面,可对网络转载的法定许可作一定限制,如转载的主体限定为获得了相关行政许可的网络新闻媒体,转载的内容具有时效性或与公共利益以及公众需求相关;另一方面,完善支付报酬的标准和途径,借助集体管理组织协助收取并发送法定许可费用以保障作者经济收益,从而更好地解决网络转载中的侵权问题。

## 第三节　网络环境中的著作权侵权与规制

《著作权法》秉承以专有权利控制特定行为的原则,未经著作权人授权,擅自从事著作权法规定的由权利人控制的特定行为,极有可能构成对著作权的直接侵犯。而对著作权的直接侵权行为进行教唆或帮助,则存在著作权间接侵权的风险。

随着网络技术的普及和版权产业的发展壮大,网络环境中著作权侵权现象的出现也日渐频繁。维权骑士与鲸版权发布的《2019年度版权报告》显示,被侵权的作者占全体作者的23%,平均每篇内容的被侵权量为3.64次,但这一数字相较于2016年的59%、8次已有所降低。以网络文学为例,中国版权协会发布的《2021年中国网络文学版权保护与发展报告》显示,2021年中国网络文学盗版损失规模为62亿元,同比上升2.8%,盗版侵权给中国网络文学

---

[1] 参见丛立先:《网络新媒体转载法定许可制度的出路》,《法学》2010年第1期。

产业带来的损失可占其市场份额的 17.3%。网络内容所面临的著作权侵权问题依然不容小觑。因此，充分了解著作权侵权在网络环境中的构成与表现，具有重要意义。

## 一、网络环境中著作权的直接侵权

在网络环境中，常见有对用户或平台"抄袭""剽窃""盗用"他人内容的控诉，也是网络内容权益遭受侵犯的主要形式之一，此类行为在满足特定条件的前提下，可能构成对著作权的直接侵权并应当承担相应的法律责任。因而直接侵权的判定要件，以及互联网传播内容的某些新型技术形式，如深层链接、内容聚合等，其行为应当如何定性，是值得探讨的话题。

### （一）直接侵权的构成

未经著作权人授权许可，擅自对其作品实施由著作权人管控的特定行为，又不符合著作权限制与例外的特定情形，则构成直接侵权。

由此可见，在著作权直接侵权的判定过程中，两个因素扮演着重要角色，即所从事的行为是否由专有权利所控制，以及是否适用可抗辩侵权的法定限制规定。同时，《著作权法》属于民事法律体系的一部分，一般民事侵权责任的构成要件，在著作权直接侵权的判断中也可作为参考。其中，抗辩事由即上一节所提到的"合理使用""法定许可使用"等若干情形，关于民事权益的损害不需特别加以证明，一般推定只要具有加害行为，且不具备免责事由，就存在着损害。在此基础上，在著作权直接侵权的判定中，相较于普通的民事侵权行为，归责原则和加害行为的解读更为关键。

就归责原则而言，根据《TRIPs 协定》第 45 条第 2 款规定，对侵权行为的认定并不以行为人的主观过错为必要前提。同国际公约的规定保持一致，我国《著作权法》对大部分直接侵权责任的判定采取了无过错责任的规则原则，如《著作权法》第五十二、五十三条的表述未对主观状态有任何限制。因此，在著作权直接侵权的案件中，通常不需要证明行为人存在主观过错，从而在使行为人责任负担加重的同时，令著作权人得到及时救济。

另外，适用无过错责任原则也并非意味着对主观状态的考量毫无意义。一方面，根据《信息网络传播权保护条例》，著作权侵权行为中对技术措施和权利管理信息的侵害，一般以行为人具有主观过错，即"故意"，为前提。行为人主观过错的有无以及严重程度，对侵权责任的承担，尤其是赔偿责任的数额，也有重要影响。

就加害行为而言，即是否实施了专有权利控制的特定行为，涉及新旧作品对比的复制、演绎等行为较难判断，也就是常见的抄袭、剽窃等。对于这一类问题的存在，知名版权问题专家郑成思曾指出，"衡量侵权与否的一条基本原则，就是看被诉侵权的'作品'中，是否以非独创性的方式包含了版权人原作品中的独创性成果"[1]。这也就意味着，初始作品中的独创性成分若被他人复制、再利用，则可能构成著作权侵权，除非被利用的部分被著作权的保护排除在外，或者行为人在初始作品的基础上形成了全新的独创性成果。在司法实践中，对于此种情况的侵权认定也通常需要考虑如下因素：应对原作品受保护的部分加以甄别，从作品中将《著作权法》不予保护的思想（如抽象的游戏规则），公有领域中的文学作品、史料、在先已经形成的素材均剔除，判断剩余的内容是否满足构成著作权法意义上"作品"的要求。在此基础上，一则，判断被告是否曾经接触原告作品，一般情况下，作品发表时间在先即被推定为具有被接触的可能性，以免除权利人过重的举证负担；二则，对原被告作品的实质性相似程度加以比对，从整体和主要部分等角度综合判断。

### （二）网络环境中的直接侵权

随着信息网络技术的发展，作品的传播以及呈现的方式和手段均具有了更为丰富的形式，并相应为著作权人设置了专门的信息网络传播权，以控制其作品在网络中的传播。网络环境中的直接侵权，即主要表现为对信息网络传播权的侵犯。

信息网络传播权的侵权认定，其核心在于存在对作品的提供行为。网络用户作为作品的上传和传递者，往往可能被认为具有上述的作品提供行为，《最

---

[1] 郑成思：《版权法》（上），中国人民大学出版社2009年版，第239页。

高人民法院关于审理侵害信息网络传播权民事纠纷案件适用法律若干问题的规定》第三条第二款有专门说明。然而,网络服务提供者在网络内容传播中发挥的作用不容小觑。在大多数情况下,他们因为侵权作品传播提供网络接入、传输、存储、搜索、链接等服务,而可能构成对著作权的间接侵犯,同时因技术中立而具有免责的特定事由,下文中会有具体论述。

随着信息技术的更新换代和新兴商业模式的不断涌现,信息网络传播权直接侵权的判定也面临着新问题,主要体现在某些网络服务提供者新型的传播方式,对传统作品提供行为的认定标准形成了挑战。如以"深层链接"为代表的新技术形式,指通过链接使用户绕开被设链网站的页面而直接连通至分页,能够在不脱离原本访问的设链网站界面的同时,获取到被存储在被链网站服务器或者存储空间中的视频内容。以深度链接技术为基础,又出现了各类内容聚合平台,绕开原始内容提供网站的链接乃至防止设链的技术措施,将各类音乐、视频汇集到己方的平台或页面中,为网络用户获取内容提供便利,并收获丰厚的经济收益。而此种链接或聚合行为确实并未实施直接的作品上传行为,但无疑会对作品的原始提供平台造成巨大的负面效应。

因此,对上述行为是否侵犯信息网络传播权的问题存在广泛讨论,争议主要集中于应当采用何种认定标准,以及相应地构成何种侵权形式。

服务器标准,即是否"将内容上传到或采用其他方式将作品置于向公众开放的服务器"[1]。美国"《完美十》杂志公司诉谷歌"案较早提出了针对聚合链接案件应适用服务器标准,认为深层链接仅向用户传播了被链接文件的网址,而没有传播文件本身,因而不构成对权利的直接侵犯。[2] 由此可见,服务器标准强调对作品的初始提供。我国学者提出,传播行为应以客观形成"传播源"为前提条件,"未形成传播源的深层链接同信息网络传播行为无关"。[3]

如果说,服务器标准要求对作品的初始提供,因而更倾向于通过间接侵权规制具有主观恶意的深层链接、聚合等行为,那么用户感知、实质呈现等标准则认为此类行为应当属于网络传播并承担直接侵权责任。其中,用户感知标

---

[1] 王迁:《网络环境中的著作权保护研究》,法律出版社 2011 年版,第 339 页。
[2] Cf. Perfect 10 v. Google, Inc., 416 F. Supp. 2d 828(C. D. Cal. 2006).
[3] 王迁:《论提供"深层链接"行为的法律定性及其规制》,《法学》2016 年第 10 期。

准的评判依据主要来自用户自身的主观感受。实质呈现标准认为网络传播分为作品的提供与展示两个环节。聚合链接虽未提供作品，但通过其平台或网页实施了作品展示行为，可构成直接侵权。

另外，欧盟通过 2014 年的"斯文松公司诉 Retriever Sverige 网站公司"一案阐述了其关于深层链接问题的新用户标准。认为若采用同样的技术手段，则向公众传播行为的构成须指向相较于初始传播行为的"新公众"，即产生了新的受众群体。并在"GS 网络媒体公司诉芬兰萨诺玛传媒公司"一案中进一步说明，若被告明知或应知被链接网站提供的内容为侵权作品，却仍然提供链接，就仍可构成对向公众传播权的侵犯。[1] 我国亦有学者认为，应通过新公众标准，将设置指向侵权内容的深层链接行为纳入信息网络传播权的规制范畴。[2]

上文所列举的诸类标准，客观而言均具有一定的局限性。如用户感知、实质呈现等标准，均具有一定的主观色彩，容易导致司法的不稳定性。实质性替代标准则本质上为利用对损害后果（实质性替代效果）的判断作为归责原则，但在著作权保护领域中，损害后果的形成并不直接意味着侵权行为的成立。服务器标准虽然具有较强的可操作性且同作品提供的核心行为直接对应，但拘泥于特定的技术形式与细节而忽视实际传播效果，会导致著作权人在网络环境中的传播权益无法得到有效保障。

## 二、网络环境中著作权的间接侵权

单纯地规制网络用户的直接侵权行为，显然既具有较大的搜寻难度，也无法弥补因侵权内容的广泛传播对著作权人造成的巨大损失，因而，通过间接侵权的形式，对特定情况下的网络服务提供者也进行适当规制，成为世界范围内多数国家采纳的方式。

### （一）间接侵权的构成

同大多数大陆法系国家一致，我国传统的侵权责任法体系中，长期以来

---

[1] Cf. GS Media BV v. Sanoma Media Netherlands BV（C-160/15, EU：C：2016：644）(ECJ).
[2] 参见范长军：《加框链接直接侵权判定的"新公众标准"》，《法学》2018 年第 2 期。

并未明确提出所谓"间接侵权"。然而，在网络环境中，侵权内容得以快速复制、便利存储以及广泛传播，难以离开网络服务提供者提供的各项服务，同时，若不在必要情况下对这些网络服务提供者加以适当规制，著作权人受到的损害还会因侵权内容的持续存在与流转而进一步扩大。此时，通过间接侵权责任的规定，对网络服务提供者与网络用户的责任主次加以区分，对网络服务提供者承担责任的条件与情形加以界定，可以合理地扩展著作权保护的范围，强化网络服务提供者的责任意识。

**1. 间接侵权的形式与特征**

间接侵权主要有两种形式："一是对侵犯他人著作权的行为进行教唆、引诱或者帮助；二是行为人的行为如不制止将导致直接侵权的发生或扩大直接侵权的损害。"[1] 关于教唆、引诱及故意帮助他人侵权，我国侵权责任相关法律中早有规定，如《民法典》第七编"侵权责任"第一千一百六十九条等。在网络环境中，一方面，多数网络服务提供者所提供的行为实际上即为对网络用户的著作权侵权提供帮助，如用户将盗版音乐、视频、文字内容等上传至网络空间再向其他公众传播，其过程的完成必然需要借助网络接入、内容传输、存储以及链接等各项网络服务与技术。另外，如若侵权内容长期存储在网络空间中，连接至侵权内容并加以传播的链接长期有效，则对著作权人的影响还将一直存在并进一步扩大。因此，对于网络服务提供者的间接侵权责任常有申诉与探讨。

间接侵权并未直接实施著作权控制的特定行为，将此类行为纳入著作权侵权的范畴是出于"适当扩大著作权保护范围的政策考量以及这些行为的可责性"[2]，因此，对著作权间接侵权的特征与责任的认定均有较为严格的限制。

第一，构成间接侵权的行为并非著作权控制的特定行为，而仅与直接侵权行为存在一定的关联。这也是两种侵权形式最为根本的且直接的区别。第二，间接侵权以直接侵权的存在或即将实施为前提。设立间接侵权责任的目的，在于对教唆、帮助直接侵权或使直接侵权行为的损害后果扩大的行为加以控制，以有效维护著作权人的合法权益，因而大多数情况下，间接侵权的构成

---

[1] 冯晓青：《著作权法》，法律出版社 2010 年版，第 235—236 页。

[2] 王迁：《知识产权法教程》（第四版），中国人民大学出版社 2014 年版，第 247 页。

自然以直接侵权行为的存在为前提。在司法实践中，也有将这一特征作为间接侵权的构成条件加以考量的情况。如北京市高级人民法院曾出台《关于审理涉及网络环境下著作权纠纷案件若干问题的指导意见》指明此观点。当然，对此问题也有不同观点，如有学者认为，间接侵权属于独立的侵权行为，只要实施了法律规定的行为，即构成侵权，不以已经发生"直接侵权"以及找到了直接侵权人为前提条件。[1] 网络环境中，也确实存在一些特殊的情形，网络服务提供者通过设置一些特定的功能、条件或提供一些特定的服务，使得用户具备了实施著作权直接侵权的可能性与动力，虽然损害后果尚未产生，但加以规制显然有利于防止直接侵权的发生。总而言之，《著作权法》中的间接侵权仍然围绕直接侵权展开，针对的是直接侵权的准备、即将发生到发生、持续实施以及损害影响扩大的整体过程。

**2. 归责原则**

间接侵权另外一个更为重要的特征或者构成要件，为具有主观上的过错。前文中已经讲到，直接侵权行为同著作权人享有的排他性权利直接抵触，因而多数情况下均适用无过错责任原则。而间接侵权则有所不同，相当于扩大了著作权法的保护范畴而将本不由著作权控制的行为纳入了可归责的范畴，因而此类行为一定应当具有归责的正当性即具有主观上的过错。

将过错责任原则作为间接侵权的归责原则是多数国家的共同观点。如美国《数字千年版权法》采取"通知后责任"，实为适用过错责任的另一种表达方式。司法判例中涉及辅助侵权、诱导侵权，均以存在过错为前提。"欧盟《电子商务指令》、日本《特定电气通信提供者损害赔偿责任之限制及发信者信息揭示法》也均规定了过错责任原则。"[2] 我国《民法典》第七编"侵权责任"第一千一百九十七条亦专门指出"网络服务提供者知道或者应当知道网络用户利用其网络服务侵害他人民事权益，未采取必要措施的，与该网络用户承担连带责任"，将"知道或应当知道"作为责任承担的前提。

由于在大多数案件中，被告通常不会承认己方具有主观上的过错，著作权间接侵权的构成则应当以依据一定的标准对主观过错的存在与否加以判断为

---

[1] 参见唐广良：《知识产权制度对民事立法的几点启示》，《知识产权》2015 年第 11 期。

[2] 吴汉东：《论网络服务提供者的著作权侵权责任》，《中国法学》2011 年第 2 期。

前提，即是否达到了"应当的注意程度"。这显然是一个没有固定依据的较为模糊的标准，因而在对间接侵权的判定中，尤其在较为复杂的网络环境下，更应当综合多方因素仔细考量并作更为严格的解释。

网络服务提供商常主张技术中立作为侵权抗辩的理由，即美国司法实践中总结出的"实质性非侵权用途"。1984年，在"环球、迪士尼诉日本索尼公司"一案中，美国联邦法院从促进技术进步、维护公共利益的角度出发，提出具有至少一种"实质性非侵权用途"的产品或技术，即使产品提供者知道使用者有可能侵权，亦不构成"帮助侵权"。这一判定标准显然存在漏洞，具有间接侵权恶意的产品提供者完全可以通过为其产品增加一定的非侵权用途而逃避主观过错的成立。因而在涉及P2P技术的"环球、华纳诉纳普斯特公司"及"米高梅等公司诉格罗克斯特公司、流媒体播放公司"案中，法院均驳回了P2P平台"实质性非侵权用途"的主张，认为其具有实质上帮助或诱导用户侵权的主观恶意而构成侵权。由此可见，促进技术发展固然重要，但并非以过分牺牲著作权人的权益为代价，权利人与社会公众的利益平衡应当得到稳定的调整以适应社会发展的需要。因此，以"技术中立""技术无罪"作为对抗网络服务提供者主观恶意的理由，显然已经不再充分。

在此基础上，应当认识到，网络服务者未能主动地审查或监控用户，并不必然表明其具有主观上的过错。如欧盟《电子商务指令》第15条。[1]我国《最高人民法院关于审理侵害信息网络传播权民事纠纷案件适用法律若干问题的规定》第八条也指出，"网络服务提供者未对网络用户侵害信息网络传播权的行为主动进行审查的，人民法院不应据此认定其具有过错"。

但同时，不负有主动监控、审查的义务，也不意味着网络服务商对自己用户的各种侵权行为可以完全忽视，而应当承担"合理的注意义务"。《最高人民法院关于审理侵害信息网络传播权民事纠纷案件适用法律若干问题的规定》第九条即列举了若干参考因素，如网络服务提供者的信息管理能力，是否对侵权内容进行了主动的编辑加工，是否有积极的预防侵权措施，以及侵权内容本

---

[1]《2000年6月8日欧洲议会及欧盟理事会关于共同体内部市场的信息社会服务，尤其是电子商务的若干法律方面的第2000/31/EC号指令》第15条：成员国不得规定网络服务提供者有监视传输或存储信息的义务，以及积极发现侵权事实的义务。

身的明显程度等。《民法典》"侵权责任编"第一千一百九十五条第二款则规定了"通知"条款，网络服务提供者须对接收到的侵权通知"转通知"并采取必要措施，否则将承担连带责任。在司法实践中，则通常会考虑"侵权促成中网络服务商发挥的作用、服务商的在先行为、侵权信息的明显程度以及服务商对侵权通知的反应等因素"[1]。总之，网络服务提供者对平台中的侵权内容是否有发现能力或应当能够发现，以及对待侵权预防、侵权通知、重复侵权的态度等，均可以作为判断"应知"即主观过错存在与否的考量因素。

### （二）"避风港"原则

#### 1. "避风港"原则的适用

对网络服务提供者间接侵权的责任判断，离不开对避风港原则的讨论。所谓"避风港"原则，实则为一种较为形象的比喻，指针对网络服务提供者而言，其主要发挥为用户提供技术服务的作用，因而当平台中存在的内容侵权时，若满足一定条件，此类提供者可以免责的法定规则。包括接收到侵权通知后应当及时作出删除、断开链接等必要措施，因而又常被称为"通知—删除"规则。在此基础上，"避风港"原则的适用还需排除一种特定的情形，即侵权现象如果非常明显，侵权事实如同红旗般飘扬，则可以推定网络服务提供者应当知道其存在，即所谓"红旗标准"。

对"避风港"原则较为完整且成熟的规定，源自美国国会1998年通过的《数字千年版权法》，其第512条列举了4类可以免于承担著作权侵权责任的网络服务类型，并分别结合其服务的内容与特征，描述了免责所应满足的具体条件。综合而言，可以分为3条：第一，对服务对象的侵权行为并不知道或不应当知道，未选择或改变服务对象的内容；第二，有权利和能力控制侵权行为时，未从著作权直接侵权事实中获益；第三，收到权利人的侵权通知后，通过删除、断开链接等方式停止提供技术服务。

我国《信息网络传播权保护条例》中对网络服务提供者免责情况的规定，直接移植自上述《数字千年版权法》第512条。"避风港"原则确实为网络服

---

[1] 冯晓青：《网络空间著作权》，中国大百科全书出版社2010年版，第24—26页。

务商间接侵权的构成与否提供了具有指导性的判断标准。其相关规定同样针对4种服务的免责情形予以了分别描述，并加入了对"红旗标准"的适用，即不能存在对侵权作品或行为的明知或应知。相当于从主观过错的存在与否与对侵权通知的合理应对两个主要方面进行了限制。《民法典》侵权责任编则对适用"避风港"原则免责的前提——侵权内容的通知与应对，进行了更为详尽的统一规定，包括了权利人通知、网络服务提供者的转通知并采取必要措施、网络用户的反声明、网络服务提供者的转通知以及权利人维权告知、网络服务提供者的措施终止5个环节；并阐明了一些具体细节。

**2."避风港"原则的发展趋势**

"避风港"原则虽然以避免对网络服务提供者施加过重的审查负担，以及防止间接侵权责任阻碍信息、内容的有效传播和互联网产业的发展为目的，但它并不是一切网络服务提供者免除责任的"灵丹妙药"，对"避风港"原则也并非无限制地随意适用。在"快乐阳光诉百度与内聚"一案中，不同作为的网络服务提供者即有不同的责任判定结果。法院认为，百度网盘作为私密信息存储空间服务者，在通过技术措施禁止其他搜索引擎抓取用户内容、接收应诉通知后删除侵权作品链接后，已尽到其义务并满足了适用通知删除规则的要求，无须承担侵权责任。而内聚公司网站向公众提供资源分享链接搜索服务，并在搜索结果对网盘资源链接进行了推荐、选择和编辑，这往往会使扩大侵权后果的情况出现，并具有主观过错，应承担侵权责任。

无独有偶，世界范围内，已有部分国家开始对"避风港"原则可能存在的过度扩张适用以及对网络服务提供商的不合理免责进行探讨。欧盟《电子商务指令》本已通过第14条规定，网络服务提供者除明知或应知侵权行为，或在知晓侵权行为后未能及时移除信息或采取其他措施防止损害扩大外，无须为服务接受者的侵权行为承担责任。但2019年出台的《数字化单一市场版权指令》中，第17条围绕在线内容分享服务提供者设计了新的规制机制。该条文明确了其服务的开展属于向公众传播行为，排除了《电子商务指令》确定的"避风港"原则在此类网络服务平台中的适用，并对其施加了寻求作品授权和版权过滤义务。一方面，在线内容分享服务提供者就平台中提供的内容应取得权利人授权。另一方面，其须对用户上传侵权内容承担责任，除非满足三个条件：第一，已尽最大努力获取授权；第二，对权利人已提供了相关且必要信息的作品和其他内容，已尽到最大努力确保该特定作品或其他内容不被侵权使用；第三，收到权利人通知后，已迅速从其网站中对所通知的作品或内容予以移除或断开链接，并根据第二项要求，尽最大努力防止相同情况再次出现。

欧盟的这一新规定固然能够有效地治理此类平台中的盗版问题，但同时无疑对以"油管"为代表的音视频内容分享平台和二次创作者极为不利，因而产生了巨大争议。服务提供者寻求授权或者对用户内容进行全面审查均意味着巨大的资金投入，同时，如作品是否构成合理使用的判断无法依靠技术完成，仍需要雇佣专业人员，完成成本与难度极高；另外，平台用户须通过评论、戏仿等形式才能继续从事借助他人作品的二次创作，用户生产内容的规模也将大幅缩小。

2020年5月，美国版权局亦发布了《第17编第512条报告书》，围绕其《数字千年版权法》中"避风港制度"是否实现了其预期的版权人和网络服务提供者之间的利益平衡进行了评估。该报告认为，该制度本欲维系的各方利益平衡已然失效，但不应对制度规定进行大规模的立法调整，而针对存在的具体问题给出了若干建议，比如，既有的对网络服务提供者类型的划分无法应对服务技术与类型的新发展，对网络服务者的知道与否的判定标准应进一步明确，替代侵权责任的判定标准同样需要加以明确，对虚假陈述和滥用侵权通知行为的处罚力度应当加大，设置更为灵活的侵权通知处理机制，等等。

由此可见，美国与欧盟均对其"避风港"原则的继续适用进行了有针对性的调整或修正，但方式与力度有所不同。如欧盟长期面临数字产业发展滞后但文化产业因国外网络平台的发展壮大而遭受侵权严重的问题，选择了加强网络平台监管，在维护作者权益的同时，抑制他国互联网优势企业在其境内的发展。但不可否认的是，美国与欧盟均认为面临信息网络社会发展的新形势，应当对"避风港"原则的适用规则加以调整或限制。

我国2020年最新颁布的《民法典》亦对网络服务提供者的责任规则的完善需求予以了回应，扩展了平台接收侵权通知后的应对方式，可以根据其服务的类型与特征采用必要的措施，同时增加了权利人错误通知的侵权责任以及用户通过反通知对抗侵权主张的权利，从而进一步丰富和完善了"避风港"原则的规则体系。

### 三、网络环境中侵犯著作权的规制与比较

分析作品构成的要件与侵权行为的成立，其最终目的仍要落脚到侵权责任的承担。《TRIPs协定》附件明确指出"知识产权属于私权"。因而，著作权应归属于民事权利体系的范畴，多数情况下通过著作权法在内的民事法律规范加以调整。但作者的专有权利在特定情况下，如达到一定期限、符合合理使用、法定许可等条件，往往受到为平衡公共利益而形成的限制，在此基础上，行政、刑事法律手段也常被应用于对著作权侵权行为的法律规制中。

#### （一）民事责任

通过行为人民事责任的承担，对著作权侵权行为的民事法律手段规制，其目的在于达到如下效果：使行为人停止侵权行为的继续从事并防止侵权后果进一步扩大，著作权人就遭受的损害结果得到充分补偿，以及尽可能降低行为人未来继续从事侵权行为的可能性。在此基础上，对著作权侵权行为的民事救济措施，也围绕上述目的加以设置。根据我国《著作权法》第五十二条的规定，侵犯著作权所应承担的民事责任，主要包括如下形式。

1. 停止侵害

停止侵害是使著作权人的专有权利停止受到持续侵害的最直接有效的手段，也是侵权行为仍在进行时行为人所需承担的首要责任。他人未经授权许可，又没有合理使用、法定许可等正当理由，而使用他人作品，一般均会成立对作者著作权的直接侵犯，且无须考虑有无主观过错。在此基础上，行为人必然应当承担停止侵权行为的责任。否则，即便行为人主观并无恶意、对自己的侵权行为并不知情，也仍然会导致著作权人受到一定人身或财产上的损害。

2. 消除影响，赔礼道歉

消除影响，赔礼道歉是对应著作权的人身权利受到损害时所应采用的救济措施。《著作权法》虽然主要通过赋予作者获得经济回报的权利的方式鼓励其持续创作，但人身权利同样是著作权人享有的专有权利的重要组成部分。

《著作权法》第十条指明，著作权人享有"发表权、署名权、修改权、保护作品完整权"四项人身权利。在作品传播的过程中，常见有损害作者人身权利的现象，网络环境中尤为广泛。如网络转载的过程中，对作品作者的署名有误或不署名，对作品内容随意歪曲、篡改的现象时有发生。此时，仅赔偿经济损失难以弥补对著作权人人身权益或者个人声誉的损害，而需要通过登载更正声明、赔礼道歉等方式承担责任，消除影响。

### 3. 赔偿损失

著作权侵权通常会导致作者可获取或可预期的市场份额减损并遭受一定的经济损失。如互联网平台中常见有用户对原创小说、热门影片、流行音乐的上传与分享传递，其行为自然会使获得资源的受众不再为原作者的正版作品付费，进而使权利人遭受金钱上的损失。因而，赔偿损失是著作权人获得有效民事救济的重要手段。损害赔偿责任的承担需注意如下问题。

第一，虽然著作权侵权行为的构成适用无过错责任原则，但损害赔偿责任的承担应以具有主观过错为前提。其原因在于，一方面，并非出于主观上的恶意而从事侵权活动的行为人，其自身可能受到了蒙蔽、欺骗等各种因素的影响，并不具有道德上的行为缺陷，由其承担损害赔偿的全部责任有失公平。另一方面，国际公约和多国法律均规定侵权人有过错才需进行损失赔偿，如《TRIPs 协定》第 45 条。[1]《日本著作权法》第 114 条也规定了对因故意或过失侵害他人著作权、出版权或邻接权的行为所需进行的损害赔偿。但是，这并不意味着即便无过错的侵权行为人借由权利人作品获得了经济收益，也依然可以保留。侵权人不能因他人的智力劳动而使自己收获经济回报，否则将导致对公平正义原则的背离。《TRIPs 协定》第 45 条第 2 款说明："各成员可授权司法机关责令侵权人退还利润和/或支付法定的赔偿，即使侵权人不是故意或没有充分理由知道自己从事侵权活动。"《最高人民法院关于审理著作权民事纠纷案件适用法律若干问题的解释》第二十三条亦规定：尽到了合理注意义务、无主观过错的出版者应承担停止侵权、返还其侵权所得利润的民事责任。

第二，还应注意损害赔偿数额的计算。一般类型的民事侵权案件中，损

---

[1]《TRIPs 协定》第 45 条规定：对于故意或有充分理由应知道自己从事侵权活动的侵权人，司法机关有权责令侵权人向权利持有人支付足以补偿其因知识产权侵权所受损害的赔偿。

害赔偿主要着眼于对权利人实际损失的补足，使其恢复到未被侵犯时的状态。但在著作权侵权纠纷中，一方面，作品作为智力劳动成果，其本身的市场价值难以准确衡量；另一方面，侵权行为往往较为分散且隐蔽，尤其处于网络环境中，网络用户对盗版内容的传播或对权利人作品的再次利用，所造成的经济损失难以凭借可靠的依据加以计算。因而对于损害数额的计算往往通过列举多种考量因素的方式，为司法实践提供可行的指导。如《法国知识产权法典（法律部分）》L.331-1-3 条规定可参考负面经济后果。[1] 除此之外，当损失数额难以确定时，还有国家划定了法定赔偿的特定范围，使法院可以在法定范围内酌情判定损害赔偿的多少，如《美国版权法》第 504 条。[2]

我国《著作权法》对损害赔偿数额的计算同样规定了多种考量因素。《著作权法》第五十四条规定，首先，是依据权利人的实际损失或侵权人的违法所得计算。而侵权人的违法所得，即侵权人因从事侵权行为获得的经济收益。在此基础上，《著作权法》新增权利使用费损害赔偿方式，当上述两项标准均难以计算时，则参照权利许可使用费给予赔偿。从而达成了与现行《中华人民共和国商标法》《中华人民共和国专利法》在损害数额赔偿计算路径上的一致。另外，此种方式还有助于解决赔偿计算不科学的问题。这一点国外已有诸多统计论证，如 2015 年日本知识产权战略本部的统计显示，"许可使用费的合理倍数的使用率近半，已成为知识产权损害赔偿计算的主流应用规则"[3]。

当上述标准均难以计算时，则适用法定赔偿金，由法院根据侵权行为的具体情节，如作品类型、侵权行为性质、侵权影响与损害后果等，判决给予500 元以上 500 万元以下的赔偿。与原《著作权法》规定的 50 万元的法定赔偿上限相比，具有了极大进步，并设置了一定下限。在网络环境下，作品的传播效率与影响范围均得到极大的加快与扩大，侵权行为对权利人的影响更为持

---

[1] "损害数额的确定，法院将参考负面经济后果，如被害人损害的预期利益，侵权人实现的收益和权利人因侵权而遭受的精神损害。"摘自《十二国著作权法》，《十二国著作权法》翻译组译，清华大学出版社 2011 年版，第 102 页。

[2] "版权所有人可选择法定赔偿以代替依实际损失及侵权所得进行的赔偿，法定赔偿金由法院酌情决定，数额不低于 750 美元且不超过 30000 美元，但当侵权行为被证明系故意实施时，法定赔偿金可增加至不超过 15 万美元。"摘自《十二国著作权法》，《十二国著作权法》翻译组译，清华大学出版社 2011 年版，第 305 页。

[3] 徐小奔:《论专利侵权合理许可费赔偿条款的适用》，《法商研究》2016 年第 5 期。

久且深远，同时，如网络游戏等新兴作品类型的创作难度与投入成本也更为可观。法定赔偿额的大幅提升有利于缓解过往赔偿数额过低、权利人损害无法得到有效救济的矛盾。

第三，《民法典》新增了"故意侵害他人知识产权，情节严重的，被侵权人有权请求相应的惩罚性赔偿"的条款，与此相衔接，《著作权法》亦规定有侵权惩罚性赔偿条款，将故意侵权作为适用前提，成为我国继《中华人民共和国商标法》之后，又一规定侵权惩罚性赔偿的知识产权部门法。知识产权司法实践中，长期存在着侵权成本低而维权成本过高的矛盾，通过规定惩罚性赔偿，可以使得性质恶劣、情节严重的行为人付出数额较高的侵权代价，从而在弥补作者权益损失的同时，起到遏制侵权行为蔓延的效果。

### （二）行政责任

行为人从事著作权人控制的特定行为可能同时造成对公共利益的侵害，即达到了严重违反国家对文化艺术市场的行政管理规范、扰乱正常的文化艺术市场秩序的程度。此时，则可能承担一定的行政责任。这也是我国著作权保护中施行的司法与行政保护双规并行的特色制度安排。

具体而言，著作权侵权行为如同时损害公共利益，则在承担民事责任的同时，还需接受著作权管理部门给予的行政处罚。著作权主管部门可采取警告、罚款、没收违法所得等方式。其中，罚款的具体数额同非法经营额相关联，"违法经营额五万元以上的，可以并处违法经营额一倍以上五倍以下的罚款；没有违法经营额、违法经营额难以计算或者不足五万元的，可以并处二十五万元以下的罚款"。

在网络环境中，各类盗版文字、音乐、影视作品的广泛传播，对于著作权人本身和文学艺术市场秩序的负面影响都是极为显著的，通过行政手段对此类性质较为恶劣的侵权行为人或网络平台加以约束，具有更显威慑力的效果。

### （三）刑事责任

著作权侵权行为的危害后果，可能达到极其严重的程度。尤其随着数字网络技术的发展，内容复制和传播的成本降低，效率却大幅提高，侵权行为在危害著作权人合法权益的同时，可能造成对文化艺术市场秩序以及社会公共利益极为负面的影响。在此背景下，加强对著作权侵权行为的刑事制裁就显得极为重要。包括我国在内的多国均对侵权人所应承担的刑事责任形成了有针对性的法律规定。如《德国著作权法》第106条至第108条指明，非法复制、发行或公开再现作品，非法标记作者，侵犯邻接权，非法规避技术保护措施均可能构成犯罪。[1]

我国《刑法》第二百一十七条和二百一十八条分别规定了"侵犯著作权罪"和"销售侵权复制品罪"，2020年《中华人民共和国刑法修正案（十一）》对上述两则与著作权侵权有关的罪名予以进一步修正，前者规制的范围包含以营利为目的对复制、发行、信息网络传播等著作权和其他与著作权有关的权利侵权的行为，若违法所得数额达到一定标准或有严重情节，则面临有期徒刑或罚金等刑事处罚。后者则指，"以营利为目的，销售明知是本法第二百一十七条规定的侵权复制品，违法所得数额巨大或者有其他严重情节的，处五年以下有期徒刑，并处或者单处罚金"。

《著作权法》第五十三条同样规定了8种可能构成犯罪并需承担刑事责任的侵权行为，相比《刑法》所涉及的行为类型更为丰富且广泛。综合而言，上述立法的修改均体现了我国采用刑事手段强化著作权保护和加大著作权侵权打击力度的总体趋向。如《中华人民共和国刑法修正案（十一）》删除了"侵犯著作权罪"和"销售侵权复制品罪"中拘役的主刑，将量刑起点提升至有期徒刑，所处刑期也有所延长。另外，《中华人民共和国刑法修正案（十一）》扩大了"侵犯著作权罪"的打击范围，明确将未经许可通过信息网络传播作品、制品等的行为纳入刑法规制范围。

从国际层面来看，随着非法复制、翻录以及计算机软件盗版等著作权侵权问题的不断加剧，《TRIPs协定》成为第一个引入刑事程序规定的国际条约。根据其第61条的规定，就版权领域刑事处罚的范围而言，成员国应当至少对盗版行为设置刑事程序和处罚措施进行规制，即赋予了成员国在一定限度内对著作权进行刑法保护的国际义务，但除盗版以外的其他侵权行为，同样可以纳入刑

---

[1] 参见雷炳德、张恩民：《著作权法》，法律出版社2004年版，第592页。

法的规制范围。就犯罪的主观形态而言，要求"蓄意"，即明知或有正当依据说明已知而侵权的故意行为。就处罚手段而言，包含但并不限于罚金及自由刑，针对侵权所主要使用的工具和材料，还可适用扣押、没收或销毁等救济措施。

世界各国有关著作权的法律规定中大多包含对著作权进行刑事保护的内容。《法国知识产权法典》法律部分第335—2至335—7条即法国与著作权有关的刑事规定，其中指明，"以各类手段侵犯著作权而对智力作品进行复制、表演或传播的行为，均构成侵权并成立犯罪"。还对侵犯邻接权以及破坏技术措施、删改权利管理信息、为著作权侵权制造或提供设备等行为予以刑法上的限制。法国规定的刑事处罚措施，以自由刑和罚金刑为主，并以特定情形下的附加刑为补充，如"在法国盗版在法国或国外出版的作品，处3年监禁及30万欧元罚金，有组织犯罪还有一定加重"。而通过在线公共通信服务从事著作权有关犯罪的，法院还可判处其承担最多一年内暂停接入在线公共通信服务的附加刑。[1]《德国著作权法》第4部分第2小节"刑事和罚款规定"也包含了利用刑事手段保护著作权的内容，第106条至第108条明确规定了"不法使用著作权保护之著作、未经许可显示作者姓名、不法侵犯有关权、不法商业使用及不法侵犯技术保护措施和权利管理信息"等行为所应承担的刑事责任。而如若上述著作权侵权行为具有商业性质，处罚力度将进一步加大，为5年以内监禁或罚款。[2]

英美法系国家以英国和美国为例。英国对于版权刑法保护的主要规定体现在其《版权法》第107条"制作或处分侵权物品的刑事责任"中，该条文涉及若干类著作权犯罪行为，包含行为人明知或应知为侵权复制品，仍未经版权人许可而实施的商业或非商业却损害版权人利益的出租出售、展览、发行、向公众传播等行为，以及侵权行为人明知或应知其行为侵权仍公开表演作品、播放录音制品及电影等行为。刑事处罚措施同样包含自由刑，或罚金刑，或两者并处。如简易程序下的制作、进口、发行侵权复制品的行为适用6个月以下自由刑或不超过一定数额的罚金，或两者并处。[3] 美国《版权法》第506条规定

---

[1] 参见《十二国著作权法》，《十二国著作权法》翻译组译，清华大学出版社2011年版，第117—122页。
[2] 参见《十二国著作权法》，《十二国著作权法》翻译组译，清华大学出版社2011年版，第184—185页。
[3] 参见朱磊：《我国著作权刑法保护国际化研究》，大连海事大学2018年博士学位论文。

了版权领域的刑事犯罪，相比上文中所列举国家的规定，对其行为方式限定范围较小，仅涉及为获得商业利益或个人私利、180天内复制或发行总额超过1000美元或将为商业发行而正在创作的作品公开在网络中传播的故意侵犯版权的行为，以及设置欺诈性版权标记、欺诈性消除版权和在版权登记申请中进行虚假陈述等行为。美国关于此问题的理论曾经认为，版权犯罪的成立应当以商业利益或个人经济利益为目的，然而此后该种观点和相关规定被修正，仅要求版权犯罪行为人具备主观上的故意，而不再限定以追求经济利益为前提。

对比我国与《TRIPs协定》以及世界其他国家对于著作权刑法保护的规定，区分主要体现在以下几个方面。

第一，在构成著作权刑事犯罪的主观要件上，我国刑法将"以营利为目的"规定为前置条件，且刑法中除故意、过失分别构成犯罪的情形外，对于犯罪应具备故意的主观状态一般为默认而非特定指明，因此在我国，著作权犯罪的成立要求具有主观上的故意即明知，且有营利目的，对行为人的主观恶性要求较高。而《TRIPs协定》中对此类犯罪主观要件的描述为"蓄意"，即具有主观上的故意即可，并未要求以追求经济利益为目的。上文所列举的英国及日本、意大利等国刑法也只要求"具有侵犯他人权利的故意"即可。[1]法国甚至将著作权刑法保护的范围进一步扩大，以各类手段从事的违反著作权法律的复制、表演、传播等侵权行为均可能成立犯罪。而美国也在"美国诉拉玛奇亚"一案后也去除了成立著作权犯罪需以追求经济利益为前提的要求。总体而言，在著作权犯罪手段更为便捷、形式更为丰富、目的更为多元的信息网络背景下，去除以营利为目的的主观要求可能更为适应时代的需求和国际社会的主流观点。

第二，就著作权刑法保护的范围而言，我国更侧重于以刑事手段规制侵犯著作权和邻接权中财产权的犯罪行为，除"制作、出售假冒他人署名的作品"可能涉及刑事责任的承担，其他著作人身权均难以获得强有力的刑事保护。而在德国、日本、意大利等著作权立法较为完善的国家，侵犯著作人身权的行为也多被规定为独立的犯罪。如《德国著作权法》第107条规定，未经著作权人许可将其名称在美术作品原件上显示或将该原件发行，或将著作权人名

---

[1] 参见赵秉志：《刑法应该取消侵犯著作权罪中"以营利为目的"的主观要素》，《中国版权》2007年第5期。

称在作品复制件、改作物或加工物上显示使其具有原作外部形态或将其发行等行为，均应处 3 年以下监禁或罚金。《日本著作权法》第 119 条第 2 款（一）指明："侵害作者人格权或者表演者人格权者，处五年以下徒刑或五百万日元以下罚金，或两者并处。"

第三，就刑罚的种类与结构而言，我国《刑法》为著作权侵权犯罪所设置的刑罚包含拘役、有期徒刑等自由刑及罚金，种类丰富且合理，其中以自由刑为主，罚金刑位于可并处或单处的次要位置。相比较来说，世界范围内多数国家也以罚金刑和自由刑为主要刑罚手段，但针对著作权犯罪在大多数情况下的经济性和非人身侵犯性，而发展出了重视罚金刑的倾向，如《法国知识产权法典》（法律部分）对于著作权犯罪的刑事处罚主要采用罚金与监禁并处或单处罚金的形式，《英国版权法》对法律列举的版权侵权犯罪若依公诉程序定罪则处以罚金或一定期限的徒刑或两者并罚，若依简易程序定罪则可单处法定最高额以下的罚金。

第八章

# 网络侵犯人格权行为法律治理

2020年，中国正式迈入民法典时代。其中，人格权独立成编成为社会各界共同关注的重点之一。《民法典》人格权编回应了人民群众的现实需求，体现了《世界人权宣言》在中国的创新性实践，践行了我国宪法规定的"国家尊重和保障人权"的承诺，是以人民为中心的发展理念的最有力证明。

《民法典》人格权独立成编，对隐私权内涵予以明确规定与扩展，对名誉、隐私等多种人格权利的典型侵权形态与免责事由予以详尽规定，对网络环境下围绕人格权产生的新困境、新难题作出了有实践指导意义的回应。在信息网络技术飞速发展的背景下，一方面，公民所面临的来自平台与用户等各类网络主体的人格权益侵犯问题极为严峻，人肉搜索、骚扰邮件、信息泄露等现象层出不穷，新兴技术则为侵权行为提供了更为丰富的形式和便利的手段；另一方面，随着人格权相关法律规定的不断完善，公民的维权意识以及对个人人身权益的关注程度不断提高。侵权的频发与维权的需求，在网络环境中形成了极为激烈的碰撞。网络内容的创作与传播过程中，也常不可避免地出现与他人名誉、隐私等各项权利的交叉。因此，解析以名誉权、隐私权为代表的人格权在网络环境下的侵权与保护，是讨论网络内容法律治理的重要一环。

## 第一节　网络环境中的人格权

### 一、人格权概述

#### （一）人格、人格利益与人格权

"人格"一词成为法律上的概念，源自罗马法，古罗马城邦以公民政治为核心，将具备参与政治生活的特定身份，作为获得人格的条件。可以说，最初意义上的人格，是地位和身份的表现。随着思想解放运动对人人平等理念的宣扬以及人类理性的倡导，现代意义上的人格概念逐渐形成，并通过法律的形式予以明确。

法律意义上"人格"的含义较为丰富，一般代指人格权的客体，即受法律保护的人格利益。第一，在民事法律体系下，人格利益是民事利益的一种，体现为具备民事主体资格且生存与发展的全过程中所需要的各种利益，包括一般性的人身自由、人格尊严以及更为具体的生命、姓名、名誉、隐私等等。而这些人格利益又可以划分为物质性的和精神性的，前者指主体成为具有实在形态的人所必需的生命、身体、健康等各项利益，后者则倾向于法人或自然人内在的成为民法上的人所应具备的非物质性利益，即更为抽象的姓名、名誉、人身自由、人格尊严等。第二，虽然人格利益与财产利益似乎分属泾渭分明的两个阵营，但并不意味着对人格利益的捍卫必然不涉及财产性因素。譬如对姓名、名称、肖像、隐私等的开发和利用，常伴随着不容忽视的商业目的，而信誉、荣誉等，则同特定主体的社会评价以及市场影响的好坏直接相关，此时，人格权也不应排斥对财产利益的适当维护。

人格权的重要价值，在于对身体完整、人身自由、人格尊严等权益的维护，从而使民事主体具有法律上的独立人格。在此基础上，以法律的形式保障人格权，则更为权威且有效地促使公民对个人权利与价值的觉醒以及对他人自由与尊严的充分尊重，从而促进公民健全人格的完善与社会的协调发展。

### （二）人格权的行使与限制

人格权由法律赋予，但人格权的行使并非可以任由主体按个人意愿随意进行，仍然需要遵守一定的规则并受到一定限制。

首先，不存在漫无边际的自由和不受限制的权利。人格权亦是如此，作为民事权利的一种，人格权的行使应当在法律允许的范围内进行，具体体现为行使的目的和方式必须合法[1]，即民事主体行使人格权应当以维护或追求合法利益为目的，且行使或维护权利的方式也应当合法。其次，人格权的行使也应当从与社会公共利益和社会主义核心价值观（道德风尚）相一致的角度出发，且不能对他人的合法权益造成损害。

---

[1] 参见王利明:《人格权法》（第二版），中国人民大学出版社2016年版，第103页。

尽管尊重和保障人权是我国宪法确立的重要原则，但在经由法律规定的正当情形下，为平衡国家利益、社会公共利益的需要，仍然可能对人格权进行一定限制。如当紧急状态下需要以维护国家利益、国家安全为先时，突破犯罪嫌疑人的隐私权而对其采用一定监控技术手段即是必要且合理的；再如当社会公共利益遭受威胁时，尤以新冠疫情暴发期间为例，对民众出行信息的采集、对病患的隔离均为控制疫情蔓延的必要手段。

名誉权与隐私权等人格权益与公共利益的冲突以及对人格权行使的限制，较常出现于有公众人物存在的事件中。公众人物因其社会身份或社会地位而在社会生活中往往较之常人能够发挥较大的影响力，且具有更高的知名度，其活动与社会公共利益或公众兴趣有较为密切的关联。比如在社会政治生活中扮演重要角色的政府官员，其行为对国家发展、社会进步等公共利益有重要影响，且常受到来自舆论的监督，而活跃在文艺、体育、娱乐界的明星偶像、知名人士，其一举一动则常引起公众的关注与兴趣。因此，自美国司法判例提出"公共官员"的概念，并提出只有指向政府官员或公众人物的报道被证明系出于"实际恶意"时，媒体才构成对其名誉等权利的侵害的观点以来，在满足一定条件的前提下，对公众人物的名誉、隐私等人格权加以限制，已经达成了较为一致的认识。其表现在于：第一，以维护公共利益为目的，公众人物的部分人格权应当受到一定限制，如政府官员的职业行为、个人信息应当接受来自舆论监督的约束，有助于减少腐败问题的发生；第二，为保障公民知情权，或者满足公众兴趣，对一些公共事件信息的公开，对娱乐明星等公众人物的某些日常生活的适当披露，均有利于维持社会公益与个人利益之间的平衡。但公众人物的人格权也并非应当一味地受到无节制的限制，而应当仍然以维护公共利益的实际需要为范围，且不应有损关乎其人身自由、人格尊严等核心人格利益享有。

### （三）人格权的保护

人格权系民事主体维护其自由与尊严的重要权利，由法律明确规定且受到法律严格保护。我国《民法典》为人格权的保护提供了可行的依据，对人格权内涵的规定是极为全面且具有扩展性的：一方面，将生命、身体、健康、名誉、隐私等权利予以明确列举，并在后文的具体章节中展开，人格权包含的种类和内容均极为完整且全面；另一方面，通过"等权利"的描述，为信息网络技术发展的背景下新型人格利益的出现提供了开放性的应对空间。

在此基础上，人格权的保护体系在《民法典》人格权编具有了更为丰富的呈现。一般认为，人格权涉及人之为人的基本自由与尊严，且常同公共利益发生碰撞，因而对人格权的保护可能涉及多个法律部门，且包含私力救济和公力救济两种形式。但作为民事权益的类型之一，对人格权保护的讨论仍然主要围绕民法的相关规定展开。

第一，除一般民事权益受到侵害均具有侵权损害赔偿请求权，《民法典》人格权编还对人格权请求权制度进行了规定，民事主体人格权受到侵害或者有受到侵害的可能性时，有权通过要求加害人停止侵害、消除影响等方式，帮助其人格权尽可能回复到未被侵犯时的状态。[1] 相比于侵权损害赔偿请求权对侵权行为、主观过错等方面的要求，人格权请求权显然具有更广泛的适用范围。

第二，对于人格权侵权行为的禁令制度在法律中有较为明确的规定，若民事主体的人格权正在遭受侵害或即将遭受到侵害，如该行为不能得到适时控制，会面临扩大损害后果且难以恢复的状态。此时，民事主体可以在司法裁判最终形成之前，运用禁令制度使侵权行为得到及时禁止。

## 二、网络环境中的人格权

信息网络技术的飞速发展，降低了互联网平台中内容与信息产生、传播与获取的难度与成本，网络用户的大量存在，不受审查的海量内容的广泛生成与传递，新技术与商业模式对网络空间与海量信息的探索，均伴随着各类人格权侵权行为的存在。2020年5月，杭州互联网法院发布的全国首份《网上侵害人格权案件司法大数据分析报告》显示，其受理的利用互联网侵害人格案件的数量增长迅猛。网络环境中的人格权侵权案件数量逐年增加，隐蔽而便捷的互联网世界已成为人格权侵权事件发生的重要场所。

---

[1] 参见王利明：《论人格权保护的全面性和方法独特性——以〈民法典〉人格权编为分析对象》，《财经法学》2020年第4期。

## （一）网络环境中人格权的内涵与特征

网络环境中的人格权，即网络环境下传统人格权概念的延伸。网络环境中的人格权仍然主要涉及如下内容。

网络姓名权与名称权，即自然人的姓名和法人的名称，在网络环境中同样受到法律的保护，且常具有重要的商业价值。冒用、盗用、恶意化用他人姓名、名称，也成为网络中的常见现象。除此之外，网络用户的笔名、网名等因常指向特定的具有知名度的人物形象而产生了人格权益，《民法典》人格权编第一千零一十七条将笔名、网名也纳入了姓名与名称保护的范畴之中。

网络名誉权与民事主体的社会评价密切相关。尽管网络社会具有虚拟性、匿名性等特征，但在信息技术与社会发展高度融合的今天，网络空间中个体发出的行为或受到的影响，均可以直接传导至其实体的精神层面与现实生活。网络平台中，常见有网络用户通过口头或书面的方式肆意发布侮辱、谩骂他人的损害性言论，或捏造事实诽谤他人，均可能导致相应民事主体的名誉受到贬损，社会评价降低。

网络隐私权与个人信息。在网络环境中，一方面，隐私的涵盖范围、形成方式均具有了一定程度的扩展，如公民的私密浏览记录、私密空间中言论的发布、私密邮箱地址等，均具有不愿被他人知晓的特征；另一方面，具有人身特定指向性的个人信息，尽管不具备充足的私密性，但因同公民本身的生存发展紧密相关，且具有开发利用产生经济价值的可营利性，因而也被认为应当纳入法律保护的范畴。随着数据挖掘、信息搜索等技术的发展，用户的个人信息乃至私密信息、数据被平台收集、记录乃至被非法获取、泄露、交易，均是极易实现且极为常见的现象，用户的个人邮箱、账户等私密虚拟空间，收到垃圾邮件、垃圾信息的侵扰也是屡见不鲜，网络环境中的隐私权与个人信息亟待受到更为严格的保护。

网络肖像权，即自然人享有的网络环境下个人的肖像不受他人未经许可而制作、使用或公开的权利。在网络空间中，个人肖像传递更为便捷且广泛，如网络用户可以通过在朋友圈、微博等社交平台渠道发布带有个人肖像的图片，网络内容发布平台传播的节目内容中也常带有他人肖像，在此基础上，网络环境中对他人肖像的获取乃至未经许可的发布、修改、丑化、商业性利用均可以较低的成本与较便捷的技术手段实现。

由此可知，同传统人格权相比，网络环境中的人格权在概念与内涵上虽并未产生实质性变化，但具有结合信息网络特征所产生的新形式与新特点，其主要表现在以下两个方面。

第一，信息网络中的人格权，相较于传统人格权，在权利范围和形式上产生了一定拓展。在生命、健康、名誉、隐私等权益内容的基础上，网络环境催生了部分新的值得保护的客体形式。如个人私密空间、私人生活，在现实意义中往往需要通过对主体住宅的侵入或私人活动的实体介入才能产生影响，但在网络环境中，个人的数据和信息以及网络中的通信与空间，也同自然人的私人生活安宁密切相关，因而同样可能纳入人格权的保护范畴。

第二，信息网络中的人格权，常对物质利益的产生有直接影响。网络技术对信息传播速度的加快和用户间联络与合作效率的提升，使得各种人格权益的财产性价值凸显。一方面，网红、大V等群体大规模出现，借助其影响力与受众认可度，将其姓名或名称、肖像等迅速转化为经济回报；另一方面，平台通过对用户信息的海量收集，形成结合用户偏好推送广告、信息并获得财产收益的便利机制。其核心均在于对网络环境中人格利益的商品化利用。[1]

## （二）网络环境中的人格权侵权与保护

《网上侵害人格权案件司法大数据分析报告》将网上侵害人格权案件的主要特点总结为："当事人分布广泛；商事主体涉诉值得关注；年轻被告占比较大；影视明星、网络大V涉诉较多；未成年人人格权受侵害亟须重视；网络平台成为共同被告比较普遍，判决担责较少；网络平台披露用户信息不够及时全面；精神损害赔偿已成为诉求重点；诉因复杂多样，个人信息日益成为焦点。"

综合而言，基于信息网络技术发展与网络人格权的独有特点，网络环境中的人格权侵权也具有主体多元且手段特殊、客体复杂、行为易发且后果严重等若干特点。

---

[1] 参见王利明：《论网络环境下的人格权保护》，《中国地质大学学报（社会科学版）》2012年第7期。

第一，在网络环境下，人格权侵权的主体多元、混乱且经常无法找寻。既包括网络技术与平台的应用者，即网络用户，借助其身份的隐形、匿名等特征，不受限制地侵犯他人人格权益等，也包括特定情形下的网络服务提供者，如网络服务平台本身以内容提供为主业，且提供的内容有损他人名誉、隐私，或未履行对用户发布内容的合理注意义务，则同样可构成人格权侵权的主体。对于侵权网络用户真实身份的确定以及相应的责任追究是非常难以实现的，即便可以借助一定的先进技术进行查找，也往往需要承担较高的成本。

第二，在网络环境下，对人格权的侵犯往往表现为对多种利益的复合性侵犯，而非单一指向某种特定权益。在当前的大数据时代，信息技术足以整合海量包含自然人姓名、肖像、联系方式等个人信息的各类碎片化数据资料并加以商业化利用，其中，对他人个人信息的随意披露可能同时涉及对其名誉的贬损或对其隐私的泄露，而人格权元素在网络环境中更表现出巨大的商业价值，也使侵权主体以获取经济利益为目的冒用他人姓名名称，使用、改造他人肖像，汇集、贩卖他人个人信息时，也可能造成对他人财产利益的侵犯。

第三，在网络环境下，人格权侵权行为的发生更为容易且频繁。包括侮辱诽谤性信息以及个人隐私的披露在内的各类侵权内容在网络中常能以飞快的速度传播且形成极为广阔的受众群体，此时人格权益受到侵犯的一方所遭受的负面影响范围是极为广泛和深远的，甚至可以超越国界和时间。且由于网络平台中的信息数据往往在传播各环节均留下痕迹，网络环境中停止侵害的要求是难以彻底实现的，消除影响也难以使权利恢复到未受侵权时的状态。

综合以上特点，对网络环境中人格权的保护，应当形成更为丰富且具针对性的规则。对此，我国立法实践也作出了较为有益的探索。首先，对人格权保护的权益与范围进行了更为明确的列举与扩展。例如，为应对"AI换脸"等新技术问题，《民法典》第一千零一十九第一款专门进行规定，第一千零二十三条第二款更将声音作为新型人格利益的种类之一列入了保护范畴，回应了技术发展与权利维护的碰撞产生的新矛盾，再如，《民法典》第一千零三十三条针对垃圾邮件、垃圾信息骚扰、非法技术监控等网络空间中的常见问题予以规制，为人民有尊严且安宁幸福的生活提供了法律上的保障。更为显著的表现在于，《民法典》对个人信息给予保护并拓宽了个人信息的代指范畴，对个人信息的定义采用了"可识别性"的标准[1]，在列举个人信息的类型时采用了"等"字进行兜底性表述，使得个人活动信息等也可纳入个人信息的概念之中。

同时，针对网络环境下侵权主体的隐蔽性、手段的复杂性、损害的多样性和影响的广泛性等特征，网络人格权利益可能存在与其他多种利益与价值的平衡与协调需要，也面临着损害形式、后果难以查明等问题。此种情形下，单纯适用依据违法性、损害、因果关系、过错四要件缺一不可地对人格权侵权责任进行认定的传统思路在实践中可能面临诸多难题，可以考虑引入更具灵活性的思路。如根据《民法典》第九百九十八条的规定，在判定行为人是否承担名誉、隐私等人格权侵权及赔偿责任时，还需根据个案具体情形，动态、灵活地考虑上述条文中列举的相关因素，使责任承担的形式同行为人的过错、目的、损害后果及影响范围等相互协调适应。通过将动态系统论引入精神性人格权侵权责任的认定之中，使对网络环境下人格权侵权的构成可以采用一种更为灵活、开放的眼光看待，综合与案件有关的诸多因素进行具体考量。

另外，网络环境下的人格权保护，也具有更显针对性的方式，能够尽量"兼顾人格权的消极防御功能和积极利用功能"[2]。第一，《民法典》赋予了民事主体以积极利用以及防止过度利用其人格利益的权利和义务。另外，依据禁令制度的规定，网络环境中面临人格权侵权的民事主体可以通过事前的防范或事中的禁止，防止损害结果的发生或持续扩大。第二，人格权请求权制度以及对"赔礼道歉"等具体规则的细化，能较好地维护民事主体本应享有的人格权益。面对网络传播的侵权内容，法律还赋予了受害人要求改正、删除或采取必要措施的权利。如《民法典》第一千零二十八条，为民事主体在网络平台中人格权的保护提供了切实有效的手段与途径。

如《网上侵害人格权案件司法大数据分析报告》对案由的分析所体现的，网络侵犯人格权的案件中，尤以对名誉权、隐私权及个人信息的侵犯最为频繁，互联网内容的创作和传播过程中，也常见有因评价他人的表述不真实合

---

[1] 参见王利明：《论人格权保护的全面性和方法独特性——以〈民法典〉人格权编为分析对象》，《财经法学》2020年第4期。

[2] 王利明：《民法典人格权编的亮点与创新》，《中国法学》2020年第4期。

理、对他人信息或隐私擅自披露，而产生与人格权法律规范的冲突，因而下文主要讨论网络环境中名誉权与隐私权的侵权问题与治理策略。

## 第二节　网络环境中的名誉权

信息网络技术为网络内容的创作、发布与传播提供了更为有效的渠道、途径与更为广阔的平台，与此同时，也促使了名誉权侵权现象的反复出现。

### 一、网络环境中的名誉权

#### （一）名誉与名誉权

在法律意义上，名誉系"根据自然人的观点、行为、作风、工作表现等所形成的关于他的品德、才干及其他素质的社会评价，即对他的社会价值的一般认识"[1]。名誉权以名誉为客体。首先，名誉权具有法定性与专属性：一方面，名誉权受法律保护，是法律赋予民事主体的一项专有权利；另一方面，名誉权是与民事主体紧密关联，不可随意放弃或转让的固有权利，对名誉权的侵害也应当针对特定的法人或自然人展开才能形成有损害性的后果。其次，名誉权以名誉利益为客体，具体而言，即自然人基于个人的品德、才能、行为等，法人基于其经营、效益、社会活动等所获得的社会评价。最后，名誉权具有非财产性，无法客观地通过经济方式加以测算、衡量，但这并不意味着名誉权同财产利益毫无关联，相反，在很多情况下，名誉权受到侵害常会相应地使相关民事主体遭受财产损害，如为弥补名誉受损所付出的经济利益，因社会评价降低导致的自然人在职场中、法人在经营活动中遭受负面影响所带来的经济损失等。

名誉权以对名誉的保有、利用与维护为主要内容。首先，如前文所述，名誉具有客观性，由社会公众基于一定的社会标准结合法人或自然人的社会活

---

[1] 陈汉章：《人格权》，法律出版社 1987 年版，第 19—23 页。

动表现所形成，因而不受民事主体的主观力量影响，而只能客观保有或通过主观努力予以改进。其次，良好的社会评价可能有益于民事主体经济收益的获取或增加，自然人、法人可以对其良好的名誉进行充分利用，提升参与社会政治、经济交流活动的效果，获得更好的社会效益和财产效益。最后，当其他个人或组织通过侮辱、诽谤等形式使民事主体的社会评价被不当降低时，权利人有权进行积极的名誉维护活动，可以通过司法途径获得一定救济。

名誉权是个人的基本人权，同个人尊严的实现与维护直接相关，也是民事主体参与社会生活、参加社会交往的基础，名誉一旦受到不当损害，将直接影响民事主体的社会生活，因此，对名誉权的正确认识与积极捍卫具有重要意义。

### （二）网络环境中的名誉权

网络环境中的名誉权，同传统意义上的名誉权，在权利内涵与性质特征方面并无本质上的差异，只是受信息网络技术与平台的特征的影响，网络空间中名誉权的侵权主体、方式与影响等存在一定特殊性。

网络内容平台的广泛存在及内容创作与传播手段的便捷高效，使公众均可参与到信息发布、传播的过程中，因而网络名誉侵权的主体表现得较为多元，网络名誉侵权需要借助平台与技术服务多方的支撑共同完成，存在包括网络用户和网络服务提供者在内的多种主体。如网络用户及提供内容的网络服务方通过在网络平台中发布带有侮辱、诽谤性质的文字、图片、视频等，可使特定民事主体的社会评价遭受损害。而其他用户与平台对侵权内容的持续链接、转发，则极有可能导致侵权内容传播半径的延长，[1] 亦即传播边界的延展。

在此基础上，网络环境中名誉权呈现出极为明显的脆弱性，极易受到具有不良目的者的侵害，且损害后果极易蔓延扩大。 方面，信息网络技术的飞速发展使得互联网的使用变得"日益廉价和易得"[2]，网络用户可以借助平台便捷地发表各类言论而不需依赖传统的新闻媒体渠道；另一方面，网络用户的个人素质往往参差不齐，网络内容的发布又缺乏如传统媒体般专业且严谨的把关

---

[1] 参见杨立新:《侵权行为法专论》，高等教育出版社 2005 年版，第 163—164 页。
[2] 邵国松:《网络传播法导论》，中国人民大学出版社 2017 年版，第 122 页。

人对真实性与合理性的审核，两层因素相互碰撞，促使网络环境下大量侮辱性、诽谤性言论的产生。与此同时，网络传播的速度更快，影响范围更广，侵权内容一旦生成，极短时间内就可能带来数以万计的阅读和转发，对当事人的社会评价可能带来极为广泛且深远的负面影响。

另外，网络名誉侵权行为还具有相当的复杂性与隐秘性，这主要与网络平台的匿名机制与网络传播的群体性特征相关。在网络环境中，各类言论的发表往往不需要签署真实姓名，这使网络用户从心理上认为对内容发布的真实性与合理性不需要承担过多的责任，"网络言论的过激与非理性特征正是出于网络的匿名性与网民的缺乏责任感"[1]。同时，网络的交互性特征还使内容的发布往往伴随着各类评论的碰撞交锋，其中可能含有其他的贬损性内容或对抗性言论，甚至进一步形成群体性的意见表达并对权利人的人格利益造成更为严重的损害。此时，要定位特定的名誉侵权行为人，并明确其责任承担的范围，就显得尤为困难。

不可否认，网络环境为言论的自由发表提供了便利的渠道与广阔空间，但言论自由的发挥并非没有边界，不受限制的内容发布与传播也成为网络名誉侵权现象频发的缘由，对互联网内容的法律治理，也尤其应当关注内容是否构成对名誉权的侵犯，以及应当承担怎样的法律责任。

## 二、网络名誉侵权的认定

### （一）责任主体与归责原则

在网络环境中，言论的发布与传播包含着网络用户或内容提供方的编制创作，服务平台的技术支持以及散布转发等多个环节的共同作品，名誉侵权的主体也呈现出多元化特征，包含了网络用户与特定情形下的网络服务提供者两种类型。而网络名誉侵权的归责原则，结合侵权主体的类型不同，也需进行有针对性的考量。

我国《民法典》第一千一百六十五条作为总领性的一般规定，表明民事

---

[1] 韩景芳：《日本如何应对网络名誉侵权——名誉权案中网络服务商的责任认定》，《编辑学刊》2011年第2期。

权益的侵权过错方应当承担侵权责任，第一千一百九十四条系针对网络环境侵权行为的原则性规定，其具体适用应当结合前者对过错责任的阐述进行。总体而言，网络用户的名誉侵权属民事侵权行为的一种，理应适用过错责任原则。

关于名誉侵权的归责原则，英美法系和大陆法系国家形成了不同的判定标准。以英国为例，英国传统诽谤法中对于名誉侵权的认定长期采用严格责任原则，提起诽谤诉讼的权利人只需满足被告陈述的内容包含名誉损害的内容、指向原告以及该言论已公开发表或传播等要件。基于言论自由与名誉权益之间的冲突，自1999年"雷诺兹诉《泰晤士报》"一案[1]以来，"雷诺兹特权"得到确认，将抗辩名誉侵权的限制性特权扩展到与公共利益相关的新闻报道领域，如果新闻内容与公共利益相关且媒体的行为符合负责任的要求，那么即便内容并不完全真实、存在一定差误，也有免除责任承担的机会。以此为标志，英国诽谤法有从严格责任向过错责任原则转向的趋势。后续的英国《2013年诽谤法》结合上述内容修改为第4条，即"基于公共利益的负责任发布"的抗辩事由，成立的条件包括："系争陈述与公共利益的事务相关或构成其一部分，以及被告合理相信对系争内容的发布基于公共利益。"[2]实质上依据与公共利益的关系将名誉侵权的系争言论划分为两类，前者适用过错责任原则，行为人仅当未尽到合理相信的注意义务时需要承担名誉侵权责任，后者则仍然遵循严格责任原则。

网络服务提供者在网络名誉侵权行为中扮演的角色较为复杂，既可为出版者，也可为发行者。相对应地，《民法典》第一千一百九十四条到第一千一百九十七条针对上述情形规定了不同侵权方式的判定思路。根据第一千一百九十四条规定，网络服务提供者若本身即为侵权内容的发布者即直接侵权行为人时，则其适用的归责原则应当同一般网络用户一致，以具有过错为侵权责任承担的前提。《民法典》第一千一百九十五条到第一千一百九十七条则分别规定了"网络服务提供者接收到侵权通知但未采取必要措施导致损害后果扩大"，及"明知或应知网络用户利用其网络服务侵权"两种情况，均应与网络用户即

---

[1] Cf. Reynolds v. Times Newspapers Ltd, [2001]2 A. C. 127.
[2] 英国《2013年诽谤法》，第4条（UK Defamation Act 2013, section4）。

直接侵权人一并承担连带责任。此规定依然遵循了过错责任的归责原则，网络服务提供者虽然本身并不具备掌控其平台全部信息的能力和全面审核用户内容的义务，但当其主观上具有过错，明知或应知侵权行为存在但未采取行动，如放任名誉侵权内容继续传播与扩散时，则必然应当承担相应的责任。

## （二）构成要件

网络名誉侵权虽然在主体、方式与影响方面存在一定特殊性，但其本质仍然是一种民事侵权行为，因而对其侵权构成的认定应当符合一般的民事侵权构成要件。同时，借鉴《民法典》第九百九十八条所引入的动态立法模式，也应当依据个案的具体情形综合考量。

### 1. 行为人实施了侵害名誉权的行为

网络名誉侵权的构成，以行为人实施了特定的名誉权侵权行为为前提，并可由作为和不作为两种方式构成。网络环境中也不例外，且大多数情况下以作为的方式进行，具体包含传播虚假事实的诽谤，发布使他人名誉受损、尊严缺失的言论的侮辱，新闻报道歪曲事实或主体内容失实等多种形式。但当法律赋予特定身份方保护他人名誉的积极义务而其未积极履行时，则可能以不作为的方式构成对名誉权的侵犯。

在网络名誉侵权的判定中，对侵权行为的存在还具有一些具体要求。第一，侵权行为应当有特定的侵权对象，即具有目标指向性。因此网络名誉侵权既可以通过指名道姓的方式进行，也可以描述足以指向特定个体的具体信息，如身份、样貌、行为特征等。第二，行为人在网络平台发布的内容，应当具有贬损他人名誉的性质并被第三人知悉，方能成立名誉权侵权行为的实施。在网络环境中，用户之间的互动虽多采用匿名身份，发布贬损性内容也常针对虚拟主体，但当该内容在网络用户间广泛传播并对虚拟身份背后的民事主体造成伤害时，同样也可传导至其现实生活中，因而同样可能构成对其名誉权的侵犯。

上述要求在其他国家名誉侵权的构成要件中也有所体现，英国诽谤责任成立需要满足言论具有诽谤性、公开发布、受害人可以辨认以及形成损害等条件。[1]具体而言，言论诽谤性的认定包含两个步骤，确定言论的实际内涵，再判断言论的诽谤性。[2]在此基础上，权利人必须证明被告已将诽谤性言论向至少一个第三人传播或公布，且该言论明确指向具体的个人，或虽未指名道姓但理性个人或言论受众有能力辨认原告即名誉受损的对象。

值得注意的是，侵权内容已经在网络中发布后，仍面临着被重新发表的可能性，即对作品的转载、摘编、翻译、改编、表演等。那么用户或平台的二次转载是否构成新的向第三人公开的侵权行为？按照英美诽谤法的相关规定，一般情况下，任何形式的内容的重新发表均有可能构成新的侵权行为。[3]主要体现为多重公布规则与单一公布规则之分，前者指行为人面向第三人进行的每次诽谤性陈述均可单独构成名誉侵权内容的公布并被分别起诉。其合理性在于，包含侮辱、诽谤性质的侵权内容被再次面向第三人公布后，在新的受众群体中必然导致受侵害方的社会评价进一步降低进而使名誉侵权的损害后果持续扩大。但学术与司法实践中均有观点认为，在任何言论均可即时、跨地域上传至网络平台且被无限次地再次公布与长期存在的信息社会中，多重公布规则并不适用。后者则指当涉及新闻媒体向不特定公众传播名誉侵权言论的情形时，虽然发生了面向第三人的多次公布行为，但权利人仅能提起一次诉讼。如美国《侵权法重述》（第二版）说明，一版书报或一次广播电视面向公众的集合传播为单一公布，对其仅能提起一次诉讼。英国《2013年诽谤法》明确指出，若首次和后续数次向公众公布的诽谤性内容属实质性相似，则适用单一公布规则，除非后续的公布行为与首次所用方式存在实质性差异。具体到网络名誉侵权行为，考虑其时间的持续性和地域的广泛性，为督促权利人维权，提升司法效率并节约司法资源，采用单一公布规则亦有其合理性。

相比而言，我国法律对网络侵权内容的重新发表行为有诸多限制，如《最高人民法院关于审理利用信息网络侵害人身权益民事纠纷案件适用法律若干问题的规定》第十条详细列举了网络主体信息转载过错的考量因素。总体而言，

---

[1] 参见靳羽：《英国诽谤法归责原则的二元化变革》，西南政法大学2016年博士学位论文。
[2] 参见靳羽：《英国诽谤法归责原则的二元化变革》，西南政法大学2016年博士学位论文。
[3] Cf. ZELEZNY J D, *Communications Law : Liberties, Restraints, and the Modern Media* ( 6th Ed. ), Boston, US : Wadsworth, 2010, p135.

网络信息的转载者对侵权内容的传播扩大有主观故意或未尽到合理的注意义务时，如对转载文章标题或内容有不合理修改，对明显的人格侮辱性内容或凭常识可判断失实的信息视而不见等情况，则应当承担一定的法律责任。[1]

### 2. 存在侵权名誉权的损害事实与因果关系

名誉权侵权行为的直接后果即对权利人名誉利益的损害。具有贬损性的内容被第三人知悉则一般必然导致其社会评价的降低，因此证明侵权内容被第三人知悉则可推定名誉侵权损害事实的存在。[2]同时，此种行为常进一步导致受害人的精神损害或财产损失。从精神层面来讲，贬损性言论常使得受害人承受心理上的悲伤、痛苦、气氛等情绪折磨，以及因社会负面氛围造成的精神压力和心理负担，足以对精神造成相当程度的损害。从经济层面来讲，名誉的好坏对经济收益的获取有较为显著的影响，而社会评价降低常导致自然人在职场中面临降职、裁员等问题进而收入减少，法人则因商誉的受损而使得市场竞争实力被削弱，合作伙伴和用户信息缺失，财产收益遭受较大的损失。

侵害名誉权的违法行为应当与损害事实之间具有因果关系，即社会评价降低、精神和财产损失等损害后果是由名誉侵权行为直接或间接导致的，此要件在网络名誉侵权的认定中同样适用。但应当注意，一方面，名誉侵权的部分损害结果同侵权内容本身没有直接的关联，而需要通过外界压力和个人内心的共同作用方能产生，但不能因此否认两者之间的因果关系。另一方面，网络名誉侵权的实际行为常指向某一虚拟主体，但虚拟环境与现实世界不应被视作完全割裂，只要该虚拟身份能够被证明与现实社会的公民、法人相对应，则行为仍然可能危害真实生活中某个特定人的名誉。两者之间的因果关系仍然成立。

### 3. 行为人具有过错

如前文所述，网络名誉侵权的认定适用过错责任原则，具有故意和过失两种形态，网络用户及网络内容提供者在网络平台中编制侮辱性内容或捏造虚假事实予以传播，属于较为明显的具有主观故意的名誉侵权行为。然而网络环境中侵权内容的传播过程显然更为复杂，一方面，网络用户可能不假思索地随

---

[1] 参见曹小娟、慕明春：《"免责"还是"处罚"——关于网络转载是否承担名誉权侵权责任的思考》，《陕西师范大学学报（哲学社会科学版）》2016年第9期。

[2] 参见王利明：《人格权法》（第二版），中国人民大学出版社2016年版，第289页。

意转发、传递带有侮辱、诽谤性质的内容，另一方面，非内容直接提供方的网络服务提供平台，也常有转载侵权文章、为侮辱诽谤性内容提供链接、搜索、存储技术服务的相关行为，他们的主观过错应当如何认定，是网络名誉侵权认定中需要解决的重要问题。

就网络转载行为而言，网络用户及服务平台虽非侵权内容的直接发布者，但并非毫无鉴别内容真实性与侵权性质的能力。此种情况下，作为内容的发布或传播平台，网络内容服务提供者一般需要承担一定的注意义务。当转载主体本身的影响范围较大或对用户信息的控制能力较强时，则一般应承当较高的注意义务。"黄某诉黄某某及新华网名誉侵权"一案中，法院认为，新华网系影响力较大且具备新闻采编能力的中央重点新闻网站，对转载信息应承担比一般网络媒体更严格的审核义务且具有审核转载信息的能力。

对于主要作为技术服务方或内容呈现平台的网络服务提供者，《民法典》第一千一百九十七条已明确以"明知或应知"作为过错存在的条件。网络服务提供者面对海量的网络数据与内容，一般不需承担过重的事前审查义务，[1] 美国《数字千年版权法》、欧盟《电子商务指令》、德国《电子媒体法》也有相关规定。[2] 但当侵权内容性质较为恶劣、行为较为明显、指向对象影响力较大，为防止名誉侵权的损害后果进一步扩大，网络服务提供者应采取删除、断开链接等必要措施，否则将需承担一定的侵权责任。

对于名誉侵权行为的认定，美国《侵权法重述》（第二版）中也有较为明确的阐述，其558条表明，诽谤责任的成立应满足如下条件："向第三人公布涉及他人的虚假、诽谤性言论，该公布行为不受特权保护，公布者存在主观过错，同时该公布行为造成特殊损害，或该言论无论是否造成特殊损害均可被起诉。"所谓"特殊损害"，即由"诽谤引起的'世俗性'损害或具有经济性质的损害"[3]。由该条义规定可知，美国名誉侵权的认定同样需考虑名誉侵权行为的实施，存在损害事实，以及具有主观过错同时不存在抗辩事由等要素。但在具体规则上有其特殊之处。

---

[1] 参见杨立新：《〈侵权责任法〉规定的网络侵权责任的理解与解释》，《国家检察官学院学报》2010 年第 2 期。
[2] 参见美国《数字千年版权法》第 512 条、欧盟《电子商务指令》第 15 条、德国《电子媒体法》第 7 条。
[3] 张民安：《侵权法报告：名誉侵权责任》，中山大学出版社 2008 年版，第 2 页。

具体而言，为维系保护公民言论自由与捍卫人格权益之间的平衡，在英美侵权法体系中，名誉侵权被划分为书面诽谤与口头诽谤两种形式，前者指以印刷文字或书写等有形形式对诽谤性内容进行的具有持续性的传播，后者则指通过口头语言、手势等有形形式之外的短暂性方式对毁损他人名誉的内容进行的传播。只要公布对他人具有诽谤性的虚假事项并构成书面诽谤，则无须证明对权利人造成任何特殊损害。但当涉及对他人的口头诽谤时，除非其传播的毁损内容指向权利人的犯罪行为，令人厌恶的疾病，与其行业、职业不相符的事项或严重的不当行为，否则须证明该诽谤行为对被侵权人造成了一定特殊损害。对于过错的认定，在针对私人或公众人物的不同场合也存在差异。1964年"《纽约时报》诉沙利文"案在针对政府官员的名誉侵权诉讼中，"将无过错原则修正为真实恶意原则"。[1] 即被害人须证明侵权行为人明知或轻率忽视其陈述内容虚假。自此，对公共官员或公众人物与公共利益相关的身份或工作进行的虚假、诽谤性传播，仅当行为人明知或故意忽视其陈述内容虚假且构成诽谤时，需要承担法律责任。但面向私人的或公众人物与公共利益无关的个人事项的诽谤，则即便行为人仅存在未核实其陈述是否属实或构成诽谤的过失，也须对其诽谤行为承担责任。[2]

### （三）抗辩事由

面对名誉侵权的指控，被告方还可针对原告的诉讼原由与请求，提出如下名誉权侵权的抗辩事由。

**1. 内容真实**

当用户或平台在网络环境中发布的内容的主要部分真实且符合客观实际情况时，则一般可对抗他人的名誉侵权主张，这是名誉侵权诉讼中最重要且有力的抗辩手段。"梅森诉《纽约客》"一案中，美国法院指明，无论被诉言论的细节是否存在错误，只要其实质内容被证明为真实，则可免除被告的法律责任。[3]

---

[1] 王泽鉴：《人格权法：法释义学、比较法、案例研究》，北京大学出版社2012年版，第320—322页。
[2] 参见《侵权法重述：条文部分》（第二版），许传玺、石宏、和育东译，法律出版社2012年版，第256页。
[3] Cf. Mason v. New Yorker Magazine, Inc., 501 U. S. 496, 516-517（1991）.

《侵权法重述》(第二版)将"真实陈述"作为诽谤诉讼抗辩的第一个理由,"行为人发布的诽谤性陈述属实,则不需承担诽谤责任"。[1]我国名誉权相关司法解释只有文章的内容可以被认定较严重的失实程度并导致他人名誉受到侵害时,名誉侵权才可成立。此种规定在英国法律中也有体现,英国《2013年诽谤法》第2条第1款明确指出采纳实质真实标准。"图尔库诉新闻集团报业"一案中,法院说明,诽谤内容包含核心事实与边缘事实之分,真实性抗辩的成立仅需关注系争言论的实质。另外,《2013年诽谤法》第2条第3款专门针对"部分真实"的情形增加了严重损害的条件,即便行为人未能证明其陈述全部属实,但当未证明属实的言论未对权利人名誉造成严重损害时,真实性抗辩仍然可能成立。由此可见,只要内容的实质性主要部分,尤其同权利人社会评价相关联的部分没有出现谬误,部分细枝末节的遗漏或误差并不影响该抗辩理由的应用。

**2. 舆论监督**

从公民个人的角度,对抗名誉侵权的另一事由为公正评论。国际社会对诽谤法的通行理解认为,在事实与意见相区分的基础上,针对事实形成的意见不构成诽谤。但该意见表达应当"同公共利益相关、建立在可靠的事实基础上且发表意见的主体不具有主观上的恶意"[2]。但上述要求对评论者的目的、评论对象以及主观心态均有诸多限制,而网络环境中该规则显然难以适用。在此基础上,英国修改《诽谤法》以诚实意见取代了公正评论抗辩,且仅要求被告的陈述是基于既定的公开事实所形成的客观意见,相当于降低了公正评论抗辩成立的门槛,为网络平台中的意见表达提供了更为自由的空间。美国《侵权法重述》(第二版)也将名誉侵权抗辩事由中与"公正评论"相关的规定进行了删除,并明确指出,"基于事实的单纯意见表达,未隐含对事实的诽谤时,不再可诉"[3]。其必要性在于,基于客观事实的意见表达并不直接左右社会公众对其他民事主体的实质认识,网络环境中适度的言论自由应当得到维护。当然,公正评论的抗辩也并非在意见表达的场景下必然适用,还应当满足一定的条件,如该意见需针对某一事实作出而不致被误认为提出新的事实,以及没有侮辱他

---

[1]《侵权法重述:条文部分》(第二版),许传玺、石宏、和育东译,法律出版社2012年版,第257页。

[2] 邵国松:《网络传播法导论》:中国人民大学出版社2017年版,第150页。

[3]《侵权法重述:条文部分》(第二版),许传玺、石宏、和育东译,法律出版社2012年版,第268页。

人人格的内容等。

从新闻媒介的角度，新闻从业人员依法进行的正当舆论监督可作为名誉侵权抗辩的理由。而对于网络媒体机构以及网络用户而言，针对社会生活、为公共利益而发表的报道和评论等监督舆论，即便具体细节方面存在差误，只要主要内容为真，则一般不被认定为名誉侵权。但值得注意的是，多数情况下网络机构与用户并非当时事件的第一手信息获得方，对热点话题或内容的报道评论应当基于真实可靠的信息，而不能一味为追逐热点或抢占先机而发布误导性内容，若对内容来源的可信度与效力无法保证，对"显著可能引发争议的内容"未进行必要调查，则可能因未能尽到合理核实义务而需承担名誉侵权的相应责任。

**3. 公众人物限制**

《网上侵害人格权案件司法大数据分析报告》显示，公众人物对网络评价信息的容忍义务及其限度是网上侵害人格权案件的热点法律问题之一。"公众人物"概念的提出及其人格权应当受到限制的观点最初源自美国的司法实践，其意义在于：首先，公众人物拥有较高的知名度与社会影响力且享用了待遇、收益、关注度等更多的社会公共资源，此时他们理应为满足公众知情权以及发挥公众与媒体的舆论监督权而在名誉权的行使上有所谦抑，以保持权利与义务的对等；其次，公众人物的言谈举止常符合公众的合理兴趣，或同社会公共利益密切相关，更对社会风气的形成有一定作用，也需要信息的合理公开以及舆论监督功能的正常发挥；最后，公众人物通常能够调动更多的意见表达渠道，当针对他的贬损性信息发布传播时，有能力及时进行辩驳和消除。我国自"范某某与新民报业"一案起也开始有意识地引用公众人物的概念，认为原告作为公众人物，其个人私事也与社会公共利益相关，也应接受来自媒体的舆论监督并容忍名誉方面的轻微损害。

当然，公众人物的名誉权也并非应当不受控制地予以克减，网络环境中也不例外。网络平台中公众人物名誉侵权纠纷时常发生，公众人物固然应当保持适度的宽容与理解以适应公众利益的需求，但该容忍也有一定的限度范围，即应以与公共利益的议题相关以及尊重公众人物的人格尊严为前提，若超出此范围，则也应承担侵权责任。典型案例如"崔某某与方某某"一案，法院认为可分为两部分，一部分系是基于公共议题的讨论而进行的指责和批评，属于法律要求公众人物应当保持适当宽容度的言论，不构成侵权，但还包含了评价崔永元"造谣""说谎"等词语，与公共利益无关且带有侵犯对方人格尊严的主观恶意，因而构成名誉侵权。

### 三、有关国家网络名誉侵权法律责任的比较

#### （一）我国名誉侵权的责任承担

**1. 民事责任**

侵害民事主体名誉权，属于侵害他人人身权益的范畴，应当承担相应的民事责任。结合《民法典》第一百七十九条、第九百九十五条人格权请求权的相关规定，我国法律主要采用停止侵害、恢复名誉消除影响、赔礼道歉、赔偿损失等多种形式保护名誉权。

（1）停止侵害。即在侵权活动仍在持续的情况下，受害者可以要求侵权行为人停止侵权行为，并有权要求法院采取一定强制手段。在网络环境中，民事主体发现事关己方名誉的侵权内容在各类通信、社交、内容发布平台中传播时，即可发出通知，要求网络服务提供者对相关内容采取删除、屏蔽、断开链接等必要措施。

（2）消除影响、恢复名誉。行为人实施了侵害他人名誉权的行为，使他人的道德、才干等社会评价遭受贬损时，则应当承担在其行为造成的影响范围内消除不良影响的责任，使权利人遭受损害的名誉尽可能得到挽回。其适用存在一定前提和实施上的条件。消除影响、恢复名誉主要着眼于对已经产生的负面影响的消除。就范围而言，尽可能覆盖受贬损言论影响的公众群体；就方式而言，则可以根据侵权行为的具体实施情况与后果综合考量。除此之外，为避免权利人遭受的名誉损害持续加剧且影响范围不断扩大，此时，消除影响、恢复名誉的责任承担应当及时有效，侵权人应当尽快采取有实质作用、防止损害后果进一步扩大的措施。

（3）损害赔偿。是民事侵权责任体系中一种极为重要且主要的责任承担

方式。针对名誉侵权等人身权益受到损害的情形，我国《民法典》分别规定了财产损害赔偿与精神损害赔偿，其中，精神损害赔偿是基于受害人因名誉权受损而遭受的精神痛苦或其他不良情绪而给予的经济上的补偿，精神上的损害难以彻底修复或弥补，通过财产的移转，可以在安慰受害人情绪的同时对侵权行为人予以制裁与警示。然而，由于痛苦、悲伤等情绪是无形的，精神损害的程度以及损害赔偿的额度往往没有客观标准可供参考，因此在精神损害赔偿责任的适用中，应当以严重的精神损害为前提，还可以参考"行为人的侵害情节、认错态度以及受害人的谅解程度以确定具体的赔偿数额"[1]。

在当今社会背景下，民事主体的名誉同其社会活动的正常参与有密切关联，并能够进一步影响公民的就业、职业发展以及法人的经营、交易等经济利益的创造过程，因而名誉权侵权可能同时造成受害人财产上的损失，只要由名誉权侵权行为引发，均可要求损害赔偿。数额的计算一般应以权利人遭受财产上的损害后果为前提，由权利人提供自身财产存在损失的证明。被害人实际损失或侵权人获利难以计算的，才由法院根据侵权的实际情况确定赔偿数额。

**2. 刑事责任**

名誉权与作为基本人权的言论自由天然存在着冲突的可能性，两者之间平衡的维系对于维护社会公共利益以及公民基本权益具有重要意义，对于名誉侵权行为的规制也多借助民事手段而非更为追究严厉的刑事责任，以免过分压抑公众基于公共利益相关问题的言论自由。然而，对于情节严重的名誉侵权行为，包括我国在内的许多国家仍保留了侮辱、诽谤的刑事罪责，尤其在网络环境中，面向个人的恶性侮辱、诽谤频频出现且对受害人名誉权益往往会造成程度极重的消极影响，采用刑事手段加以制裁显然更具威慑力。

除《刑法》第二百四十六条外，最高人民法院、最高人民检察院发布的《关于办理利用信息网络实施诽谤等刑事案件适用法律若干问题的解释》对网络诽谤犯罪进行了详细规定。"捏造事实诽谤他人"的客观要件[2]，以及"情节

---

[1] 杨立新:《人格权法》：法律出版社 2011 年版，第 228—229 页。
[2] 最高人民法院、最高人民检察院《关于办理利用信息网络实施诽谤等刑事案件适用法律若干问题的解释》第一条规定：捏造损害他人名誉的事实或将网络中涉及他人的原始信息内容篡改为损害他人名誉的事实，自行或组织、指使人员在信息网络上散布；明知是捏造的损害他人名誉的事实，在信息网络上散布。

严重"在网络环境中的认定标准[1]。另外,我国《刑法修正案(十一)》新增了"侵害英雄烈士名誉、荣誉罪"[2],针对网络环境下频发的损害英雄烈士名誉、荣誉的诸多极具不良社会影响的行为,以刑法手段予以了特别规制。

### (二)域外名誉侵权的责任比较

#### 1. 民事责任

(1)德国对名誉权的法律保护依据源自德国基本法、《德国民法典》以及一般人格权理论。德国基本法即德国宪法规定,任何人均享有其人格尊严受尊重的权利,以及其人格获得充分发展的权利。《德国民法典》规定,声称或传播脱离真相的内容从而有损他人信誉或对他人生存发展造成损害的,虽然不知道所陈述的内容是虚假的,也应当赔偿他人损失。德国最高法院于1954年的一则判例中开始确认,他人除享有第823条(1)规定的具体人格权之外,还享有包括名誉权在内的一般人格权,并纳入其他权利的范畴,侵犯他人一般人格权则应当对他人遭受的损害承担赔偿责任。[3]

以此为依据,德国在立法和司法实践中,名誉侵权行为所需承担的责任类型包含停止名誉侵权行为、损害赔偿以及撤回和校正等。第一,对行为人将要或继续实施的名誉侵权行为,权利人有权要求法官颁布禁止令禁止该侵权行为的实施。禁止令的颁布一般应满足如下前提条件,即权利人有证据证明行为人的公开陈述对其名誉有毁损性质,为虚假陈述,且行为人未能证实对其陈述进行了充分调查。在此基础上,若行为人已经公开传播了毁损他人名誉的虚假内容,使其社会评价降低,名誉权益遭到持续损害,则在遭受侵害的权利人的要求下,行为人可能需要承担撤回或校正、澄清其陈述的责任,且不因其公布贬损内容时不具有主观过错而可以免除。第二,同我国类似,德国名誉侵权的行为人需要为权利人

---

[1] 最高人民法院、最高人民检察院《关于办理利用信息网络实施诽谤等刑事案件适用法律若干问题的解释》第二条规定:同一诽谤信息实际被点击、浏览次数达到5000次以上,或者被转发次数达到500次以上的;造成被害人或者其近亲属精神失常、自残、自杀等严重后果的;二年内曾因诽谤受过行政处罚,又诽谤他人的;其他情节严重的情形。

[2]《刑法》第二百九十九条规定:侮辱、诽谤或者以其他方式侵害英雄烈士的名誉、荣誉,损害社会公共利益,情节严重的,处3年以下有期徒刑、拘役、管制或者剥夺政治权利。

[3] 参见张民安:《无形人格侵权责任研究》,北京大学出版社2012年版,第52—53页。

因其行为遭受的精神或财产损害承担责任，一方面，为维护人格尊严与正当的名誉权益不受他人肆意侵害，行为人应当对他人因社会评价降低造成的精神损害进行赔偿；另一方面，在某些特殊情形下，贬损内容的传播可能导致权利人在职业发展、收入获得方面遭受损失，此时，行为人同样需要对他人造成的财产方面的损害承担赔偿责任。除上述责任形式之外，德国各州与新闻有关的法律中大多包含关于回应权的规定，即包括报纸、期刊、电台、电视台在内的新闻媒介，在公布了贬损他人名誉的争议言论之后，有义务承担以相应的时间、范围、途径公开权利人要求他们公开的答复的责任，而权利人回应权的顺利行使由法院采取一定措施加以保障。上述有针对性的责任形式在网络内容传播迅速且广泛的信息社会背景下具有重要的借鉴意义。总体而言，在德国的司法实践中，更倾向于通过损害赔偿之外的责任形式维护他人名誉，借助禁止令、撤回或校正等措施，尽可能将权利人的社会评价恢复到名誉侵权行为实施之前的水平。

（2）美国对名誉侵权行为进行法律救济的最重要方式即要求行为人承担损害赔偿责任，通过金钱赔偿的方式弥补被侵权人在精神或财产方面遭受的损害，这同德国更加重视损害赔偿之外的责任承担的思路有所不同。因而，在名誉侵权的损害赔偿责任方面，美国也有更加复杂严密的规则。

关于名誉侵权诉讼中损害赔偿的计算，美国《侵权法重述》（第二版）第二十七章针对不同情形予以分别规定，具体来说，诽谤侵权的损害赔偿包含多种不同形式，名义上的损害赔偿，侵犯名誉的一般损害赔偿，对已被证明的名誉损害或对名誉侵权的特殊损害赔偿，因名誉损害造成的精神痛苦及身体损害赔偿，以及惩罚性赔偿。

第一，名誉侵权行为成立时，行为人至少应当承担名义上的侵权责任。在司法实践的具体情形中，被证明的名誉侵权行为对被侵权人的名誉毁损程度可能较低，被侵权人遭受的损害并不严重或其起诉的主要目的在于对其名誉加以澄清，此时，通过判令侵权行为人承担小额的名义上的损害赔偿责任的方式，可以向公众宣告行为人散播的言论带有虚假性质，进行对被侵权人的社会评价起到恢复和澄清的作用。

第二，在多数名誉侵权案件中，侵权人对他人的名誉毁损行为往往会造成一定的精神或财产损害，理应承担相应的补偿责任，包含一般损害赔偿、特殊损害赔偿及精神损害赔偿 3 种形式。名誉侵权行为一旦成立，对权利人因其导致的社会评价的降低而遭受的一般损害通常是被预先推定的而无须特别证明的。因而类似于大陆法系国家及我国的精神损害赔偿，一般损害赔偿要求侵权方通过金钱给付的方式减轻权利人精神痛苦或恢复其社会评价及关系。在一般损害赔偿之外，被侵权人若能证明名誉侵权行为使其遭受了经济上的的损失，重点是某些具有金钱价值和经济价值的物质损失，包括某些能够带来物质利益的社会关系和亲友关系的损失，则可以要求额外的特殊损害赔偿。同时，侵权人对因其名誉毁损行为使权利人遭受的精神损害和人身损害也需承担相应的赔偿责任。但同特殊损害的物质性损失不同，精神损害一般表现为沮丧、焦虑等不愉快的情感经历，其在实际应用中的评估和衡量一般较为困难。

第三，在名义性和补偿性赔偿之外，为达到不使用刑事制裁措施而阻却行为人或有相似意愿者再从事类似的恶劣行为的目的，在特定情形下，即当行为人的名誉侵权行为出于主观恶意或故意忽视他人权利的恶劣动机时，法院可能要求行为人负担超过权利人实际损失数额的惩罚性损害赔偿责任。而具体赔偿数额的确定需要考虑侵权人的财产状况，其行为的恶劣程度，以及造成或本欲对权利人造成的损害性质与范围等。

虽然在美国的名誉侵权诉讼中，损害赔偿是更常见的责任形式，[1]但也存在撤回、颁布禁止令等责任形式。所谓撤回，又称校正或澄清，即名誉侵权行为人撤销或部分撤销其发出的名誉毁损性质的言论，从而澄清其陈述的行为。美国《统一名誉侵权校正或澄清法》说明，要求侵权行为人校正并澄清其毁损性陈述，是权利人提起名誉侵权诉讼的前提条件。当行为人按照法定期限公开其校正及澄清陈述后，其损害赔偿的范围仅限于权利人的经济损失，而无须再承担一般损害或惩罚性损害赔偿责任。[2]同时，美国各州大多引入了撤回制度并有其细节不同的具体规定，但人多认为撤回为当事人自主选择的责任形式，以及撤回可部分作为损害赔偿责任的替代方式。如《美国加利福尼亚州民法典》第 48 条（1）规定，当媒体发布的内容毁损他人名誉时，若其已公开更正

---

[1] Cf. BALKIN R P., *Law of Torts*, Third Edition, Butterworths, 2004, p615.
[2] 参见张民安主编：《名誉侵权的法律救济：损害赔偿、回应权、撤回以及宣示性判决等对他人名誉权的保护》，中山大学出版社 2011 年版，第 22—25 页。

或撤回了具有名誉毁损性质的陈述，则只需承担特殊损害赔偿责任。另外，与前文所述我国及德国重视通过颁布禁止令的责任形式阻止名誉侵权行为持续发生不同，英美普通法认为，法院无权颁布禁止令要求被告停止名誉毁损内容的陈述，如"马德森诉女性健康中心"案中，美国联邦最高法院认为仅当原告能够证明其名誉侵权主张有胜诉的现实可能性且被告无法主张某种抗辩事由时，才可向法院申请禁止令的颁布。[1]

### 2. 诽谤入罪

名誉权的维护与言论自由的捍卫具有天然的矛盾性，因而通过诽谤入罪的形式过分强调名誉侵权方的责任承担，可能引发对言论自由的压制以及公共权力与诽谤责任的滥用，近年来英国、爱尔兰等国家均在进行对诽谤去罪化的推动。[2]然而，信息网络技术为网络名誉侵权提供了便捷且丰富的技术与平台的同时，也扩大或加深着网络诽谤的影响范围与危害后果，利用刑事责任等更为严格的手段对其加以规制又有其必要性。

以美国为例，美国通过上文提及的"《纽约时报》诉沙利文"案确立了"实际恶意"原则，对诽谤罪成立的判定采取极为谨慎的态度。在此基础上，联邦法院基本采取了诽谤案件去罪化的立场。如"阿什顿诉肯塔基州"一案中，美国最高法院认为与言论自由等涉及宪法修正案权利的法律应得到谨慎且严密的界定，对刑事诽谤的模糊定义不足以作为定罪的依据。[3]但司法实践中仍然存在着诽谤入罪的判决，且在诽谤事件蔓延的网络环境中，不乏网络诽谤行为被追究刑事责任的情形。如"犹他州诉伊恩·莱克"一案中，莱克由于在自设网站中发布诽谤性内容，被认定为违反了刑事诽谤法因而受到警方逮捕。[4]

同样地，尽管《欧洲人权公约》第 10 条规定了人人享有表达自由，但表达自由的行使须受为保护他人名誉或其他权利所形成的限制，即确立了保护言论自由为原则，限制言论自由为例外的原则体系。在此基础上，欧洲人权法院

---

[1] Cf. Anthony M. Dugale, Michael A. Jones, *Clerk & Lindsell on Torts*, Nineteenth Edition, Sweet & Maxwell, 2006, p1475.

[2] 参见邵国松：《诽谤入罪的判决标准：国际比较的视角》，《南京社会科学》2016 年第 10 期。

[3] Cf. Ashton v. Kentucky, 384U. S. 195 195( 1966 ) .

[4] 参见邵国松：《网络传播法导论》，中国人民大学出版社 2017 年版，第 160 页。

的判例在保护言论自由的同时，提出了限制言论自由的若干前提条件，包含有法律依据，以保护名誉权益为目的以及民主社会所需等。从而为诽谤入罪预留了一定的自由裁量空间。如"卡斯特尔斯诉西班牙"一案中，法院认为可以用刑法在内的手段规制恶意的诽谤言论。[1]

欧盟成员国中也不乏诽谤入罪的国家。如《德国民法典》并未包含名誉权利的具体内容，仅在司法实践中将侵权责任条款中提及的"其他权利"解释为包含名誉权，而《德国刑法典》则规定了3种诽谤罪，容纳了通过言语、暴力等手段公然贬损他人人格以及散布影响他人名誉的虚假事实等行为。《意大利刑法典》也规定了侮辱罪和诽谤罪两种与名誉侵权有关的罪名，前者指当场对他人名誉进行的诋毁，后者则指当事人不在场时向第三人传播诽谤内容的行为。两种行为均可能导致有期徒刑或罚款等刑事处罚，当在场人数较多或传播渠道影响较广泛时，处罚还将加重。

在网络环境下，言论自由的发挥有着更为广阔的平台与便捷的渠道，也滋生出对人格权益更为肆意的侵犯。自由的捍卫与人格权益的保护对公民生存与发展皆有重要意义，但一味防止诽谤责任的滥用会纵容言论自由空间的无限放大，适当利用多种责任承担形式加重名誉侵权的行为后果有其合理性，也有待立法与司法实践对责任承担的具体方式与程度加以探索。

## 第三节　网络环境中的隐私权

信息网络、内容传播、数据挖掘等技术的飞速发展，一方面使个人隐私在网络环境中有了更为丰富的表现形态和存储方式，另一方面，国家、企业乃至个人均可能利用各类技术手段收集、存储、传播个人的数据资料乃至隐私，甚至将其组合呈现进而预测他人的消费习惯、行为模式等，表现出可开发利用的商业财产性质。网络环境中的隐私权，价值愈加凸显，性质也愈加脆弱。

---

[1] Cf. Castells v. Spain, 236 Eur. Ct. H. R.（Ser. A）(1992).

## 一、网络环境中的隐私权

### （一）隐私与隐私权

隐私，由"隐"和"私"两个具有独立含义的要件共同组成，"私"即隐私仅包含纯粹与个人相关的活动、空间、信息等，同公共利益或公共事务并无关联；"隐"则具有一定的主观性，即个人对涉及自身的活动、信息或空间，主观意识上不愿或基于正常道德标准、心理需求不便让他人干涉、知晓或侵入。综合而言，隐私即免于外界公开或干扰的与公共利益无关的私密空间、私密活动、私密信息以及私人生活安宁。

隐私权由美国学者沃伦和布兰迪斯于1890年发表的《论隐私权》一文中提出。此后，隐私权作为公民人格权利的重要组成部分，逐渐受到各国法律的肯定。然而，美国和欧洲对于隐私权内涵的理解仍然存在一定差异。美国立法和司法实践更倾向于将隐私视为个人自由的一部分，包含了维护个人安宁免受侵扰的物理性隐私、独立作出与个人重要决定的自觉性隐私，以及个人对自身信息控制的信息性隐私。欧洲隐私权则主要体现为对个人在公众面前形象的支配，以及个人信息未经许可不被擅自披露。[1] 如法国将隐私权视为人格权中最为基础且核心的权利，即他人对其私人生活享有的受到尊重的权利。

一般认为，隐私权以隐私为保护客体，主要包含了个人生活安宁权、私人信息保密权、个人通信秘密权及个人隐私利用权等。其特征包含主体特定、内容广泛性、非公开性与私密性，具有可支配性和可利用性，以及保护受到公共利益的限制等特征。而隐私权的主要内容，体现在隐私的享有、维护、利用和支配各环节中。

第一，隐私享有权系公民对个人隐私享有的最基本的权利，即对于与公共利益无关的隐私，权利人有权对其进行隐瞒，将其限定在仅由个人知晓或控制的范围内，不受其他个人和组织的非法披露、干涉或侵扰。当个人的隐私权

---

[1] 参见张民安主编：《隐私权的比较研究——法国、德国、美国及其他国家的隐私权》，中山大学出版社2013年版，第347页。

受到来自外部的挑战与侵害时，权利人基于其享有的隐私维护权可对他人的侵权行为作出一定回应。[1]

第二，基于隐私本身所具有的价值，权利人对个人隐私还拥有合法利用和支配的权利。首先，自然人对个人的私密信息、活动等，可以进行积极利用。[2]如利用个人的身体特征、外在形象等进行绘画、摄影等艺术作品创作，利用个人的成长经历、生活往事等进行文学作品创作，或授权他人对个人私密信息进行收集或商业性开发，而此类隐私的利用过程中，常伴随着人格利益以外的经济效益的创造与获得。其次，自然人还具有一定的按照意愿积极支配的权利，如权利人有权决定是否对个人的部分私密信息予以对外公开，以及采取何种公开的方式、途径，权利人也可允许他人对自己的私人空间和私人活动予以干涉或参与。

### （二）网络环境中的隐私权

#### 1. 网络隐私权

网络隐私权并非一个独立的法律概念，更多表现为传统隐私权在网络领域的延伸，同时由于网络信息收集、传播和利用的兴起而呈现出了一些新的内涵和特征。对于网络隐私权的内涵有诸多不同的阐述，总而言之，基于个人尊严与自由的需要，网络环境中专属于自然人的私密信息、私密活动与私密空间仍然不受他人的擅自披露、干扰与侵入。

相较于传统隐私权，网络环境中的隐私权衍生出了与时代与技术背景相一致的部分特征。首先，大数据时代的技术特征对隐私存在天然的侵袭性。[3]同时，信息的价值在网络组合开发的过程中逐渐凸显。这使网络隐私权呈现出极端的脆弱性，借助各类信息收集、数据挖掘技术非法获取、刺探他人私密信息变得十分简单，而信息的收集者也从传统的政府、机构或组织演变为个人、企业可参与。侵权手段的便捷性与侵权行为人的隐蔽性、多元性使得网络隐私

---

[1] 参见武艳芬、马青红：《浅谈隐私权被侵犯的法律救济》，《山西省政法管理干部学院学报》2004年第3期。
[2] 参见杨立新：《人格权法》，法律出版社2011年版，第262页。
[3] 参见徐明：《大数据时代的隐私危机及其侵权法应对》，《中国法学》2017年第1期。

侵权的主体经常难以确定。其次，网络隐私涵盖的范围有所扩展，某些传统环境中并不私密的信息，在数据组合与分析等技术的作用下，可以被用于发现或推断未知信息，而其推断出的信息则可能是当事人不欲为外人知晓的，这使得网络环境中对隐私的保护应当更为全面且慎重。再次，个人信息在网络中的充分收集、开发与利用使得网络隐私兼具人格与经济两方面属性。最后，网络环境中对隐私的披露所造成的损害后果往往长期存在且难以消除，可能对权利人造成具有持续性的精神损害。

**2. 网络隐私与个人信息**

在网络环境中，同个人尊严与自由以及生活安宁相抵触的突出问题之一，即表现为对用户个人信息的不合理收集与利用，隐私与个人信息间又存在着一定相互重叠的关系，对个人网络隐私权的捍卫常同个人信息相关权益的维护交叠在一起。个人信息作为人格权益的一种，其核心特征在于能够识别特定自然人，进而保护个人信息的主要目的在于防止因对其随意处置造成的对相应自然人人身自由、人格尊严的侵害。

隐私权与个人信息权益往往具有无法避免的雷同性，如两者的权利主体均仅限于自然人。就权利客体而言，未公开的私密性个人信息同样带有隐私的性质。但隐私权同个人信息权益之间也存在不容混淆的较大差异，网络环境中对隐私权的保护应当同对个人信息权益的维护加以区分。首先，两者的权利性质不同。隐私权作为一种精神性人格权，以人格利益为主要内容，更偏向具有面对侵权行为的消极性和防御性；而个人信息既包含了精神利益，也包含了财产利益，权利人通过对个人信息的全面控制，可以在主动进行信息的开发利用的同时，对个人信息存在的不当状态予以积极修正和恢复。其次，两者的保护客体不同。隐私权的客体以私密性为主要特征；个人信息则要求内容对特定身份的可识别性，已经公开的、个人愿被他人知晓的信息，不再属于隐私的范畴，但仍可能作为个人信息而受到保护。再次，两者的权利内容不同。隐私权从自由与尊严的角度出发，捍卫权利人对私人秘密的隐蔽与私生活的自主支配；个人信息权益则侧重于对个人信息的控制。最后，两者受法律保护的方式和程度不同。隐私权同个人的自由与尊严密切相关，因而受到法律更为严格的保护，采用的方式主要是侵权行为发生之后的停止侵权、排除妨害、精神损害赔偿等救济手段；个人信息基于其较强的可知情、可控制与可商业化利用的性质，则更侧重于事前的预防，以及可采取财产损害赔偿的方式。[1]

总而言之，隐私与个人信息之间虽存在一定交叉，但更具有较为明晰的差异。我国《民法典》"人格权编"第六章以"隐私权和个人信息保护"为题，对隐私权与个人信息权益分别进行了保护。世界范围内针对隐私与个人信息两种权益的保护通常亦采用分别立法的方式进行。经济合作与发展组织（OECD）与欧盟委员会早在20世纪80年代便分别发布了《隐私保护与个人数据跨境流通的指南》以及《个人数据自动化处理中的个人保护公约》两个文件，对可识别数据主体的任何相关信息加以保护。以此为指导，自20世纪90年代开始，各国开始先后制定本国的个人信息保护法，并大多将可识别性作为构成个人信息的核心要素。如加拿大2000年颁布了《个人信息保护和电子文件法》，确保可识别个人的信息的收集、利用及披露能以个人认为恰当的方式进行。日本2017年开始施行专门的《个人信息保护法》，为"能够识别特定个人或含有个人识别符号的信息"提供保护。[2] 欧盟《通用数据保护条例》（简称GDPR）的生效标志着隐私权与个人数据保护的分离，针对与已经识别或可被识别的自然人或数据主体相关的任何信息，即个人数据，GDPR通过对数据主体的赋权以及加重对数据掌控者的义务负担的方式进行有别于传统隐私权的专门保护。[3] 如赋予数据主体数据访问权、更正权、被遗忘权等，增强数据主体对于个人数据的控制能力。同隐私权相比，各国围绕个人信息进行的概念界定、权利保护等，更偏向对可识别数据主体的个人信息，进行一种更为积极的事前或事后的控制。

相比较而言，美国立法与司法实践中，对于隐私与个人信息的区分便并不那么明晰。以捍卫个人自由为宗旨，美国隐私权的保护范围相对宽泛，并形成了由自治性隐私权、物理性隐私权以及信息隐私权三部分组成的"二分法"

---

[1] 参见王利明：《论个人信息权的法律保护——以个人信息权与隐私权的界分为中心》，《现代法学》2013年第4期。

[2] 参见程德理：《个人信息保护中的识别要素研究》，《河北法学》2020年第9期。

[3] 参见戴龙：《论数字贸易背景下的个人隐私权保护》，《当代法学》2020年第1期。

新型隐私权体系。[1]对个人信息的保护建立在原有的隐私权基础上，普遍认为个人信息保护制度的本质即为个人信息的隐私权，只是具体的表现形式上存在差异。[2]1974年通过的《隐私法案》通过独立人格权的形式对其加以保护。以此为基础性依据，在科学技术发展和个人信息重视程度提升的推动下，美国司法实践中形成了将个人信息保护与传统隐私权保护相融合的倾向。"惠伦诉罗"一案中，美国联邦最高法院认为，医患信息属个人信息范畴，一项要求医生收集病患个人信息的州法案与宪法对公民隐私的保护相抵触，从而承认了对个人信息隐私权的宪法保护。2018年"卡彭特诉美国"一案中，美国联邦最高法院提出政府获取公民手机定位数据的行为同合理的隐私期待相违背，属于《美国宪法第四修正案》的搜查行为，擅自从事有违宪法对公民隐私权的保护。由此可见，美国司法实践偏向将个人数据纳入隐私权的保护范围之中，而并未对两者进行较为清晰的区分。

基于个人信息在网络社会中的重要地位，以及个人信息权益区别于隐私权的独立特征，本书将在此后的第九章围绕网络个人信息保护的法律治理进行详细分析。下文仅就网络环境下的隐私权侵权与保护予以论述。

## 二、网络环境中侵犯隐私权的认定

### （一）网络隐私侵权的认定

面对频繁出现的网络隐私权侵权现象，正确地认识和判断隐私侵权行为的构成，对网络环境中自然人隐私权利的积极维护具有重要意义。我国侵害隐私权责任的构成，同前述名誉侵权一致，应当适用过错责任原则的规定，须具备实施了违法行为，存在损害事实，违法行为与损害事实间具有因果关系，以及行为人具有过错四个要件。

第一，应当存在侵害网络隐私权的违法行为。隐私权作为一种同个人之

---

[1] 参见项焱、陈曦：《大数据时代美国信息隐私权客体之革新——以宪法判例为考察对象》，《河北法学》2019年第11期。

[2] 参见高富平：《个人信息保护：从个人控制到社会控制》，《法学研究》2018年第3期。

自由与尊严紧密相关的权利受到法律的严格保护，除个人本身之外的所有人均负有不侵犯其隐私权的不作为义务。因而侵犯隐私权的违法行为常以作为的方式进行，如利用网络平台、网络技术对他人私密信息的刺探、截取与披露，对他人私密活动与通信的监视、干涉等，均属于未尽到不侵犯他人隐私权的法定义务。另外，对于某些具有特定身份、职权的主体而言，隐私权的侵犯还可能以不作为的方式进行。如我国《民法典》"人格权编"第一千零三十九条规定，知晓他人隐私的国家工作人员负有主动保密的作为义务，疏于履行导致隐私泄露，则可能承担相应的法律责任。

第二，存在网络隐私侵权的损害事实，在网络环境中，个人的私密信息、私密空间、私密活动及生活安宁受到刺探、披露、侵入、监控、骚扰，均可认为隐私被损害的事实存在。同名誉侵权类似，只要隐私损害的客观事实存在，不必要求实在的损害结果表现，即具备了网络隐私侵权的损害事实要件。

第三，个人隐私因他人的披露、干涉受到侵害，隐私侵权行为与损害事实之间常具有直接的关联性。在实际的隐私侵权案件中，对因果关系的判定可以结合如下因素综合判定，如时间上的顺序，以及社会一般公众的客观判断，即当因果关系的存在与否难以通过直接证据加以认定时，可以参考社会公众的一般常识与经验判断。[1]

第四，行为人主观上具有过错。隐私权侵权行为的认定需要首先满足行为人具有主观上的过错，网络环境中也是如此。过错主要有两种形式，即故意和过失。从事网络隐私侵权活动的行为人在大多数情况下具有故意的主观过错，如个人借助技术手段对他人隐私的刺探和披露，平台擅自收集、泄露用户私密信息，监控用户私密活动等，均具有明知其行为会造成对他人隐私权利的侵害仍故意为之的性质。

有观点认为，"法国是世界上最先认可隐私权理论的国家"[2]。作为隐私权研究领域的先行者，法国对于隐私侵权的认定要素也经历了一个演变的过程，可以加以比较。1804年《法国民法典》为包含名誉权、隐私权在内的各项民事权

---

[1] 参见周秀娟、李畅、郑路：《人格权法热点问题研究》，光明日报出版社2018年版，第214页。
[2] 张民安主编：《隐私权的比较研究——法国、德国、美国及其他国家的隐私权》，中山大学出版社2013年版，第26页。

利提供了统一的保护，因而其第1802条、第1803条所规定的过错责任原则以及一般侵权要件也成为早期法国隐私侵权的认定标准。[1] 同我国类似，法国一般过错侵权责任的成立需满足三个要件：行为人实施了出于故意或过失的过错行为，权利人遭受某种财产或非财产损害，以及两者之间存在因果关系。随后进入20世纪70年代，结合隐私侵权的特征，《法国民法典》第9条增加了隐私权保护的专门内容，规定任何人均享有私生活受到尊重的权利。根据此项规定以及其在司法实践中的适用，隐私侵权的认定同一般侵权行为存在差异，如法国最高法院民事一庭在1996年的一则案件中提出，权利人能证明其私人生活遭受侵害即有权要求行为人对其承担赔偿责任，而不必完全满足一般过错责任的全部构成要件。在此基础上，法国对隐私侵权的认定开始适用过错推定原则，权利人能够证明行为人在未征得其同意的情况下侵犯其隐私，则可推定行为人存在过错。行为人承担隐私侵权责任实际仅需满足一个主要条件，即从事了擅自公开他人私人生活信息等侵犯他人私人生活隐私的行为。如有法国学者认为，隐私侵权的成立仅需具备两个条件，包括在未征得同意的情况下公开他人私人生活信息，以及存在权利主体。而无需要求具备过错。[2] 总体而言，法国立法和司法实践倾向于对隐私侵权的认定采用一种较为宽松的标准，而未施加给隐私权人过重的证明责任。信息网络环境下，公民隐私易受侵扰但侵权行为人难以确定，采用此种标准更有利于增强公民对网络隐私侵权行为的抵御能力。

如上文所述，如果说我国、法国等国家对隐私侵权的认定侧重于从过错责任、行为要件的角度延续传统侵权法的思路进行综合考量，且一般认为只要权利人被认定享有隐私权且证明行为人的行为侵犯了其隐私权，行为人应当承担侵权责任，那么正确认识隐私权的概念并判断隐私权的存在与否，则成为认定隐私侵权的重要法律基础。[3] 针对此问题，美国在其司法实践中创立了著名的"合理隐私期待标准"，受到英国、加拿大以及欧洲人权法院的广泛借鉴。[4]

---

[1] 参见《法国民法典》，罗结珍译，中国法制出版社1999年版，第330页。

[2] 参见张民安主编：《隐私权的比较研究——法国、德国、美国及其他国家的隐私权》，中山大学出版社2013年版，第163页。

[3] 参见杜红原：《隐私权的判定——"合理隐私期待标准"的确立与适用》，《北方法学》2015年第9期。

[4] Cf. Solove, Daniel J, *Understanding Privacy*, Harvard University Press, 2008, p.71.

具体而言，该标准在1967年"卡茨诉美国"[1]一案中为解决隐私权的适用边界问题而被提出，该案中，美国联邦调查局探员为调查原告卡茨的犯罪行为而擅自在公用电话亭中设置窃听设备并记录其通话内容。美国联邦最高法院认为，即便在公共场所中，当事人具有合理期待的私密内容仍然可以成为法律保护的对象。该原则包含主观和客观两个方面的标准：主观要件为个人对其隐私表现出的主观期待，如采用口头、书面或身体活动等明示或默示的方式使这种期待外化为可以衡量的表现；客观要件为当事人的隐私期待被社会认为是有道理的。如"拉卡斯诉伊利诺伊州"一案中提出社会隐私合理期待的确定可以参照法律相关规定及社会承认的各种观念。[2] 英国"默里诉快报公司"一案中，英国上诉法院也具体阐述了判断隐私合理期待的客观隐私，包含原告本身的特点及其从事活动的性质，行为的性质、目的、发生的场所，原告是否知情以及行为对原告的影响等。[3] 在此基础上，美国对隐私侵权的责任认定采用类型化隐私侵权行为再区分其构成要件的路径，体现在《侵权法重述》（第二版）中，其第652条A款划分了隐私侵权的类型，即不合理侵入他人隐私空间，擅自使用他人姓名、肖像等，不合理公开他人私生活以及不合理在公众面前歪曲他人形象。第652条B—E款分别规定了4种行为的具体形态，包含了侵扰他人私人空间和公开他人私人信息等传统隐私权涵盖行为的认定，前者即故意以实体或其他方式打扰他人独处、独居或干涉他人私人事务，后者即公开与他人私生活相关且并非公众应当合法关注的事项，两种行为均需达到使权利人受到高度冒犯的程度。

除此之外，公民的网络隐私权利，常无可避免地同各类网络服务提供者发生一定的联系。一方面，个人或组织在网络环境中从事对他人隐私的获取与披露等违法活动时，往往需要借助网络服务提供者提供的技术手段或者内容发布平台；另一方面，网络服务提供者为使得其平台或服务正常运转，常需要在征得同意并明示范围和用途的前提下，收集并存储用户的部分私密个人信息，若管理保护不当，则会造成用户隐私的被泄露或被窃取。针对第一种情况，如

---

[1] Cf. Katz v. United States. 389, U. S. 347, 88.
[2] 参见杜红原：《隐私权的判定——"合理隐私期待标准"的确立与适用》，《北方法学》2015年第9期。
[3] Cf. Horsey K., Rackley E., *Tort Law*, 2ed., London：Oxford University Press, 2011, p.469.

《民法典》所规定的，网络服务提供者虽在多数情况下并非隐私侵权的直接行为人，但负有在其能力范围内采取积极、合理的措施提示及预防侵权发生的义务，以及获知侵权行为后采取必要措施的事后救济义务。[1] 针对第二种情况，一般认为，网络服务提供者对其合法收集的个人信息负有一定安全保障义务。如信息处理者应当采取必要措施，防止收集、存储的个人信息被泄露、丢失或发生不当改动。若未尽到该义务，致使相关个人信息被侵入或泄露，则应当承担相应的法律责任。[2] 关于网络服务提供者对其收集和存储利用的个人隐私的义务，法律虽未明确规定，但个人信息的私密部分带有隐私的属性，且网络平台中隐私的泄露或被侵入常与服务提供者的监管保卫疏忽有关，此种情况下网络服务提供者也可能因为存在主观上的过失而需要承担隐私侵权的部分责任。

### （二）网络隐私侵权的抗辩理由

自然人不愿为他人知晓的私密信息、活动、空间等，固然同其自由的享有与尊严的存在密切相关，但其中不乏私密内容同公共利益相冲突的情况，如政府官员的财产状况可能与其职务的合法履行有关因而具有接受舆论监督的必要，而违法犯罪信息的披露则有助于社会秩序的稳定。在此基础上，法律对隐私权的保护仅限于与公共利益无关的私密信息、活动、空间，自然人隐私权的保护范围和行使方式均受到来自法律和公共利益的限制，网络环境中对隐私权的保护也不例外。网络环境中可能涉及的对隐私权的限制情形主要包括以下几种。

第一，国家职权和社会公共利益的需要。为维护国家安全与社会稳定、打击违法犯罪活动，有法律授权的国家机关在正当行使职权的过程中，可以对部分个人隐私予以限制。但是也应当注意，国家机关获取他人隐私的权利同样受到法律和职权范围的限制，必须遵守法治原则、遵循法定程序，按照行使职权所需的范围和目的进行，并对履行职责过程中知悉的自然人隐私负有保密义务。否则仍然可能构成对他人隐私权的侵犯。另外，在某些特殊或较为紧急的情形下，为维护社会公共安全或公共利益的需要，也应当在必要范围内对个人

---

[1] 参见卢家银：《网络服务提供者在隐私侵权中的注意义务》，《南京社会科学》2020年第6期。
[2] 参见李磊：《网络服务提供商泄露个人信息侵权责任问题研究》，《上海对外经贸大学学报》2019年第5期。

隐私权予以合理限制。例如新冠疫情期间，为控制疫情的蔓延趋势，需要适当地收集并公布疑似病患的医疗信息及行动轨迹。再如，为促进社会公平正义的实现，对于失信被执行人的个人信息也应当予以适当公布。如在"单某与北大英华公司"一案中，法院经审理认为，"北大法宝"法律法规数据库在公开案件事实的同时隐去了其他相关个人信息，使得姓名的指向性降低，较好地平衡了促进司法公正、维护公共利益与保护个人权益之间的关系，未达到侵犯隐私权的程度。

第二，知情权与舆论监督权行使的需要。就个人层面而言，公众基于一定的合法目的，或为满足对公共事务的知情需求而对他人隐私在合法范围内进行正当的获取或披露，均不构成对隐私权的侵害。就媒体层面而言，正当的舆论监督同样构成隐私权侵权的合法抗辩事由。但这并不意味着以舆论监督为理由可以对与公共利益无关的私人信息进行随意处置。道德瑕疵并不直接导致对公民隐私权的剥夺，新闻自由与舆论监督也应以维护公共利益与报道公共事件为界限。在"王某与北京凌云互动信息技术隐私权、名誉权纠纷"一案中，法院审理认为，公民感情问题属个人一般不愿向社会公众广泛散播的个人隐私。被告披露信息扩大了原告私人感情事件在互联网上的传播范围，构成对原告隐私权的侵犯。

第三，公众人物。同一般公众相比，我国公众人物受法律保护的隐私范围相对有所缩限，如政府官员亲属状况、财产信息的公开，对于社会公众对其职责履行与廉洁作风的监督有必要意义；而以娱乐明星为代表的公众人物，其某些私生活信息的公开在满足公众兴趣的同时，也有利于其社会影响力的维持，因而通常推定其默许同意媒体对私生活的报道。[1] 但对公众人物隐私权的限制同样存在一定限度，公众人物与社会公共事务、公共利益与公共兴趣无关的私人信息、活动与空间，仍然应当受到保护。[2] 网络空间为组织或个人获取或传播公众人物的相关信息提供了更多途径，但仍然应当以不过分曝光公众人物与公共利益、公众兴趣无关的私密信息、空间与活动为前提，否则无疑会损

---

[1] 参见王利明：《人格权法》（第二版），中国人民大学出版社 2016 年版，第 336 页。
[2] 参见王利明：《人格权法探微》，人民出版社 2018 年版，第 425—426 页。

害公众人物作为公民的人身自由与人格尊严。

对隐私权的限制包含了对人格尊严与自由以及社会公共利益之间进行平衡的考量，因而也不乏国家更为强调对人格利益的捍卫，并未完全采用上述隐私权限制思路，如《法国民法典》第9条对隐私权的保护一般被认为并不特别强调公众人物与非公众人物之间的区别，即无论公民的身份背景为何，均享有私人生活受到尊重的权利，均能够得到平等的隐私权保护。

## 三、有关国家网络环境中的隐私权侵权责任与保护措施比较

### （一）我国网络隐私的法律保护

结合前文对隐私侵权的认定要件与抗辩事由的论述，在网络环境中，侵害隐私权的行为主要包含如下类型：第一，利用信息技术收集、刺探并披露他人私密信息，如借助网络平台，以人肉搜索等形式非法获取他人与公共利益无关的身体健康、财产状况、家庭婚恋等信息，并对外公开散布；第二，通过特殊设备或技术手段，非法监听、监视、窥探他人私密活动，如利用计算机摄像头，擅自反向监控他人日常私密生活与活动等；第三，非法侵入网络私密空间以及骚扰、干涉私生活安宁，这在当前的网络社会中尤其常见。如未经许可非法破解他人在网络平台中设置的私密领域及记录的私密信息，以及向他人的电子邮箱等私人空间中投放垃圾邮件、信息从而干扰他人私生活安宁等。

同名誉权侵权类似，侵犯隐私权属于侵害他人人身权益的范畴，一般应当承担一定的民事责任。首先，利用信息网络进行的隐私侵权一般具有较强的持续性和影响范围逐渐扩大的特征，因而受害方有权通过要求删除相关隐私信息与平台痕迹等方式达到侵害停止的目的。其次，若隐私的曝光导致了受害方社会评价的降低，权利人还可要求侵权人通过网络澄清等合理有效的方式消除影响。最后，隐私的非法公开往往会对权利人造成一定的精神压力、心理创伤等精神损害，因而一方面，权利人有权请求侵权人赔礼道歉，另一方面，还可结合损害程度、侵权情节、认错态度等因素要求一定的精神损害赔偿。在此基础上，若因行为人的隐私侵权行为导致权利人的财产利益遭受损失，如为弥补

隐私泄露产生的经济支出，因私密信息、活动外泄造成的收入减损，则侵权方还需承担相应的财产损害赔偿。

除此之外，我国《刑法》虽然未提出专门的隐私权概念，但对非法侵入他人私人空间、侵犯他人通信自由等行为存在刑事责任方面的规定。总体而言，均集中在侵犯公民人身权利、民主权利的章节中。

### （二）域外网络隐私侵权规制与保护

#### 1. 域外隐私侵权的责任形式

鉴于隐私权的人格利益属性以及侵犯隐私权易使公民遭受精神损害的特征，西方国家在损害赔偿之外，也同样常设置各种较为丰富的法律救济措施以尽可能弥补权利人除金钱之外的损失。如根据前文所述《法国民法典》第9条有关隐私保护的规定，为避免隐私内容的持续公开，当侵权行为对公民的私密生活造成直接侵害时，权利人还可要求法官采取查封、扣押或销毁含有隐私侵权内容的书报等强制措施。[1]另外，针对隐私侵权行为，美国也有同我国类似的精神损害赔偿规定，《侵权法重述》（第二版）第652条H款规定，若隐私侵权行为成立，则权利人有权就其已被证明遭受的且合理的精神痛苦获得赔偿。

相比较而言，国外对隐私权问题研究较早、较为重视，对隐私权的刑法规范以及侵犯隐私权所需承担的刑事责任也有比较全面的规定的国家，以德国、法国较有代表性。同我国类似，德国刑法的隐私保护条款集中在对公民人格及基本权利进行保障的部分。《德国刑法典》第15章为"侵害私人生活和秘密罪"，对侵害公民保密言论、秘密、通信、数据、邮政电信及住宅等行为所需承担的刑事责任进行了规定，涉及面广，类型齐全。公民的隐私权益可以借由刑事手段获得较为系统且全面的保护。[2]除适用自由刑和罚金刑外，侵权行为人还可能面临针对其犯罪工具处以的没收处罚。除自然人外，因特定职能而获悉他人秘密却泄露的法人组织，如税务机关等，也可能因此获罪。《法国刑法典》与隐私权相关的刑事规定也体现在第6章"侵犯人格罪"的相关条款

---

[1] 参见张民安主编：《隐私权的比较研究——法国、德国、美国及其他国家的隐私权》，中山大学出版社2013年版，第137—138页。

[2] 参见《德国刑法典》，徐久生、庄敬华译，中国法制出版社2000年版，第156—160页。

中，主要涉及侵犯他人私人生活或个人秘密的行为。如擅自截听（看）、录制、传播私人谈话及私密形象，强行进入他人住所以及侵犯他人职业、通信秘密以及个人数据等，依据其行为性质及严重程度，可能面临一定年限的监禁及可达30万欧元的罚金。在此基础上，其先进之处在于，一方面，法国隐私侵权的刑法规定考虑了网络隐私权犯罪的若干情形，如通过公众网络窃取他人信息数据，拦截、隐藏或披露电子通信信件，法定情形外将他人犯罪、判刑或保安处分信息等个人数据输入、存储至计算机中，均同样可能承担监禁及罚金等刑事责任。另一方面，法国刑法为隐私权保护提供了更为充分的法律依据，即刑事处罚同样面向特定情形下的过失行为以及隐私侵权所用设备的设计制造行为。如未按法定程序处理个人数据，以及在信息处理过程中擅自泄露损害他人私生活的信息，即便属疏忽大意或不慎为之，仍需承担一定的刑事责任。另外，未经批准擅自制造、进口、持有、销售用于恶意拦截、隐藏或泄露电子信件、截取信息数据的仪器设备，可能面临5年监禁以及高额罚金。[1] 总体而言，尽管刑法的谦抑性原则使得对其规制范围的划定往往慎之又慎，但针对与公民人格尊严与自由密切相关的隐私权益，并结合网络环境下个人隐私易被侵犯的现状，利用刑法为公民隐私提供更为全面且权威的保护有其合理之处。

**2. 域外网络隐私的保护策略**

作为当前国际社会最受关注的网络问题之一，对侵犯个人隐私行为的规制以及网络环境下隐私权的保护已成为各国面临的不容忽视的重要问题。各国所采用的保护策略也略有差异，如欧盟侧重于将指令与成员国立法相结合，以法律规制为主导，而美国则在补充现有法律的基础上，注重借助行业自律的力量加强隐私权保护。[2]

以美国为例，在避免行政力量过度干预、鼓励市场自由竞争、推动网络产业积极发展的基础上，美国政府更加强调通过行业自律制度以增强企业自我约束力度的形式保障个人隐私。具体而言，美国产业内部主要通过制定行业指导规则要求成员遵守并以互联网隐私认证的方式进行。一方面，产业联盟针对

---

[1] 参见《最新法国刑法典》，朱琳译，法律出版社2016年版，第134—140页。
[2] 参见张新宝：《从隐私到个人信息：利益再衡量的理论与制度安排》，《中国法学》2015年第3期。

隐私信息的收集、使用及个人隐私的保护制定一定标准，并要求其组织成员结合指导原则作出保护网络隐私权的相关承诺，其中以 2000 年成立的美国隐私在线联盟较有代表性。该联盟要求成员企业将其收集信息的类型和目的以及安全与利用状况告知用户。另一方面，行业认证组织设置带有商誉性质的认证标志，并授权遵守其隐私收集、使用规则的网站携带该标志，得到认证的网站或企业通常还需接受第三方组织对其隐私保护状况的监督。[1] 除此之外，技术保护制度赋予网络环境中用户对其隐私收集与使用活动的选择能力，个人隐私选择平台项目（P3P）是其中具有典型性的形式，其实质为"网络服务商与消费者之间有关个人信息收集问题所达成的电子协定"，[2] 在此协定的指导下，网络服务的使用者可以通过设置软件使用偏好，或决定是否接受其隐私政策并继续访问其网站等方式，增强对个人隐私的控制力度。

欧盟将数据隐私保护作为基本人权明文规定在《欧洲联盟基本权利宪章》中，偏向利用具有强制力量的法律规定增强对于隐私权益的保护。欧盟主张有关个人隐私的数据不应当被允许不加限制地进行流动，因而在国际的区域层面上制定指令明确隐私保护的原则及主要标准等，引导成员国在政府指导下直接适用其指令规则或进一步完善其国内立法。1995 年欧盟首先通过《关于保护个人数据处理与流动指令》（简称 1995 年指令）。[3] 在此基础上，为进一步加强个人隐私数据保护并规制相关数据的流动活动，形成统一的欧盟数据市场，《通用数据保护条例》（GDPR）于 2018 年在欧盟成员国间正式生效，取代 1995 年指令成为欧盟隐私保护全面、系统且严格的依据。GDPR 的主要条款涉及对隐私信息控制者义务的明确、加重，对隐私主体权利内容的完善，以及设置隐私信息监督机制等。包括"欧盟内外的互联网、电子商务、信息服务、金融、软件开发、硬件指导"[4] 等可能涉及欧盟公民个人数据的控制、处理等上下游活动的主体均为该指令的主要规制对象。要求个人数据处理需得到数据主体同意，处理活动应当以合法、公正、透明的方式，还需符合特定合法

---

[1] 参见徐敬宏：《美国网络隐私权的行业自律保护及其对我国的启示》，《情报与理论实践》2008 年第 6 期。

[2] Cf. World Wide Web Consortium（W3C），Platform for Privacy Preferences Initiative，2000.

[3] 参见戴龙：《论数字贸易背景下的个人隐私权保护》，《当代法学》2020 年第 1 期。

[4] 戴龙：《论数字贸易背景下的个人隐私权保护》，《当代法学》2020 年第 1 期。

目的、必要性、准确性、完整性和机密性等诸多限制要求。在此基础上，指令赋予公众较高标准的保护个人数据的权利，如 GDPR 第 15-20 条规定数据主体享有数据访问权、更正权、被遗忘权、数据可携带权等。GDPR 第 37-39 条同时设置了数据保护专员制度，各类个人数据的控制或处理主体均需任命独立的数据保护专员以监督其对指令规定义务的实施情况。除此之外，根据 GDPR 第 9 条的规定，与种族、信仰、基因、两性等相关的信息属于敏感个人信息，除非基于公共利益或学术研究、科学统计等，否则其处理活动在一般情况下均是受到禁止的。在 GDPR 的指导下，欧盟内部个人数据的跨境传输需满足至少一项条件，即传输目的国被欧盟委员会审核认为能够对个人数据提供充分的保护，或者数据控制或处理者本身可以对公民数据权利提供有效保护和法律救济措施，或者数据传输行为符合数据主体同意、为法律诉求或他人重大利益所必需等例外情形。

美国与欧盟对网络隐私的保护策略各有特点。两者虽均未彻底地区分网络环境下的个人隐私、数据与信息，但相比较而言，美国尚未形成完整且统一的网络隐私或数据保护规范，而是借助以行业为划分依据、联邦与各州法律相结合的数据保护法律体系，依靠较为灵活且宽松的行业自律模式，在促进互联网产业积极发展的同时，实现对个人隐私信息的保护，并且当事件涉及恐怖主义、洗钱等国家安全问题时，并不完全限制政府部门对个人信息的获取和处理。欧盟则通过权威且统一的法律保护框架，以建立单一数字市场为目的，在严格限制、监管数据操作者的同时为公民隐私信息提供权威且高标准的法律保护，甚至对政府部门在个人隐私保护方面也采取了一定的限制和监督机制。前者的模式能较好地适应市场变化需要并为互联网产业提供更加广阔的发展空间，但缺乏国家行政力量的强制监督与约束从而可能难以达到对个人隐私的充分保护；后者通过为公民赋权并严格限制包括政府、企业在内的各类数据处理和收集主体的方式有效维护了个人的隐私信息安全，但显然为信息企业在合规和运营方面增加了更高的成本和更大的风险。

第九章

# 网络个人信息保护法律治理

# 第一节　个人信息概念辨析

个人信息保护是世界各国高度关注的问题，我国也不例外。从 2012 年 12 月 28 日第十一届全国人民代表大会常务委员会第三十次会议通过的《全国人民代表大会常务委员会关于加强网络信息保护的决定》到 2013 年修订的《中华人民共和国消费者权益保护法》，再到 2017 年施行的《网络安全法》与《中华人民共和国民法总则》，均明确规定自然人的个人信息受法律保护。2020 年 5 月 28 日，第十三届全国人民代表大会第三次会议审议通过的《民法典》对个人信息保护作出了详细的规定。2021 年 8 月 20 日，第十三届全国人民代表大会常务委员会第三十次会议表决通过的《个人信息保护法》，是我国第一部个人信息保护方面的专门法律。

## 一、个人信息保护的定义

《个人信息保护法》中的个人信息，与先前的《网络安全法》《民法典》中个人信息的定义还不完全相同。根据《网络安全法》第七十六条，个人信息指，以电子或者其他方式记录的能够单独或者与其他信息结合识别自然人个人身份的各种信息，包括但不限于自然人的姓名、出生日期、身份证件号码、个人生物识别信息、住址、电话号码等。《民法典》中的个人信息，与《网络安全法》中的定义比较接近，其中第一千零三十四条规定："自然人的个人信息受法律保护。个人信息是以电子或者其他方式记录的能够单独或者与其他信息结合识别特定自然人的各种信息，包括自然人的姓名、出生日期、身份证件号码、生物识别信息、住址、电话号码、电子邮箱、健康信息、行踪信息等。个人信息中的私密信息，适用有关隐私权的规定；没有规定的，适用有关个人信息保护的规定。"归纳两个法律中关于个人信息的定义，均采用了"识别说"，即能够识别特定个人身份的信息。同时将个人信息区分为私密信息与非私密信息。

根据《个人信息保护法》第四条，个人信息是以电子或者其他方式记录的与已识别或者可识别的自然人有关的各种信息，不包括匿名化处理后的信息。该定义采取的是"识别+相关"的认定标准，并将经匿名化处理后的信息排除在外。同时，《个人信息保护法》将个人信息区分为敏感个人信息与非敏感个人信息，并将不满14周岁未成年人的个人信息列入敏感个人信息。

2020年，国家市场监督管理总局、国家标准化管理委员会发布的国家标准公告（2020年第1号），由中国电子技术标准化研究院组织修订的《信息安全技术个人信息安全规范》（以下简称《个人信息安全规范》）于2020年10月1日正式实施。《个人信息安全规范》中也规定了个人信息的定义，并将个人信息区分为敏感信息与非敏感信息。《民法典》《个人信息保护法》《个人信息安全规范》关于个人信息的定义、敏感信息及私密信息的比较规定，可见下表。

|  | 《民法典》 | 《个人信息保护法》 | 《个人信息安全规范》 |
| --- | --- | --- | --- |
| 个人信息 | 以电子或者其他方式记录的能够单独或者与其他信息结合识别特定自然人的各种信息，包括自然人的姓名、出生日期、身份证件号码、生物识别信息、住址、电话号码、电子邮箱、健康信息、行踪信息等 | 以电子或者其他方式记录的能够单独或者与其他信息结合识别自然人个人身份的各种信息 | 以电子或者其他方式记录的能够单独或者与其他信息结合识别特定自然人身份或者反映特定自然人活动情况的各种信息，包括姓名、出生日期、身份证件号码、个人生物识别信息、住址、通信通讯联系方式、通信记录和内容、账号密码、财产信息、征信信息、行踪轨迹、住宿信息、健康生理信息、交易信息等 |
| 敏感个人信息 | 无 | 一旦泄露或者非法使用，容易导致自然人的人格尊严受到侵害或者人身、财产安全受到危害的个人信息，包括生物识别、宗教信仰、特定身份、医疗健康、金融账户、行踪轨迹等信息，以及不满14周岁未成年人的个人信息 | 一旦泄露、非法提供或滥用可能危害人身和财产安全，极易导致个人名誉、身心健康受到损害或歧视性待遇等的个人信息 |
| 私密信息 | 个人信息中的私密信息，适用有关隐私权的规定；没有规定的，适用有关个人信息保护的规定 | 无 | 无 |

由上表可以看出，第一，关于个人信息的定义，《民法典》和《个人信息安全规范》既作出了明确定义，又列举了其涵盖范围。《个人信息安全规范》

不仅给出了个人信息的概念，而且归纳解释出个人信息的两大类别，并对通过技术手段加工后能够识别个人身份的某些信息在注解中进行列举和拓展（《个人信息安全规范》3.1条及其后注1、注2、注3）。第二，关于敏感个人信息，《民法典》没有给出定义，《个人信息保护法》则作出了明确定义，《个人信息安全规范》不仅作出了明确定义，而且还通过注解的形式（《个人信息安全规范》3.2条后有注1、注2、注3）对其范围作了列举，并对相关问题作出说明和进一步解释。第三，关于私密信息，《民法典》虽没有明确定义，但是对其适用作出了规定。《个人信息保护法》和《个人信息安全规范》对私密信息没有定义和相关规定。概言之，关于个人信息及相关概念的定义，在我国法律体系中尚未统一。今后的法律实践中可能会引发新的讨论。

## 二、隐私权与个人信息权益的联系与区别

个人信息与作为隐私权客体的私密信息既有交叉亦有不同。两者的区别在第八章第三节已有详细叙述。《民法典》将个人信息分为私密信息和非私密信息；《个人信息保护法》将其分为一般个人信息和个人敏感信息。从个人信息权益与隐私权的特点来看，个人敏感信息更强调不当利用给信息主体带来的客观风险，该风险包括人身、财产风险；私密信息更强调因信息涉及人格利益而不愿为他人知晓的主观意愿。因此，《个人信息安全规范》中的个人敏感信息可能与私密信息存在交叉，但不能概括地等同为私密信息。

私密信息与非私密信息的根本差异在于，前者是自然人不愿意为他人知晓且与公共利益无关的信息。之所以自然人不愿意为他人知晓这些信息，就是因为如果这些信息被他人知晓了，就会使其私生活安宁受到侵害或者私生活受到干扰，而此种利益就是隐私权保护的自然人的人格利益。私密信息的具体内容如何，在所不问。其并非一定都是高尚的、道德所允许的，而是也包括那些受道德谴责的、为人所不齿的内容。毕竟，法律上没有规定人们负有"不得自甘堕落"的义务。因此，即便是不道德的、为人不齿的信息，也可以属于私密信息，例如，夫妻一方违背夫妻忠诚义务而有婚外情的信息，属于私密信息，受到隐私权的保护，他人不得窃取或公开，否则，构成侵害隐私权。虽然非私

密的个人信息也属于个人信息，但并不是自然人不愿意为他人知晓的信息，甚至这些个人信息必须为他人所知，才能使自然人更好地参与社会交往活动。例如，姓名属于个人信息，但姓名是自然人的标识，是区别不同自然人的一种语言标识。通过姓名，自然人得以在与其周围的人的关系中维护其人格，并将自己与他人在社会交往中加以区分，从而作为一个独特的个体存在，获得自我认同，实现人格尊严。没有正当理由，不使用他人姓名而用数字、编号来代替，是对人格尊严的侵害。如果姓名不为他人所知，自然人就无法正当地进行社会交往。另外，在很多时候，自然人将其个人信息加以主动公开。如将自己的联系电话、电子邮箱放在个人主页上或作为微信的名称等。在这种情形下，原本属于私密信息的个人信息也就成了公开的个人信息。

而判定某项信息是否属于个人信息，根据上述个人信息"识别+相关"的定义，应考虑以下两条路径：一是识别，即从信息到个人，由信息本身的特殊性识别出特定自然人；同时，识别个人信息可以是单独的信息，也可以是信息组合。可识别性需要从信息特征以及信息处理方的角度结合具体场景进行判断。二是关联，即从个人到信息，如已知特定自然人，则在该特定自然人活动中产生的信息即为个人信息。符合上述两种情形之一的信息，即应判定为个人信息。

### 三、个人信息处理的基本原则

#### （一）合法、正当、必要、诚信原则

《个人信息保护法》第五条规定："处理个人信息应当遵循合法、正当、必要和诚信原则，不得通过误导、欺诈、胁迫等方式处理个人信息。"《个人信息保护法》在沿用《民法典》、《网络安全法》和《个人信息安全规范》关于合法、正当、必要原则规定的基础上，增加了诚信原则，并禁止采取"误导、欺诈、胁迫"等方式处理个人信息。

#### （二）目的明确和最小必要原则

《个人信息保护法》第六条规定："处理个人信息应当具有明确、合理的目

的，并应当与处理目的直接相关，采取对个人权益影响最小的方式。收集个人信息，应当限于实现处理目的的最小范围，不得过度收集个人信息。"该条沿用了《个人信息安全规范》关于目的明确原则（即具有明确、清晰、具体的个人信息处理目的）和最小必要原则（即只处理满足个人信息主体授权同意的目的所需的最少个人信息类型和数量）的规定，并首次在法律层面提出了直接相关、最小影响、最小范围的要求。

### （三）公开透明原则

《个人信息保护法》第七条规定："处理个人信息应当遵循公开、透明原则，公开个人信息处理规则，明示处理的目的、方式和范围。"该条沿用了《个人信息安全规范》关于公开透明原则（即以明确、易懂和合理的方式公开处理个人信息的范围、目的、规则等，并接受外部监督）的规定，保障了个人信息主体的知情权，与第十七条第三款规定的"个人信息处理者通过制定个人信息处理规则的方式告知第一款规定事项的，处理规则应当公开，并且便于查阅和保存"相呼应。

### （四）质量及安全保障原则

除上述原则外，《个人信息保护法》第八条、第九条还规定了"处理个人信息应当保证个人信息的质量，避免因个人信息不准确、不完整对个人权益造成不利影响"；"个人信息处理者应当对其个人信息处理活动负责，并采取必要措施保障所处理的个人信息的安全"。《个人信息保护法》第五十一条、第五十二条进一步细化了个人信息处理者的义务，如制定内部管理制度、实行分类管理、采取安全技术措施、确定个人信息处理的操作权限、定期进行安全教育和培训、制定并组织实施个人信息安全事件应急预案以及指定个人信息保护负责人等法律、行政法规规定的措施，确保个人信息处理活动符合法律、行政法规的规定，并防止个人信息的泄露、篡改或丢失。

## 四、《个人信息保护法》与《数据安全法》《网络安全法》的关系

《网络安全法》《数据安全法》和《个人信息保护法》，这三部法律陆续

出台并实施，三部法律均是以总体国家安全观为指引，以《中华人民共和国国家安全法》（以下简称《国家安全法》）为龙头，形成的有机法律体系，构成国家安全法体系重要组成部分，它们并不是孤立的，也不是独立的。

**1. 总体国家安全观的内涵**

国家安全是国家生存和发展的最基本、最重要的前提。传统对国家安全的理解，主要指国家的主权、领土完整和人民民主专政的政权不受威胁和侵犯等。随着时代发展，维护国家安全的任务和要求以至国家安全的概念也发生了重大变化：国家安全内涵和外延愈益丰富，时空领域愈益宽广，内外因素愈益复杂，陆续出现了政治安全、经济安全、文化安全、信息安全、国防安全、社会安全、生态安全、科技安全、资源安全、网络安全等新概念，形成了总体国家安全观。[1] 2015 年，我国通过以总体国家安全观为指导的新的《国家安全法》，而不是对 1993 年《国家安全法》的修订，后者当时立法的主要目的和内容针对的是境外敌对势力，已经由 2014 年《中华人民共和国反间谍法》所取代。从新旧立法可以看出，我国的国家安全观已由狭义的反间谍范畴进化到广义的综合性大安全范畴。[2]

**2.《网络安全法》《数据安全法》与《个人信息保护法》是贯彻落实总体国家安全观的重要内容**

《国家安全法》把网络安全列为重要一项，网络安全是总体国家安全观的重要组成部分。2016 年我国颁布《网络安全法》，该法以总体国家安全观为指导，就网络安全作出了系统规定，被认为是《国家安全法》的一部重要配套法律。[3]

2021 年我国又通过《数据安全法》。随着科技发展和数字经济繁荣，数据要素作为数字经济深化发展的核心引擎，其安全问题成为事关国家安全和经济社会发展的重大议题。数据安全是国家安全的重要组成部分。早在《网络安全法》中，就有保障数据安全的内容，《数据安全法》正是对这部分内容进一步作出的系统规定。

2021 年我国还通过《个人信息保护法》，该法的制定和出台体现了总体国

---

[1] 参见魏永征、周丽娜：《新闻传播法教程》（第 7 版），中国人民大学出版社 2022 年版，第 58 页。

[2] 参见李文静：《新〈国家安全法〉——"总体国家安全观"的法律化》，法制网 2023 年 4 月 14 日。

[3] 参见魏永征、周丽娜：《新闻传播法教程》（第 7 版），中国人民大学出版社 2022 年版，第 59—60 页。

家安全观以人民安全为宗旨的思路。《网络安全法》和《数据安全法》中都将个人信息纳入保护范围，《个人信息保护法》即是对上述两部法律中关于"个人信息保护"规定的细化，也是体察民众诉求和时代需求，维护网络良好生态，促进数字经济发展的中国智慧。

可以看到，无论是《网络安全法》《数据安全法》，还是《个人信息保护法》，都考虑到政治安全，同时要促进数字经济的发展，保护经济安全，并且要维护各个领域的国家安全，三位一体共同来构建国家安全体系，"走中国特色的国家安全道路"。[1]

**3.《网络安全法》《数据安全法》与《个人信息保护法》的各自侧重**

上述三部法律尽管都是总体国家安全观体系的重要组成部分，但在"网络信息""网络数据"这个领域，三部法律还是各有侧重。

《网络安全法》侧重网络空间的安全问题。《网络安全法》的规制范围涵盖关键信息基础设施的运行安全、网络运行安全、网络信息安全等整个网络空间。"数据安全"是《网络安全法》中的内容之一，该法第七十六条第四项规定："网络数据，是指通过网络收集、存储、传输、处理和产生的各种电子数据。"因此在《网络安全法》的调整范围中，关于数据安全的部分，侧重于电子数据的安全，不含非电子数据。

《数据安全法》中的数据所涵盖范围有所不同。《数据安全法》第三条规定："本法所称数据，是指任何以电子或者其他方式对信息的记录。"因此，《数据安全法》调整的数据包含网络数据（以电子方式记录）和非网络数据（线下数据），所以从数据范围角度看，《数据安全法》的范围大于《网络安全法》。在种类上涵盖个人数据、企业数据和政务数据。

《个人信息保护法》规定："个人信息是以电子或者其他方式记录的与已识别或者可识别的自然人有关的各种信息，不包括匿名化处理后的信息。"所以，《个人信息保护法》更强调的是特定的人与信息或数据的可识别性，且从其载体角度分析，又是以电子或其他形式记录的，属于《数据安全法》中"数据"的一部分。

---

[1] 时建中：《我国网络与数据安全及个人信息保护法律制度——以国家总体安全观为统领》，法治网 2023 年 4 月 20 日。

# 第二节 有关国家个人信息保护立法实践

在互联网时代下，数据已成为世界各国的生产要素以及重要战略性资源。截至 2023 年 3 月 15 日时，登录联合国贸易和发展会议（UNCTAD）官网，全球 197 个国家中已有 137 个国家通过数据和个人隐私保护立法，其中不仅包括众所周知的欧盟、美国加州的相关立法，也包括加拿大、日本、俄罗斯、巴西、印度、新加坡等世界主要经济体的相关法律。

## 一、德国：政府高度重视，公众积极参与

德国在个人数据保护方面走在世界前列，德国有关个人数据保护的一些理念和做法值得参考。

### （一）德国个人数据保护工作的领先之处

德国作为比较发达的成文法系国家，形成了一套具有德国特色的个人数据保护体制。从世界范围看，德国个人数据保护工作的领先之处主要体现在以下三个方面。

**1. 法律体系完备**

德国个人数据保护主要通过立法推动，因此德国有关个人数据保护的立法一直走在世界前列。1970 年，德国黑森州率先颁布《数据保护法》，这是世界上第一部数据保护法，开启了通过立法保护数据的新时代。黑森州立法之后，德国联邦也开始着手起草全国性的个人数据保护法。经过多方努力，《德国联邦数据保护法》于 1977 年获得联邦立法机关最终通过，德国再次在个人数据保护立法方面走在世界前列。此外，1970 年德国黑森州颁布《数据保护法》之后，德国各州也纷纷颁布了地方版本的《数据保护法》，德国联邦层面《电信法》《警察法》《刑事诉讼法》也将个人数据保护相关规定列入。总之，

德国已经建成了从中央立法到地方立法、从一般立法到专门领域立法的全方位个人数据保护法律法规体系，这个体系在世界范围看也是很先进的。德国个人数据保护法律体系的完备不仅仅体现在率先立法，也体现在立法内容具有较强的全面性、前瞻性和实用性。《德国联邦数据保护法》在世界上率先采取了对公共机构和私人机构统一规制的模式，不仅要求公共机构保护个人数据，也要求私人机构保护个人数据，实现个人数据保护工作全面覆盖。

**2. 组织保障完善**

德国个人数据保护工作不仅仅体现在通过立法对个人数据保护的原则、保护范围、救济方式等进行统一且明确规定，还体现在个人数据保护工作的组织保障完善。在德国，有关个人数据保护工作的主要方面都有法定专门机构和专门人员负责监督实施，而且这些法定专门机构和人员具有很强的独立性和专业性，是个人数据保护的"定海神针"。除了政府为个人数据保护设置的专门机构和专门人员，根据《德国联邦数据保护法》，涉及个人数据保护的相关企业也要设立数据保护专员。这些企业设立的数据保护专员在业务上受数据保护局和数据保护专员的指导，可以视为数据保护局和数据保护专员分布在大中企业的"耳目"，可以有效地监督企业落实《德国联邦数据保护法》相关规定。

**3. 制度更新及时**

个人数据保护工作是随着计算机和互联网等技术发展而逐渐成为焦点的，也必须伴随计算机和互联网等信息技术发展的进步而不断更新、与时俱进。德国个人数据保护不仅起步早，而且积极更新，努力让法律跟上技术进步的步伐，使得个人数据保护工作尽量与侵犯个人数据的新技术匹配。

### （二）德国个人数据保护的特点

德国个人数据保护的特点主要体现在以下三个方面。

**1. 国家高度重视个人数据保护**

德国高度重视个人数据保护工作。德国将个人数据保护的法律站位上升到落实宪法（即《德国基本法》）的高度而不是简单的政府执法工作。《德国基本法》第1条规定："人之尊严不可侵犯，尊重及保护此项尊严为所有国家机关之义务。"这一条是《德国基本法》的首要条款，被视为现代德国与纳粹德国的本质区别。为了贯彻"人之尊严"条款，《德国基本法》构建了一套严密的宪法权利体系。1983年，德国联邦宪法法院在"人口普查案"中作出判决，提出公民有关于个人信息的"信息自决权"，这项权利是宪法基本权利的体现，从而将"信息自决权"上升到实现"人之尊严"的宪法基本权利层次。既然"信息自决权"具有宪法基本权利的高度，则保护个人数据不仅仅是行政机关的工作，而是包括立法机关和司法机关在内的德国所有国家机关对公民的基本义务和职责所在。正是对个人数据保护的高度重视，使得德国很快地建立起个人数据保护法律法规体系和组织保障体系。

**2. 政府带头做好个人数据保护**

《德国联邦数据保护法》不仅仅针对公共机构的个人数据保护，也要求企业落实个人数据保护相关义务。但是德国有关个人数据保护的法律法规，重点是监督政府保护个人数据。德国之所以特别关注监督政府履行个人数据保护义务，是因为德国经历过纳粹时代政府滥用个人数据迫害犹太人和进步人士等的惨痛年代。确立了"信息自决权"的1983年德国联邦宪法法院的"人口普查案"，就是针对政府试图通过人口普查广泛收集公民信息的行为作出的判决，这个判决禁止政府无差别地不征得公民同意就广泛收集公民信息。《德国联邦数据保护法》甚至专门拿出一节对政府如何适用视频监控进行规定，要求政府使用视频监控收集信息必须有法律依据，而且必须符合法律授权的具体目的，而不能搞无法律依据、无明确目的的视频监控。比如，德国不同机构依法设置的视频监控设备，其数据共享必须满足法定条件和法定程序，否则相关信息不能用于给犯罪嫌疑人定罪。

**3. 全社会积极参与个人数据保护**

公民个人数据保护工作不是政府一家的事情，而是全社会必须齐心协力完成的共同事业，这一点在德国已经深入人心。正如上文所述，德国不仅政府要设立数据保护专员、相关企业也要设立数据保护专员，这就意味着数据保护专员在德国有广泛的分布。这些数据保护专员不仅仅只在政府指导下开展工作，他们之间也进行横向联系。德国有专门的数据保护和数据安全协会等社会组织。这些社会组织既是企业数据保护专员的交流平台，也是企业、数据保护专员、政府、消费者等社会各界有关个人数据保护的交流平台。有些协会负责对企业个人数据保护专员进行上岗培训，有些协会则代表会员企业与政府有关机构进行沟通。正是这些协会的积极协调，德国形成了全社会致力于做好个人数据保护工作的良好氛围和全方位落实《德国联邦数据保护法》的自治自律机制。

德国形成这种全社会积极参与个人数据保护事业的良好环境，归根结底是因为政府带头尊重、保护公民的个人数据权利。政府成了保护个人数据的模范，就不怕全社会来监督个人数据保护工作。与此同时，因为经历过纳粹时代的伤害，德国全社会对于个人自由和个人事务自决权很珍视，全社会也愿意积极投入到个人数据保护工作之中。

## 二、欧盟：明确个人数据保护框架，限制数据向欧盟境外第三国传输

自 2018 年 5 月生效以来，欧盟 GDPR 执法已进入第三个年头，监管机构的执法逻辑日渐清晰，处罚力度也循序增大，成为目前执法最为严格的地区法规。2020 年 1 月 1 日至 6 月 30 日，受新冠疫情影响，各月份处罚案件数量呈现明显波动。整体来看，19 个国家监管机构共作出处罚决定 113 项，处罚金额累计约为 41980774.4 欧元。英国、西班牙、意大利、瑞典、荷兰、比利时、丹麦、芬兰等国家的监管强度突出。电信行业是意大利、西班牙监管执法的重点。GDPR 监管执法的主要理由包括未充分响应数据主体权利行使请求、数据处理缺乏合法性基础、技术和组织措施无法确保数据安全、未及时向数据保护监管机构提供所请求的信息、数据保护官任命不符合法律要求等诸多方面。

从 GDPR 生效以来的适用和执行情况不难看出，GDPR 具有适用范围广、保护数据种类多、数据处理程序严格、处罚严厉等特点。下文将根据 GDPR 内容及执行过程中的问题重点介绍其在个人数据保护框架和数据跨境传输机制方面的合规要求。

### （一）明确个人数据保护框架，全方位强化个人数据保护

在个人数据保护方面，GDPR 通过确立数据处理的基本原则、建立数据主

体的权利机制和义务机制、界定监管机构职责权力、明确法律责任等内容强化对个人数据的全方位保护。

**1. 保护原则**

GDPR 第 5 条规定，数据主体处理数据应遵循的基本原则，包括合法性原则、合理性原则、公开透明原则、目的限制原则、数据质量原则、最小化原则、个人参与原则、责任原则、安全保障原则。需要强调的是，合法性原则是指数据主体的"同意"是个人数据处理的首要合法性依据，但不是唯一的合法性依据。除此之外，合法性基础还包括"为追求合法利益所必需"、"为保护数据主体的重大利益所必需"、"为履行合同所必需"、"为履行法定义务所必需"和"为保护公共利益所必需"。公开透明原则要求数据控制者应向数据主体提供与其相关的数据处理信息。根据不同的数据来源，数据控制者应当提供信息的内容和时间要求也不同。对于直接从数据主体处获取个人数据的行为，GDPR 规定数据控制者应当提供的信息包括：数据控制者身份及联系方式、数据保护专员、数据处理目的及合法性基础、数据接收者、数据跨境传输、数据存储期限、数据主体权利、同意的可撤回、数据不提交的可能后果、自动化决策信息等，提供信息的时间为"获取个人数据时"。对于从数据主体以外的第三方获取个人数据的行为，除上述信息外，还需提供相关个人数据的种类、数据来源等信息，提供信息的时间根据具体场景有所不同。

**2. 权利机制**

GDPR 第 3 章强化了数据主体的权利，在完善现有权利的同时增设了新权利，现有权利的完善包括知情权、访问权、更正权、拒绝权，增设新权利包括被遗忘权（删除权）、限制处理权、数据可携权。访问权是指数据主体有权访问其个人数据是否被处理、处理目的、种类、数据接收者、存储期限、数据来源、自动化决策等信息，以及有权获得正在处理的个人信息的副本。更正权是指数据主体有权更正错误的信息、有权要求完善不完整的信息。拒绝权是指数据主体有权在特定情形下拒绝相关的个人数据处理行为。被遗忘权（删除权）是指数据主体有权在以下情形要求数据控制者删除与其相关的个人数据：①数据处理不再必要；②数据处理是基于数据主体的同意，但数据主体撤回同意；③数据主体行使反对权，且数据处理没有更优的法律基础；④数据处理行为非法；⑤为履行法定义务须删除；⑥涉及为儿童提供信息社会服务的情形下。限制处理权是指数据主体有权在个人数据准确性核实期、数据主体行使反对权后的利益权衡期、数据处理行为非法但数据控制者反对删除数据、基于数据处理目的数据不再必要但为诉讼所必要的情形下对数据处理行为加以限制。数据可携权是指数据主体有权在数据控制者基于数据主体的同意或履行合同所必需，对个人数据进行自动化处理的情形下，行使以下权利：①获取与其有关的个人数据；②将个人数据传输至其他数据控制者，不受原数据控制者的阻碍；③在技术允许的条件下，要求数据控制者直接将数据传输至其他控制者。

**3. 义务机制**

GDPR 在第 4 章针对数据控制者或处理者增设了诸多新义务，包括通过隐私保护设计、设置数据保护官、数据保护影响评估、数据泄露通知义务。隐私保护设计是指数据控制者在处理数据时需要通过必要的技术手段，如匿名化，以实施数据保护。设置数据保护官的义务是指数据控制者以及数据处理者在以下情形须设置专职数据保护官：①公共机构或单位进行数据处理；②核心业务涉及大量的处理特殊类型的数据和与违法犯罪记录有关的数据；③核心业务是数据处理，该数据处理涉及对大规模的数据主体进行定期的、系统的监控。数据泄露通知的义务是指数据控制者应在数据泄露后及时报告监管机构并通知用户（数据处理者发现数据泄露的，应当通知数据控制者）。数据保护影响评估是指数据控制者应在进行数据处理前针对数据处理行为可能会对个人的权利和自由带来高风险的情况进行评估，评估内容包括：①数据处理目的及数据控制者追求的合法利益；②处理行为的必要性和相称性；③对数据主体的权利和自由的影响；④安全保障措施。

**4. 监管机构的职责与权力**

GDPR 第 6 章明确列举了监管机构的法定职责，包括：①监督促进 GDPR 的适用，包括调查 GDPR 的适用情况、记录违反行为并采取相关措施、关注影响个人数据保护相关事物的发展等；②提高相关主体的认知，提高数据主体对数据处理风险、规则、保障措施、权利的认知，提高数据控制者对其义务的认知；③提供咨询、立法、行政意见，为数据处理活动提供事先咨询意见，向国家议会、政府以及其他立法、行政机构、团体提供立法、行政措施的意见；

④处理投诉，处理数据主体提出的投诉，实施调查并作出反馈；⑤授权与批准，授权合同条款，批准公司约束机制，鼓励起草行为准则并给予批准，鼓励建立数据保护认证机制并批准相关认证标准；⑥合作与协助，与其他监管机构分享信息、互相提供帮助，帮助欧盟数据保护委员会开展相关活动。

GDPR 第 58 条对监管机构的以下权力范围作了明确规定。

（1）调查权。命令数据控制者或处理者提供所需信息，访问违法行为涉及的所有个人数据及必要信息，进入其实施违法行为的场所并调查所有处理数据的设备和工具。

（2）矫正权。向数据控制者或处理者发出警告、训斥，命令其更正行为，消除影响。具体包括通知数据控制者或处理者存在违法行为并命令其采取补救措施，命令其尊重数据主体的法定权利、提供必要信息，命令其更正、消除违法处理的数据，甚至可以作出临时性或终局性的限制，比如禁止处理数据、禁止向第三国转移数据、撤销认证机制发放的认证、处以罚款。

（3）授权与建议权。授权认证机构，批准认证标准，授权合同条款，批准公司约束规则，主动或根据请求，就有关个人数据保护的问题向国家议会、成员国政府或其他政治机构以及公众发表意见。

（4）受保护权。行使权力受合理保护，包括司法救济、正当程序。

（5）司法参与权。监管机构可以对数据控制者或处理者的违法处理行为提起诉讼。

### 5. 法律责任

对于违反规定的企业，GDPR 规定了两个级别的处罚。

（1）处以 1000 万欧元的行政罚款，或相对人是企业时则处以其上一财政年度全球营业总额 2% 的行政罚款，二者竞合取较高者。这些行为主要包括：违反该法规定的数据控制者和处理者的义务，违反认证机构和监管机构的相关义务。

（2）处以 2000 万欧元的行政罚款，或相对人是企业时则处以其上一财政年度全球营业总额 4% 的行政罚款，二者竞合取较高者。这些行为主要包括：违反数据处理原则（包括同意的条件），违反数据主体权利，违反数据跨境的相关规定及其他情况。

## （二）严格规定和执行，限制数据向欧盟境外第三国传输

GDPR 虽未明确规定数据应当本地存储，但通过 GDPR 以及其他个人数据保护规范的执行合力，实际上严格限制了个人数据向欧盟境外第三国传输。根据 GDPR 的规定，一般情形下，个人数据仅能向经欧盟委员会认定为"为个人数据提供充分保护"的第三国传输，包括以下几种情况。

（1）充分性决定。数据转移的目标国的个人数据保护水平被欧盟认定为提供"充分保护"的，个人数据可传输至该国。关于是否满足"充分性保护水平"考量，GDPR 规定了众多的考量因素，尤其强调，不仅需要考量该国的成文法，还需要考量该国的数据执法和司法的情况。

（2）有约束力的公司规则。GDPR 正式明确了符合其规定的规则的法律地位，并详细规定了该规则获得认可的程序和内容标准，使其成为又一有效的数据跨境传输方式。

（3）标准合同条款。GDPR 规定了数据控制者和数据处理者之间的合同应当至少包含哪些内容，如数据处理的目的、期限、个人数据的类型、数据主体的类别以及双方的权利义务。2020 年 7 月 16 日，欧盟法院正式宣布欧盟－美国有关个人信息数据跨境传输的"隐私盾"协议（EU-US Privacy Shield）无效，事实上进一步限制了欧盟数据的跨境传输。

## 三、日本："基本法 + 专门法"的双重规制架构

日本《个人信息保护法》于 2005 年 4 月 1 日起施行。随着信息技术的急速发展与利用，该法于 2015 年进行了大幅修正，2017 年 5 月 30 日起施行。

近年来，依信息通信技术的利用而生的大量且多样的个人信息的流通、积存及利用，使营业者实现了针对个人需求提供准确且迅速的服务等。个人信息的利用，无论是对现今的商业活动，还是对国民生活都变得不可或缺。另一方面，由于处理个人信息的状况变得越来越复杂，手段越来越多样，个人权利和利益受到损害的可能性也在增大。

以医疗数据为例，日本厚生劳动省在 2020 年 1 月 16 日向新闻媒体通报了

日本首例新冠感染患者确诊的消息。据其介绍，1月14日，神奈川县的某医疗机构向其所在地的保健所报告称，发现曾到过中国武汉的新冠感染患者。该患者在1月6日到医疗机构就诊说明其曾经在武汉停留，之后该医疗机构根据国立感染症研究所制定的检查制度提出了报告。国立感染症研究所对样本进行检查后于1月15日确认该患者新冠病毒核酸检测阳性。

医疗数据是敏感私密的个人数据，在应对新冠疫情期间，日本对个人信息的处理依据"基本法+专门法"的双重规制架构，对个人信息予以处理和保护。

### （一）以"基本法"确立"个人信息保护"的基本原则

从20世纪80年代末期，日本开始探索对个人信息的保护，并将规制范围从行政部门扩大到民营企业。2003年5月，日本发布了"个人信息保护关联五法"——《个人信息保护法》《行政机关个人信息保护法》《独立行政法人个人信息保护法》《个人信息保护审查会设置法》和《行政机关个人信息保护法施行相关法律配置法》。2015年日本对《个人信息保护法》进行修正，新法进一步明确了个人信息保护的基本原则。其中，对医疗数据的保护与使用作出如下规定。

#### 1. 以促进信息和数据开发利用为主要目的

日本《个人信息保护法》试图在"个人权益保护"与"个人信息使用"之间求得平衡。《个人信息保护法》虽名为"保护法"，但并不是一部单纯以保护或者限制个人信息使用为目的的法律；相反，这部法律强调在充分考虑如何更好开发利用个人信息的前提下，保护个人的权利利益。该法对个人信息处理的透明性及对个人信息知情权和控制权的强调，也以如何更好实现个人信息开发利用为核心目的。

#### 2. 以"需注意个人信息"（敏感信息）来规制医疗信息

根据新法规定，医疗数据不仅属于一般个人信息中的"个人识别符号"，还属于"需注意个人信息"，即敏感信息。"个人识别符号"是新增概念，包括2种形式：①身体特征类符号，如DNA、外貌识别数据、虹膜、声纹、步态、静脉认证信息、指纹和掌纹等数据信息；②公共号码类符号，如护照号码、养老金号码、驾照号码、住民票号码、My number、各种保险证号码等。医疗信息中的 DNA 等身体特征信息属于个人信息，患者的病历信息属于需要强化保护的"需注意个人信息"。除了病历信息之外，身体障碍、认知障碍、精神障碍等身心功能障碍相关信息，疾病预防或健康诊断及检查结果信息（包含基因检测结果），以及保健指导或配药信息等也属于"需注意个人信息"。可以说，在日本大部分医疗数据都属于"需注意个人信息"。

### 3. "需注意个人信息"的流通，不适用"opt-out"方式

"opt-out"和"opt-in"[1]是通过调节数据主体"个人数据控制权"的强弱程度，来调节数据处理者和数据主体之间利益冲突的不同选择。为了实现数据价值最大化，一般个人信息流通适用"opt-out"方式，只要数据处理者事先将规定事项通知本人，或置于本人容易知悉的状态，同时向个人信息委员会提出申报，即可将该个人数据提供给第三人。但对于医疗数据等"需注意个人信息"，除非存在特殊情形，不可采用"opt-out"方式，提供给第三人必须取得本人的同意。

### 4. 接受或提供"需注意个人信息"时的确认、记录、保存义务

数据处理者向他人提供医疗数据等"需注意个人数据"时，负有"确认、记录、保存义务"。需要记录的内容包括：本人同意的意思表示；提供数据的时间（年、月、日）；被提供者的姓名、名称或其他足以特定识别该被提供者的事项；该数据能够识别本人姓名或其他足以特定识别该人的事项；被提供数据的项目。数据处理者从他人接受属于"需注意个人信息"时，接受者需要进行记录：本人同意的意思表示；提供者的姓名或名称等；提供者的取得过程；本人姓名或其他足以特定识别该人的事项；接受的个人数据项目。

### （二）以"专门法"规制医疗数据的开发与利用

按照《个人信息保护法》的规定，属于"需注意个人信息"的大量医疗数据，受到非常严格的保护性约束。若要求所有医疗机构在收集和提供医疗数

---

[1] 在信息技术领域，opt-out 是在没有用户的许诺下单方面地发送广告邮件的行为。同时，也指拜托企业，拒绝接受邮件让其不再发送广告的行为。把没有获得用户的事先同意发送的广告称为 opt-out。与 opt-out 相反，用户明示性地许诺广告的接受称为 opt-in。

据时，都必须取得每个患者的同意，成本巨大且不现实，不利于医疗大数据的开发使用。为了在保护医疗数据隐私的前提下，立足行业发展特点，使数据收集和提供简便易行，日本又制定了"专门法"——《次世代医疗基础法》，作为"基本法"的重要补充。

**1.《次世代医疗基础法》简介**

日本实施全民医疗保险制度，医疗信息数据资源非常丰富。为更好地将广泛分散于个体的大量医疗数据用于医疗领域研究开发，日本于2017年5月颁布、2018年5月实施《次世代医疗基础法》。作为规范医疗信息相关数据使用规则的专门法，《次世代医疗基础法》在补充《个人信息保护法》原则性规定的同时，细化了医疗数据的流通规则与保护机制。

《次世代医疗基础法》第1条明确了立法目的："为推动医疗领域的研究开发，围绕匿名加工医疗信息，对国家责任、基本方针、匿名加工医疗信息制作者的认定、医疗信息及匿名加工医疗信息的处理等作出规定，以促进健康医疗领域的先端研究开发、新产业创造，实现健康长寿社会的目标。"该法以推动医疗研发为直接目的，而匿名加工医疗信息是其核心规制客体。通过实施匿名加工制度，使大学、研究机构、企业可以利用匿名加工医疗数据，开展相关研究、创新药物和医疗器械研发活动等，从而推动医疗数据经济社会价值的实现，因此该法也被称为《医疗大数据法》。

**2."匿名加工+认定"制度设计及配套措施**

（1）设立匿名加工制度，允许匿名加工医疗信息的流通。通过匿名加工信息制度，去除医疗信息的个人隐私属性，允许匿名加工医疗信息基于特定目的，在特定主体之间实现流通，以平衡负外部性下的利益冲突关系。匿名加工方式包括5种：①全部或部分删除能够识别特定个人的记述等；②全部删除个人识别符号；③删除信息之间的连接符号；④删除特殊的记述，⑤根据医疗信息具体形式和性质，采取其他适当措施。去除"个体识别性"的医疗信息，具有一定的公共属性。"去个人识别性"并不要求穷尽一切技术手段排除所有识别可能性，仅达到使用"普通医疗从业者或者普通医疗机构经营者"的能力、手法无法识别特定个人且无法复原的程度即可。

（2）创设国家认定制度，认定匿名加工医疗信息制作者。《个人信息保护法》允许医疗机构自行对医疗信息进行匿名加工，但是要由医疗机构承担相关责任。出于对责任风险的担忧，医疗机构从事匿名加工的积极性并不高。实践中较难判断医疗机构是否具有充分适当的匿名加工处理技术和能力，存在处理不当的潜在风险。为应对以上各类风险，《次世代医疗基础法》创设国家认定制度，明确匿名加工信息制作者和使用者的资质标准，被认可准予匿名加工医疗信息的经营者为认定匿名加工医疗信息制作者（以下简称"认定制作者"）。认定制作者也可委托其他由国家认定的法人加工医疗数据，该法人被称为"认定医疗信息处理受托者"。日本首家认定制作者是一般社团法人（Life Data Initiative），首家认定医疗信息处理受托者是恩梯梯数据（NTT DATA）株式公司。

（3）开辟特殊规制方式，允许认定制作者采用"opt-out"方式。《次世代医疗基础法》允许认定制作者使用"opt-out"方式获得医疗信息，即默认患者只要没有表示拒绝即为同意提供医疗数据，医疗机构可将医疗信息提供给认定制作者，以提升医疗信息匿名加工处理效率。"opt-out"方式也需符合一定程序要求，即医疗机构必须事先将使用目的、被提供的信息项目、提供方法、拒绝的权利、拒绝的方法等法定事项告知患者本人，并向个人信息保护委员会提出申请。

（4）通过书面告知、保障拒绝权利等方式维护患者权利。医疗机构一般在患者初次就诊时，书面告知患者将向认定制作者提供医疗数据的事项。另外，为了使患者充分知晓并有足够时间行使拒绝的权利，规定医疗机构在向认定制作者提供医疗信息之前，预留30天的权利行使期间。30天内患者可随时要求停止信息提供行为；当然，即使超过30天，医疗信息已被提供给了认定制作者，患者仍可随时向认定制作者提出拒绝的要求。

### （三）日本医疗数据开发利用与个人信息保护的经验

#### 1. 规制原则层面

在做好数据保护基础上，强调医疗数据开发应用与保护的平衡。对于数据保护，日本早在20世纪80年代就进行了较为系统的设计，国民整体隐私保护意识较高。当前和今后面临的主要课题是如何实现大数据的有效开发利用。

数据保护是手段，数据应用是目的——"为应用而保护"，构建以促进数据应用为目标的数据保护体系，这一宗旨贯穿在日本数据规制的诸多方面。例如，对于数据权属问题的认识，日本并没有过于追求法律赋权，尤其是设定排他性私权，不对数据本身另行设定新型排他性财产权。如上所述，即使对于"需注意个人信息"的医疗数据，日本也没有一味强调隐私保护，依然坚持应用与保护间的平衡，为推进医疗数据开发应用设计解决路径。

### 2. 法律体系层面

"基本法"与"专门法"分层保护模式，实现"放管结合"。按照"专门法"优先于"基本法"的规则，日本立足行业发展特点，为特定数据的创新开辟一条发展道路，实现"放管结合"。一方面，缓和规制，突破《个人信息保护法》对敏感数据过于严格的原则性做法，许可医疗机构运用"opt-out"方式转移医疗数据，以减轻医疗机构在获取个人同意、匿名加工责任和风险成本等方面的压力。另一方面，强化监管，对需要特别把控的核心关键环节强化政府干预。制定详细的匿名加工指南，明确匿名加工标准和方法；直接采用国家认定准入方式，明确匿名加工准入资质、责任义务，并由个人信息保护委员会实施全程监管。

### 3. 推行手法层面

"硬制度"设计与"软意识"培养相结合，努力取得国民的理解与信任。"信任"成为推动数字经济发展越来越重要的元素。在具有较高隐私保护意识的国家，培养国民信任意识，提升国民对数据提供行为的安全感和主动性，意义重大。在这方面，日本采取"硬制度"设计与"软意识"培养相结合的方式。做好国家认定制度、书面告知制度、30天权利行使期间等"硬制度"设计的同时，注重对政策和法律的宣传，以培养和提升国民的"软意识"。针对广大国民，强调：医疗数据对提升国家医疗研发水平的重要意义，研发成果用于提高诊疗效果，最终反馈于国民自身；医疗信息仅被提供给被国家认定的、具有较高安全处理水平的特定法人；匿名加工医疗数据已去除可识别性；国民拥有拒绝提供的权利。针对医疗机构，提升其向认定制作者提供医疗信息的积极性，简化提供行为的前置程序；医疗信息提供行为，属于《生命科学·医学研究伦理指南》（2021年发布）适用除外的情形，不需要伦理审查委员会认可。

总体来看，为抓住数字经济时代的发展机遇，日本围绕平衡隐私保护与开发应用关系做出了许多创新性探索。其立足本国法律文化特点和现实发展瓶颈，结合国际主流做法，"博采众长"并"有所取舍"的做法，值得深入考察和参考借鉴。但是，日本医疗数据的规制模式并非无懈可击，在具体实施中也存在需要进一步完善之处。例如，在个人（或医疗机构）激励机制方面，除了法律保障、认定制度、信任机制等措施外，如何在经济收益层面建立数据流通的激励机制，建立个人利益与公共利益之间的良性转化，提升个人（或医疗机构）的利益还原期待，以缓解个人信息保护与数据开发利用中的利益冲突，尚存在探讨空间。相比于一般数据，在医疗数据领域建立数据交易机制需要更加谨慎、严苛的制度设计，日本在该领域仍在不断探索，值得持续关注。

### 四、韩国：适用个人信息假名化处理模式

#### （一）《个人信息保护法》的主要内容

**1. 章节构成**

韩国于2011年3月29日制定了《个人信息保护法》，并于6个月后开始实施。该法由76个条文和附则构成。第1章总则，第2章个人信息保护政策的建立，第3章个人信息的处理，第4章个人信息的安全管理，第5章信息主体的权利保障，第6章信息通信提供者等的个人信息处理特例，第7章个人信息争议调解委员会，第8章个人信息集体诉讼，第9章补则，第10章罚则，附则。

**2. 个人信息的概念和收集利用**

（1）概念。根据韩国《个人信息保护法》第2条规定，个人信息是指活着的个人的信息，是通过姓名、身份证号、影像等能够识别个人的信息，以及与其他信息（电子邮件，电话号码、地址）结合起来即能够识别个人的信息。

（2）个人信息的收集、利用和提供。个人信息处理者收集、利用、向第三人提供个人信息时，必须取得个人的同意，并在收集目的范围内予以使用。

（3）敏感信息、固有识别信息的特别同意。个人信息处理者处理上述信息时须取得个人的单独同意，或根据法律规定处理。

### 3. 个人信息处理者的义务

（1）个人信息处理原则的制定和公开。个人信息处理者应制定包括个人信息处理目的、处理和保存期限等在内的处理流程，并将该流程予以公开，以方便信息主体确认。

（2）韩国《个人信息保护法》第31条规定，个人信息处理者应指定专门人员负责个人信息的处理。

（3）韩国《个人信息保护法》第32条规定，公共机关负责人运用个人信息文件时，应向个人信息保护委员会登记运营依据、目的等情况。

（4）个人信息泄露时的处置。另根据韩国《个人信息保护法》第7、8章规定，如发生个人信息泄露事件，当事人可以通过个人信息调解委员会进行调解，个人信息主体还可以通过诉讼方式，请求损害赔偿。如被害人众多，符合条件的消费者组织可以采取集体诉讼方式维权。

### 4. 域外适用

根据韩国《个人信息保护法》第39条规定，提供信息通信服务的个人信息处理者，在韩国未设立联络处的，如果服务使用者人数、营业额达到一定标准，必须在韩国以书面形式指定代理人，处理韩国的个人信息保护，信息泄露时的通知、报告等事宜。

### 5. 法律责任

（1）未经个人信息主体的同意，擅自向第三人提供信息，或违反个人敏感信息和固有信息的，可处以5年以下有期徒刑，或5000万韩元罚金；违反影像信息处理器材安装目的，擅自操作，或拍摄其他场景，或予以录音，或以非法方式取得信息主体的同意时，可处以3年以下有期徒刑，或3000万韩元以下的罚金。

（2）妨害公共机关处理个人信息目的，变更或销毁个人信息，给公共机关业务处理造成严重妨害时，处以10年以上有期徒刑，或1亿韩元以下的罚金。

### （二）韩国最新立法动态

韩国修改《个人信息保护法》，新设了个人信息假名化处理的条款，修改案已于2020年8月5日开始施行。所谓假名化就是将个人信息的一部分予以删除，或者用其他方式予以替代，第三人若无追加信息无法识别的处理。比如，医院的病历中"张飞，男，60岁，病情：胃炎"经假名化处理后，改为"002085，男，60岁，病情：胃炎"。当然，信息处理者必须确保将002085和张飞对接起来。

**1. 假名化处理**

根据韩国《个人信息保护法》第28条规定，为进行"统计编制"、"科学研究"以及"公益性记录保存"之目的，可以不经过信息主体的同意即可处理假名化信息，其中包括出于商业目的的统计编制和出于产业目的的研究。

**2. 个人信息假名化处理准则**

2020年9月24日，韩国个人信息保护委员会公布了个人信息处理准则，该准则将个人信息假名化处理分为4个阶段：

阶段1：事先准备。将个人信息利用目的予以明确化和具体化，起草必要文书，如向第三人提供，须签订协议。

阶段2：假名化处理阶段。根据处理类型（内部使用，还是向第三人提供等）、安全措施和标准等处理环境，信息的性质等情况予以处理。

阶段3：适当性分析和追加假名化处理。分析利用假名化处理后的信息可否实现处理目的，是否能够识别特定个人，检查是否存在再识别的风险。

阶段4：事后管理。在该阶段，如可以判断为处理适当，可以就假名信息予以处理，但在处理过程中，需要持续监控是否出现再识别的风险。

**3. 假名化信息的安全管理**

处理假名化信息时，应当另行储存和管理追加信息，并且防止假名化信息发生丢失、被窃、泄露、伪造、篡改、毁损等问题，为此，须采取下列管理性、技术性、物理性保护措施。

管理性保护措施：安全地管理假名化信息及追加信息，制定并实施内部管理计划，针对假名化信息处理受托人进行管理、监督等措施。技术性保护措施：分开储存追加信息、分离访问权限、制作和保管及公开假名化信息的处理记录等措施。物理性保护措施：针对储存假名化信息和追加信息的电算室或资料保管室树立门禁管理等程序，针对储存假名化信息和追加信息的辅助储存介质采取安全保管措施及限制携带进出等措施。

通过对上述以德国、欧盟及日本、韩国等国家和地区关于个人信息保护立法的介绍和梳理，不难发现，各国有关个人信息保护的立法重点几乎相似：个人信息的定义、范围、分类、数据主体权利、数据控制者应当遵守的数据处理规则、个人信息出（入）境/流通规则、个人信息保护与经济活动需求之间的平衡，以及对违法者的高额处罚。这些规定和措施进一步体现了各国对个人信息保护的高度重视和对本国数据的充分保护，可以说在个人信息的保护上，各国达成了共识。但对于具体的数据跨境规定，各国出于国家利益、数据安全以及个人隐私等多方利益考量，各有不同规定。

## 第三节 个人信息保护的几个重要问题

我国《个人信息保护法》历经三次审议及两次公开征求意见后，于2021年8月20日由第十三届全国人民代表大会常务委员会第三十次会议通过，并于2021年11月1日起施行。《个人信息保护法》作为个人信息保护领域的基础性法律，其出台解决了个人信息层面法律法规散乱不成体系的问题，与《数据安全法》《网络安全法》共同构建了我国的数据治理立法框架。

《个人信息保护法》厘清了个人信息、敏感个人信息、个人信息处理者、自动化决策、去标识化、匿名化的基本概念，从适用范围、个人信息处理的基本原则、个人信息及敏感个人信息处理规则、个人信息跨境传输规则、个人信息保护领域各参与主体的职责与权力以及法律责任等方面对个人信息保护进行了全面规定，建立起个人信息保护领域的基本制度体系。

### 一、《个人信息保护法》重点条文解读

#### （一）明确适用范围，设定域外适用效力

在《个人信息保护法》颁布以前，关于个人信息保护的规定散落于《电

信和互联网用户个人信息保护规定》《网络安全法》《刑法》等法律法规中。其中，2013年生效的《电信和互联网用户个人信息保护规定》的适用范围为"在中华人民共和国境内提供电信服务和互联网信息服务过程中收集、使用用户个人信息的活动"，即该规定仅适用于在境内提供服务的主体，不产生域外效力。2017年6月实施的《网络安全法》沿用了《电信和互联网用户个人信息保护规定》的适用范围，即在中华人民共和国境内建设、运营、维护和使用网络，以及网络安全的监督管理的，适用《网络安全法》。因此，《网络安全法》也没有域外效力。

《个人信息保护法》破旧立新，在一定程度上借鉴了GDPR及多数国家与地区相关法律的立法思路，以属地原则、属人原则为基础，首次将适用范围扩展至域外，产生了"长臂管辖"的效果。根据《个人信息保护法》第三条规定，在境内处理自然人个人信息的活动应适用本法，在境外处理境内自然人个人信息的活动，有下列情形之一的，也适用本法：①以向境内自然人提供产品或服务为目的；②为分析、评估境内自然人的行为；③法律、行政法规规定的其他情形。根据该规定，适用范围不仅包括在中国境内处理自然人个人信息的活动，还包括特定情形下在境外处理境内自然人个人信息的活动，此处特定情形既包括个人信息处理者因提供产品或服务而产生的直接信息处理活动，也包括行为分析和评估等企业常见的间接信息处理行为。为与域外管辖相呼应，《个人信息保护法》第五十三条进一步要求境外的个人信息处理者在境内设立专门机构或者指定代表，负责处理个人信息保护相关事务，并将有关信息报送履行个人信息保护职责的部门。

## （二）个人信息处理的规则

### 1. 扩大合法性基础

《网络安全法》将个人信息主体的"同意"视为个人信息处理的唯一合法性基础，这一规定虽然体现了对个人信息主体权利的尊重和保障，但是忽略了实务中大量存在的涉及订立或履行合同所必需、自然人的重大利益、公共利益等多种个人信息处理场景。《民法典》虽然在法律层级规定了"同意的例外"，但仅限于处理已公开信息的情形以及维护公共利益或者自然人合法权益的情形。《个人信息保护法》在延续《民法典》立法思路并借鉴 GDPR 相关规则的基础上，在第十三条处理个人信息的法定情形中，增加了处理个人信息的其他合法情形，将订立或履行合同所必需、保护自然人的重大利益以及公共利益等情形作为例外情况纳入合法性基础场景，并结合我国新冠疫情防控的现状，增加了突发公共卫生事件的例外情形，为疫情防控时期基础电信企业、地图平台等企业收集疫情信息提供法律依据。

### 2. 明确撤回同意权

《个人信息保护法》第十五条规定了个人信息主体的撤回同意权，即基于个人同意处理个人信息的，个人有权撤回其同意，个人信息处理者应当提供便捷的撤回同意的方式；个人撤回同意的，不影响撤回前基于个人同意已进行的个人信息处理活动的效力。此外，《个人信息保护法》对个人信息处理者响应个人信息主体关于撤回同意的要求也进行了规定，即除处理个人信息属于提供产品或者服务所必需的以外，个人信息处理者不得以个人不同意处理其个人信息或者撤回同意为由，拒绝提供产品或者服务。此前，《个人信息安全规范》虽然就撤回同意权进行规定，但该规范在法律上并无强制执行力。《个人信息保护法》的出台，不仅完善了撤回同意权的规定，还将该权利上升至法律高度，有利于保障个人信息主体的相关权益。

### 3. 明确采用自动化决策情形下的处理规则

《个人信息保护法》吸纳了《电子商务法》第十八条和《个人信息安全规范》第 7.5 条关于定向推送和个性化展示的规定，在第二十五条新增了对自动化决策的规定，一定程度上保障了个人信息主体的选择权、知情权和决定权，并针对公众热议的"大数据杀熟"问题进行回应。即个人信息处理者利用个人信息进行自动化决策，应当保证决策的透明度和结果公平、公正，不得对个人在交易价格等交易条件上实行不合理的差别待遇。通过自动化决策方式向个人进行信息推送、商业营销，应当同时提供不针对其个人特征的选项，或者向个人提供便捷的拒绝方式。此外，《个人信息保护法》进一步规定，通过自动化决策方式作出对个人权益有重大影响的决定，个人有权要求个人信息处理者予以说明，并有权拒绝个人信息处理者仅通过自动化决策的方式作出决定。

**4. 关于敏感个人信息处理规则**

根据《个人信息保护法》第二十九条和第三十条规定，处理敏感个人信息应当取得个人的单独同意，并向个人告知处理敏感个人信息的必要性以及对个人权益的影响。此外，根据上文可知，不满14周岁未成年人的个人信息被列入敏感个人信息范围，《个人信息保护法》第三十一条进一步规定，对于不满14周岁未成年人的个人信息处理活动，个人信息处理者应取得其父母或其他监护人的同意，并制定专门的个人信息处理规则。

### （三）个人信息主体的权利

《个人信息保护法》从法律层面赋予了个人信息主体关于个人信息保护的相关权利，如个人对其个人信息的处理享有知情权、决定权，有权限制或者拒绝他人对其个人信息进行处理，有权查阅、复制其个人信息，有权请求将个人信息转移至其指定的个人信息处理者（可携带权），有权要求个人信息主体更正、补充、删除其个人信息。

其中，《个人信息保护法》第四十七条在沿用《网络安全法》第四十三条的基础上，对个人信息的删除权进行了补充和完善，即个人信息处理者应当主动删除个人信息，个人信息处理者未删除的，个人有权在本条规定的5种情形下请求删除。同时，考虑到实践中可能存在无法完全、彻底删除特定个人信息主体的个人信息的技术障碍，《个人信息保护法》增加了个人信息处理者停止处理时的除外情形，即法律法规规定的保存期限未届满，或者删除个人信息从技术上难以实现的，个人信息处理者应当停止除存储和采取必要的安全保护措施之外的处理。上述规定在完善删除权的同时，也增强了对个人信息的安全保障，具有一定的可操作性。

此外，就自然人死亡的情形，《个人信息保护法》第四十九条规定保障了其近亲属的权利，即其近亲属为了自身的合法、正当利益，可以对死者的相关个人信息行使相应的查阅、复制、更正、删除等权利。

### （四）个人信息处理者的义务

个人信息处理者，是指在个人信息处理活动中自主决定处理目的、处理方式的组织、个人。《个人信息保护法》第五章，专门规定了个人信息处理者的义务。

**1. 安全保障义务**

根据《个人信息保护法》第五十一条规定，个人信息处理者应当根据个人信息的处理目的、处理方式，个人信息的种类，以及对个人权益的影响、可能存在的安全风险等，采取诸如制定管理规定、分类管理、去标识化、加密、对从业人员定期培训等安全保障措施，确保个人信息处理活动符合法律、行政法规的规定，并防止未经授权的访问以及个人信息泄露、篡改、丢失。

**2. 个人信息保护影响评估义务**

《个人信息保护法》第五十五条、第五十六条规定了个人信息处理者在特定情形下的个人信息保护影响评估义务以及具体评估内容，并明确个人信息保护影响评估报告和处理情况记录应当至少保存3年。需要评估的特定情形包括：处理敏感个人信息；利用个人信息进行自动化决策；委托处理个人信息、向其他个人信息处理者提供个人信息、公开个人信息；向境外提供个人信息；其他对个人权益有重大影响的个人信息处理活动。

**3. 安全事件通知义务**

根据《个人信息保护法》第五十七条规定，如发生或者可能发生个人信息泄露、篡改、丢失的，个人信息处理者应立即采取补救措施，并通知履行个人信息保护职责的部门和个人。但是，个人信息处理者采取措施能够有效避免信息泄露、篡改、丢失造成危害的，个人信息处理者可以不通知个人；履行个人信息保护职责的部门认为可能造成危害的，有权要求个人信息处理者通知个人。

**4. 平台特殊义务**

根据《个人信息保护法》第五十八条规定，提供重要互联网平台服务、用户数量巨大、业务类型复杂的个人信息处理者，应建立健全个人信息保护合规制度体系，制定平台规则、明确产品或者服务提供者义务，停止向严重违法、违规处理个人信息的平台内的产品或者服务提供者提供平台服务，定期发布个人信息保护社会责任报告等。

## 二、个人信息的多维保护

对个人信息的保护，我国现在民事性法律、刑事性法律、行政性法律上都有所规定。相对而言，刑事性法律的规定比《网络安全法》《民法典》和《个人信息保护法》更早一些，规定也比较具体。《刑法》分则第三、四、五、六章都针对个人信息规定了相关犯罪。涉及侵犯公民个人信息的刑事案件，可能按照侵犯公民个人信息罪、非法获取计算机信息系统数据罪、破坏计算机信息系统罪或其他相关罪名来处理。可以看出，对于个人信息、个人数据并不是只有侵犯公民个人信息罪来保护，而是按个人数据涉及的权益性质提供不同的罪名予以保护。从这个意义上来说，《刑法》对个人信息的保护已经形成了整体的保护框架。

2009年2月28日通过的《中华人民共和国刑法修正案（七）》首次针对侵犯公民个人信息的行为设立犯罪，将出售、非法提供和获取公民个人信息的行为规定为出售、非法提供公民个人信息罪和非法获取公民个人信息罪。立法工作机构在说明立法理由时指出，上述罪名的增设是为了保护公民的人身、财产安全、个人隐私以及正常的工作、生活不受侵害和干扰，保护公民个人信息不被泄露。2015年8月29日通过的《中华人民共和国刑法修正案（九）》进一步对上述罪名进行修改，将违反国家有关规定，向他人出售或者提供公民个人信息的行为设立为犯罪的同时，修改出售、非法提供本单位因履行职责或者提供服务而获得公民个人信息的规定，从特殊主体扩大至一般主体，并明确了从重处罚的原则，提高了法定刑配置。

现行《刑法》第二百五十三条之一："违反国家有关规定，向他人出售或者提供公民个人信息，情节严重的，处三年以下有期徒刑或者拘役，并处或者单处罚金；情节特别严重的，处三年以上七年以下有期徒刑，并处罚金。违反国家有关规定，将在履行职责或者提供服务过程中获得的公民个人信息，出售或者提供给他人的，依照前款的规定从重处罚。窃取或者以其他方法非法获取公民个人信息的，依照第一款的规定处罚。单位犯前三款罪的，对单位判处罚金，并对其直接负责的主管人员和其他直接责任人员，依照各该款的规定处罚。"

2017年最高人民法院、最高人民检察院发布了《关于办理侵犯公民个人信息刑事案件适用法律若干问题的解释》，其中第三条、第四条、第五条，对非法获取、出售或者提供公民个人信息的一些具体情形及犯罪情节严重的判断，有了更具体的规定。此外对网络服务提供者不履行相应法定义务的，也规定了罚则。第九条规定，网络服务提供者拒不履行法律、行政法规规定的信息网络安全管理义务，经监管部门责令采取改正措施而拒不改正，致使用户的公民个人信息泄露，造成严重后果的，应当依照《刑法》第二百八十六条之一的规定，以拒不履行信息网络安全管理义务罪定罪处罚。

但有学者也指出，《刑法》的保护依然存在一些问题：第一，《刑法》对个人数据的保护，只关注非法的数据获取而不是数据滥用。第二，受财物概念的影响，将数据当作财物一样来对待。侵犯财产罪中的财物必须具有稀缺性和排他性，而数据本身具有共享性，并且不具备知识产权那样的专属性，数据的财产属性相较于知识产权更弱，所以侵犯虚拟财产的行为不应归入侵犯财产罪中进行保护。劳东燕教授赞同当前司法实践中一些法院的做法：对此类行为，适用非法获取计算机信息系统数据罪相对较为合适。第三，《刑法》对个人数据的保护，更强调对秩序法益的保护，包括经济秩序、社会管理秩序等，而不注重对个人权益的保障。第四，现行《刑法》基本未考虑对个人数据进行分类型的保护。有学者建议，在现行立法框架下，解释个罪法条时要强调价值判断与方向选择，将强化对个体权益保障的价值判断落实到个罪的解释之中。

### 三、《个人信息保护法》实施后评估

《个人信息保护法》于2021年11月1日实施，在实施一年后，社会各界对该法进行了评估与反馈。整体来看，《个人信息保护法》对提高公众个人信息保护意识、维护个人信息合法权益、约束个人信息处理者，如平台、企业等方面都发挥巨大作用，个人信息合法权益在法律的护航下，得到切实维护。但也要承认，《个人信息保护法》的有些规定尚不具体，还缺乏现实可操作性。同时随着技术进步，《个人信息保护法》的配套实施细则和其他法律规范，还需进一步完善。

## （一）《个人信息保护法》对社会的整体影响

2023年3月8日，中国消费者协会发布《2022年个人信息保护领域消费者权益保护报告》指出，2022年我国显著提升了消费者个人信息保护力度；在司法保护方面，最高人民法院发布了有关消费者个人信息保护的指导案例，公布了数件涉及个人信息保护的典型案例，各级人民法院审理了大量相关的民事、刑事案件；检察机关充分发挥自身职能，提起多件涉及个人信息保护的公益诉讼，有力地维护了消费者合法权益。在行政保护方面，延续统一管理、分工负责体制，各行政机关积极履职，严格执法，整治各类侵害消费者个人信息权益的违法行为，打击围绕消费者个人信息形成的黑色产业链。[1]据最高人民检察院发布的消息，2021年全国检察机关共办理个人信息保护领域公益诉讼案件2000余件，同比上升近3倍。2022年，公安部"净网"行动累计侦办侵犯公民个人信息案件1.6万余起，有力维护了公民个人信息安全。

《个人信息保护法》的颁布与实施，首先，为保障公民个人信息合法权益提供了法律上的依据与支持，为数据主体确立了系列基本权利，让处于弱势的个人消费者拥有了保护个人信息权益的盾牌。其次，对数据收集者而言，有了更明确的规范指引，平台如何当好"守门人"，保护好公民个人信息不被泄露、滥用、窃取等数据安全，保证个人信息的合法收集，合理利用与开发，更好促进数字经济发展。再次，进一步明确数据权益归属，让数据发挥市场资源配置作用。数据作为重要生产要素，具有重要的经济价值，个人数据合理合法合规的收集与使用，对推动数据共享，释放数据作为生产要素的潜力，具有重要推动作用。最后，国家信息安全有了抓手。《个人信息保护法》设置了"敏感个人信息的处理规则"。在此基础上建立了个人信息跨境提供规则，要求因业务确需向境外提供个人信息的，应当满足安全评估、个人信息保护认证、订立标准合同等条件。至此，保障国家信息安全在境内和境外两个方向上具有了实实在在的抓手。如2022年7月21日，国家互联网信息办公室依据《网络安全法》《数据安全法》《个人信息保护法》《中华人民共和国行政处罚法》等法律

---

[1] 参见《中消协发布〈2022年个人信息保护领域消费者权益保护报告〉》，央广网2023年4月20日。

法规，对滴滴全球股份有限公司处人民币 80.26 亿元罚款。

### （二）《个人信息保护法》未来可以进一步完善

《个人信息保护法》实施后，监管力度不断加强，个人信息保护意识显著提升，相关企业滥用个人信息等问题得到很大改善。但与此同时，还有一些问题依然存在。比如，作为平台注册用户，消费者是否有权要求平台披露收集的个人信息及相关处理情况，个人如何具体行使《个人信息保护法》所赋予的知情权、查询权、复制权等权利，"知情—同意"原则下如何保证用户的充分知情及自主同意，等等。

有专家表示，关于《个人信息保护法》的落实难点，主要是以下三个方面。一是对于涉案信息的认定存在难点。涉及个人信息范围、匿名化个人信息范围、已公开个人信息范围等各类信息划分标准仍需明确。二是《个人信息保护法》强化了"告知—同意"的合法性基础，结合具体处理事项的有效告知同意的认定标准需进一步细化。三是随着经营者的产品营销模式向精准定向营销转变，分析用户行为信息能够极大提高营销效率、节约成本，妥善处理个人信息保护与数字经济发展的关系非常重要。[1]

在司法裁判中，北京市海淀区人民法院法官助理秦婧然表示："个人信息保护问题具有侵权行为较为隐蔽不易发现、当事人在发现个人信息被侵犯后难以举证、被侵害人数较多等特点。此类案件被诉主体主要集中在网络平台和应用软件、电商平台等。"北京互联网法院综合审判三庭法官助理张亚光表示："随着法律规范的不断完善，裁判规则的日益明晰，多数网络服务提供者均已制定了专门的隐私及个人信息保护协议。网络服务提供者已经意识到不能肆无忌惮收集并粗放使用收集的个人信息，但在涉及超范围收集个人信息、过度索权、个人信息处理的告知同意等方面仍有大量纠纷，网络平台切实落实《个人信息保护法》仍任重道远。"

---

[1] 参见李万祥：《个人信息保护法实施一年——网络平台需压实主体责任》，《经济日报》2022 年 11 月 23 日。

# 结 语

# 共治共享，建设网络空间命运共同体

## 一、在向网络强国迈进征程中，充分展现中国特色

我国在网络治理方面制定指导思想、开展具体实践，体现出鲜明的本土特色。

### 1. 具有鲜明的时代性

当今时代，中华民族伟大复兴战略全局、世界百年未有之大变局与信息革命的时代潮流发生历史性交汇，网络强国的重要思想和波澜壮阔的网络发展实践是对中国特色治理之道的科学总结和理论升华，也呼应了时代之需和历史之问。

### 2. 基于国情的实践性

我国对网络空间领域治理的重要思想，是在党和政府长期工作实践中孕育发展形成的。确立党管互联网的重要政治原则，建立中央、省、市（地区）的三级网信主管部门，开拓创新网络空间生态建设，压实平台主体责任等，都是基于我国的基本国情和本土实践的切实可行的举措。

### 3. 体现独特的创造性

网络强国的重要思想提出了一系列原创性的思想观点和科学论断，明确了网络强国建设在党和国家事业全局中的重要地位、战略目标、原则要求、国际主张和基本方法，形成了一个内容丰富、系统完备的科学体系。

### 4. 彰显突出的人民性

我国网民规模已超10亿，形成了全球最为庞大、生机勃勃的数字社会，数字生活成为人民群众的重要生活方式。提升人民福祉是推进网络事业健康发展的出发点和落脚点，以人民为中心，让人民群众在信息化发展中有更多的获得感、幸福感、安全感是发展网信事业的根本目的。依靠人民办网、为人民办好网，通过人民监督营造更美好、更清朗的网络空间。

### 5. 包容共享的国际性

全球互联网发展治理的"四项原则"和构建网络空间命运共同体的"五点主张"，是构建人类命运共同体思想的重要组成部分，为国际网络空间安全

与发展指明了原则和方向，也提供了实践路径，贡献了极为宝贵的中国方案、中国智慧、中国力量。

## 二、依法办网、依法治网，营造天朗气清的网络家园

在网络空间的内容治理方面，近年来，我国一直致力于净化网络空间，营造天朗气清、风清气正的网络生态，维护好亿万网民的精神家园。

**1. 建章立制，扎紧网络生态治理的制度笼子**

以2020年《网络信息内容生态治理规定》的施行为标志，我国网络领域正式拉开了全面深入治理网络生态的序幕。相关部门先后出台了整治饭圈乱象、规范娱乐明星网上信息等通知，大大压缩非理性追星的空间；制定修订关于用户账号、公共账号、应用程序等规定，强化全流程、全要素监管；公布直播营销、直播打赏等文件，细化行为标准；同时出台关于压实网站平台主体责任的相关意见，明确主体责任的内涵、任务等，使依法上网、依法办网更加有法可依、有章可循。

**2. 加强日常监管，防范、治理各种网络生态问题**

督促平台完善社区规则，把好生态治理的第一道关口。同时抓重点平台，聚焦重要页面、重要环节，对问题发生多、影响大的加强巡查，及时提醒处置。抓重点问题，对顽瘴痼疾一抓到底，持续打击。对问题集中、整改不力的从严查处、通报曝光，形成震慑。抓问题根源，深挖网络乱象的背后成因和利益链条，努力从源头上解决问题。

**3. 开展专项整治，坚决打击突出网络乱象**

"清朗"专项行动成效显著，如今，"清朗"已经成为治理网络乱象的一个代名词。有关部门先后开展了整治网络水军、直播短视频、网络暴力、未成年人网络环境整治等专项行动，2022年，全国网信系统累计清理违法和不良信息5430余万条，下架移动应用程序420款，会同电信主管部门取消违法网站许可或备案、关闭违法网站2.5万余家。

## 三、建立政府主导、多元参与合力共治的网络内容治理机制

互联网不是法外之地,网络内容治理离不开法律保障,也离不开社会力量积极参与和支持,"人人参与、一网共治"是我国网络治理的特点。我国不断完善网络空间领域的法律法规体系,既有《网络安全法》《数据保护法》《个人信息保护法》等具有基础性、综合性、全局性的法律,又有一些针对互联网信息、区块链、网络生态、算法、用户账号、微信公众号、评论、弹幕、群组等的部门规章和规范性文件。诸多法律法规中,不仅有对政府部门行政职责的明确,也有对若干违规行为的行政处罚,直至严重违法行为追究刑事责任的法律制裁,还有对网络平台、行业协会、社团团体、学校家长等多方主体的规范和倡导,体现网络内容治理多方合力的途径。

### 1. 平台肩负主体责任和社会责任

网站平台日益成为信息内容生产传播的重要渠道和载体,兼具社会属性和公共属性,在坚持正确价值取向、保障网络内容安全、维护网民合法权益等方面,具有不可替代的地位和作用。主要任务包括把握主体责任内涵、完善平台社区规则、加强账号规制管理、健全内容审核机制、提升信息内容质量、规范信息内容传播、加强重点功能管理、坚持依法合规经营、严格未成年人网络保护、加强人员队伍建设。[1] 据《重点网络视听企业社会责任研究报告(2021)》披露[2],近年来,我国网络视听平台和企业积极履行社会责任,发挥自身技术优势、平台优势、内容优势、传播优势,在正能量传播、网络生态治理、未成年人网络保护、数字素养提升、抗击新冠疫情等方面发挥了很好作用,90%以上的被测单位在保证自身发展的同时,在企业社会责任建设方面进行了积极实践。

### 2. 相关行业组织积极推动企业履责

行业组织是本行业企业成立的自治组织,能够深刻而敏锐地察觉到所处行业的生存状态、存在问题、潜在危险和发展前景,对行业内不同企业的管理水平、技术储备和核心竞争力水平等情况非常熟悉。因此,积极发挥行业

---

[1] 参见《关于进一步压实网站平台信息内容管理主体责任的意见》,中国政府网 2023 年 3 月 26 日。
[2] 该报告由北京师范大学互联网研究院 2022 年 7 月发布。

组织优势，也是推动网络治理的重要措施。

2021年1月，中国网络社会组织联合会发布了《互联网平台企业社会责任建设行动计划》，旨在加强行业自律，促进平台经济健康发展。行动计划确定了互联网平台企业社会责任建设工作的重点任务和保障机制，号召成员单位积极参与互联网平台企业社会责任标准制定，落实企业社会责任。

中国网络视听节目服务协会发布多个自律性公约和倡议，重点对网络视听节目提出规制细则，如《关于抵制色情暴力等有害视听节目的倡议书》（2012年）、《中国网络视听节目服务自律公约》（2013年）、《网络短视频内容审核标准细则》（2021年）。

中国演出行业协会网络表演（直播）分会连续发布警示名单，至2022年12月，已发布10批共近500名违法失德艺人的网络主播警示名单，整治清理了网络空间靠"逐臭审丑""低俗搞笑""哗众取宠""追逐社会热点，干扰当事人正常生活"等方式来博人眼球、获取流量的不良内容。

此外行业协会还积极与企业合作，发布行业标准、公约等，开展行业自治。如中国网络社会组织联合会、中国网络视听节目服务协会及中国演出行业协会联合抖音直播发布《直播行业治理公约》（2022年）。新浪微博社区组织志愿者参与灰色信息等内容治理，共同净化网络空间。

纵观中国数十年来的网络治理实践，历经多方不断探索，逐步形成了政府主导下的"企业平台夯实责任，专家学者共同建言，网民共同参与的平台治理模式"[1]。

## 四、对未来网络新事物加强前瞻性立法

伴随新一轮科技革命和产业变革加速演进，大数据、云计算、人工智能、区块链等新技术、新应用、新业态不断拓展应用边界，数字产业化与产业数字化持续推动数字世界与物理世界深度融合发展，人类的生活和生产方式日益被重塑。作为新一轮科技革命和产业变革的重要驱动力量，元宇宙、ChatGPT、

---

[1] 侯梦菲：《张志安：中国对互联网平台的治理是多元共治模式》，金羊网2021年11月24日。

Bard AI 已经成为下一个风口。

为新生事物的健康发展，需要加强前瞻性立法等顶层设计，探索元宇宙法律规范和伦理规范，如元宇宙中参与的数字人（本体参与者）、交互的对象（其他参与者）、元宇宙运营平台以及算法提供者等诸多主体的法律责任问题；又如基于现实中真人等相关数据深度合成的数字人和新近出现的聊天机器人（ChatGPT、Bard AI 等）所有权的归属问题；再如数字人、聊天机器人伪造风险以及虚拟空间自由边界等话题，都是具有挑战性的新课题。

## 五、共治共享，构建网络空间命运共同体

不像物理空间，有国际公认的国家边界，网络空间既无国界也无边界，但它构建了全人类的精神家园，因此网络空间未来更需要由世界各国共同开创。2015 年，在第二届世界互联网大会上，我国首次提出构建网络空间命运共同体理念，获得国际社会广泛认同。

时至今日，我国一直在积极推动网络空间命运共同体建设。第一，构建发展共同体。我国积极推进全球信息基础设施建设，营造开放、公平、公正、非歧视的数字发展环境。第二，构建安全共同体。积极开展数据领域国际交流合作，促进数据跨境安全自由流动。第三，构建责任共同体。在联合国框架下推动网络空间国际治理进程，深入参与联合国互联网治理论坛等活动，开展网络空间国际交流合作。第四，构建利益共同体。与国际社会共同致力于弥合数字鸿沟，帮助发展中国家提高宽带接入水平。第五，开展未成年人上网安全国际合作。

浩渺行无极，扬帆但信风。尽管互联网开放性、全球性、即时性等特征给网络空间治理法治化提出了全新挑战，在以中国式现代化全面推进中华民族伟大复兴的历史进程中，以习近平新时代中国特色社会主义思想为指导，我国将一如既往地积极推进网络空间治理体系建设，加强依法管网、依法办网、依法上网，推动构建网络空间治理的统一战线，不断实现网络治理体系和治理能力现代化，营造风清气正、公平合理、开放包容、安全稳定、富有生机活力的网络空间，为全人类创造更多福祉。

# 附　录

# 关于互联网内容治理的主要法律、行政法规和相关政策

## 一、宪法

《中华人民共和国宪法》：1982年12月4日第五届全国人民代表大会第五次会议通过；根据1988年4月12日第七届全国人民代表大会第一次会议通过的《中华人民共和国宪法修正案》、1993年3月29日第八届全国人民代表大会第一次会议通过的《中华人民共和国宪法修正案》、1999年3月15日第九届全国人民代表大会第二次会议通过的《中华人民共和国宪法修正案》、2004年3月14日第十届全国人民代表大会第二次会议通过的《中华人民共和国宪法修正案》和2018年3月11日第十三届全国人民代表大会第一次会议通过的《中华人民共和国宪法修正案》修正。

## 二、法律

《中华人民共和国刑法》：1979年7月1日第五届全国人民代表大会第二次会议通过；1997年3月14日第八届全国人民代表大会第五次会议修订；1999年12月25日第九届全国人民代表大会常务委员会第十三次会议第一次修正（修正案）；2001年8月31日第九届全国人民代表大会常务委员会第二十三次会议第二次修正（修正案二）；2001年12月29日第九届全国人民代表大会常务委员会第二十五次会议第三次修正（修正案三）；2002年12月28日第九届全国人民代表大会常务委员会第三十一次会议第四次修正（修正案四）；2005年2月28日第十届全国人民代表大会常务委员会第十四次会议第五次修正（修正案五）；2006年6月29日第十届全国人民代表大会常务委员会第二十二次会议第六次修正（修正案六）；2009年2月28日第十一届全国人民代表大会常务委员会第七次会议第七次修正（修正案七）；2011年2月25日第十一届全国人民代表大会常务委员会第十九次会议第八次修正（修正案八）；2015年8月29日第十二届全国人民代表大会常务委员会第十六次会议第九次修正（修正案九）；2017年11月4日第十二届全国人民代表大会常务委员会第三十次会议第十次修正（修正案十）；2020年12月26日第十三届全国人民代表大会常务委员会第二十四次会议第十一次修正（修正案十一）；2023年12月29日第十四届全国

人大常务委员会第七次会议第十二次修正（修正案十二）。

《中华人民共和国著作权法》：1990年9月7日第七届全国人民代表大会常务委员会第十五次会议通过；2001年10月27日第九届全国人民代表大会常务委员会第二十四次会议第一次修正；2010年2月26日第十一届全国人民代表大会常务委员会第十三次会议第二次修正；2020年11月11日第十三届全国人民代表大会常务委员会第二十三次会议第三次修正。

《中华人民共和国未成年人保护法》：1991年9月4日第七届全国人民代表大会常务委员会第二十一次会议通过；2006年12月29日第十届全国人民代表大会常务委员会第二十五次会议第一次修订；2012年10月26日第十一届全国人民代表大会常务委员会第二十九次会议修正；2020年10月17日第十三届全国人民代表大会常务委员会第二十二次会议第二次修订；2024年4月26日第十四届全国人民代表大会常务委员会第九次会议第二次修正。

《中华人民共和国广告法》：1994年10月27日第八届全国人民代表大会常务委员会第十次会议通过；2015年4月24日第十二届全国人民代表大会常务委员会第十四次会议修订；2018年10月26日第十三届全国人民代表大会常务委员会第六次会议第一次修正；2021年4月29日第十三届全国人民代表大会常务委员会第二十八次会议第二次修正。

《全国人民代表大会常务委员会关于维护互联网安全的决定》：2000年12月28日第九届全国人民代表大会常务委员会第十九次会议通过；2009年8月27日第十一届全国人民代表大会常务委员会第十次会议修正。

《中华人民共和国治安管理处罚法》：2005年8月28日第十届全国人民代表大会常务委员会第十七次会议通过；2012年10月26日第十一届全国人民代表大会常务委员会第二十九次会议修正。

《全国人民代表大会常务委员会关于加强网络信息保护的决定》：2012年12月28日第十一届全国人民代表大会常务委员会第三十次会议通过。

《中华人民共和国国家安全法》：2015年7月1日第十二届全国人民代表大会常务委员会第十五次会议通过。

《中华人民共和国反恐怖主义法》：2015年12月27日第十二届全国人民代表大会常务委员会第十八次会议通过；2018年4月27日第十三届全国人民代表大会常务委员会第二次会议修正。

《中华人民共和国网络安全法》：2016年11月7日第十二届全国人民代表大会常务委员会第二十四次会议通过。

《中华人民共和国英雄烈士保护法》：2018年4月27日第十三届全国人民代表大会常务委员会第二次会议通过。

《中华人民共和国民法典》：2020年5月28日第十三届全国人民代表大会第三次会议通过。

《中华人民共和国数据安全法》：2021年6月10日第十三届全国人民代表大会常务委

员会第二十九次会议通过。

《中华人民共和国个人信息保护法》：2021年8月20日第十三届全国人民代表大会常务委员会第三十次会议通过。

### 三、行政法规

《中华人民共和国计算机信息系统安全保护条例》：1994年2月18日国务院令第147号发布；2011年1月8日国务院令第588号修订。

《中华人民共和国计算机信息网络国际联网管理暂行规定》：1996年2月1日国务院令第195号发布；1997年5月20日国务院令第218号修正；2024年3月10日国务院令第777号第二次修订。

《计算机信息网络国际联网安全保护管理办法》：1997年12月11日国务院批准、1997年12月16日公安部令第33号发布；2011年1月8日国务院令第588号修订。

《互联网信息服务管理办法》：2000年9月25日国务院令第292号公布；2011年1月8日国务院令第588号修订。

《中华人民共和国电信条例》：2000年9月25日国务院令第291号公布；2014年7月29日国务院令第653号第一次修订；2016年2月6日国务院令第666号第二次修订。

《计算机软件保护条例》：2001年12月20日国务院令第339号公布；2011年1月8日国务院令第588号第一次修订；2013年1月30日国务院令第632号第二次修订。

《互联网上网服务营业场所管理条例》：2002年9月29日中华人民共和国国务院令第363号公布；根据2011年1月8日国务院令第588号第一次修订；根据2016年2月6日国务院令第666号第二次修订；根据2019年3月24日国务院令第710号第三次修订；根据2022年3月29日国务院令第752号第四次修订。

《信息网络传播权保护条例》：2006年5月18日国务院令第468号公布；2013年1月30日国务院令第634号修订。

《国务院关于授权国家互联网信息办公室负责互联网信息内容管理工作的通知》：2014年8月26日国发〔2014〕33号文件。

《未成年人网络保护条例》，2023年9月20日国务院令第766号公布。

### 四、司法解释

《最高人民法院关于审理著作权民事纠纷案件适用法律若干问题的解释》：2002年10月12日通过；2020年12月23日修正（法释〔2020〕19号）。

《最高人民法院、最高人民检察院关于办理利用互联网、移动通讯终端、声讯台制作、复制、出版、贩卖、传播淫秽电子信息刑事案件具体应用法律若干问题的解释》：2004 年 9 月 3 日（法释〔2004〕11 号）。

《最高人民法院、最高人民检察院关于办理利用互联网、移动通讯终端、声讯台制作、复制、出版、贩卖、传播淫秽电子信息刑事案件具体应用法律若干问题的解释（二）》：2010 年 2 月 2 日（法释〔2010〕3 号）。

《最高人民法院关于审理侵害信息网络传播权民事纠纷案件适用法律若干问题的规定》：2012 年 11 月 26 日通过（法释〔2012〕20 号）；2020 年 12 月 23 日修正（法释〔2020〕19 号）。

《最高人民法院、最高人民检察院关于办理利用信息网络实施诽谤等刑事案件适用法律若干问题的解释》：2013 年 9 月 6 日（法释〔2013〕21 号）。

《最高人民法院关于审理编造、故意传播虚假恐怖信息刑事案件适用法律若干问题的解释》：2013 年 9 月 18 日（法释〔2013〕24 号）。

《最高人民法院关于审理利用信息网络侵害人身权益民事纠纷案件适用法律若干问题的规定》：2014 年 6 月 23 日通过（法释〔2014〕11 号）；2020 年 12 月 23 日修正（法释〔2020〕17 号）。

《最高人民法院、最高人民检察院关于办理侵犯公民个人信息刑事案件适用法律若干问题的解释》：2017 年 5 月 8 日发布（法释〔2017〕10 号）。

《最高人民法院、最高人民检察院、公安部、司法部关于办理恐怖活动和极端主义犯罪案件适用法律若干问题的意见》：2018 年 3 月 16 日（高检会〔2018〕1 号）。

## 五、部门规章

**1. 国家新闻出版署**

《网络出版服务管理规定》：2016 年 2 月 4 日国家新闻出版广电总局、工业和信息化部令第 5 号发布。

**2. 国家广播电视总局**

《互联网视听节目服务管理规定》：2007 年 12 月 20 日国家广播电影电视总局、信息产业部令第 56 号发布；2015 年 8 月 28 日国家新闻出版广电总局令第 3 号修订。

《专网及定向传播视听节目服务管理规定》：2016 年 4 月 25 日国家新闻出版广电总局令第 6 号公布；2021 年 3 月 23 日国家广播电视总局令第 8 号修订。

《未成年人节目管理规定》：2019 年 2 月 14 日国家广播电视总局局务会议审议通过，2019 年 3 月 29 日公布，自 2019 年 4 月 30 日起施行。

**3. 文化和旅游部**

《互联网文化管理暂行规定》：2011 年 2 月 17 日文化部令第 51 号发布；2017 年 12 月

15日文化部令第57号修订。

### 4. 国家互联网信息办公室

《互联网新闻信息服务管理规定》：2017年5月2日国家互联网信息办公室令第1号公布，自2017年6月1日起施行。

《互联网信息内容管理行政执法程序规定》：2017年5月2日国家互联网信息办公室令第2号公布，自2017年6月1日起施行。

《区块链信息服务管理规定》：2019年1月10日国家互联网信息办公室令第3号公布，自2019年2月15日起施行。

《儿童个人信息网络保护规定》：2019年8月22日国家互联网信息办公室令第4号公布，自2019年10月1日起施行。

《网络信息内容生态治理规定》：2019年12月15日国家互联网信息办公室令第5号公布，自2020年3月1日起施行。

《网络安全审查办法》：2021年12月28日国家互联网信息办公室、国家发展和改革委员会、工业和信息化部、公安部、国家安全部、财政部、商务部、中国人民银行、国家市场监督管理总局、国家广播电视总局、证券监督管理委员会、国家保密局、国家密码管理局令第8号联合发布，自2022年2月15日起施行。

《互联网信息服务算法推荐管理规定》：2021年12月31日国家互联网信息办公室、工业和信息化部、公安部、国家市场监管总局令第9号发布，自2022年3月1日起施行。

《互联网用户账号信息管理规定》：2022年6月27日国家互联网信息办公室令第10号公布，自2022年8月1日起施行。

《数据出境安全评估办法》：2022年7月7日国家互联网信息办公室令第11号公布，自2022年9月1日起施行。

《互联网信息服务深度合成管理规定》：2022年11月25日国家互联网信息办公室、工业和信息化部、公安部令第12号公布，自2023年1月10日起施行。

《个人信息出境标准合同办法》：2023年2月22日国家互联网信息办公室令第13号公布，自2023年6月1日起施行。

《网信部门行政执法程序规定》：2023年3月18日国家互联网信息办公室令第14号公布，自2023年6月1日起施行。

《生成式人工智能服务管理暂行办法》：2023年7月10日国家互联网信息办公室、国家发展和改革委员会、教育部、科学技术部、工业和信息化部、公安部、国家广播电视总局令第15号公布，自2023年8月15日起施行。

### 5. 工业和信息化部

《中国互联网络域名管理办法》：2004年11月5日信息产业部令第30号公布，自2004年12月20日起施行。

《非经营性互联网信息服务备案管理办法》：2005年2月8日中华人民共和国信息产业部令第33号发布，自2005年3月20日起施行。

《互联网电子邮件服务管理办法》：2006年2月20日中华人民共和国信息产业部令第38号公布，自2006年3月20日起施行。

《电信业务经营许可管理办法》：2009年3月5日中华人民共和国工业和信息化部令第5号公布，自2009年4月10日起施行。

《电信和互联网用户个人信息保护规定》：2013年7月16日工业和信息化部令第24号公布，自2013年9月1日起施行。

### 6. 其他

《互联网药品信息服务管理办法》：2004年7月8日国家食品药品监督管理局令第9号公布，根据2017年11月7日国家食品药品监督管理总局局务会议《关于修改部分规章的决定》修正。

《互联网广告管理暂行办法》：2016年7月4日国家工商行政管理总局令第87号公布；2023年2月25日国家市场监督管理总局修订发布了《互联网广告管理办法》。

《公安机关互联网安全监督检查规定》：2018年9月15日公安部令第151号公布。

《互联网宗教信息服务管理办法》：2021年12月3日国家宗教事务局、国家网信办、工信部、公安部、国家安全部令第17号发布，自2022年3月1日起施行。

## 六、部门规范性文件

### 1. 国家新闻出版署

《关于加强音像制品、电子出版物和网络出版物审读工作的通知》：新出音〔2007〕129号，2007年2月16日新闻出版总署发布。

《关于加强对进口网络游戏审批管理的通知》：新出厅字〔2009〕266号，2009年7月1日新闻出版总署发布。

《关于启动网络游戏防沉迷实名验证工作的通知》：新出联〔2011〕10号，2011年7月1日新闻出版总署、中央文明办、教育部、公安部、工业和信息化部、共青团中央、中华全国妇女联合会、中国关心下一代工作委员会发布。

《关于深入开展网络游戏防沉迷实名验证工作的通知》：新广出办发〔2014〕72号，2014年7月25日国家新闻出版广电总局办公厅发布。

《关于印发〈关于推动网络文学健康发展的指导意见〉的通知》：新广出发〔2014〕133号，2014年12月18日国家新闻出版广电总局发布。

《关于防止未成年人沉迷网络游戏的通知》：国新出发〔2019〕34号，2019年10月25日国家新闻出版署发布。

《关于进一步加强网络文学出版管理的通知》：国新出发〔2020〕11 号，2020 年 6 月 5 日国家新闻出版署发布。

**2. 国家广播电视总局**

《关于加强互联网视听节目内容管理的通知》：2009 年 3 月 31 日国家广播电影电视总局发布。

《关于进一步加强网络剧、微电影等网络视听节目管理的通知》：2012 年 7 月 6 日国家广播电影电视总局、国家互联网信息办公室广发〔2012〕53 号文件。

《关于进一步落实网上境外影视剧管理有关规定的通知》：2014 年 9 月 2 日国家新闻出版广电总局新广电发〔2014〕204 号文件。

《关于加强网络视听节目直播服务管理有关问题的通知》：2016 年 9 月 2 日国家新闻出版广电总局新广电发〔2016〕172 号文件。

《关于调整〈互联网视听节目服务业务分类目录（试行）〉的通告》：2017 年 3 月 10 日国家新闻出版广电总局〔2017〕1 号文件。

《关于进一步加强网络视听节目创作播出管理的通知》：2017 年 5 月 16 日国家新闻出版广电总局新广电发〔2017〕104 号文件。

《关于进一步规范网络视听节目传播秩序的通知》：2018 年 3 月 16 日国家新闻出版广电总局办公厅新广电办发〔2018〕21 号文件。

《关于进一步加强广播电视和网络视听文艺节目管理的通知》：2018 年 10 月 31 日国家广播电视总局广电发〔2018〕60 号文件。

**3. 国家互联网信息办公室**

《即时通信工具公众信息服务发展管理暂行规定》：2014 年 8 月 7 日国家互联网信息办公室发布。

《互联网用户账号名称管理规定》：2015 年 2 月 4 日国家互联网信息办公室发布。

《互联网新闻信息服务单位约谈工作规定》：2015 年 4 月 28 日国家互联网信息办公室发布。

《互联网信息搜索服务管理规定》：2016 年 6 月 25 日国家互联网信息办公室发布。

《移动互联网应用程序信息服务管理规定》：2016 年 6 月 28 日国家互联网信息办公室发布。

《互联网直播服务管理规定》：2016 年 11 月 4 日国家互联网信息办公室发布。

《互联网新闻信息服务许可管理实施细则》：2017 年 5 月 22 日国家互联网信息办公室发布。

《互联网论坛社区服务管理规定》：2017 年 8 月 25 日国家互联网信息办公室发布。

《互联网群组信息服务管理规定》：2017 年 9 月 7 日国家互联网信息办公室发布。

《互联网用户公众账号信息服务管理规定》：2017 年 9 月 7 日国家互联网信息办公室发

布；2021年1月22日修订。

《互联网新闻信息服务新技术新应用安全评估管理规定》：2017年10月30日国家互联网信息办公室发布。

《互联网新闻信息服务单位内容管理从业人员管理办法》：2017年10月30日国家互联网信息办公室发布。

《微博客信息服务管理规定》：2018年2月2日国家互联网信息办公室发布。

《具有舆论属性或社会动员能力的互联网信息服务安全评估规定》：2018年11月15日国家互联网信息办公室、公安部发布。

《网络音视频信息服务管理规定》：国信办通字〔2019〕3号，2019年11月18日国家互联网信息办公室、文化和旅游部、国家广播电视总局发布。

《App违法违规收集使用个人信息行为认定方法》：国信办秘字〔2019〕191号，2019年11月28日国家互联网信息办公室秘书局、工业和信息化部办公厅、公安部办公厅、国家市场监督管理总局办公厅发布。

《关于加强网络直播规范管理工作的指导意见》：国信办〔2021〕3号，2021年2月9日国家互联网信息办公室、全国"扫黄打非"工作小组办公室等七部门发布。

《常见类型移动互联网应用程序必要个人信息范围规定》：国信办秘字〔2021〕14号，2021年3月12日国家互联网信息办公室秘书局、工业和信息化部办公厅、公安部办公厅、国家市场监督管理总局办公厅发布。

《关于开展境内金融信息服务报备工作的通知》：2021年7月25日国家互联网信息办公室发布。

《关于进一步压实网站平台信息内容管理主体责任的意见》：2021年9月15日国家互联网信息办公室发布。

《关于加强互联网信息服务算法综合治理的指导意见》：国信办〔2021〕7号，2021年9月17日国家互联网信息办公室、中央宣传部、教育部、科学技术部、工业和信息化部、公安部、文化和旅游部、国家市场监督管理总局、国家广播电视总局等九部委发布。

《移动互联网应用程序信息服务管理规定》：2022年6月14日国家互联网信息办公室发布。

《互联网弹窗信息推送服务管理规定》：2022年9月9日国家互联网信息办公室发布。

《互联网跟帖评论服务管理规定》：2022年11月16日国家互联网信息办公室发布。

**4. 文化和旅游部**

《关于网络游戏发展和管理的若干意见》：文市发〔2005〕21号，2005年7月12日文化部、信息产业部发布。

《关于净化网络游戏工作的通知》：文市发〔2005〕14号，2006年3月30日文化部、中央文明办、信息产业部、公安部、国家工商行政管理总局发布。

《关于规范进口网络游戏产品内容审查申报工作的公告》：2009年4月24日文化部发布。

《关于贯彻实施〈网络游戏管理暂行办法〉的通知》：文市发〔2010〕27号，2010年7月29日文化部发布。

《关于实施新修订〈互联网文化管理暂行规定〉的通知》：文市发〔2011〕14号，2011年3月18日文化部发布。

《网络文化经营单位内容自审管理办法》：文市发〔2013〕39号，2013年8月13日文化部发布。

《关于加强执法监督、完善管理政策、促进互联网上网服务行业健康有序发展的通知》：文市发〔2014〕41号，2014年11月25日文化部、工商总局、公安部、工业和信息化部发布。

《关于推动互联网上网服务行业转型升级的意见》：文市发〔2014〕42号，2014年11月25日文化部发布。

《关于进一步加强和改进网络音乐内容管理工作的通知》：文市发〔2015〕21号，2015年10月23日文化部发布。

《关于加强网络表演管理工作的通知》：文市发〔2016〕12号，2016年7月1日文化部发布。

《网络表演经营活动管理办法》：文市发〔2016〕33号，2016年12月2日文化部发布。

《关于进一步优化营商环境、推动互联网上网服务行业规范发展的通知》：文旅市场发〔2020〕86号，2020年12月11日文化和旅游部发布。

**5. 工业和信息化部**

《电信业务分类目录（2015年版）》：2015年12月25日工业和信息化部发布，2019年6月6日修订。

《中国互联网域名体系》：2018年1月29日工业和信息化部发布。

《关于清理规范互联网网络接入服务市场的通知》：工信部信管函〔2017〕32号，2017年1月22日工业和信息化部发布。

《关于进一步清理整治网上改号软件的通知》：工信厅信管函〔2016〕753号，2016年12月5日工业和信息化部办公厅发布。

《关于印发综合治理不良网络信息、防范打击通讯信息诈骗行动工作方案的通知》：工信部信管函〔2015〕339号，2016年6月24日工业和信息化部发布。

《公共互联网网络安全突发事件应急预案》：工信部网安〔2017〕281号，2017年11月23日工业和信息化部发布。

《公共互联网网络安全威胁监测与处置办法》：工信部网安〔2017〕202号，2017年9月13日工业和信息化部发布。

### 6. 其他部委

《互联网危险物品信息发布管理规定》：公通字〔2015〕5号，2015年2月5日公安部、国家互联网信息办公室、工业和信息化部、环境保护部、国家工商行政管理总局、国家安全生产监督管理总局发布。

## 七、地方性立法（部分）

### （一）上海市

#### 1. 地方性法规

《上海市出版物发行管理条例》：2002年10月28日上海市第十一届人民代表大会常务委员会第四十四次会议通过；根据2007年11月28日上海市第十二届人民代表大会常务委员会第四十次会议《关于修改〈上海市出版物发行管理条例〉的决定》第一次修正；根据2010年9月17日上海市第十三届人民代表大会常务委员会第二十一次会议《关于修改本市部分地方性法规的决定》第二次修正；根据2021年8月25日上海市第十五届人民代表大会常务委员会第三十四次会议《关于修改〈上海市出版物发行管理条例〉等3件地方性法规的决定》第三次修正。

《上海市音像制品管理条例》：1997年5月28日上海市第十届人民代表大会常务委员会第三十六次会议通过；根据2003年6月26日上海市第十二届人民代表大会常务委员会第五次会议《关于修改〈上海市音像制品管理条例〉的决定》第一次修正；根据2010年9月17日上海市第十三届人民代表大会常务委员会第二十一次会议《关于修改本市部分地方性法规的决定》第二次修正；根据2021年8月25日上海市第十五届人民代表大会常务委员会第三十四次会议《关于修改〈上海市出版物发行管理条例〉等3件地方性法规的决定》第三次修正。

《上海市未成年人保护条例》：2004年11月25日上海市第十二届人民代表大会常务委员会第十六次会议通过；根据2013年12月27日上海市第十四届人民代表大会常务委员会第十次会议《关于修改〈上海市未成年人保护条例〉的决定》修正；根据2022年2月18日上海市十五届人大常委会第三十九次会议修正。

《上海市预防未成年人犯罪条例》：2022年2月18日上海市第十五届人民代表大会常务委员会第三十九次会议通过，自2022年3月1日起施行。

《上海市数据条例》：2021年11月25日上海市第十五届人民代表大会常务委员会第三十七次会议通过，2022年1月1日起施行。

#### 2. 规范性文件

《上海市家政服务管理平台信息管理暂行办法》：2020年4月25日上海市商务委员会发布。

《上海市密室剧本杀内容管理暂行规定》：2022年1月13日上海市文旅局发布。

## （二）浙江省

**地方性法规**

《浙江省广告管理条例》：2007年9月28日浙江省第十届人民代表大会常务委员会第三十四次会议通过；根据2011年11月25日浙江省第十一届人民代表大会常务委员会第二十九次会议《关于修改〈浙江省专利保护条例〉等十四件地方性法规的决定》修正；2020年7月31日浙江省第十三届人民代表大会常务委员会第二十二次会议修正。

《杭州市计算机信息网络安全保护管理条例》：2008年12月23日杭州市第十一届人民代表大会常务委员会第十二次会议通过；2009年4月1日浙江省第十一届人民代表大会常务委员会第十次会议批准。

《浙江省关于网络虚假信息治理的决定》：2021年9月29日浙江省第十三届人民代表大会常务委员会第三十一次会议通过。

《浙江省公共数据条例》：2022年1月21日浙江省第十三届人民代表大会第六次会议通过。

# 参考文献

## 一、专著

[1] 魏永征:《新闻传播法教程》(第 7 版),中国人民大学出版社 2022 年版。

[2] 王迁:《知识产权法教程》(第 7 版),中国人民大学出版社 2021 年版。

[3] 蔡雄山:《网络空间法治化的全球视野与中国实践》,法律出版社 2019 年版。

[4] 李媛:《大数据时代个人信息保护研究》,华中科技大学出版社 2019 年版。

[5] 贾宇:《中国反恐怖主义法律问题研究》,中国政法大学出版社 2018 年版。

[6] 邵国松:《网络传播法导论》,中国人民大学出版社 2017 年版。

[7] 谢永江:《网络安全法学》,北京邮电大学出版社 2017 年版。

[8] 个人信息保护课题组:《个人信息保护国际比较研究》,中国金融出版社 2017 年版。

[9] 王利明:《人格权法》(第二版),中国人民大学出版社 2016 年版。

[10] 齐爱民:《大数据时代个人信息保护法国际比较研究》,法律出版社 2015 年版。

[11] 严富昌:《网络谣言研究》,中国书籍出版社 2016 年版。

[12] 孔祥俊:《网络著作权保护法律理念与裁判方法》,中国法制出版社 2015 年版。

[13] 韩德强:《网络空间法律规制》,人民法院出版社 2015 年版。

[14] Jeremy Waldron, *The Harm in Hate Speech*, Harvard University Press, 2014.

[15] [美] 穆勒(Mueller),方新、王春法编:《网络与国家》,周程、鲁锐、夏雪、郑凯伦译,上海交通大学出版社 2014 年版。

[16] 马志刚:《中外互联网管理体制研究》,北京大学出版社 2014 年版。

[17] 姜胜洪:《网络谣言与舆情掌控》,社会科学文献出版社 2013 年版。

[18] 曲广娣:《色情问题的根源和规范思路探讨》,中国政法大学出版社 2013 年版。

[19] 王泽鉴:《人格权法:法释义学、比较法、案例研究》,北京大学出版社 2013 年版。

[20] 《十二国著作权法》,《十二国著作权法》翻译组译,清华大学出版社 2011 年版。

[21] 杨立新:《人格权法》,法律出版社 2011 年版。

[22] [美] 奥弗贝克(Overbeck):《媒介法原理》,周庆山译,北京大学出版社 2011 年版。

[23] 冯晓青:《著作权法》,法律出版社 2010 年版。

[24] [美] 雅各布:《仇恨犯罪》,王秀梅译,北京大学出版社 2010 年版。

[25] 上海社会科学院世界经济与政治研究院:《国家安全与非传统安全》,时事出版社

2008年版。

[26] [美]泽莱兹尼（Zelezny）:《传播法：自由、限制与现代媒介》（第4版），张金玺、赵刚译，清华大学出版社2007年版。

[27] 赵秉志:《国际恐怖主义犯罪及其防治对策专论》，中国人民公安大学出版社2005年版。

[28] [美]唐·R.彭伯（Pember）:《大众传媒法》（第十三版），张金玺、赵刚译，中国人民大学出版社2005年版。

[29] 蒋志培:《网络与电子商务法》，法律出版社2001年版。

[30] [美]曼纽尔·卡斯特（Castells）:《网络社会的崛起》，夏铸九译，社会科学文献出版社2001年版。

[31] Richard Delgado, Jean Stefancic, *Critical Race Theory: An Introduction*, New York University Press, 2001.

[32] James B. Jacobs and Kimberly Potter, *Hate Crimes: Criminal Law and Identity Politics*, New York: Oxford University Press, 1998.

[33] [美]尼古拉斯·尼葛洛庞帝（Nicholas Negroponte）:《数字化生存》，胡泳、范海燕译，海南出版社1996年版。

[34] 陈汉章:《人格权》，法律出版社1987年版。

## 二、期刊

[1] 李梦琦:《网络恐怖主义言论治理的现状，阻碍与完善》《公安学研究》2021年第19期。

[2] 王利明:《论人格权保护的全面性和方法独特性——以〈民法典〉人格权编为分析对象》，《财经法学》2020年第4期。

[3] 戴龙:《论数字贸易背景下的个人隐私权保护》，《当代法学》2020年第1期。

[4] 丛立先:《网络游戏直播画面的可版权性与版权归属》，《法学杂志》2020年第6期。

[5] 周汉华:《个人信息保护的法律定位》，《法商研究》2020年第13期。

[6] 范冠峰:《我国网络信息安全法治的困境与对策》，《山东社会科学》2019年第5期。

[7] 管育鹰:《体育赛事直播相关法律问题探讨》，《法学论坛》2019年第11期。

[8] 王进:《欧盟〈数字化单一市场版权指令〉的例外与限制制度解读及对我国的启示》，《科技与出版》2019年第10期。

[9] 丁晓东:《个人信息私法保护的困境与出路》，《法学研究》2018年第6期。

[10] 王秀梅、魏星星:《打击网络恐怖主义犯罪的法律应对》，《刑法论丛》2018年第3期。

[11] 何志鹏、姜晨曦:《网络仇恨言论规制与表达自由的边界》,《甘肃政法学院学报》2018 年第 3 期。

[12] 王晴锋:《"独狼"恐怖主义:定义、成因与特征》,《山东警察学院学报》2017 年第 6 期。

[13] 徐明:《大数据时代的隐私危机及其侵权法应对》,《中国法学》2017 年第 1 期。

[14] 王四新:《中国法律对淫秽色情内容的规范》,《四川理工学院学报(社会科学版)》2017 年第 2 期。

[15] 祝建军:《网络游戏直播的著作权问题研究》,《知识产权》2017 年第 1 期。

[16] 王迁:《论提供"深层链接"行为的法律定性及其规制》,《法学》2016 年第 10 期。

[17] 杜红原:《隐私权的判定——"合理隐私期待标准"的确立与适用》,《北方法学》2015 年第 9 期。

[18] 张新宝:《从隐私到个人信息:利益再衡量的理论与制度安排》,《中国法学》2015 年第 3 期。

[19] F. Cassim, Regulating Hate Speech and Freedom of Expression on the Internet: Promoting Tolerance and Diversity, 28 S. Afr. J. Crim. Just. 303(2015). p322.

[20] Daniel Cohen, Between Imagined Reality and Real Terrorism, *Military and Strategic Affairs*, 2015, no.7(3).

[21] 谢永江、黄方:《论网络谣言的法律规制》,《国家行政学院学报》2013 年第 1 期。

[22] 张志铭、李若兰:《内容分级制度视角下的网络色情淫秽治理》,《浙江社会科学》2013 年第 6 期。

[23] Ursula Connolly, Multiple Publication and Online Defamation, *Masaryk University Journal of Law and Technology*, Vol. 6.1(2012).

[24] James Banks, European Regulation of Cross-Border Hate Speech in Cyberspace: The Limits of Legislation, 19 Eur. J. Crime Crim. L. & Crim. Just. 1(2011).

[25] 吴汉东:《论网络服务提供者的著作权侵权责任》,《中国法学》2011 年第 2 期。

[26] 张新宝、任鸿雁:《互联网上的侵权责任:〈侵权责任法〉第 36 条解读》,《中国人民大学学报》2010 年第 4 期。

[27] 张世耕:《淫秽色情的认定标准与言论自由的冲突——美国联邦最高法院判例探微》,《国际关系学院学报》2007 年第 2 期。

[28] Lori A. Wood, Cyber-Defamation and the Single Publication Rule, *Boston University Law Review*, 81 B.U. L. Rev.(2001).

[29] Collin BC, The Future of Cyber Terrorism: Where the Physical and Virtual World Converge, *Crime & Justice International*, 1997, 13(2).

# 后　记

斗转星移，寒暑易节。从 2020 年 6 月至今年 3 月，历时三年多，其间遭遇新冠疫情，大家不畏困难，在学习工作忙碌间隙，克服资料文献匮乏、调研不便等种种情形，随时切磋，同心协力，终有了《网络内容法律治理导论》书稿的杀青之日。

据了解，这是国内关于互联网内容法律治理研究的一本重要专著，颇令团队欣慰。

参与本书撰写的成员有：北京师范大学社会学院教授刘逸帆，中国传媒大学文化产业管理学院教授周丽娜，中国传媒大学文化产业管理学院副教授韩新华，山东政法学院传媒学院教授王伟亮，山东政法学院传媒学院讲师高诗晴，新华通讯社记者朱高祥。此书撰写的创意和概要最初来自刘逸帆、周丽娜、王伟亮和韩新华的沟通讨论。我们在交流中认为，互联网已经成为全球化时代人类生活第五空间，对人们日常生产生活影响巨大。当下，世界各国都将网络安全提升到影响国家安全的高度，并通过政治、法律、经济、行政等手段进行综合治理和系统治理。由于互联网涉及未成年人健康成长、个人信息保护和意识形态安全问题，各国除了注重对网络基础设施的技术研发和运行监管外，还特别重视对网络内容的日常监管。无疑，丰富与建设网络内容也是促进互联网发展的题中之义。如何做到统筹发展和安全，在促进网络发展中加强安全监管，展开国别治理和全球协同，也是国际社会共同关注的重要议题。对网络内容进行法律治理，是统筹发展和安全、促进网络事业更好发展的必然选择和必由之路，不仅具有鲜明的时代价值，亦具有重要的学术价值和实践意义。正是由于各位撰稿人敏锐地关注到这一时代大势，并对其中许多问题尝试观察、认识和探究，才有了不断完善的写作大纲和内容的数易其稿。

本书各章撰写人分工如下：

绪论，刘逸帆、王伟亮、朱高祥；第一章，周丽娜、刘逸帆、朱高祥；

第二章，周丽娜、韩新华；第三章，韩新华；第四章，韩新华；第五章，周丽娜、王伟亮；第六章，刘逸帆、朱高祥；第七章，高诗晴；第八章，高诗晴；第九章，周丽娜；结语，周丽娜。

在本书成稿过程中，我的导师、现任中国政法大学光明新闻传播学院特聘教授魏永征先生提出了许多指导意见，并为各位作者采纳。北京师范大学法学院冷罗生教授、郭翔副教授和中国政法大学比较法研究院刘文杰教授就本书的修改、定稿等方面也提出了很多宝贵意见，为其增色。为了能使本书内容以更好面貌呈现在读者面前，在各章作者反复打磨的同时，刘逸帆又对全书内容作了三次统稿、修改，以使全书在章节结构、标题、表达等方面尽可能保持统一和贯通，并在某些内容上作出完善。在统稿中，朱高祥、北京师范大学法学院研究生赵佳辰和张池，以及昆明理工大学津桥学院法学院本科生张梓讯等，都利用业余（课余）时间和节假日协助校对、修改。

原中央人民广播电台台长、中国网络视听节目服务协会原会长杨波同志欣然作序，不啻是对本书各位作者的又一鼎力支持，谨致谢忱！

本书面世之际，谨对所有为此书提供帮助的各位领导、各位老师和朋友们表示由衷感谢！互联网发展迅猛，本书内容和章节布局难免疏漏，不足之处欢迎各位专家和广大读者不吝批评指正。

刘逸帆
2024 年 3 月